GRUNDLAGEN DER GERMANISTIK

Herausgegeben von Werner Besch und Hartmut Steinecke

34

Deutsch als Fremdsprache

Eine Einführung

von

Hans-Werner Huneke und Wolfgang Steinig

3., überarbeitete und erweiterte Auflage

ERICH SCHMIDT VERLAG

Die Deutsche Bibliothek – CIP-Einheitsaufnahme

Huneke, Hans-Werner:
Deutsch als Fremdsprache : eine Einführung / von Hans-Werner Huneke und
Wolfgang Steinig. – 3., überarb. und erw. Aufl. – Berlin : Erich Schmidt, 2002
   (Grundlagen der Germanistik ; 34)
   ISBN 3-503-06135-5

1. Auflage 1997
2. Auflage 2000
3. Auflage 2002

ISBN 3 503 06135 5

Dieses Papier erfüllt die Frankfurter Forderungen der Deutschen Bibliothek
und der Gesellschaft für das Buch bezüglich der Alterungsbeständigkeit
und entspricht sowohl den strengen Bestimmungen der US Norm Ansi/Niso
Z 39.48-1992 als auch der ISO-Norm 9706

Druck: Danuvia Druckhaus Neuburg, Neuburg/Donau

Inhaltsübersicht

Vorwort zur zweiten Auflage

Diese Einführung wendet sich an angehende Lehrer des Faches Deutsch als Fremdsprache sowie an praktizierende Kolleginnen und Kollegen[1] im In- und Ausland, die ihre didaktischen und methodischen Positionen am aktuellen fachlichen Diskussionsstand überprüfen möchten. Darüber hinaus will sie zeigen, wie sich Theorie und Praxis im Fach möglichst eng aufeinander beziehen lassen.

Der Schwerpunkt liegt auf der Vermittlung der Fremdsprache Deutsch im Unterricht, nicht auf der Hochschuldisziplin Deutsch als Fremdsprache (vgl. dazu z.b. Henrici 1986, Ehnert 1989, Henrici/Koreik 1994, Ehnert/Schröder 1994 und die Debatte in den Heften 2/1996 bis 2/1999 der Zeitschrift *Deutsch als Fremdsprache*). Ferner steht der gesteuerte Fremdspracherwerb im Zentrum, also das Lernen im Rahmen eines geplanten und strukturierten Unterrichts, wie er von Schulen, Hochschulen und außerschulischen Bildungseinrichtungen im In- und Ausland angeboten wird. Davon zu unterscheiden ist der ungesteuerte Erwerb bei Lernern, die auf Dauer in einem der deutschsprachigen Länder leben und sich die Sprache im Alltag aneignen ('Deutsch als Zweitsprache'), also typischerweise bei Migranten. Gleichwohl gibt es Überschneidungen und Übertragbarkeiten zwischen diesen beiden prototypischen Lernsituationen.

Der Aufbau des Buches geht von den Lernern und den individuellen Faktoren aus, die das Sprachenlernen bestimmen. Im zweiten Kapitel schließen sich übertragbare und überindividuell gültige Beobachtungen zu den Lernvorgängen beim Erwerb einer zweiten Sprache an, die sich Theorien des Zweitspracherwerbs zuordnen lassen. Der Gegenstand des Lernens, die deutsche Sprache und ihr kultureller und literarischer Bezugsraum, sind Inhalt des dritten Kapitels. Es will vor allem aufzeigen, in welchen Bereichen Deutschlehrer ein vertieftes fachliches Wissen benötigen. Im vierten Kapitel geht es um den Schwerpunkt Unterricht. Es geht von den spezifischen fremdsprachlichen Lernwelten aus, die das Ergebnis eines unterschiedlichen Verständnisses von Lernprozessen im Unterricht sind. Als zentrale Bereiche des fremdsprachlichen Lernens werden die vier Grundfertigkeiten gesehen, die den Gebrauch der Sprache ausmachen, also das Lesen, das hörende Verstehen, das Schreiben und das Sprechen. Sie basieren auf sprachlichen Fähigkeiten in der Aussprache, in der Grammatik und im Verfügen über einen Wortschatz.

Die Praxis des Unterrichts Deutsch als Fremdsprache hat sich an unterschiedlichen globalen Methodenkonzeptionen orientiert. Sie werden am Beispiel von Lehrwerken dargestellt. Überlegungen zum Einsatz von Medien, zur Nut-

---

[1] Um die Formulierungen zu entlasten, haben wir darauf verzichtet, die weiblichen Personenformen konsequent aufzunehmen. Wir bitten alle Leserinnen um Nachsicht!

zung von Computern, zu einem lernerorientierten Übungsgeschehen, zu Korrekturen in ihrer Funktion als Lernhilfe und zum Testen schließen sich an.

Wirkungsvolle Lernprozesse im Unterricht verursachen und erfordern Veränderungen – Veränderungen und Entwicklungen für alle Beteiligten, für die Lerner ebenso wie für die Lehrer. Darauf möchte das fünfte Kapitel mit einem Blick auf die Lehrenden hinweisen.

Im Anhang finden sich exemplarische Unterrichtssituationen, die einen Eindruck von der Vielfalt des Arbeitsfeldes Deutsch als Fremdsprache vermitteln sollen, ferner ein Serviceteil. Damit sollen, ebenso wie mit den Lesehinweisen am Schluss der einzelnen Textabschnitte, Möglichkeiten zur Weiterarbeit aufgezeigt werden.

In der zweiten Auflage wurde der gesamte Text aktualisiert, das Kapitel 2.4 *Konnektionismus und Konstruktivismus* ergänzt und der Sachindex erweitert.

Das Buch entstand in der Atmosphäre eines anregenden fachlichen Diskurses an der Fakultät für Kulturwissenschaften der Pädagogischen Hochschule Heidelberg. Ein ganz herzliches Dankeschön schulden wir Regina Wieland, die uns mit kenntnisreicher Kritik, mit ihrer Genauigkeit und mit beständiger kollegialer Ermutigung unterstützt hat.

Heidelberg, im Frühjahr 2000   Wolfgang Steinig
                                                               Hans-Werner Huneke

Vorwort zur dritten Auflage

Die neue Auflage haben wir genutzt, an zahlreichen Stellen Präzisierungen vorzunehmen und Hinweise zur Weiterarbeit und Vertiefung zu geben. Dies war vor allem im dritten Kapitel zur deutschen Sprache und Literatur notwendig. Von Ulrich Ammon, Ulrich Engel und Regina Wieland bekamen wir einige wichtige Hinweise und Anregungen dazu. Herzlichen Dank dafür!

Heidelberg, im Frühjahr 2002   Wolfgang Steinig
                                                               Hans-Werner Huneke

1. Die Lerner

Neben der Muttersprache eine Fremdsprache zu beherrschen, ist nicht einfach eine erlernte Fähigkeit, seine Gedanken in zwei unterschiedlichen Sprachen auszudrücken. Zweisprachigkeit führt vielmehr zur Ausdifferenzierung des Denkens, Fühlens und Handelns: Sie beeinflusst die gesamte Persönlichkeit. Anderssprachige Menschen, mit denen man sich unterhalten kann, fremdsprachige Texte, die man lesen und fremde Sichtweisen, mit denen man sich auseinander setzen kann, führen zu einem vielschichtigeren Erleben von Welt.

Die Entscheidung, eine fremde Sprache zu erlernen, ist der erste Schritt auf einem Weg, der die gesamte Person in ihrer Stellung zur Welt verändern kann. Oft wird jedoch diese Entscheidung getroffen, ohne dass es zu dieser tief greifenden, persönlichkeitsverändernden Entwicklung kommt. Der fremdsprachliche Lernprozess bleibt nämlich irgendwo auf einem relativ niedrigen Fertigkeitsniveau stecken. Der Enthusiasmus für die neue Sprache verfliegt rasch; das Lernen wird als zu mühevoll empfunden; ein Kosten-Nutzen-Abgleich ergibt, dass sich die Anstrengung nicht recht lohne; Zweifel werden geweckt, ob man überhaupt zum Sprachenlernen 'talentiert' sei, und möglicherweise hat man auch innere Widerstände, sich voll und ganz auf das Abenteuer einer fremden Sprache einzulassen.

Letztlich muss wohl bei jedem einzelnen Lerner untersucht werden, warum ein Lernprozess erfolgreich war, eher unbefriedigend verlief oder schließlich zur Aufgabe und zum Scheitern führte. Der Normalfall ist das Erreichen eines *Interlanguage*-Stadiums, das mehr oder weniger weit vom Niveau eines Muttersprachlers entfernt ist. Der Wunsch oder die Vorstellung, das Niveau eines Muttersprachlers erreichen zu können, ist in aller Regel unrealistisch (Herrmann/ Grabowski 1994, S. 435-438).

Fremdsprachenlernern ist ein Weg, und der Weg ist nicht selten wichtiger als das Ziel. Es geht um ein lebenslanges Bemühen um eine fremde Sprache. Wenn man einen Kurs abgeschlossen oder ein Examen abgelegt hat, ist ein bestimmtes *Interlanguage*-Stadium erreicht worden. Aber wenn das Bemühen um die fremde Sprache nicht weitergeführt wird, setzt bald ein Sprachverlustprozess ein; man kann eine Fremdsprache nicht als festen Besitz konservieren.

Wie rasch nun Lerner bestimmte *Interlanguage*-Stadien erreichen, wie effektiv ihr Lernprozess verläuft, hängt von vielen Umständen ab, die man unmöglich alle erfassen kann. Einige allgemeine Einflussgrößen sind allerdings systematisch untersucht worden: das Alter, die muttersprachliche Sozialisation, die Begabung für Fremdsprachen, die Motivation und Einstellung zu Fremdsprachen, persönliche Eigenschaften, Lernstile und Lernerstrategien, um die wichtigsten zu nennen. Wir wollen sie im Folgenden näher erläutern.

1.1 Alter

„Was Hänschen nicht lernt, lernt Hans nimmermehr!" lautet die Volksweisheit (vgl. Bahns/Vogel 1992). Trifft das generelle lernpsychologisches Gesetz „Je früher, desto besser" auch auf den Erwerb einer Fremdsprache zu? Wie früh sollte mit Fremdsprachenunterricht begonnen werden? Diese Fragen sind für die Curriculumplanung von größter praktischer Relevanz, und Schulpolitiker erhoffen sich hier von der Wissenschaft eindeutige Auskünfte.

Eric Lenneberg (1972) sah in der Pubertät eine bedeutsame Grenze für die Fähigkeit, die Muttersprache, etwa nach einem Gehirntrauma, in vollem Umfang zu erlernen. In der Zeit bis zur Pubertät bliebe eine Art 'Sprachlernfenster' geöffnet. Er erklärte die sprachliche Lernfähigkeit des Gehirns in dieser 'kritischen Altersphase' (*critical age*) damit, dass das Gehirn die Zeit bis zur Pubertät benötige, um beide Hemisphären, also die rechte und die linke Gehirnhälfte, vollständig ausdifferenziert zu entwickeln. Der sog. *Lateralisierungsprozess* sei erst mit der Pubertät abgeschlossen. Die Zeit bis dahin, in der das Gehirn noch 'formbar' sei, müsse man für den Erwerb einer Fremdsprache nutzen.

Die *Critical-Age-Hypothese* Lennebergs beruht jedoch, wie wir heute wissen, auf einer falschen Annahme. Die Ausdifferenzierung der beiden Gehirnhälften, die sog. Lateralisierung, findet nämlich bereits kurz nach der Geburt statt, möglicherweise sogar davor. Dennoch: Die Pubertät scheint – auch wenn sie nicht den Abschluss der Lateralisierung markiert – für den L2-Erwerb eine Art magische Grenze zu sein (vgl. Strozer 1994). Wer nach der Pubertät mit einer Fremdsprache beginnt, erreicht nur in Ausnahmefällen die Kompetenz eines Muttersprachlers. Vor allem in der Aussprache erscheint dies nahezu unmöglich: Späte Fremdsprachenbeginner können ihren muttersprachlichen Akzent nicht loswerden und werden leicht in zielsprachlicher Umgebung an ihrer Aussprache als Fremde erkannt. Sollen Lerner akzentfrei eine Fremdsprache beherrschen, dann gilt die Faustregel: Je früher, desto besser! Bereits ab circa sechs Jahren wird es für Lerner zunehmend schwerer, eine akzentfreie Aussprache zu erreichen. Hat man dieses Ziel, sollte man also deutlich vor der Pubertät mit dem Erwerb beginnen, am besten in der Grundschulzeit oder bereits noch früher. Besonders anhand von Untersuchungen zum L2-Erwerb[1] von Immigranten wurde deutlich: Nicht die Länge des Aufenthaltes im Land der Zielsprache ist entscheidend, sondern das Alter zum Zeitpunkt der Einreise (vgl. dazu Fthenakis u.a. 1985, S. 38f.). Kinder, die vor Eintritt der Pubertät immigrieren, schaffen es in der Regel – bei ausreichender Kommunikation mit Einheimischen – akzentfrei, die L2 zu erwerben. Diejenigen, die später kommen, schneiden deutlich schlechter ab. Und Immigranten, die erst im Erwachsenenalter einreisen, bleiben oft auf einer wenig entwickelten Erwerbsstufe stehen: Ihre Sprache 'fossiliert' auf einer defizitären 'Einwanderervarietät', einer Art 'Gastarbeiter-Pidgin' (vgl. Heidelberger Forschungsprojekt 'Pidgin-Deutsch' 1975), wobei nicht nur der Akzent, sondern die gesamte Sprachstruktur betroffen ist.

---

[1] L2 steht für 'Fremd- bzw. Zweitsprache' und L1 für 'Mutter- bzw. Erstsprache'.

Diese vielfach bestätigten Beobachtungen beziehen sich auf Einwanderer mit geringer Schulbildung, die kaum oder keinerlei formalen Sprachunterricht bekommen. Doch wie steht es mit gebildeten, sprachlich bewussten Einwanderern? Und welche Bedeutung spielt die Pubertät als kritische Grenze, wenn man sich auf den Erwerb der formalen sprachlichen Strukturen wie Syntax und Morphologie bezieht? Patkowski (1980) hat fünfminütige Proben gesprochener Sprache von 67 Immigranten, die in unterschiedlichem Alter in die USA zogen, verschriftlicht (da er den Akzent als Faktor ausschließen wollte) und diese Texte Beurteilern vorgelegt, um sie mit einer Punktwertung von 0 (keine Englisch-Kompetenz) bis 5 (muttersprachliche Kompetenz) klassifizieren zu lassen. Die Ergebnisse waren eindeutig:

- Von 33 Lernern, die *vor* der Pubertät in die USA kamen, erreichten 22 die Stufe 5 (muttersprachliches Niveau), 10 die Stufe 4 und einer die Stufe 1.
- Von 34 Lernern, die *nach* der Pubertät in die USA kamen, ergab sich eine Gauß'sche Normalverteilung mit den meisten Lernern auf den Stufen 2 und 3 und zu den Rändern hin entsprechend weniger Lernern. Stufe 5 erreichte nur ein Lerner.

Lerner, die vor der Pubertät mit dem L2-Erwerb beginnen, scheinen also auch in Bezug auf die Morphologie und Syntax vollständig oder weitgehend ein muttersprachliches Niveau zu erreichen, während Lerner, die nach der Pubertät beginnen, einen 'normalverteilten' Erfolg haben mit Spitzen bei befriedigenden und ausreichenden Fähigkeiten und wenigen sehr guten oder mangelhaften Leistungen: eine Verteilung, die für jegliches Lernen typisch ist. Vor der Pubertät können L2-Lerner gewissermaßen noch auf den Zug springen, der auch ihre Muttersprache bis etwa zur Pubertät hin sich entwickeln lässt. Nach der Pubertät ist 'dieser Zug bereits abgefahren' und Lerner müssen dementsprechend andere, kognitiv 'aufwändigere' und weniger zuverlässige Lernwege einschlagen, um zu einem äquivalenten Ergebnis zu kommen. Untersuchungen in Bezug auf die Fähigkeit, die Grammatikalität von Sätzen zu beurteilen, bestätigen die Pubertät als kritische Grenze: Kinder und Jugendliche, die im Alter von drei bis 15 Jahren mit Englisch als L2 beginnen, sind Immigranten mit höherem Einreisealter bei Grammatikalitätsurteilen deutlich überlegen (Johnson/Newport 1989).

Anhand von kernspintomographischen Untersuchungen des Gehirns wurde ebenfalls deutlich, dass das Alter für den Erwerb der Aussprache und Grammatik eine wichtige Rolle spielt. Bei Lernern, die eine L2 als junge Erwachsene erwerben, werden L1 und L2 in der sog. Broca-Region, die für die Prozessierung der Aussprache und Grammatik zuständig ist, getrennt verortet, während bei zweisprachig aufwachsenden Menschen beide Sprachen in einem gemeinsamen Bereich angelegt sind. Für die Prozessierung des Wortschatzes, die in der sog. Wernicke-Region erfolgt, war dagegen kein Unterschied auf Grund des Erwerbsalters festzustellen (vgl. Kim/Relkin/Lee/Hirsch 1997).

Menschen erlernen Grammatik und Aussprache einer Fremdsprache offenbar in unterschiedlichen Altersstufen unter veränderten kognitiven Rahmenbedingungen bzw. mit anderen neuronalen Parametern und speichern das Gelernte auch anders ab. Die äußerlich feststellbaren fremdsprachlichen Fähigkeiten können dabei durchaus ähnlich oder sogar gleich sein. Der zu Grunde liegende Verarbeitungsprozess ist jedoch ein anderer. Die Didaktik muss deshalb den Lernprozess altersgemäß gestalten, sodass in jeder Altersstufe ein optimales Ergebnis erzielt werden kann.

Snow und Hoefnagel-Höhle (1976) überprüften die Fähigkeiten im Holländischen von 96 englischen Kindern (3-10 Jahre), Heranwachsenden (12-15 Jahre) und Erwachsenen (18-60 Jahre) drei, sechs und neun Monate nach ihrer Ankunft in den Niederlanden. In sechs von neun Tests übertrafen die Heranwachsenden nach neun Monaten Aufenthalt sowohl die Erwachsenen als auch die Kinder (Vokabeltest, Satzwiederholung, Übersetzung, Grammatikalitätsurteil, Morphologie, lautliche Unterscheidungsfähigkeit). Nur im Verstehen und Erzählen von Geschichten schnitten die Kinder besser ab. Als Fazit lässt sich sagen, dass Lerner mit der ersten Fremdsprache möglichst vor dem 15. Lebensjahr beginnen sollten. Da Heranwachsende im Alter zwischen 12 und 15 Jahren nicht nur gegenüber Erwachsenen, sondern auch gegenüber jüngeren Kindern auf den meisten sprachlichen Ebenen am raschesten zu Erfolgen kommen, scheint dieser Zeitabschnitt besonders günstig zu sein.

Grundsätzlich gilt: Erwachsene durchlaufen zwar die ersten Stufen der morphologischen und syntaktischen Progression rascher, aber Jüngere erreichen schließlich eine höhere zielsprachliche Kompetenz, vor allem in der Aussprache, im Hörverstehen und in der Syntax. Ältere Kinder wiederum übertreffen Erwachsene und mittelfristig auch jüngere Kinder, für die aber die Wahrscheinlichkeit am größten ist, eine muttersprachliche Kompetenz zu erreichen (vgl. Lightbown/Spada 1993, S. 46-50 und Larsen-Freeman/Long 1991, S. 166).

Für den Wortschatzerwerb scheint die Pubertät als 'kritische Erwerbsgrenze' keine besondere Rolle zu spielen. Der Wortschatz entwickelt sich vielmehr in Abhängigkeit von der allgemeinen kognitiven Entwicklung, der Gedächtnisleistung, den persönlichen Interessen und dem Input aus der Lernumgebung.

1.2 Sprachliche Sozialisation

Die Untersuchungen zur Abhängigkeit fremdsprachlichen Lernens vom Alter brachten teilweise widersprüchliche Ergebnisse, weil das Alter eine Variable ist, die mit zahlreichen anderen Variablen in Zusammenhang steht, insbesondere mit dem Entwicklungsstand in der Erstsprache. Kinder, die in einem sprachbewussten Elternhaus aus mittleren bis höheren sozialen Schichten kommen, haben in der Regel keine größeren Probleme mit einem frühen Fremdsprachenbeginn. Kanadische Grundschüler aus der englischsprachigen Mehrheitsgesellschaft, die in einem Immersionsprogramm bereits ab der ersten Klasse in allen Fächern auf Französisch unterrichtet werden, sind durchweg erfolgreich, gerade weil ihr Elternhaus und auch die Öffentlichkeit ihre englische L1 stützt und weiterentwickelt. Diese konsequente Erziehung zur Zweisprachigkeit, die auf einer gut entwickelten Erstsprache aufbaut, überfordert die Kinder nicht und führt zu keinen kognitiven Defiziten. Nach circa sechs Jahren Schulzeit befinden sich die anglophonen kanadischen Kinder bei der Aneignung von Wissen und Fähigkeiten in allen Sachfächern auf einem ähnlichen Niveau wie monolingual frankophone Kinder.

Anderssprachige Arbeiterkinder dagegen, deren Eltern aus wirtschaftlichen oder politischen Gründen nach Deutschland immigriert sind, haben nicht selten große schulische Probleme. Aufgrund ihrer sprachlichen Defizite im Deutschen werden höhere Bildungsabschlüsse in einem deutlich geringeren Umfang erreicht, als von einsprachig deutschen Schülern. Ihnen steht kein speziell für ihre Lernbedürfnisse entwickeltes Schulmodell zur Verfügung. Sie werden meist ohne besondere Förderung zusammen mit ihren einsprachigen Klassenkameraden unterrichtet. Dieses undifferenzierte Vermischen zweisprachiger mit einsprachigen Kindern wird als 'Submersion' bezeichnet.

Da diese Kinder meist in Familien mit geringem Bildungsniveau aufwachsen, wird ihre Erstsprache nicht ausreichend entwickelt, vor allem nicht in Bezug auf den Umgang mit Schriftlichkeit, der für den Schulerfolg entscheidend ist. In der Unterrichtskommunikation, die sich an der Schriftsprache orientiert und in der schriftliche Texte meist Ausgangspunkt und Ziel des didaktischen Bemühens sind, kommen anderssprachige Kinder an monolingual deutsch ausgerichteten Regelschulen oft rasch an ihre sprachliche Grenzen und finden nur schlecht Zugang zur deutschen Schriftlichkeit (vgl. Steinig/Huneke 2002, S. 187-209).

Da sich ihre Erstsprache als ausschließlich gesprochene Sprache in der Familie und Peer Group entwickelt – meist in dialektaler Form mit häufigem Codewechsel zum Deutschen –, bietet sie kein sicheres Fundament für den Aufbau der Zweitsprache Deutsch, die sich mit dem Schuleintritt an der Standardsprache und an Schriftlichkeit orientieren muss. In der Erstsprache – so argumentiert Jim Cummins (1984) – werden nur *basic interpersonal communication skills* (BICS) entwickelt. In der Zweitsprache wird jedoch mit Beginn der Schulzeit eine *cognitive academic language proficiency* (CULP) erwartet. Nur dann, wenn die Kinder in ihrer Erstsprache ein bestimmtes *Schwellenniveau* in Richtung CULP erreicht haben, kann nach seiner Theorie eine positive bilinguale Entwicklung und schulischer Erfolg möglich werden. Wenn Kinder in ihrer Muttersprache vom situativen Kontext abstrahieren und komplexe Sachverhalte adäquat versprachlichen können, sei der Zeitpunkt erreicht, zu dem mit einer zweiten Sprache begonnen werden könne. Andernfalls drohe 'Semilingualismus', eine 'doppelseitige Halbsprachigkeit', die durch gravierende sprachliche Defizite in der L1 und der L2 sowie kognitive Defizite gekennzeichnet ist.

Während 'Deutsch als Zweitsprache' (DaZ) für Kinder von Arbeitsmigranten an deutschen Schulen mit erheblichen Defiziten in beiden Sprachen einhergehen kann, ist die Situation für 'Deutsch als Fremdsprache' (DaF) an Schulen und anderen Bildungseinrichtungen außerhalb des deutschen Sprachraums gänzlich anders: Nicht nur, weil die Lernbedingungen höchst unterschiedlich sind, sondern auch auf Grund der unterschiedlichen Zielgruppen. Fremdsprachenunterricht beginnt meist erst nach einigen Grundschuljahren, und zwar in der Regel nur für Schüler, die überdurchschnittliche Leistungen erbringen und deshalb auch in eine höhere Schulform wechseln können. Bei dieser Zielgruppe kann man davon aus-gehen, dass sie auch in ihrer Muttersprache, besonders im Schriftlichen, über-durchschnittliche Leistungen erzielen. Hinzu kommt, dass Deutsch meist erst die zweite Fremdsprache nach Englisch ist und so vor der Entscheidung für Deutsch eine zusätzliche positive Auslese stattgefunden hat. Das Cummins'sche Schwel-lenniveau würde für DaF-Lerner nicht nur erreicht, sondern weit übertroffen.

Bei Lernern, die schulische Ausleseraster erfolgreich überwinden, kann man vermuten, dass ihr Leistungsniveau in den Fremdsprachen in einem engen Zu-sammenhang mit ihren Leistungen im muttersprachlichen Unterricht steht. Un-tersuchungen, in denen die Schulnoten einzelner Schulfächer miteinander vergli-chen werden, bestätigen tatsächlich einen relativ engen Zusammenhang zwischen der Note in der Muttersprache und in der Fremdsprache (vgl. Macht 1991, S. 262). Man muss dabei allerdings kritisch fragen, welche Fähigkeiten sich hinter ähnlichen Leistungen in diesen Schulfächern verbergen. Falls beispielsweise die Grammatik sowohl im muttersprachlichen als auch im fremdsprachlichen Unter-richt einen hohen Stellenwert hat, ist das didaktische Profil beider Fächer ähn-lich, und entsprechend sind hohe Korrelationen der Schulnoten zu erwarten.

In der Forschung müsste weitaus stärker als bisher nach Fähigkeiten auf un-terschiedlichen sprachlichen Ebenen differenziert werden, um dann genauer fest-stellen zu können, welche Bereiche zwischen der L1 und der L2 in einem inter-dependenten Verhältnis stehen und welche nicht.

1.3 Motivation, Einstellung, Begabung

Wer mit Freude lernt und unbedingt ein Lernziel erreichen möchte, hat gute Chan-cen, es zu schaffen. Das ist trivial und trifft für alle möglichen Lernbereiche oder Schulfächer zu, warum also nicht auch für fremdsprachliches Lernen. Es stellt sich jedoch hier – im Unterschied etwa zu Schulfächern wie Mathematik oder Biologie – nicht nur die Frage, ob man den Fremdsprachenunterricht erfolgreich beenden möchte, um eine gute Zensur oder einen anspruchsvollen Arbeitsplatz zu bekom-men, sondern ob man sich mit der zielsprachlichen Gesellschaft identifizieren kann, sich für die fremde Kultur interessiert und mit ihren Menschen verbunden fühlt und zu verstehen glaubt, wie sie denken und fühlen. Ein Lerner, dem es um schulischen Erfolg oder seine berufliche Karriere geht, ist *instrumentell* motiviert; einer, der Sympathie für die Kultur der Zielsprache empfindet oder sich sogar mit ihr identifizieren kann, ist *integrativ* motiviert. Beide Motivationstypen können zu einem ähnlich erfolgreichen Lernen führen, aber ein integrativ motivierter Lerner wird schließlich – so die Annahme von Gardner und Lambert (1972) – doch einen höheren Grad fremdsprachlicher Kompetenz anstreben.

Eine wesentliche Rolle bei dem Konstrukt der *integrativen Motivation* spielt die Einschätzung, ob man in der Gruppe oder Sprachgemeinschaft, zu der man sich hingezogen fühlt, willkommen ist. Diese Einschätzung ist abhängig von der Einstellung der Sprachgemeinschaft Fremden bzw. Integrationswilligen gegenüber: Begegnen einem Lerner etwa fremdenfeindliche Tendenzen, dann wird er dieser Gemeinschaft entsprechend distanzierter gegenüberstehen.

Motivation ist als Einflussfaktor schwer zu operationalisieren. Man kann nämlich schlecht entscheiden, ob ein Lerner deshalb so erfolgreich eine Fremdsprache lernt, weil er hoch motiviert ist (gleichgültig ob instrumentell oder integrativ), oder ob er hoch motiviert ist, weil er so gute Fortschritte in der Fremdsprache macht. Motivation kann also nicht nur Grund für erfolgreiches Lernen sein, sondern auch dessen Folge, zumal dann, wenn Lerner in der Sprachgemeinschaft ihrer Zielsprache sozial anerkannt werden. Schließlich können Fremdsprachenlerner, die weder im Land der Zielsprache leben oder dort leben möchten, eine intrinsische Motivation entwickeln, etwa weil über einen abwechslungsreich gestalteten Unterricht die Fremdsprache selbst zu einem interessanten und spannenden Lerngegenstand wird.

Motivation ist von vielen Faktoren abhängig und kann sich während des Lernprozesses verändern, wobei integrative, instrumentelle oder intrinsische Motivation sich nicht gegenseitig ausschließen, sondern ergänzen und beeinflussen können.

Neben der Motivation spielt die Einstellung gegenüber einer Fremdsprache eine wichtige Rolle für dessen Erwerb.

Lerner, die den 'Klang' einer Sprache und einzelne Laute als unangenehm und unschön empfinden, können innere Widerstände entwickeln, sie zu erlernen. Negative ästhetische Urteile gegenüber Fremdsprachen entstehen jedoch nicht unabhängig von bestimmten Erwerbssituationen: Im Fremdsprachenunterricht können Lerner persönliche Aversionen gegenüber einem Lehrer und seiner individuell geprägten Sprachfärbung entwickeln. Da dieser Erwachsene oft die einzige Quelle für ihren fremdsprachigen Input darstellt, können so leicht negative Assoziationen gegenüber der Zielsprache entstehen.

In außerschulischen, 'natürlichen' Erwerbssituationen hängen negative Einstellungen gegenüber einer Zweitsprache und damit verbundene Lernblockaden häufig mit sozialen Einstellungen und Vorurteilen gegenüber Sprechern der autochthonen Sprachgemeinschaft zusammen. John Schumann (1978) hat bei der Untersuchung eines 33-jährigen Einwanderers aus Costa Rica über einen Zeitraum von zehn Monaten in den USA nur einen geringen Lernfortschritt im Englischen feststellen können. Bereits in einem frühen Entwicklungsstadium kam sein Spracherwerb zum Stillstand. Er 'fossilierte', obwohl der junge Mann von seiner Intelligenz her eigentlich rasche Fortschritte hätte machen müssen. Diesen Misserfolg erklärt Schumann mit einer zu großen sozialen Distanz, der zwischen diesem Einwanderer aus Costa Rica mit seinem hispano-amerikanisch geprägten Umfeld und der amerikanischen Mehrheitsgesellschaft besteht.

Einwanderer, die mit ihren Einstellungen, Werten und Verhaltensweisen zu stark an ihrer Kultur gebunden bleiben, sehen keine Notwendigkeit, größere Anstrengungen zu unternehmen, um sich sprachlich einer fremden Kultur anzupassen. Sie entwickeln die Zweitsprache nur in einer rudimentären Form, als ein sog. 'Pidgin', das für die Bewältigung einfacher kommunikativer Bedürfnisse ausreichend ist.

1. Die Lerner

Erfolgreicher Zweitspracherwerb hängt, nach Schumann, damit zusammen, ob es dem Lerner gelingt, soziale und psychologische Distanzen zu verringern und seine Rolle und Identität in einer anderen Gesellschaft zu finden. Ganz wesentlich kommt es aber auch auf die Einstellung der Mehrheitsgesellschaft gegenüber eingewanderten Minderheiten an: Begegnet sie ihnen mit Vorurteilen, Aversionen und Ausgrenzung, dann haben die Lerner wenig Möglichkeiten, von sich aus soziale Distanz zu verringern und sie sind auch wenig bereit, sich beim Erwerb der Zweitsprache zu engagieren, da sie die Erfahrung machen, dass sich die sprachliche 'Investition' nicht lohnt: Ihre Akkulturation scheitert und ihre Zweitsprache fossiliert.

Der Grad sozialer und psychologischer Distanz lässt sich in jedem Gespräch nachweisen. Wenn sich Menschen gegenseitig als gleichberechtigte und gleichrangige Gesprächspartner akzeptieren und positiv zueinander eingestellt sind, versuchen sie eine gemeinsame sprachliche Ebene zu finden und bewegen sich sprachlich aufeinander zu. Wenn zwischen ihnen jedoch eine kulturelle, soziale oder persönliche Distanz besteht, drückt sich dies auch in sprachlichen Unterschieden aus. Die Gesprächspartner bemühen sich dann nicht, einen gemeinsamen Sprachstil zu finden, vor allem hinsichtlich ihrer Aussprache. Howard Giles hat dieses weithin gültige Verhaltensmuster mit seinem 'Akkommodationsmodell' theoretisch gefasst (vgl. Beebe/Giles 1984; siehe auch Kapitel 4.3.1 'Aussprache', S. 139).

Für Situationen, in denen sich Menschen mit unterschiedlichen Erstsprachen begegnen, ist es von zentraler Bedeutung zu erfahren, in welcher Weise man versucht, sich sprachlich aneinander anzupassen. Wie stark sprachliche Akkommodationsprozesse wirken, hängt vom sozialen Selbstverständnis in Hierarchien, von kulturell geprägten Einstellungen Fremden gegenüber und den Machtverhältnissen zwischen Kulturen ab. Als Robinson Crusoe als Angehöriger einer vermeintlich oder tatsächlich überlegenen Kultur eine Beziehung zu 'seinem' Freitag aufbaute, war es für ihn keine Frage, dass Freitag Englisch lernen musste. Der Eingeborene musste sich ihm sprachlich anpassen und nicht umgekehrt.

Es entspricht unserer Alltagserfahrung anzunehmen, dass manche Menschen in besonderer Weise für den Erwerb von Fremdsprachen begabt sind: eine spezielle Begabung, die nicht mit einer 'generellen Intelligenz' identisch zu sein scheint. Der Gedanke dahinter ist auf den ersten Blick verführerisch: Wenn man vor Beginn einer möglichen Beschäftigung mit einer Fremdsprache feststellen könnte, wie erfolgreich ein jeweiliger Lerner bei seinem Bemühen sein wird, dann würde man ungeeigneten Personen vergebliche Mühen und Frustrationen ersparen. Je nachdem, wie für einen Lerner sein Begabungspotenzial ausfällt, könnte man eine gezielte Kosten-Nutzen-Rechnung aufstellen mit einer Empfehlung, in welchem Umfang und mit welchem Ziel eine oder mehrere Fremdsprachen erlernt werden sollten. Sowohl persönliche als auch gesellschaftliche Kosten könnten so im Vorgriff gezielt kalkuliert werden. Diese Überlegungen standen jedenfalls in den USA im Hintergrund, als das Militär nach dem Zweiten Weltkrieg unter dem Eindruck des Korea-Krieges und anderer internationaler

Konflikte einen hohen Bedarf an Fremdsprachenkenntnissen hatte und möglichst effizient die Begabungen von Soldaten ausschöpfen wollte.

Dazu benötigte man geeignete Testverfahren, mit denen die 'Begabung für Fremdsprachen' gemessen werden kann, beispielsweise den *Modern Language Aptitude Test* (*MLAT*) von Carroll/Sapon (1955). Er basiert auf der Annahme, dass eine fremdsprachliche Begabung auf vier voneinander unabhängigen Fähigkeiten beruht:

- einzelne Phoneme zu identifizieren und sie Graphemen zuzuordnen,
- Funktionen von Wörtern im Satz zu erkennen,
- neue Wörter rasch und effizient zu memorieren,
- Regularitäten in sprachlichem Input zu entdecken.

Der schulische Erfolg im Fremdsprachenunterricht kann tatsächlich relativ gut mit diesem und anderen ähnlichen Begabungstests (vgl. van Els u.a. 1984) prognostiziert werden. Aber genau hier setzt auch die Kritik an diesen Testverfahren an, denn die Fähigkeit, im schulischen Fremdsprachenunterricht gut abzuschneiden, hängt ganz generell mit schulspezifischen Fähigkeiten zusammen, beispielsweise damit, sich einer bestimmten schulischen Disziplin unterzuordnen, sich an Zeitvorgaben zu orientieren, die Notengebung zu berücksichtigen und dementsprechend möglichst nur sprachliche Strukturen zu verwenden, die man sicher beherrscht. Ob jemand dagegen fähig ist, in einem zielsprachlichen Land ohne institutionalisierten Unterricht in relativ kurzer Zeit effektiv zu kommunizieren, kann offenbar schlecht mit einem Begabungstest vorausgesagt werden.

Während der *Modern Language Aptitude Test* auf der Annahme mehrerer fremdsprachlicher Begabungsfaktoren beruht, wird auch diskutiert, ob es nicht möglicherweise nur einen generellen Begabungsfaktor (G-Faktor) für den Fremdspracherwerb gibt. Vollmer (1982) ist dieser Frage nachgegangen, konnte aber zu keiner eindeutigen Antwort kommen. Sprachliche Teilfähigkeiten korrelieren zwar miteinander, aber nicht so hoch, als dass ein G-Faktor dafür verantwortlich gemacht werden könnte. Interessanterweise korreliert allerdings ein relativ einfacher Test, der auch leicht selbst herzustellen ist, ausgesprochen hoch mit nahezu allen Subtests einer umfangreichen Testbatterie wie dem MLAT: der Cloze-Test. Man legt Lernern einen ihrem Sprachniveau entsprechenden Text vor, in dem jedes siebte, sechste oder fünfte Wort weggelassen und durch eine immer gleich große Lücke markiert wird, und bittet sie, diese Lücken durch jeweils ein Wort zu ersetzen, das ihrer Meinung nach im Original vorhanden ist. Die Lerner werden also gewissermaßen aufgefordert, 'Löcher' in einem Text adäquat zu stopfen, eine Fähigkeit, die auch bei der Rezeption und Produktion gesprochener Sprache ständig aktiviert werden muss, sei es, dass auf Grund von Nebengeräuschen oder einer undeutlichen Aussprache Äußerungen rekonstruiert werden müssen oder sei es, dass beim Planen einer Äußerung offene Stellen durch Inhalts- oder Funktionswörter auszufüllen sind. Hinzu kommt, dass durch das Stopfen dieser Textlöcher im Cloze-Test gleichermaßen auf grammatische

Wohlgeformtheit, stilistische Adäquatheit und inhaltliche Richtigkeit geachtet werden muss.

Die Ergebnisse von Testverfahren haben eine nicht zu unterschätzende Suggestionskraft. Ganz gleich wie auch immer ein Ergebnis ausfallen mag: Es kann zu einer Haltung beim Lehrer wie beim Lerner führen, die dazu beiträgt, dass tatsächlich das eintrifft, was ein Test gemessen hat: eine 'sich selbst erfüllende Prophezeiung' kann eintreten. Besonders diejenigen, die schlechte Testergebnisse erzielt haben, können sich für unbegabt halten und entsprechend resignieren, und Lehrer können ihnen bewusst oder unbewusst signalisieren, dass sie schlechte Lerner sind und damit bewirken, dass sie sich dementsprechend auch wie schlechte Lerner verhalten. Ein generelles Begabungskonzept muss zu einer fatalistischen Haltung sowohl beim Lehrer wie beim Lerner führen: Ob man für Fremdsprachen begabt ist oder nicht, daran ließe sich dann wenig ändern. Zudem ist ein 'Begabungskonzept' statisch: Es berücksichtigt nicht den dynamischen Aspekt der Entwicklung von Lernern. Für die Planung und Durchführung eines Erfolg versprechenden Kurses kommt es vielmehr darauf an, die Entwicklungsprozesse, in denen sich jeder einzelne Lerner befindet, unabhängig von einer wie auch immer gearteten generellen fremdsprachlichen Begabung zu erkennen und dementsprechend zu handeln, also nicht lediglich zu versuchen, einen Begabungs-Ist-Stand festzustellen, sondern die Genese von erfolgreichen Lernern zu recherchieren und daraus Schlüsse für individuell zugeschnittene Lernerstrategien zu entwickeln (vgl. Stevick 1989).

1.4 Lernstile und Lernerstrategien

Jeder hat beim Lernen einer Fremdsprache bestimmte Vorlieben: Der eine möchte zunächst genau verstehen, was er lernen soll, der andere möchte ohne lange Vorbereitung möglichst frei kommunizieren. Viele Wege führen zum Ziel, und deshalb haben empirische Untersuchungen zum Verhältnis von persönlichen Merkmalen zu messbaren Lernerfolgen auch wenig konsistente Ergebnisse erbracht. Die Vielzahl der möglichen Faktoren lässt sich schlecht operationalisieren. Selbst wenn es gelänge, hier zu einigermaßen gesicherten Ergebnissen zu kommen, wären sie didaktisch wenig hilfreich, denn es kann nicht nur einen Weg zum Erfolg geben; es kommt vielmehr darauf an, dass jeder Lerner Lernwege findet, die seiner Persönlichkeit entsprechen und die deshalb für ihn die richtigen sind.

Im Fremdsprachenunterricht wird auf persönliche Präferenzen noch zu wenig eingegangen. Ein bestimmter Lernstil wird vielmehr von der Methodik über ein Lehrbuch und den Lehrer für alle gleichermaßen vorgegeben. Wenn dieser Stil den persönlichen Neigungen eines Lerners entspricht, dann wird sein Erwerbsprozess befriedigender verlaufen, andernfalls können Desinteresse, Verunsicherung, Frustration und Leistungsschwäche die Folge sein. Zum Glück sind die meisten Lerner so flexibel, dass sie auch mit weniger angenehmen Unterrichtsverfahren zurechtkommen. Doch manche können sich schlecht von einem bestimmten Lernstil lösen, und wenn ein Lehrer dafür in seinem Unterricht kein Verständnis hat, ist der Misserfolg vorprogrammiert. Während 'Lernstile' generelle Orientierungen und Präferenzen von Lernern charakterisieren, beziehen sich 'Lernerstrategien' auf spezifisches Lernverhalten (Ehrman 1996, S. 49). Man unterscheidet *visuelle, auditive* und *kinästhetische* Lernstile (Ehrman 1996, S. 59-63). Lerner, die visuell orientiert sind, bevorzugen Lesen und Schreiben gegenüber Hören und Sprechen. Sie haben in einem Unterricht, in dem schriftliche Leistungen höher bewertet werden als mündliche, deutliche Vorteile. Auditiv orientierte Lerner erzielen bessere Leistungen mit gesprochenem Input und kinästhetisch orientierte Lerner möchten ihren ganzen Körper in das Lerngeschehen einbringen und nicht als sprechende oder schreibende 'Oberkörper' auf einem Stuhl hinter einer Bank gefesselt bleiben.

Ein visueller Lernstil könnte konkret im Wortschatzerwerb mit Hilfe von Karteikarten bestehen; ein auditiver Lernstil im Hören von authentischem Tonkassettentexten oder Radiosendungen und eine kinästhetische in Sprachspielen, in denen der ganze Körper in Bewegung ist. Nur ein kleinerer Teil aller Lerner ist einseitig auf einen bevorzugten Sinn beim Lernen festgelegt; Mischtypen sind häufiger, allerdings nahezu immer mit deutlichen Präferenzen in einer Richtung. Entscheidend ist, dass sich die Lerner ihrer Vorlieben bewusst werden und dass im Unterricht genügend Angebote in allen Richtungen vorhanden sind. Bei der Präsentation eines neuen Textes durch den Lehrer sollte es den Lernern beispielsweise freigestellt sein, ob sie den Text zunächst nur hören (evt. mit geschlossenen Augen) oder aber ihn still mitlesen wollen.

Die Wahrnehmung von Menschen, die komplexe soziale Situationen rasch erfassen, aber weniger auf einzelne Elemente achten, wird als *feldabhängig* bezeichnet. Bei einer *feldunabhängigen* Wahrnehmung richtet sich die Aufmerksamkeit dagegen nicht auf größere Zusammenhänge, die gestalthaft als Einheit erfasst werden, sondern eher auf Einzelheiten. Die Wirklichkeit wird nicht nur unterschiedlich wahrgenommen, sondern führt auch zu einem entsprechend unterschiedlichen Verhalten und Handeln. In Bezug auf Sprache würde sich eine feldabhängige Wahrnehmung auf das Erfassen eines Textes oder einer Äußerung richten, eine feldunabhängige Wahrnehmung hingegen auf das Erkennen einzelner Elemente im Text, beispielsweise die Wortstellung im Satz oder die Morphologie und Aussprache eines Wortes. Aus diesen Wahrnehmungsunterschieden können unterschiedliche Lernstile abgeleitet werden.

Ein feldabhängiger Lerner möchte so rasch wie möglich frei kommunizieren, auch wenn er dabei noch viele Fehler macht. Ihn interessiert die Grammatik weniger. Großzügig geht er über morphologische 'Kleinigkeiten' hinweg. Ihm kommt es auf sprachliche Handlungen in natürlichen sozialen Kontexten an. Er ist eher integrativ motiviert und möchte Kontakte mit Menschen knüpfen, um sich mit ihnen inhaltlich austauschen zu können. Mit viel Empathie erfasst er soziale Situationen und versucht, mit seinen unzureichenden sprachlichen Mitteln an Gesprächen teilzunehmen. Da er eine hohe Ambiguitätstoleranz hat, verunsichern ihn ein schwer verständlicher Input und unklare Intentionen in Gesprächen kaum. Da er aufgeschlossen, eher extrovertiert und selbstbewusst bereits nach wenigen Lerneinheiten munter und risikofreudig 'drauflos' redet, hat er hohe Anfangserfolge und entwickelt rasch seine kommunikative Kompetenz. Als fortgeschrittener Lerner hat er jedoch oft eine geringe Neigung, den Grad sprachlicher Korrektheit zu erhöhen, gerade weil er ja mit seiner informellen, einfühlsamen Art einen so guten 'Draht' zu Muttersprachlern bekommen hat und scheinbar all das ausdrücken kann, was er ausdrücken möchte. Es besteht deshalb die Gefahr einer *Fossilierung*, eines Stillstands des fremdsprachlichen Erwerbsprozesses in einem kommunikativ ausreichenden, aber grammatisch normabweichenden lernersprachlichen Stadium.

Ein feldunabhängiger Lerner dagegen geht analytisch und deduktiv vor. Er möchte genau wissen, was er lernt, wie die Übersetzung eines Satzes oder Wortes aussieht oder nach welchen grammatischen Regeln ein Satz aufgebaut ist. Ein grammatischer Teilbereich, wie z.B. das Passiv, sollte für ihn als ein logisches System Schritt für Schritt vermittelt werden, möglichst in Form von expliziten Regeln und einer verlässlichen Grammatiktafel. Ein Unterricht mit klaren Vorgaben, Lehrbücher mit einem festen Lektionsaufbau und Übungen, für die es eindeutige Lösungen gibt, kommen diesem Lerner entgegen. Erst auf einer gesicherten Basis traut er sich an offenere, kommunikative Aufgaben. Ein unstrukturierter sprachlicher Input, der im zielsprachlichen Alltag auf ihn einströmt, und unvorbereitete kommunikative Interaktionen mit Muttersprachlern verunsichern ihn. Hier schweigt er lieber oder formuliert einzelne Sätze zunächst stumm 'im Kopf', bevor er sich traut, sie zu äußern, da er Fehler vermeiden möchte. Als schulisch angepasster und geduldiger Lerner ist er eher bereit, sich systematisch und diszipliniert einen Vorrat an grammatischen Strukturen und Wortmaterial anzulegen, einen Vorrat, den er vielleicht einmal in einem späteren Gespräch mit einem Muttersprachler verwenden kann. Vielleicht hofft er aber auch insgeheim, nicht in diese möglicherweise peinliche Situation zu kommen. Er ist instrumentell orientiert, fügt sich in seine Lernerrolle und orientiert sich an der Kompetenz und Autorität seines Lehrers. Er erscheint diszipliniert, kontrolliert und eher introvertiert. DaF-Lerner aus einem mittleren bis gehobenen sozialen Milieu scheinen stärker dem feldunabhängigen Typus zu entsprechen und haben dementsprechend einen eher analytischen Zugang zur Fremdsprache, während DaZ-Lerner aus dem Milieu der Arbeitsmigration wohl eher feldabhängig wahrnehmen und gestaltorientiert lernen (vgl. Steinig 1993, S. 309-316).

Es gibt allerdings auch Lerner, die sowohl feldabhängige als auch feldunabhängige Lernstile verfolgen. Sie beziehen nicht nur den außer- und innersprachlichen Kontext, das gesamte 'Feld', ein, sondern achten auch auf sprachliche Einzelheiten. Sie besitzen die Flexibilität, entweder vom komplexen Text bzw. Gespräch (top-down) oder von einzelnen Wörtern, Flexionsendungen oder Phonemen auszugehen (bottom-up) und die Fremdsprache so gewissermaßen von beiden Enden her aufzurollen, also zwischen einer Top-down- und einer Bottom-up-Strategie hin- und herzuspringen. Sie lassen sich gerne auf offene kommunikative Situationen ein, interessieren sich aber auch für grammatische Strukturen und

Regeln. Sowohl das inhaltliche 'Was' als auch das formalsprachliche 'Wie' eines Textes kann intuitiv erfasst, aber auch bewusst und kritisch geprüft werden. Die Hypothesenbildung in Bezug auf den sprachlichen Input kann flexibel zwischen hoher Bewusstheit und unbewusstem, intuitivem Lernen wechseln.

Schwache Lerner schließlich haben sowohl Probleme beim situativ-ganzheitlichen Erfassen sprachlichen Inputs als auch beim Erkennen formalsprachlicher Merkmale. Für sie ist fremdsprachliches Lernen ein anstrengender Prozess. Da weder analytische, regel- und musterorientierte noch kommunikative Lernangebote greifen, muss hier oft ein mühsamer Weg über Auswendiglernen, Wiederholungsübungen, einfache Faustregeln und feste Lernpläne mit vielen individuellen Hilfen gegangen werden.

Alle beschriebenen Lernertypen sind Idealisierungen. In der Realität herrschen Übergänge und Mischtypen vor. Lernertypenmodelle orientieren sich zudem vorwiegend an erwachsenen Lernern, bei denen die Persönlichkeitsstrukturen ausgereift sind. Schüler haben im Fremdsprachenunterricht meist nicht die Möglichkeit, selbstbestimmt Lernerstrategien zu entwickeln, die zu ihrem Lernstil passen. Viele Unterrichtsmethoden sind im Gegenteil so rigide, dass sie den Eindruck vermitteln, es gäbe nur einen richtigen Weg zur Fremdsprache, gleichgültig, ob er einem behagt oder nicht. Das fremdsprachliche Curriculum, die verwendeten Lehrwerke und nicht zuletzt die Methodik des Lehrers geben Lernerstrategien weitgehend vor. Erst in den höheren Klassen schaffen es einige bewusst lernende Schüler, aus der vorgegebenen Methodik auszuscheren und sich 'heimlich' Lernerstrategien anzueignen, es sei denn, Lehrer ermutigen ihre Schüler frühzeitig, mit eigenen Strategien zu experimentieren und sie ins Unterrichtsgeschehen einzubeziehen.

Neben den persönlichen Eigenschaften von Lernern spielen schließlich kulturspezifische Unterschiede eine wichtige Rolle. In bestimmten Kulturen treten Menschen in institutionell geprägten Situationen wie im Unterricht äußerst zurückhaltend auf. Dies hängt vor allem mit der ständigen Sorge zusammen, sich in der Öffentlichkeit und Autoritätspersonen wie dem Lehrer gegenüber unziemlich verhalten zu können oder gar sein Gesicht zu verlieren. Man kann auf Grund dieses kulturell bedingten Verhaltens nun aber nicht folgern, diese Lerner wären etwa alle introvertiert oder feldunabhängig orientiert. Die unterschiedlichen Persönlichkeiten und entsprechenden Lernstile würden auch hier zum Ausdruck kommen, wenn in der institutionalisierten Lernsituation dafür Raum gegeben würde, wenn auch in einer kulturspezifischen Ausprägung.

Riemer (1997) kommt nach einer kritischen Durchsicht empirischer Untersuchungen zu affektiven Faktoren, sozialen Faktoren und kognitiven Persönlichkeitsmerkmalen zu dem Fazit, dass fremdsprachliche Lernprozesse hochgradig individuell verlaufen und deshalb die Effekte von einzelnen Variablen wie Motivation, soziale Schicht oder Lernstile nicht prognostizierbar seien. Die Ergebnisse ihrer Fallstudie zum gesteuerten Zweitspracherwerb von drei erwachsenen Ausländern stützen eine „Einzelgänger-Hypothese", da sich jeder Fall „durch ein singuläres Geflecht von wechselwirksamen Variablen" auszeichnet, „die sowohl sozialen und affektiven Ursprungs als auch Ausdruck stabiler Persönlichkeitsmerkmale sind" (Riemer 1997, S. 77 u. 225). Die didaktische Konsequenz daraus wäre, dass man die einzelnen Faktoren, die das Lernerverhalten beeinflussen können, weniger als generalisierbares Wissen auf bestimmte Lernergruppen anwendet, sondern sich bei jedem einzelnen Lerner fragt, welcher Faktorenkomplex hier zusammen kommt und zu einem spezifischen Lernverhalten führt.

Während Lernstile relativ fest mit der Persönlichkeitsstruktur verbunden sind, lassen sich Lernerstrategien im Rahmen einer didaktischen Konzeption günstig beeinflussen und entwickeln. Wolff (1998, S. 72) definiert sie wie folgt:

> Lernerstrategien sind strategische Verhaltensweisen, die der Lernende u.a. beim Gebrauch und Erwerb der fremden Sprache einsetzt; als komplexe Pläne steuern sie sowohl das Verhalten des Lernenden beim Lernen und in der Interaktion mit anderen, als operationalisierte Fertigkeiten steuern sie den Erwerb sprachlicher Mittel und die Verbreitung anderer nicht sprachlicher Informationen.

Lernerstrategien können sich also auf den Erwerb einzelner sprachlicher Fähigkeiten beziehen wie auf die Art und Weise der Rezeption und Produktion von gesprochenen oder geschriebenen Texten, wobei der reflexive und selbstkritische Umgang mit diesen Strategien als metakognitive Strategie bezeichnet werden kann. Sie hilft den Lernern, ihren Lernprozess selbstverantwortlich zu gestalten und autonomer zu werden.

Lernerstrategien, die sich auf den Erwerb einzelner sprachlicher Fähigkeiten beziehen, bezeichnet man als Lern- bzw. Arbeitstechniken oder auch als Lernstrategien. Beim Erwerb der Aussprache, des Wortschatzes und der Grammatik werden von der Fremdsprachendidaktik Techniken empfohlen, die sich als günstig erwiesen haben, beispielsweise für die Aussprache schwieriger Laute (mit einem Spiegel und Kassettenrecorder), das Lernen unbekannter Wörter (mit Wörterbuch und Karteikasten) oder die Einübung einer grammatischen Struktur (durch systematische Variation eines Musters). (Mehr dazu in Kapitel 4.3.)

Bei Strategien, die auf einzelne Fertigkeiten wie Hören, Sprechen, Lesen und Schreiben abzielen (vgl. Kapitel 4.2), geht es um Verfahren zur Erschließung von Wortbedeutungen in Texten oder um Möglichkeiten, vor dem Schreiben eines Textes, Ideen zu sammeln und zu strukturieren. Diese Strategien werden bereits im Umgang mit der Erstsprache erworben, sollten aber beim Fremdsprachenerwerb aktualisiert, ggf. modifiziert und kritisch von jedem Lerner auf ihre Tauglichkeit hin überprüft werden.

Schließlich verfolgen Lerner bestimmte Strategien in der Kommunikation mit Muttersprachlern, mit anderen Lernern und mit Lehrenden. Aufschlussreich ist hier vor allem der Umgang mit sog. 'Sprachnotsituationen', d.h. Situationen während eines Gesprächs, in denen Lerner nach einem bestimmten Wort suchen, sie etwas nicht verstanden haben oder nicht wissen, wie sie eine Äußerung beenden sollen. In all diesen Fällen kommt es darauf an, Strategien zur Verfügung zu haben, um die prekäre Lage zu meistern.

Lektürehinweise

In Macht (1991) werden knapp Untersuchungsergebnisse zum Einfluss unterschiedlicher Faktoren auf den Lernerfolg vorgestellt. Apeltauer (1992) setzt den Faktor 'Alter' mit anderen Einflussfaktoren in Beziehung und diskutiert dazu neuere Untersuchungen. Stevick (1989) beschreibt anschaulich und mit viel Einfühlungsvermögen, welche Lernerstrategien erfolgreiche Fremdsprachenlerner einsetzen. Im Handbuch von Rampillon (1996) werden systematisch Lerntechniken dargestellt. Erweiternd und vertiefend dazu ist der Sammelband von Rampillon/Zimmermann (1997). Einen umfassenden und theoretisch fundierten Überblick zu Lernerpersönlichkeit und Lernproblemen bietet Ehrmann (1996).

2. Theorien zum Zweitspracherwerb

Der fremdsprachliche Input, den ein Lerner wahrnimmt, kann linguistisch beschrieben werden. Aber was bei diesem Input im Kopf eines Lerners abläuft, kann mit bildgebenden Verfahren (z.B. Computertomografie) nur rudimentär erschlossen werden. Lernersprachliche Äußerungen geben heute immer noch genauere Hinweise auf die internen Verarbeitungsprozesse. Und auch die Beobachtungen und Interpretationen, die ein Lerner selbst zu seinem Lernprozess geben kann, ermöglichen Rückschlüsse auf bestimmte intern ablaufende Vorgänge.

Bei der internen Verarbeitung muss man unterscheiden zwischen dem 'Intake', der Adaption sprachlichen Wissens und seiner Speicherung, und den Prozessen, die dafür sorgen, dass dieses Wissen wieder aktiviert werden kann, wenn man sprachlich handelt. Dabei muss man immer berücksichtigen, dass einem Lerner nur begrenzt sprachliche Mittel zur Verfügung stehen, mit denen er versuchen muss, dennoch ein kommunikativ akzeptables Ergebnis zu erzielen.

Eine Theorie zum L2-Erwerb kann nicht nur die jeweilige Relevanz einzelner Bedingungsfaktoren wie 'Alter', 'Motivation' o.ä. zu klären versuchen. Sie müsste vielmehr den sprachlichen Lernprozess als Ganzes durchschaubar und mögliche Verbindungen zu nicht-sprachlichem Lernen deutlich machen. Dabei sollte auch deutlich werden, ob es sich beim Erwerb der Muttersprache und einer Fremdsprache um einen generell ähnlichen oder deutlich anderen Prozess handelt. Zudem sollte sie Voraussagen ermöglichen, unter welchen Bedingungen ein erfolgreicher L2-Erwerb gelingen kann. Das sind – zugegeben – weit reichende Forderungen, die alle bisherigen Theorien nur teilweise erfüllen können.

2.1 Behaviorismus und Kontrastive Analyse

Der Behaviorismus als erste moderne globale Lerntheorie schien eine einleuchtende Erklärung für den Spracherwerb zu bieten: Jedes Lernen, nicht nur sprachliches, kann man als eine kleinschrittige Aneignung von Verhaltenseinheiten verstehen. Menschen hören eine Äußerung (ein Wort oder einen Satz), versuchen sie zu imitieren und partnergerecht zu verwenden, und bekommen dafür, wenn es ihnen gelingt, eine positive Verstärkung aus der Umwelt: Ein Lächeln der Eltern, die gewünschte Auskunft am Bahnschalter oder das Lob eines Lehrers. Jede Mutter, jeder Vater und jeder Lehrer kann sich gut vorstellen, dass der Spracherwerb so funktionieren könnte, denn wer Erfolg mit einer Äußerung hat, ist motiviert, weitere Äußerungen zu produzieren. Manche Fremdsprachenlehrer haben wahrscheinlich nach wie vor diese behavioristisch geprägte Alltagstheorie im Hinterkopf: Auf eine Lehreräußerung (den Reiz) folgt eine Lernerreaktion, die anschließend, wenn sie richtig ist, vom Lehrer positiv sanktioniert wird. Fehlerhafte Äußerungen müssen nach diesem Verständnis möglichst vollständig aus dem Unterricht verbannt werden, denn sie könnten sich womöglich 'einschleifen'.

Spätestens hier verhalten sich Eltern jedoch anders als Lehrer: Mütter versuchen kaum jemals, fehlerhaftes Sprechen bei ihren Kindern zu verhindern. Ganz im Gegenteil: Sie freuen sich über jede Äußerung, und fehlerhafte werden von Eltern kleiner Kinder sogar oft positiv verstärkt, weil sie als 'niedlich' oder lustig empfunden werden. Während Eltern auf fehlerhafte kindliche Äußerungen äußerst selten negativ reagieren, gehören korrigierende Rückmeldungen und negative Sanktionen nach wie vor – meist vollkommen unreflektiert und ganz selbstverständlich – zum 'normalen' Repertoire eines Fremdsprachenlehrers. Falsches wird in der Regel nicht einfach übergangen, sondern negativ kommentiert. Für die negativen Rückmeldungen des Lehrers gibt es bis heute weder eine theoretische Begründung noch empirische Untersuchungen über ihre Wirksamkeit. Auch vom Behaviorismus werden 'negative Reaktionen' bzw. 'Strafen' als weniger sinnvoll angesehen, da sie einen weitaus geringeren Erfolg versprechen als 'positive Verstärkungen'.

Auf der Basis der behavioristischen Lerntheorie wurde von Fries (1945) und Lado (1957) eine bis heute einflussreiche linguistische und fremdsprachendidaktische Theorie entwickelt: die Kontrastive Analyse. Sie geht von der Annahme aus, dass L2-Lerner, die ihre Muttersprache bereits (weitgehend) erlernt haben, Eigenschaften und Strukturen der L1 auf die L2 übertragen. Besteht zwischen einer L1 und einer L2 in einem linguistisch definierten Bereich Gleichheit, beispielsweise bei einer identischen Wortstellung im Aussagesatz, dann wäre dieser positive Transfer von L1 auf L2 zu begrüßen, da keine Fehler zu erwarten sind und die strukturelle Gleichheit für den Zweitspracherwerb eine Erleichterung darstellt. Bestehen jedoch spezifische linguistische Unterschiede zwischen L1 und L2, dann wären ein negativer Transfer und entsprechende Fehler zu erwarten.

Transfer kann aber auch zur Vermeidung bestimmter sprachlicher Strukturen in der Zielsprache führen, weil sie in der L1 nicht vorhanden sind. Das Türkische kennt beispielsweise keine Artikel und man kann deshalb erwarten, dass türkische Deutschlerner in einem späteren Lernstadium Artikel erwerben als etwa Franzosen oder Griechen.

Schließlich kann Transfer auch zu einem unverhältnismäßig häufigen Gebrauch bestimmter sprachlicher Formen in der Zielsprache führen, da dies in der L1 zur Norm gehört. Beispielsweise werden Höflichkeitsfloskeln in vielen Sprachen wesentlich öfter verwendet als im Deutschen. Ein Transfer dieser Gewohnheit auf das Deutsche könnte bei deutschen Gesprächspartnern Irritationen auslösen.

Anhand dieser Beispiele wird bereits deutlich: Interferenzen lassen sich auf allen sprachlichen Ebenen beobachten. Viele Aussprachefehler von Lernern beruhen auf negativem Transfer von der L1. Die Sprechorgane haben sich bereits in einem frühen Stadium der kindlichen Entwicklung – nach circa 6 Monaten – auf die Artikulation der muttersprachlichen Lautmuster eingestellt. Mit zunehmendem Alter fällt es dann immer schwerer, fremdsprachliche Lautmuster akzentfrei zu produzieren.

Auf semantischer Ebene können sich Interferenzen ergeben, die beispielsweise in Form der 'falschen Freunde' (vgl. Breitkreuz 1992) auftreten: Zwei Wörter, die formal ähnlich oder gleich sind, wie z.b. „sensibel", bedeuten als deutsches und als englisches Lexem etwas anderes („empfindsam/vernünftig") und können deshalb leicht von Lernern des Englischen oder des Deutschen inadäquat verwendet werden.

Auf pragmalinguistischer Ebene lassen sich ebenfalls viele Beispiele für Interferenzen finden. Türkische Schüler begrüßen ihre deutschen Lehrer in der Bundesrepublik z.B. häufig mit der Begrüßungsformel: „Guten Morgen Herr/Frau X. Wie geht's?". Der Zusatz „Wie geht's?" ist im Türkischen obligatorisch, und auf diese Frage wird, genau wie nach dem englischen „How do you do?", keine ehrliche Antwort erwartet. Da Deutsche aber nach dieser Frage durchaus häufig einen 'Kurzbericht' zu ihrer momentanen Stimmungslage mit einer Begründung abgeben, ist die Frage nach dem persönlichen Befinden auf Begrüßungen von Menschen beschränkt, die sich persönlich näher stehen. Wenn sich ein türkischer Schüler bei einem deutschen Lehrer auf Grund der Interferenz aus dem Türkischen nach dessen Befinden erkundigt, wird dies deshalb manchmal fälschlich als besondere Anhänglichkeit oder gar als unangemessen, ja als eine unangenehme Zumutung empfunden.

Im Bereich der Grammatik einschließlich der Morphologie allerdings sind die Beispiele für Interferenzen weniger eindeutig; sie können häufig auch als falsche Analogien innerhalb der Fremdsprache gedeutet werden. Die Kontrastive Analyse scheint jedenfalls – auch wenn der grammatische Bereich problematisch ist – eine solide theoretische Grundlage zu bilden, um anhand eines Sprachvergleichs von Ausgangs- und Zielsprache mögliche, kontrastiv bedingte Fehler aufzuspüren, fehlerträchtige Bereiche systematisch aufzuarbeiten und didaktisch zu modellieren. Wenn man beispielsweise weiß, dass bestimmte Phoneme einer L2 in der L1 nicht vorhanden sind oder anders realisiert werden, dann sollte man als Lehrer auf diese Bereiche im Unterricht verstärkt eingehen.

Die ursprüngliche Erwartung der Kontrastiven Analyse, miteinander eng verwandte und ähnliche Sprachen seien generell unproblematischer zu lernen als stark voneinander differierende, ging allerdings nicht in Erfüllung. Dagegen spricht, dass oft spezifische, kaum merkliche Unterschiede zwischen einer L1 und einer L2, etwa zwischen dem Niederländischen und dem Deutschen, zu einer kaum überwindbaren Hürde werden. Fundamental unterschiedliche Sprachen, wie etwa das Deutsche und das Chinesische, sind dagegen weitaus weniger transferträchtig. Da weder der Behaviorismus noch die Kontrastive Analyse bewusst vom Lerner gesteuerte Prozesse in ihre Theorie einbeziehen, hatte man übersehen, dass Lerner einzuschätzen versuchen, inwieweit linguistische Einheiten ihrer L1 für den Erwerb der neuen L2-Einheiten hilfreich sein könnten. Ein Niederländer, der Deutsch lernt, wird auf Grund der nahen Verwandtschaft beider Sprachen immer wieder auf seine Muttersprache zurückgreifen, wobei diese Strategie in Bezug auf den kommunikativen Erfolg seiner deutschen Äußerungen sehr nützlich sein kann. Aber möglicherweise gerade weil sich der Erfolg über diese kontrastive Strategie rasch einstellt, werden feinere Unterscheidungen vernachlässigt.

Zum Wissen von (älteren) Lernern gehört auch, dass sich idiomatische Wendungen fast nie wörtlich auf eine andere Sprache übertragen lassen. Die Wendung „nicht alle Tassen im Schrank haben" lässt sich nicht mit „to have not all cups in the cup-board" übersetzen. Und wenn es doch in Ausnahmefällen wie „den Nagel auf den Kopf treffen" – „to hit the nail on the head" zu wörtlichen Entsprechungen kommt, werden sie von Lernern eher vermieden, weil sie eine derartige Identität nicht erwarten.

Aber es sind nicht nur Interferenzen von der L1 auf eine L2 möglich. Falls noch weitere Fremdsprachen gelernt werden, können sie auch untereinander interferieren. Da für drei von vier Lernern Deutsch nach Englisch die zweite Fremdsprache ist, wäre zu fragen, ob eine früher erworbene Englisch-Kompetenz in positiver oder negativer Weise auf den Erwerb des Deutschen Einfluss nimmt und ob diese systematisch für den Deutschunterricht genutzt werden könnte. Hufeisen (1994) hat dazu methodische Vorschläge gemacht. Eine empirische Untersuchung zur Klärung der Frage, ob dieses didaktische Vorgehen für alle oder einige Lerner hilfreich ist, steht allerdings noch aus.

Von der ursprünglich behavioristischen Fundierung der Kontrastiven Analyse, die Fehler als gleichsam automatisch und somit gut voraussagbare Übertragung von früher – in der L1 – erlernten sprachlichen Verhaltenseinheiten (sog. 'habits') auf die L2 erklärte, ist man zu Beginn der 70er Jahre, seit man kognitive Prozesse besser versteht, abgekommen. Mittlerweile versucht man, kontrastiv bedingte Fehler im Rahmen einer lernersprachlichen Theorie zu sehen (vgl. Kapitel 2.3), in der der Lerner eine – im Gegensatz zum Behaviorismus – aktive, selbst konstruierende und teilweise bewusst reflektierende Rolle einnimmt. Interferenzfehler lassen sich oft schwer voraussagen, weil der Lerner sich in einem ständigen Prozess der Um- und Neuorientierung befindet. Er konstruiert immer wieder veränderte Regeln in der L2 und berücksichtigt dabei sein Regelwissen aus der L1. Intuitiv entscheidet er dabei, welche Regeln und Muster aus der L1 so grundlegend sein können, dass sie für einen positiven Transfer auf die L2 taugen.

2.2 Spracherwerb als kognitiv-modularer Prozess

Nicht alle Fehler lassen sich mit einem negativen Transfer aus der Erstsprache erklären. Forscher, die den Erst- wie den Zweitspracherwerb als einen sprachspezifischen Reifungsprozess verstehen – Pinker (1996) spricht gar von einem 'Sprachinstinkt' – nehmen an, dass sich die L1 und die L2 unabhängig voneinander nach universalen sprachlichen Reifungsprinzipien entwickeln. Chomsky hatte bereits 1957 in einer Kritik des Buches *Verbal Behavior* von Skinner deutlich gemacht, dass Spracherwerb nicht mit einer behavioristischen Theorie zu erklären sei, denn Kinder lernen keine Sätze nach festen vorgegebenen Mustern durch

Imitation. Wäre dies der Fall, würde die menschliche Sprache aus einer begrenzten Anzahl von Sätzen bestehen, die in bestimmten Situationen geäußert würden – ganz ähnlich wie bei einem Papagei. Jeder kompetente Sprecher und auch Kinder während des Erstspracherwerbs konstruieren aber jeden Satz, den sie äußern, immer wieder neu anhand eines internen Regelapparats, sieht man einmal von floskelhaften Wendungen ab („Hallo, lange nicht mehr gesehen!"). Kinder entwickeln im Laufe von wenigen Jahren ohne formale Instruktion – etwa Wiederholungsübungen oder systematische Rückmeldungen der Eltern, ob eine Äußerung richtig oder falsch ist – eine mentale Grammatik, mit der sie jeden Satz immer wieder neu konstruieren. Dabei sind ihre Sätze zunächst einfach und fehlerhaft, aber es sind immer ihre eigenen Kreationen: Äußerungen, die sie in dieser Form nicht in ihrer Umwelt gehört haben.

Die Fähigkeit eines Kleinkindes, anhand eines sprachlichen Inputs, der nicht nach einer bestimmten Progression systematisch angeordnet wird, der oft fehlerhaft ist und unvollständige Sätze enthält, dennoch selbstständig in wenigen Jahren die grammatischen Regeln seiner Muttersprache zu entdecken, muss nach Chomsky auf einer angeborenen universalgrammatischen Fähigkeit (UG) beruhen. In einem neuronalen Teilbereich der kognitiven Organisation, der sich auf formalsprachliche Fähigkeiten spezialisiert hat, dem sog. UG-Modul, seien die grundlegenden formalen Prinzipien aller Sprachen der Welt verankert. Die Aufgabe eines Kindes, das in eine bestimmte Sprachgemeinschaft hineingeboren wird, bestünde nun darin, mit Hilfe dieses UG-Moduls den Input, den es in seiner Muttersprache empfängt, auf Regularitäten hin zu 'überprüfen', die für seine Sprache spezifisch sind. Selbstverständlich wäre dies keine bewusste 'Überprüfung' oder – wie meist formuliert wird – 'Hypothesenbildung': sie würde vielmehr unbewusst vom UG-Modul gesteuert. Der partnerbezogene Input – das Sprechen der Eltern mit ihrem Kind – setze den UG-Mechanismus in Gang. Bereits einige Zeit bevor ein Kind die ersten Sätze äußert, hätte sein UG-Modul grundlegende Regularitäten seiner Muttersprache dekodiert. Neugeborene Babys, ja sogar Föten im Mutterleib reagieren mit großer Aufmerksamkeit auf sprachliche Äußerungen. Die Intonationsmuster einer Sprache scheinen vorgeburtlich verankert zu werden. Bereits sechs Monate nach der Geburt werden die Phoneme der Muttersprache generalisiert. Und bis zum Alter von drei Jahren sind die wesentlichen grammatischen Muster verankert. Die letzten Finessen brauchen allerdings oft ziemlich lange: Es kann bis zur Pubertät und sogar noch wenige Jahre darüber hinaus gehen, bis komplexere grammatische Strukturen wie der Gebrauch des Passivs und von Satzgefügen mit mehreren subordinierten Sätzen sicher verstanden und geäußert werden können (vgl. Pinker 1996, S. 303-344).

Nur weil ein angeborenes, neurologisch spezialisiertes Modul ein Spracherwerbsprogramm ablaufen ließe, sei laut Chomsky garantiert, dass alle Kinder dieser Erde in bemerkenswerter Gleichförmigkeit nahtlos und unauffällig in ihre Sprachgemeinschaften hineinwachsen und eine entsprechende muttersprachliche Kompetenz entwickeln. Die grammatischen Strukturen seiner Muttersprache erwirbt jeder trotz riesiger Unterschiede in der Erziehung und der sprachlichen Zuwendung der Eltern.

Chomsky hat mit seinen immer wieder neu formulierten Theorien (vgl. Chomsky 1981) die kognitive Psychologie, die Sprachentwicklungspsychologie und schließlich auch die Zweitspracherwerbsforschung bis hin zur Fremdsprachendidaktik beeinflusst. Die zentrale Fragestellung der Zweitspracherwerbsforschung ist: Wenn sich die L1 nach derartig festen, angeborenen Gesetzmäßigkeiten entwickelt, warum sollte das dann nicht auch für die L2 zutreffen? Und: Folgt der (zeitlich versetzte) Erwerb einer zweiten Sprache ähnlichen oder gleichen Entwicklungsgesetzen wie der Erwerb der Erstsprache?

Die ersten empirischen Untersuchungen, etwa von Dulay und Burt (1974), scheinen diese Annahme zu bestätigen, allerdings nur in Bezug auf wenige linguistische Phänomene: den Erwerb morphologischer Markierungen, etwa von Pluralmorphemen oder Flexionsendungen. Später kamen weitere Studien hinzu, die nun diese ersten Befunde auch für andere morphologische und syntaktische Phänomene wie beispielsweise das der Negation im Wesentlichen belegten, teilweise aber auch modifizierten: Kinder durchlaufen beim Erwerb der Zweitsprache ähnliche Entwicklungsstadien wie Kinder während des Erstspracherwerbs, und zwar mehr oder weniger unabhängig von ihren eigenen Erstsprachen. Interferenzen, die nach der Kontrastiven Hypothese zu erwarten wären, scheinen jedenfalls einen weit geringeren Einfluss zu haben, als man ursprünglich vermutete (vgl. Larsen-Freeman/Long 1991, S. 62ff.).

Die Versuchspersonen in diesen Untersuchungen waren in der Regel Vorschulkinder, die keinerlei formale Instruktion in der L2 erhalten hatten. Denn mit der Vorstellung einer L2-Entwicklung nach neuronal verankerten UG-Prinzipien war zwangsläufig das Augenmerk der Zweitspracherwerbsforschung auf einen außerschulischen Kontext, auf 'natürliche' Alltagssituationen hin orientiert. Man erwartete, dass der unsystematische Input, mit dem die Kinder hier konfrontiert werden, für einen erfolgreichen L2-Erwerb, ganz ähnlich wie beim L1-Erwerb, vollkommen ausreichen müsste.

Die Perspektive eines ungesteuerten Erwerbs, der unberührt von fremdsprachendidaktischer Instruktion nur durch kommunikative Interaktionen mit Sprechern der Zielsprache sich fast 'wie von alleine' vollzieht, musste geradezu zwangsläufig den herkömmlichen Fremdsprachenunterricht in Misskredit bringen. War Fremdsprachenunterricht womöglich deshalb so wenig befriedigend, weil sich unter den spezifischen Bedingungen der Lehrer-Schüler-Interaktionen einfach der biologisch angelegte Erwerbsmechanismus nur kümmerlich oder gar nicht entwickeln konnte? Denn weder ein kognitiv-grammatisch orientierter Fremdsprachenunterricht noch ein behavioristisch orientierter audiolingualer Unterricht mit Pattern Drills und Sprachlaborphasen entsprechen einer natürlichen außerschulischen Kommunikation, in der Lerner nur in Ausnahmefällen nach grammatischen Erklärungen suchen, auf grammatische Phänomene achten oder sich Sätze einzudrillen versuchen, weil sie nahezu ausschließlich am Verstehen einer Äußerung Interesse haben. Denn darauf kommt es beispielsweise dem amerikanischen Zweitspracherwerbsforscher Stephen Krashen (1981) einzig und allein an: Dass ein Lerner einen Input bekommt, der für ihn verständlich ist. Alles andere sei unnötige didaktische Liebesmüh! Der 'natürliche' L2-Erwerb (*acquisition of language*) wäre also nach Krashen dem schulischen Lernen (*language learning*) qualitativ überlegen. Die einzige Chance für den Fremdsprachenunterricht bestehe darin, das Unterrichtsgeschehen den 'natürlichen' außerschulischen Erwerbsbedingungen so ähnlich wie möglich zu gestalten. Der Lehrer müsse entsprechend darauf achten, dass die Schüler ständig einen L2-Input bekommen, den sie verstehen können und der zudem Elemente enthält, die sie noch nicht erworben haben, die sie aber aus dem Kontext erschließen können (Input-Hypothese). Außerdem sei wichtig, dass ein Lerner nicht durch Stress, Ängstlichkeit, Verärgerung, Langeweile, Aversion gegen den Lehrer oder andere negative Gefühle oder Einstellungen einen *affektiven Filter* aktiviere, der verhindere, dass der angebotene Input möglichst ungehindert aufgenommen und zum Intake umfunktioniert werden könne. Wenn diese Bedingungen erfüllt seien, könne man davon ausgehen, dass sich auch Schüler in Analogie zum L1-Erwerb und zum außerschulischen L2-Erwerb eine Fremdsprache in 'natürlichen' Erwerbsfolgen aneignen können (Natural-Order-Hypothese).

Durch unterrichtliches Lernen werde normalerweise, im Gegensatz zum natürlichen Erwerb, ein bewusstes Regelwissen aufgebaut, das als eine Art 'Monitor' die formalsprachliche Korrektheit einer Äußerung überwacht. Dieser Monitor könne allerdings nur dann seine Arbeit zufrieden stellend bewältigen,

- wenn genügend Zeit für eine Äußerung vorhanden ist, was normalerweise nur bei schriftsprachlichen Äußerungen der Fall ist,
- wenn der Lerner seine Aufmerksamkeit auf die sprachliche Form anstatt auf den Inhalt richtet, was einer normalen Gesprächshaltung widerspricht,
- wenn er die entsprechenden grammatischen Regeln tatsächlich auch kennt und anwenden kann.

Krashen hat, zusammen mit Terrell, seine Hypothesen in die unterrichtliche Praxis umgesetzt und einen sog. *Natural Approach* entwickelt. Die Methode, einen Lerner nicht – wie im kommunikativen Fremdsprachenunterricht üblich – möglichst früh zum freien Sprechen zu veranlassen, sondern ihn, vor allem im Anfängerstadium, einem verstehbaren sprachlichen Input auszusetzen, ihn also aktiv zuhören zu lassen, scheint sich gut zu bewähren (vgl. Kapitel 4.1.5).

Vorläufiges Fazit: Die Entwicklung eines Individuums ist abhängig von inneren Reifungsvorgängen und von Umwelterfahrungen. Die Entwicklung sprachlicher Fähigkeiten kann man dabei nicht global sehen und schlicht konstatieren, dass Reifung und Umwelt gleichermaßen wichtig seien. 'Sprache' ist ein Sammelbegriff, der unterschiedliche Bereiche umfasst, die wiederum verschiedenartig von biologischen und umweltbedingten Einflüssen abhängen. Die Entwicklung allgemeiner kognitiver Fähigkeiten interagiert ebenfalls mit unterschiedlichen sprachlichen Bereichen in spezifischer Weise. Der Erwerb und die Prozessierung syntaktischer Strukturen als zentraler Teilbereich der menschlichen Sprachfähigkeit scheint jedoch weitgehend unbeeinflusst von anderen kognitiven Fähigkeiten zu funktionieren.

2.3 Lernersprachen

Immer dann, wenn sich in der Wissenschaft Theorien unversöhnlich gegenüberstehen, beginnen Empiriker aus den feindlichen Lagern auszubrechen und versuchen, möglichst unbeeindruckt von theoretischen Vorannahmen genauer zu beobachten und zu analysieren, was denn tatsächlich im Einzelnen geschieht: So auch in der Spracherwerbsforschung. Gründliche Analysen des Sprachverhaltens von Lernern führten dazu, seine Eigentümlichkeiten zu verstehen und seine Gesetzmäßigkeiten zu erkennen. Es wurde dabei deutlich, dass eine Lernersprache nicht einfach eine fehlerhafte Kümmerform darstellt, die man an der Norm der Zielsprache zu messen hat, sondern dass es sich um eine eigenständige, höchst interessante und komplexe sprachliche Varietät handelt, die Selinker 1972 treffend als 'inter-language' bezeichnete (vgl. Selinker 1992).

Dieser Terminus war eine Art Befreiungsschlag: Endlich konnte man unvoreingenommen beobachten, wie die spezifische Sprachform eines Lerners aussieht und was er in einem bestimmten Lernstadium bereits alles kann. Dieser Perspektivenwechsel hat nicht nur gravierende wissenschaftliche Implikationen, sondern muss letztlich auch zu einer anderen Sicht des Lehrers auf den Lerner führen: Nicht nur seine zielsprachlich korrekten Äußerungen können nun als Ausweis seiner neu erworbenen Fähigkeiten gesehen werden: Auch anhand von Fehlern kann ein Lehrer erkennen, was ein Lerner bereits kann. Eine falsche Analogie beispielsweise lässt erkennen, dass er dazu fähig ist, von einem bestimmten Bezug überhaupt eine Analogie zu bilden. Beispielsweise weist die Äußerung „ich fahrte" darauf hin, dass der Lerner die regelmäßige Präteritumbildung mit dem Morphem „-te" bereits gelernt hat und sich nun offenbar in einem Stadium befindet, in dem er diese Form übergeneralisiert, d.h. auf alle Verbformen, auch die unregelmäßig gebildeten, anwendet. Aber auch kontrastiv bedingte Fehler oder schlichte Versprecher wurden in die Analyse einbezogen.

'Stadium' ist für das Verständnis von Lernersprachen ein zentrales Konstrukt. Man nimmt an, dass es im Verlauf einer lernersprachlichen Entwicklung zu einzelnen Erwerbsstadien kommt, die sich durch typische Veränderungen auszeichnen. Für den Erwerb der Muttersprache ist dies seit den frühen Untersuchungen von Jean Piaget (1975), L.S.Wygotski (1964) und Jerome Bruner (1987) längst bekannt und für jede Mutter und jeden Vater, die ein Kind großziehen, auch unmittelbar einsichtig. Da sich ein Baby kognitiv von einfachen zu komplexen Fähigkeiten entwickelt – nach Piaget von der sensomotorischen über eine prä-operationale und konkret-operationale zu einer formal-operationalen Phase (Piaget 1975a) –, scheint es selbstverständlich, dass hier die sprachliche Entwicklung parallel zur kognitiven verläuft. Doch bei einem Lerner, der erst in der Schulzeit oder sogar noch später mit dem Erwerb einer Fremdsprache beginnt, ist zumindest die grundlegende kognitive Entwicklung bereits abgeschlossen, sodass es keineswegs selbstverständlich ist, dass sich auch die Entwicklung einer L2, ganz ähnlich wie beim Erstspracherwerb, in Stadien vollzieht. Dennoch müsste diese L1/L2-Entwicklungsanalogie eigentlich jedem aufmerksamen Fremdspra-

chenlehrer auffallen: Denn warum machen intelligente Lerner, denen man beispielsweise deutlich erklärt, wie die Wortstellung im deutschen Aussagesatz aussehen muss, dennoch hier über einen relativ langen Zeitraum Wortstellungs-
fehler? Warum beherrschen sie die einfachsten sprachlichen Muster nicht, kurz
nachdem man sie doch in einer Lektion ausführlich besprochen und lange geübt
hat und sie deshalb eigentlich 'sitzen' müssten? Eine aktuell eingeübte sprachliche Form wird zwar meist kurzzeitig korrekt gelernt, aber wenn sie nicht mehr
'frisch' im Gedächtnis ist, greift offensichtlich ein sprachspezifischer Verarbei-
tungsmechanismus, der – zumindest was Form und Struktur einer Sprache betrifft – mit Intelligenz und Gedächtnis kaum etwas zu tun hat.

Ein Lehrer, der um diese Spracherwerbsprozesse weiß, kann nicht mehr nach
der Maxime handeln: „Wenn eine Struktur im Unterricht durchgenommen
wurde, kann ich erwarten, dass die Schüler sie beherrschen!", denn der unterrichtliche Input wird nicht einfach ohne Modifikation beim Lerner zum Intake.
Bei der internen Verarbeitung des Inputs können bestimmte Strukturen noch
nicht oder nicht ausreichend berücksichigt werden. Sie werden entweder so
lange zurückgestellt, bis der Spracherwerbsmechanismus bereit ist, sie zu inter-
nalisieren, oder er nimmt sie zwar auf, jedoch in einer nicht zielsprachlich korrekten Form, sondern als eine lernerspezifische Übergangsvariante.

Lernersprachen sind durch eine Vielzahl derartiger Übergangsvarianten gekennzeichnet, die sich in ihrer Beschaffenheit vom Anfängerstadium über mehrere Stufen verändern und dabei einem muttersprachlichen Niveau zunehmend
näher kommen und es schließlich auch erreichen können. Derartige Entwicklungsstadien sind vor allem bei Lernern des Englischen als Zweitsprache u.a. anhand des Erwerbs der Negation, der Interrogation und der Flexion in 'natürlicher', d.h. außerschulischer Lernumgebung untersucht worden (Wode 1988, S.
248-258). Es gibt aber auch einige Untersuchungen zu Erwerbsstufen in der
deutschen L2 (vgl. Clahsen/Meisel/Pienemann 1983, Ellis 1989, Rieck 1989,
Wegener 1995). Als Beispiel dazu der Erwerb der deutschen Wortstellung (nach
Edmondson/House 1993, S. 147), der sich in vier Stufen vollzieht:

Regel	Beispiele
1. Adverb nach vorne	Jetzt wir gehen. Da Kinder spielen.
2. Teilung der Verbphrase	Alle Kinder muss die Pause machen.
3. Subjekt/Verb-Inversion	Habe ich auch gemacht. Jetzt kommen wir.
4. Verb in Nebensätzen am Ende	Da du doof bist. Ich kann nicht, weil ich nicht will.

Bei all diesen Studien stellte sich heraus, dass Lernersprachen regelgeleitet sind
und sich die Entwicklung in Erwerbsstadien vollzieht, die mit den L1-Erwerbs-
stadien vergleichbar, aber nicht identisch sind (Lallphase, Ein- und Zweiwort-
phase fehlen auf Grund der fortgeschrittenen kognitiven Entwicklung bezeichnenderweise). Während die Reihenfolge beim Erwerb bestimmter Formen
weitgehend festzuliegen scheint, gibt es große individuelle zeitliche Unterschiede, was den Beginn und die Dauer der einzelnen Stadien betrifft. Neben den
Formen, die für ein bestimmtes Stadium charakteristisch sind, gibt es jedoch

auch solche Formen, die noch aus früheren Stadien stammen oder bereits spätere vorwegzunehmen scheinen. Man darf sie sich deshalb nicht als geschlossene Blöcke vorstellen, sondern eher als Wellenkämme, bei denen einzelne Übergangsvarianten besonders häufig auftreten, während andere in geringerer Zahl auch vorhanden sind. Das scheinbare Vorwegnehmen eines Stadiums hängt vor allem mit dem Erwerb formelhafter Wendungen zusammen, die als feste gestalthafte Muster memoriert werden. Hinzu kommen schließlich noch freie Varianten, deren Auftreten nicht eindeutig geklärt werden kann.

Offenbar mühen sich L2-Lerner – meist unbewusst – anhand des ihnen gebotenen Inputs, Regularitäten zu erkennen und diese mehr oder weniger unvollständig internalisierten Muster selbst kommunikativ zu verwenden. In diesem labilen Zustand latenter oder manifester Sprachnot greifen sie zu allen möglichen Rettungsankern, um zum Ziel zu kommen. Zu Beginn sind wohl Mimik, Gestik und Intonation die wichtigsten Hilfsmittel, um rudimentäre Strukturen – oft nur einzelne Wörter – zu unterstützen. Die L1 spielt ebenfalls eine wichtige Rolle als Rettungsanker, allerdings in einer weitaus komplexeren Weise, als dies von der Kontrastiven Analyse vermutet wurde. Zwar kann die L1 offenbar die grundsätzliche Abfolge der Erwerbsstadien nicht verändern, jedoch ihre zeitliche Dauer und die Intensität ihrer Ausprägung beeinflussen. Lerner beispielsweise, die in ihrer L1 mit einer inversiven Wortstellung bei bestimmten Satzarten vertraut sind, durchlaufen dennoch beim Erwerb der L2 zunächst ein 'nicht-inversives Stadium'.

Ob eine zielsprachliche Form korrekt oder als Übergangsvariante verwendet wird, hängt schließlich ab von Faktoren wie der Häufigkeit einer bestimmten Form, ihrer Markiertheit[1] (bei unmarkierten Formen wird eher von der L1 transferiert) von der Semantik (Maßbegriffe bekommen eher eine Pluralmarkierung), der pragmatischen Funktion, der 'physischen Verfassung' oder von der Wertschätzung, die man einem Gesprächspartner gegenüber empfindet (Larsen-Freeman/Long 1991, Young 1988).

Bleibt ein Lerner auf irgendeinem Stadium seiner Sprachentwicklung stehen, spricht man von *Fossilierung*. Bei vielen Lernern lässt die Motivation nach, zur grammatischen Perfektion zu gelangen, wenn es ihnen gelingt, all das einigermaßen auszudrücken, was sie sagen möchten. Ihre Lernersprache fossiliert deshalb auf einem für sie einigermaßen akzeptablen Niveau. Fossilierung sollte jedoch nicht als eine beklagenswerte 'Kapitulation' des Lerners verurteilt werden. Wenn selbst Selinker, der Vater des Interlanguage-Konzepts, von sich sagt: „I have tried to learn many languages and I have become fossilized in all of them" (Selinker 1992, S. 251), dann sollte eigentlich jeder Lerner, aber auch jeder Lehrer erleichtert aufatmen können: Ein muttersprachliches Niveau ist für die meisten einfach nicht zu schaffen!

---

[1] Eine markierte linguistische Form unterscheidet sich von einer unmarkierten dadurch, dass sie ein bestimmtes Merkmal enthält, das in der unmarkierten nicht vorhanden ist. Der Genitiv ist beispielsweise gegenüber dem Nominativ sowohl in seiner Funktion als auch in seiner Form markiert.

Fremdsprachenunterricht muss man unter der lernersprachlichen Prämisse als einen möglichen Lernkontext unter zahlreichen anderen ansehen, allerdings mit einem höchst spezifischen Input, der 'häppchenweise' portioniert und aufbereitet dem Lerner dargeboten wird und zwar in der Hoffung, dass so doch der Erwerbsprozess in der nur begrenzt zur Verfügung stehenden Zeit rascher und effektiver verlaufen kann.

Erwerbsstadien mit ihren spezifischen normwidrigen Übergangsvarianten, wie sie beim sog. 'natürlichen' Erwerb festgestellt wurden, sind im Fremdsprachenunterricht nicht leicht zu beobachten, weil der Lehrer normalerweise versucht, sie systematisch zu unterbinden. Vor allem zu Beginn des Fremdsprachenlernens werden meist nur korrekte Äußerungen zugelassen. In Phasen spontaner Kommunikation lassen sich jedoch lernersprachliche Varianten beobachten, die mit Varianten im außerschulischen Erwerb vergleichbar sind (Wode 1988, S. 258-262). Daraus müsste man folgern, dass die unterrichtliche Progression mit den natürlichen Erwerbsverläufen, soweit sie bekannt sind, harmonisiert werden sollte: Eine komplexe Aufgabe, die didaktisch bislang noch nicht gelöst wurde.

2.4 Konnektionismus und Konstruktivismus

Nach wie vor ist der Streit nicht entschieden, ob unser Gehirn sprachspezifische Prozesse grundsätzlich anders verarbeitet als generelle kognitive Prozesse. Ebenfalls ungeklärt ist, ob es für die Entwicklung, Speicherung und Verarbeitung von Sprache tatsächlich Symbolisierungen, universalgrammatische Regeln und einzelsprachliche Ableitungen geben muss, die irgendwo in unserem neuronalen Apparat repräsentiert und verortet sind und die Sprachproduktion steuern, oder ob man möglicherweise auf die Vorstellung von einem hierarchisch organisierten System sprachlichen Wissens verzichten kann.

Mit konnektionistischen Modellen wird genau dies versucht: die gesamte Kognition einschließlich der Sprachverarbeitung als einen hochkomplexen Prozess miteinander interagierender Neuronen zu verstehen – parallel arbeitend, über den gesamten Neokortex (und darüber hinaus) verteilt und durch keine 'vorgesetzte' Steuerungsinstanz kontrolliert. Auf Grund der hohen Konnektivität der Neuronen (einige Hundert Milliarden!) verknüpfen sie sich zu Gruppen und Verbänden, die bestimmte Aufgaben übernehmen. So entsteht im Laufe der Entwicklung eines Menschen ein komplexes neuronales Netzwerk, das sich auf Grund von individuellen und kollektiven Erfahrungen bei allen Menschen anders und doch miteinander vergleichbar organisiert (vgl. Rumelhart/McClelland 1986).

Konnektionistische Modelle ähneln in gewissem Sinne durchaus der behavioristischen Theorie, in der keine angeborenen Strukturen, sondern individuelle Lernerfahrungen und Umwelteindrücke die entscheidende Rolle spielen. Es gibt allerdings einen wichtigen Unterschied: Während der Behaviorismus noch glaubte voraussagen zu können, dass ein Reiz zu einer bestimmten Reaktion führen muss, hat der Konnektionismus diese Vorstellung als naiv aufgegeben, da Erfahrungen mit der Umwelt bei jedem Menschen anders verarbeitet werden. Wichtiger als einzelne Reize aus der Umwelt wird die neuronale Selbstorganisation im zentralen Nervensystem, die nicht wie eine Maschine programmiert ist und zu voraussagbaren Ergebnissen führt (von Foerster 1993, S. 246-248), sondern wie ein parallel arbeitender Hochleistungsprozessor anhand des bereits vorhandenen internen Netzwerks und der situativen Gegebenheiten flexibel und rasch neuronale Verbindungen herstellt, bestehende ausbaut und immer wieder neu organisiert.

Bates und MacWhinney (1987) haben ein konnektionistisches Modell entwickelt, wonach ständig mehrere neuronale Gruppen im Wettbewerb miteinander stehen, um sprachliches Material auf unterschiedlichen Ebenen zu verarbeiten. Nach diesem *Competition-Modell* gewinnen diejenigen Neuronen und Neuronengruppen, die quantitativ und qualitativ am stärksten aktiviert werden. Auch bei minimalen Unterschieden kommt es immer zu einer eindeutigen Entscheidung.

Die menschliche Fähigkeit, ständig wechselnde situative Bedingungen, sprachliche Varianten und kommunikative Anforderungen funktional adäquat und flexibel zu bewältigen und dabei ständig zu lernen, wird von dem Competition-Modell damit erklärt, dass sprachliches Handeln nicht einseitig entweder auf unbewussten Erwerb oder bewusstes Lernen festgelegt wird, sondern beide Möglichkeiten zum Zuge kommen können. Dieses Modell ist für die Fremdsprachenchendidaktik interessant, weil es nicht von vorhersagbaren Erwerbsstufen ausgeht, sondern für außersprachliche Einflüsse und gesteuerte Lernprozesse offen ist.

Die Vielfalt unbefriedigend verlaufender Lernerbiografien von der ersten Begegnung mit der Fremdsprache bis hin zur Fossilierung sowie individuelle Sprachstörungen (Aphasien) und spontane Versprecher sind Indizien dafür, dass die sprachliche Entwicklung, Speicherung und Verarbeitung von Individuum zu Individuum neuronal unterschiedlich und mithin konnektionistisch organisiert ist. Mit konnektionistischen Modellen wäre es wahrscheinlich auch möglich, kontrastiv bedingte Fehler theoretisch adäquater zu erklären als mit den bisherigen Interferenzmodellen der kontrastiven Linguistik (vgl. Kap. 2.1 und Peltzer-Karpf 1990).

Konnektionistische Modelle, die auf dem Prinzip der neuronalen Selbstorganisation und der Konstruktion interner Netzwerke beruhen, entsprechen auf erkenntnistheoretischer Ebene dem Konstruktivismus, einer philosophischen Strömung, die konträr zum Idealismus und Repräsentationalismus von Platon oder Descartes steht. Platon, Descartes und auch Chomsky gehen von zentralen axiomatischen und angeborenen Ideen, Gesetzen, Universalien, Kompetenzen oder Regeln aus, die irgendwo repräsentiert und fest verankert sind. Die empirische Wirklichkeit ist für sie nichts als Schein oder eine zu vernachlässigende 'Performanz'.

Ganz anders die Konstruktivisten, wie beispielsweise Piaget (1976): Sie beobachten, wie Organismen mit ihrer Umwelt erfolgreich interagieren. Oberstes Prinzip ist dabei, so zu handeln, wie es zum Überleben am sinnvollsten und nützlichsten ist. Piaget beschreibt dies mit den Begriffen 'Assimilation' und 'Akkommodation'. Während Assimilation der biologischen Anpassung eines Organismus an die Umwelt entspricht, ist Akkommodation eine kognitive Leistung, mit der beispielsweise ein Kleinkind ein kognitives Schema aufbaut, um bestimmte Situationen rascher und erfolgreicher bewältigen zu können.

Die Vorstellung einer hierarchisch gesteuerten Speicherung von Erfahrungen an bestimmten Stellen im Gedächtnis, die dann mit Hilfe eines Regelapparats zuverlässig abgerufen werden können, wird vom Konstruktivismus abgelehnt. Der Radikale Konstruktivismus (vgl. Maturana 1982) geht sogar so weit, den kognitiven Apparat als ein geschlossenes System zu betrachten, das von Daten aus der Umwelt lediglich 'perturbiert', d.h. gestört bzw. tangiert, aber nicht direkt beeinflusst werden kann. Wenn man unterrichtet, beschleicht einen oft genau dieses Gefühl: Was man ex cathedra sagt, hinterlässt bei Schülern kaum tiefer gehende Spuren. Es geht zum einen Ohr hinein und zum anderen wieder heraus.

Wissen und Fertigkeiten lassen sich nicht direkt in die Köpfe von Lernern implantieren und können von dort auch nicht einfach abgerufen werden. Sie werden vielmehr nach den spezifischen Bedingungen einer Situation immer wieder neu hergestellt. Dieser sich ständig neu organisierende Konstruktionsprozess leuchtet ein, wenn man beispielsweise an Geschichten denkt, die Menschen in wechselnden Situationen im Laufe der Zeit erzählen. Sie verändern sich, sowohl inhaltlich als auch sprachlich, im Stil, in der Wortwahl und der Syntax, auch dann, wenn man subjektiv der Meinung ist, immer die gleiche Geschichte zu erzählen. Allerdings, und hier würde Chomsky wohl Kritik am Konstruktivismus üben, wird ein kompetenter Sprecher trotz aller sprachlichen Varianten, Versprecher und Fehler nahezu immer wissen, wie ein Satz korrekt formuliert werden muss. Seine grammatische Kompetenz könne nicht unter den Bereich einer ständigen konstruktivistischen Umorganisation fallen, denn dann könnte es leicht zu einem grammatischen Chaos kommen und die Verständigung in einer Sprachgemeinschaft wäre gefährdet.

Beim Lerner einer Fremdsprache hingegen, vor allem dann, wenn er sie in der Schulzeit und später in den verschiedensten Lernumgebungen erwirbt, scheint eher das konnektionistische und konstruktivistische Paradigma diesen Lernprozess zu modellieren, denn die zu beobachtende Varianz beim Aufbau einer Fremdsprache wird von affektiven und sozialen Faktoren, von Persönlichkeitsmerkmalen und nicht zuletzt vom Unterricht beeinflusst, während der Erstspracherwerb unabhängig von diesen Faktoren in bemerkenswert zuverlässiger Weise zu einer befriedigenden Kompetenz führt.

Wenn diese Hypothese zutrifft, dann müsste sich die Fremdsprachendidaktik stärker an konnektionistischen und konstruktivistischen Vorstellungen vom Lernen orientieren. Kleinschrittige, sorgfältig aufeinander abgestimmte Lerneinheiten mit speziellen, für Lerner bearbeiteten Texten mit ausgewähltem Wortmaterial wären nicht mehr sinnvoll, da sie der alten Input/Output-Konzeption verpflichtet sind. Stattdessen wären Lernsituationen geeignet, die vielfältige, komplexe und authentische sprachliche und nicht-sprachliche Erfahrungen ermöglichen, mit denen sich Lerner problemlösend und handelnd auseinander setzen können, am besten zu zweit oder in kleinen Gruppen, in denen eine dichte Kommunikation ohne Hemmungen möglich ist. Die Neuen Technologien mit Textverarbeitungsprogrammen, CD-Roms, Internet, Multimedia und Telekommunikation könnten in Zukunft ein wichtiger Teil dieser konstruktivistischen Lernumgebung sein (vgl. Rüschoff/Wolff 1999), da hier problemlösende Interaktionen in ständig veränderten Situationen zwingend notwendig sind.

Der Projektunterricht, so wie ihn Dewey (1916) entwickelt hat, kommt den Forderungen nach einer konstruktivistischen Didaktik am nächsten. Seine Begriffe „Projekt-, Problem- und Situationsmethode" (1931, S. 97) verweisen auf einen zielgerichteten, planvollen, problemorientierten Handlungsbezug in erfahrungsoffenen Situationen. Projekte können dem Lerner Erfahrungen ermöglichen, die seine gesamte Kognition, sprachliche wie nicht-sprachliche Anteile, zu einer forcierten neuronalen Selbstorganisation und Umstrukturierung nötigen.

Lektürehinweise

Eine interessant geschriebene Einführung in die Linguistik vor dem Hintergrund der universalgrammatischen Position stammt von Pinker (1996). Mit Hilfe dieses Buches können auch Laien die Grundzüge der Sprachtheorie von Noam Chomsky gut verstehen. Besonders lesenswert ist das Kapitel 9 zum Erstspracherwerb. Zum Zweitspracherwerb empfehlen wir Wode (1988) und Klein (1992). James, der 1980 eine maßgebliche Einführung in die Kontrastive Analyse (*Contrastive Analysis*) schrieb, fasste 1998 die Entwicklungen der darauf folgenden Jahre zusammen. Rickheit/Strohner (1993) bieten *Grundlagen der kognitiven Sprachverarbeitung*, vorwiegend konnektionistischer Provenienz. Schwarz (1996) steht dem Konnektionismus etwas kritischer gegenüber. Müller (1996) führt in den Konstruktivismus ein. Eine fremdsprachendidaktische Konzeption auf konstruktivistischer Grundlage entwickeln Rüschoff/Wolff (1999).

3. Deutsche Sprache und Kultur

Von den Voraussetzungen und Eigenschaften von Lernern und den theoretischen Vorstellungen zum Fremdsprachenerwerb kommen wir nun zum Lerngegenstand, der deutschen Sprache und – damit verbunden – der Landeskunde und Literatur. In den ersten drei Unterkapiteln geben wir eine globale Orientierung über zentrale Bereiche der deutschen Sprache, die für einen DaF-Lehrer von Bedeutung sind. Die didaktische Relevanz dieses Wissens machen wir an mehreren Stellen deutlich. Bei der notwendigen Vertiefung der linguistischen Kenntnisse anhand der angegebenen Literatur in den *Lektürehinweisen* sollte der Leser die Didaktik nie als zentrale Entscheidungsinstanz aus den Augen verlieren.

Im Kapitel zur Literatur (3.4) findet man Lektürelisten, die aus verschiedenen Perspektiven einen Zugang zur deutschsprachigen Lesekultur vermitteln und Grundlage für eine didaktisch begründete Lektüreauswahl sein können. Hier, und noch stärker im Kapitel zur Landeskunde (3.5), treten fachliche Informationen hinter die didaktischen Fragestellungen zurück.

Unsere subjektive Auswahl möchte dazu anregen, gründlicher darüber nachzudenken, welche inhaltlichen Bereiche zum Lerngegenstand und welche zum fachlichen Hintergrundwissen in Deutsch als Fremdsprache gehören sollten und wo man Akzente setzen kann. Es kann sich dabei nur um erste Hinweise handeln, die die selbstständige Vertiefung anregen wollen.

3.1 Stellung und Verbreitung des Deutschen

Die Stellung, die Verbreitung und das Prestige einer Sprache sind keine statischen Größen. Politische Entwicklungen, Kriege, Wanderungsbewegungen, wirtschaftliche und kulturelle Prozesse sorgen unablässig für Veränderungen. Seit 1989 ist die Welt ungleich dynamischer geworden als in den 44 Jahren nach dem Zweiten Weltkrieg: Sie hat sich aus der Starre des Ost-West-Konflikts befreien können. Der Ostblock und seine dominante Macht, die UdSSR, existieren nicht mehr. Die ehemals kommunistischen Staaten haben ein neues Selbstverständnis entwickelt. Das größer gewordene, vereinigte Deutschland und sein damit gewachsenes politisches Gewicht haben jedoch nicht zu einer Veränderung der Stellung des Deutschen als Fremdsprache geführt. Nachdem Russisch als erste Fremdsprache in den osteuropäischen Ländern nach 1990 nicht mehr obligatorisch war, gewannen dort Englisch, Deutsch und – in weit geringerem Ausmaß – Französisch an Bedeutung. In Ländern wie Ungarn, Tschechien und der Slowakei lag die Zahl der Deutschlernenden in den ersten Jahren nach 1989 sogar höher als die der Englischlernenden (vgl. Földes 1992). Mittlerweile liegt aber auch hier Englisch an erster Stelle. Die weltweite Dominanz des Englischen als Fremdsprache bleibt unangefochten und wird sich im Zuge der Computerisierung und medialen Vernetzung noch verstärken, auch in Osteuropa.

Die beiden von Deutschland begonnenen Weltkriege haben dazu geführt, dass Deutsch keine Weltsprache wie Englisch oder Französisch werden konnte.[1] Für die skandinavischen Länder, die Beneluxstaaten sowie die ost- und südosteuropäischen Staaten hat Deutsch nach dem Zweiten Weltkrieg seine zentrale Stellung als Fremdsprache verloren. Nur in Teilen Osteuropas hat es immer noch, besonders bei älteren Menschen, einen hohen Bekanntheitsgrad. In den Ländern der ehemaligen Donaumonarchie ist die österreichische Tradition des Deutschen noch einigermaßen lebendig.

Da Deutschland – im Gegensatz zu England, Frankreich, Spanien und Portugal – nur eine kurze koloniale Vergangenheit hatte, ist Deutsch außerhalb Europas heute nirgends Amts- und Verkehrssprache.[2] Auf internationalen Konferenzen und in weltweit arbeitenden Organisationen wird Deutsch deshalb auch selten als Amts- und Arbeitssprache anerkannt. Auch in den Institutionen der EU hat Deutsch, trotz der größten Anzahl an Sprechern, einen geringeren Status als Englisch oder Französisch.

Europäische Wirtschaftsunternehmen sind dem Deutschen gegenüber aufgeschlossener als staatliche und überstaatliche Institutionen. Wer Handel treibt, kann seine Verkaufschancen erhöhen, wenn er die Sprache seines Kunden oder Handelspartners spricht. Und da Deutschland für nahezu alle Länder Europas der wichtigste Handelspartner ist, gibt es handfeste Gründe, Deutsch zu lernen. Die Nachfrage an fachsprachlichen Kenntnissen in den Bereichen 'Wirtschaft' sowie 'Hotellerie und Gastronomie' hat zugenommen, was sich im Anwachsen der Lehrwerksproduktion in diesen Bereichen niederschlägt (vgl. Clalüna-Hopf/Plettenberg 1988). Nach dem EU-Beitritt Spaniens und der entsprechenden Ausweitung der Handelsbeziehungen war beispielsweise eine starke Nachfrage nach DaF-Kursen zu verzeichnen. Auch eine Durchsicht von Stellenanzeigen in europäischen Zeitungen ergab, dass die Chancen für eine berufliche Karriere steigen, wenn man neben dem beinahe schon obligatorischen Englisch auch Deutsch beherrscht (vgl. Ammon 1993).

Nach 1945 wurde Deutsch als Wissenschaftssprache, vor allem in den Naturwissenschaften, zunehmend bedeutungsloser. In der ersten Hälfte des 20. Jahrhunderts galten die deutschsprachigen Länder dagegen noch als führend in zahlreichen wissenschaftlichen Disziplinen. In den 30er-Jahren war Deutsch die wichtigste Sprache in den Naturwissenschaften. Deutsch lernte man damals nicht selten, um sich über neuere Entwicklungen in den Wissenschaften zu informieren. Heute dominiert Englisch eindeutig. Dennoch besteht vor allem in den Entwicklungs- und Schwellenländern ein gewisses Bedürfnis, insbesondere natur- und ingenieurwissenschaftliche Veröffentlichungen in deutscher Sprache zu lesen. Die deutschsprachigen Länder sind aber auch wegen des kostenlosen Studiums ein attraktiver Studienstandort: Auch deshalb wird vielerorts Deutsch gelernt.

Deutsch als Sprache der Literatur und Geisteswissenschaften hat ebenfalls einen Großteil seiner ehemaligen Weltgeltung eingebüßt. Wer vor dem Zweiten

---

[1] Die Bedeutung des Französischen nimmt allerdings ab, während Spanisch an Bedeutung gewinnt.

[2] Nur in Namibia, der ehemaligen deutschen Kolonie Südwestafrika, hat Deutsch noch einen relativ hohen Status, kann sich aber wohl auch hier langfristig nicht neben dem Englischen etablieren.

Weltkrieg Philosophie, Theologie, Musikwissenschaft, Kunstgeschichte, Architektur, Jura, Geschichte, Völkerkunde oder Sprachwissenschaft studierte, musste zumindest die deutsche Fachliteratur lesen können. Das ist heute zwar immer noch wünschenswert, kann aber nicht mehr als obligatorisch vorausgesetzt werden.

An den meisten größeren Universitäten auf der Welt gibt es eine Germanistische Abteilung. Einige wurden aber in letzter Zeit geschlossen, vor allem in angelsächsischen Ländern. Dafür sind oftmals Deutschkurse eingerichtet worden, auch dort, wo früher keine Germanistik bestand.

Die Literaturwissenschaft spielt in der Auslandsgermanistik in den meisten Ländern eine bedeutendere Rolle als die Sprachwissenschaft oder die Fremdsprachendidaktik. Literaturgeschichte, einzelne deutschsprachige Schriftsteller sowie das Lesen und Interpretieren deutscher Literatur stehen im Mittelpunkt der Arbeit, wobei zwar die Texte im deutschen Original gelesen werden, jedoch die gesprochene Sprache in den Vorlesungen und Seminaren oft leider die Muttersprache ist. Deutschsprachige Lektoren bekommen hier, falls verfügbar, die Funktion, die fehlende Sprachpraxis der Studierenden zumindest teilweise zu kompensieren.

Auch wenn die Literaturwissenschaft immer noch eine vorrangige Rolle spielt, so geht der Trend an vielen Hochschulen doch in Richtung von mehr Landeskunde, Sprachwissenschaft und Area Studies, um berufliche und lebenspraktische Bedürfnisse zu befriedigen.

Deutsch ist Muttersprache von circa 92 Millionen Menschen in West- und Mitteleuropa und somit nach Russisch (mit 115 Millionen) die meistgesprochene Sprache Europas. Die französische Sprachgemeinschaft mit 62 Millionen und die englische mit 58 Millionen sind deutlich kleiner.

In Deutschland leben 81 Millionen Menschen. Für circa 10% dieser Bevölkerung ist Deutsch eine Zweitsprache. In Österreich leben 7,6 Millionen Deutschsprachige und in der deutschsprachigen Schweiz 4,2 Millionen. Außerdem hat das Deutsche noch einen offiziellen Status im Fürstentum Liechtenstein (22.000 Sprecher) sowie in Luxemburg (372.000 Sprecher), wo neben Deutsch auch Französisch und Letzeburgisch gesprochen werden.

Einen regionalen offiziellen Status hat das Deutsche in Südtirol mit 280.000 Sprechern und im östlichen Belgien mit 66.000 Sprechern sowie einen Sonderstatus in Elsass-Lothringen im östlichen Frankreich mit 1,5 Millionen Sprechern und im südlichen Dänemark (Nordschleswig) mit 30.000 Sprechern.

Deutsch wird schließlich noch in den USA (1,61 Mio.), den GUS-Staaten (1989 noch 1,104 Mio., dann mit deutlich abnehmender Tendenz), in Brasilien (0,5 - 1,5 Mio.), Kanada (0,439 Mio.), Argentinien (0,3 Mio.), Ungarn (0,22 Mio.), Rumänien (1989 noch 0,2 - 0,22 Mio.), Paraguay (0,125 Mio.), Australien (0,109 Mio.) und zahlreichen anderen Staaten mit deutlich kleineren deutschsprachigen Minderheiten gesprochen.[3]

Während Deutschsprachige in Deutschland, Österreich, Liechtenstein und auch in der Schweiz nahezu ausschließlich *monolingual* mit einer regionalen Va-

---

[3] Die Zahlenangaben schwanken z.T. erheblich. Wir orientieren uns an Clyne 1995, S. 3ff. und Ammon 1991, S. 32ff. und geben Mittelwerte an.

rietät zwischen Standarddeutsch und Dialekt aufwachsen, sind alle übrigen Sprecher *bilingual*, wobei Deutsch in familiären und informellen Domänen gesprochen wird, während die jeweilige Landessprache Kommunikationsmedium des öffentlichen Lebens ist. Bei deutschen Minoritäten, die in den Ländern des ehemaligen 'Ostblocks' leben, ist allerdings die deutsche Sprachkompetenz in der sozialistischen Zeit in der Folge des Zweiten Weltkriegs – besonders in den städtischen Gebieten – stark zurückgegangen. Außer in Rumänien wurden deutschsprachige Schulen geschlossen und die Menschen zur Aufgabe des Deutschen gedrängt. In den meisten russlanddeutschen Familien, die seit 1989 in großem Umfang nach Deutschland als Aussiedler zurückkehren, beherrscht nur noch die Großelterngeneration Deutsch.

Aber auch deutsche Auswanderer in Amerika und Australien gaben ihr Deutsch verstärkt zwischen 1933 und 1945 auf, um sich von der Nazi-Diktatur zu distanzieren und Solidarität mit ihrer neuen Heimat zu bekunden. Kleinere, traditionell und religiös geprägte Sprachinseln in ländlichen Gebieten, beispielsweise in Südamerika oder in den südlichen Staaten der ehemaligen UdSSR, konnten dagegen meist ihr Deutsch in Form eines Dialekts erhalten. Deutsche Minderheiten im ehemaligen 'Ostblock' nutzen jetzt ihre neu gewonnene Freiheit und engagieren sich, oft mit finanzieller Hilfe aus der Bundesrepublik, für den Erhalt des Deutschen, aber langfristig werden diese Sprachinseln nur erhalten bleiben, wenn sich die wirtschaftliche und politische Lage dieser Länder stabilisiert. Gute deutsche Sprachkenntnisse werden zunehmend als Chance gesehen, nach Deutschland auszuwandern. Von 1990 bis 1999 sind insgesamt 1,96 Millionen deutschstämmige Aussiedler aus der ehemaligen Sowjetunion, aus Polen und Rumänien in Deutschland aufgenommen worden.

In Deutschland lebten 1998 rund 7,3 Millionen Ausländer, darunter 2,1 Millionen Türken, 1,3 Millionen Menschen aus Ex-Jugoslawien, 612 Tausend Italiener, 360 Tausend Griechen und 283 Tausend Polen – um die größten Gruppen zu nennen (Statistisches Bundesamt). Auch wenn viele heute mit ihren Familien in der dritten, ja bald vierten Generation in Deutschland leben, beherrschen sie Deutsch in einem individuell höchst unterschiedlichen Ausmaß (vgl. Steinig 1992).

Deutsch ist in großen Teilen der Herkunftsländer ausländischer Arbeitnehmer, vor allem in der Türkei, im ehemaligen Jugoslawien, in Süditalien, Nordgriechenland, Spanien und Portugal zu einer weithin bekannten Zweitsprache geworden (vgl. Steinig 1990). Jeder zweite Grieche aus Nordgriechenland hat beispielsweise eine Zeit lang in Deutschland gelebt (vgl. Hopf 1987). An griechischen Schulen wurde zwar bis vor kurzem nur Englisch und Französisch unterrichtet, aber Deutsch ist in der Bevölkerung weit stärker verankert. Während Französisch noch immer die Fremdsprache des traditionellen Bildungsbürgertums ist, wurde Deutsch zur Sprache der zurückgekehrten Arbeiter, der Remigranten, mit einem entsprechend geringeren Status. Da von staatlicher Seite die deutschsprachige Kompetenz von Remigranten kaum gestützt wird, kann sie rasch vergessen werden, vor allem wenn der Kontakt zur deutschsprachigen Kultur abbricht. Diesen Sprachverlustprozess aufzuhalten und das mehrsprachige Potenzial von Remigranten zu erhalten, wäre eine wichtige Bildungsaufgabe.

Weltweit lernen mehr als 15 Millionen Menschen DaF. Zwei Drittel davon leben in Osteuropa. 1985 lernten, so Ammon (1991), 15,080 Mio. Deutsch, 50,860 Mio. Französisch und 117,736 Mio. Englisch als Fremdsprache: ein Verhältnis von 1 : 3,4 : 7,8. Für Europa ergibt sich ein deutlich günstigeres Zahlenverhältnis: etwa 1 : 2,2 : 4. Deutsch rangiert etwa gleichauf mit Spanisch an dritter oder vierter Stelle aller Fremdsprachen in der Welt (vgl. Dominczak 1992). Das Goethe-Institut geht heute von 17-20 Mio. Deutschlernern weltweit aus.

DaF wird auf allen Kontinenten gelernt. Es lassen sich allerdings regionale Schwerpunkte erkennen. In Europa ist Deutsch in allen Ländern Schulfach, wohingegen außerhalb Europas DaF nur in der Hälfte aller Länder an den Schulen angeboten wird. Deutsch ist also vorwiegend eine europäische Schulfremdsprache. Deutsch ist als Schulsprache in der Regel nicht die erste, sondern zweite oder weitere Fremdsprache fast immer nach Englisch und steht hier oft als Wahlangebot neben Französisch oder Spanisch.

Lektürehinweise

Grundlegend und umfangreich zur Stellung des Deutschen ist Ammon (1991); für einen Überblick reicht sein Aufsatz (1993). Über deutschsprachige Minderheiten informieren Born/Dickgießer (1989). Finkenstaedt/Schröder (1992) diskutieren die zukünftige Entwicklung des Fremdsprachenbedarfs in Europa. Weiterführende Literatur findet man in der Studienbibliographie von Ammon (1999).

3.2 Varietäten des Deutschen

Während das geschriebene Deutsch weitgehend normiert ist und entsprechend einheitlich verwendet wird, kann man gesprochenes Deutsch in den unterschiedlichsten Varietäten hören. Wie jeweils gesprochen wird, hängt von der regionalen und sozialen Herkunft der Sprecher ab, von ihrem Alter und Geschlecht sowie von der sozialen Situation und den Inhalten wie Intentionen, die in einem Gespräch verfolgt werden.

Regional ist der deutschsprachige Raum stark nach Dialektgebieten differenziert, wobei die Verwendung des Dialekts und die Dialektkenntnisse in Deutschland, Österreich, der Deutschschweiz und den angrenzenden Gebieten (Luxemburg, Südtirol, Elsass) höchst unterschiedlich sind. In Deutschland bestehen deutliche Unterschiede zwischen

- den oberdeutschen und teilweise westmitteldeutschen Gebieten, in denen neben der Standardsprache und einer regionalen Umgangssprache ein Dialekt gesprochen wird, so z.B. in Bayern und Baden-Württemberg, in Rheinland-Pfalz und im Saarland,
- dem ostmitteldeutschen Raum, dem Rheinland und nördlichen Hessen, wo der Dialekt durch eine regionale Umgangssprache mit einer teilweise stark dialektalen Färbung ersetzt wurde
- und dem niederdeutschen Gebiet, in dem die Dialektkenntnis, mit Ausnahme von Schleswig-Holstein und der Küste, am geringsten ist und neben dem Standard eine umgangssprachliche Variante des Standards existiert (vgl. Wiesinger 1997).

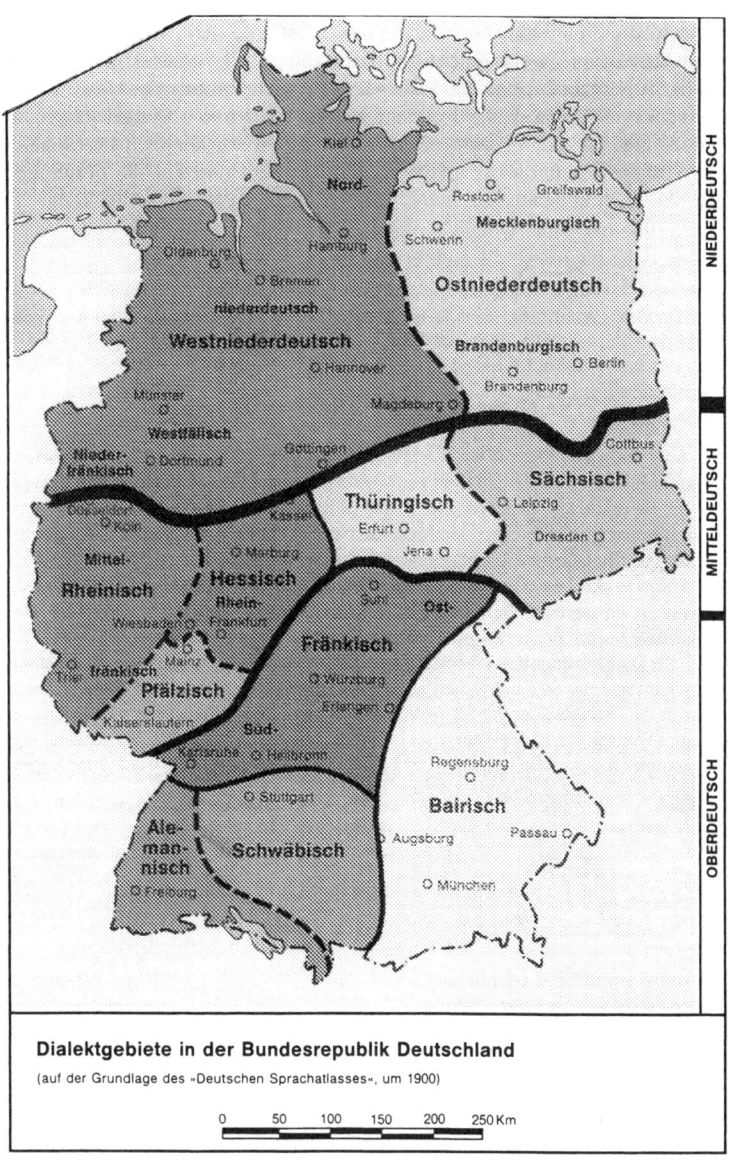

Dialektgebiete in der Bundesrepublik Deutschland
(auf der Grundlage des »Deutschen Sprachatlasses«, um 1900)

Karte aus Knoop 1997, S. 34.

Die sprachliche Situation in Österreich ist der oberdeutschen, vor allem der baye-
rischen vergleichbar, wobei allerdings der Standard – besonders im Wortschatz
und in der Aussprache – eine nationale Ausprägung bekommen hat.

In der Deutschschweiz wird in nahezu allen Situationen Dialekt gesprochen.
Die mit Helvetismen durchsetzte Standardsprache ist nur noch auf bestimmte offizielle Situationen, teilweise auf den Schulunterricht und auf die geschriebene
Sprache beschränkt. Zwischen den Dialekten und dem Substandard konnte sich
hier keine überregionale Umgangssprache entwickeln. Viele Schweizer verwenden das Standarddeutsche wie eine Fremdsprache.

Die Dialekte in Deutschland und in Österreich haben sich seit dem Zweiten
Weltkrieg von Ortsdialekten hin zu Regiolekten verändert, wobei der Unterschied zwischen großräumigeren Dialekten und regionalen Umgangssprachen
fließend ist. Als Gründe dafür kann man anführen:

- Großräumige Wanderungsbewegungen: Die Vertreibung von 12 Millionen Menschen
  aus den ehemaligen deutschen Ostgebieten und ihre Ansiedlung in der Bundesrepublik
  (10 Millionen) und der DDR, die Einwanderung von Aussiedlern aus Polen, Rumänien,
  der ehem. Sowjetunion, der CSSR und Ungarn sowie die Immigration von Arbeitsmigranten vorwiegend aus den Mittelmeerstaaten, deren Anteil an der Gesamtbevölke-
  rung der Bundesrepublik 1998 circa 8,9% betrug.
- starker Rückgang der dialektal geprägten bäuerlichen Bevölkerung;
- eine höhere regionale und soziale Mobilität der Bevölkerung;
- größere Entfernungen zwischen Wohnort und Arbeitsplatz (Berufspendler);
- weitgehende Aufgabe des Dialekts in der familialen Sozialisation, da Eltern Nachteile für
  die schulische Entwicklung des Kindes erwarten. (vgl. Mattheier 1997).

Erstaunlich ist, dass sich die deutschen Dialekte trotz der veränderten Lebensbe-
dingungen in einer modernen, hochmobilen Gesellschaft derartig resistent zeigen. Während sie in deutschen Familien zwar zurückzugehen scheinen, hört man
Dialekte zunehmend in Fernseh- und Radiosendungen, häufig auch in der Werbung, was den Sprechern offenbar mehr Glaubwürdigkeit, Bodenständigkeit und
Authentizität verleiht. Redakteure bemühen sich auch zunehmend weniger, ihren
regionalen Akzent zu unterdrücken.

Auch in Österreich und der Schweiz nehmen der Dialektgebrauch und die regionalen Ausprägungen des Standards in den Medien zu. Hinzu kommt, dass der
österreichische und der schweizerdeutsche Standard mehr und mehr als eigenstän-
dig wahrgenommen werden, da sie sich vom bundesdeutschen Standard doch beträchtlich unterscheiden und deshalb das Deutsche als eine polyzentrische Sprache beschrieben werden sollte (vgl. Clyne 1995).

Man muss sich allerdings fragen, ob die Betonung einer nationalstaatlichen
Differenzierung der Standardsprache die bestehenden Unterschiede nicht noch
weiter verstärken kann: eine Entwicklung, die für ein zusammenwachsendes Europa anachronistisch wäre und die Verwendungsmöglichkeiten des Deutschen
langfristig einschränkt, was insbesondere Lerner des Deutschen als Fremdsprache nicht begrüßen würden. Bereits heute fragen sich frankophone oder italopho-
ne Schweizer, welche Varietät des Deutschen sie eigentlich lernen sollen: den

binnendeutschen Standard, der in der Schweiz stigmatisiert wird, aber den größten Kommunikationsradius ermöglicht? Den schweizerdeutschen Standard, der in der Deutschschweiz kaum noch gesprochen wird? Oder einen schweizerdeutschen Dialekt, der einen geringen Verwendungsbereich abdeckt und auf Grund der strukturellen Unterschiede zum Schriftdeutschen für Lerner enorme Probleme bereitet?

In Deutschland geht die Tendenz zu einem stärker regional geprägten Standard mit der Ausweitung der Umgangssprache einher, vor allem in den Medien (Talkshows, Quizsendungen, Musikmoderation), in der Werbung sowie im privaten und öffentlichen Briefverkehr. Viele Deutsche scheinen sich mit einem betont lockeren Umgangston von ihrem Image der Korrektheit und Unnahbarkeit distanzieren zu wollen.

Die Aufweichung einer allzu rigiden, am norddeutschen Standard ausgerichteten Norm bietet den Vorteil, dass Varianten, die als regionaler Standard für bestimmte deutschsprachige Gebiete charakteristisch sind, auch im DaF-Unterricht als zielsprachliche Norm gelten können, insbesondere dann, wenn sie kontrastiv, von der Muttersprache der Lerner her, Erleichterungen in der Aussprache ermöglichen (vgl. König 1997).

Die Verwendung von Dialekt, Umgangssprache und Standard sind von Ort zu Ort in einer jeweils charakteristischen Ausprägung sozial stratifiziert, wobei die Ausdifferenzierung in städtischen Ballungsräumen größer ist als auf dem Land. Neben die Varietäten deutscher Sprecher treten hier die muttersprachlichen Varietäten der Einwanderer und Flüchtlinge sowie ihr 'Gastarbeiterdeutsch' (vgl. Rieck 1989): Varietäten, die man auf Grund ihrer unterschiedlichen Akzeptanz bzw. Stigmatisierung als Soziolekte bezeichnen kann (vgl. Steinig 1985).

Das Deutsche vieler Einwanderer der ersten Generation entspricht weitgehend einem *Pidgin*, also einer aus einer „sprachlichen Notsituation entstandenen Mischsprache" (Bußmann 1990, S. 587), das sich jedoch in der zweiten und dritten Generation nicht zu einem neuen Sprachsystem (einem *Kreol*) verfestigt, da dafür einerseits die Gettoisierung zu gering ist und andererseits die allgemeine Schulpflicht im durchweg monolingual geprägten deutschen Schulwesen dies verhindert: Die Kinder der Einwanderer sprechen meist eine stigmatisierte umgangssprachliche Varietät sowohl des Deutschen als auch ihrer Herkunftssprache. Da die Herkunftssprachen kaum staatlich gefördert werden (es gibt nur ein dünn gesätes schulisches Angebot außerhalb der regulären Schulzeit) und die gesellschaftliche Akzeptanz in der monolingualen Mehrheitsgesellschaft für 'Gastarbeitersprachen' wie das Türkische sehr gering ist, verkümmern diese Varietäten zu teilweise deutsch durchmischten Familiensprachen, die auf den privaten Bereich beschränkt bleiben: Das bilinguale Potenzial geht verloren.

Nicht nur Bilinguale, auch Muttersprachler beherrschen mehr als eine Varietät: Sie können vielmehr, je nach Situation, unterschiedliche, eher private oder öffentliche Register ziehen. Bereits Grundschüler differenzieren deutlich zwischen Gesprächen mit gleichaltrigen Freunden und mit unbekannten Erwachsenen, was beispielsweise im Partikelgebrauch zum Ausdruck kommt (vgl. Steinig 1985, S. 175ff.).

Die Registerebenen, etwa zwischen Dialekt, Umgangssprache und Standard, werden zunehmend durchlässiger: Man mischt und springt häufiger, auch mitten im Gespräch. Die Lust, sprachlich zu variieren, scheint zuzunehmen: eine möglicherweise postmoderne Attitüde, möglichst viele Aspekte der Persönlichkeit sprachlich zum Ausdruck zu bringen und Flexibilität zu demonstrieren. Dabei verwenden beispielsweise Sprecher aus schriftorientierten Berufen zunehmend dialektale Elemente, aber auch Wörter und Phrasen aus prestigeträchtigen Fremdsprachen, besonders dem Englischen, und aus den Medien.

In Gesprächen unter Jugendlichen ist dieses Spielen mit sprachlichen Elementen besonders ausgeprägt. Zitate aus Bereichen, mit denen sich Jugendliche identifizieren können (*Asterix-* oder *Werner-Comics*, Satire im Dialekt), werden wörtlich eingebaut; Bereiche, von denen sie sich distanzieren möchten, etwa Quiz-Sendungen oder Schlagerparaden für 'bürgerliche' Fernsehzuschauer, werden verfremdet zitiert und ironisiert (vgl. Schlobinski 1989). DaF-Lerner hätten es schwer, an derartigen lustvollen Gesprächen, in denen in rascher Folge auf sprachlich geronnenes kulturelles Wissen Bezug genommen wird, teilzunehmen. Aber zum Glück wird der Gesprächsmodus verändert, sobald ein Fremder anwesend ist – sofern er der Gruppe genehm ist.

Die immer wieder kolportierten jugendsprachlichen Ausdrücke dagegen sind für das Sprachverhalten Jugendlicher weniger konstitutiv (vgl. Müller-Thurau 1983). Für DaF-Lerner sind sie allerdings höchst interessant: Denn was könnte stärker die Neugier befriedigen als zu wissen, wie Gleichaltrige schimpfen, wie sie Superlative ausdrücken und wie sie Inhalte aus der Jugendszene bezeichnen?

Neben der Jugendsprachforschung hat sich in den letzten 30 Jahren eine linguistische Geschlechterforschung entwickelt, in der untersucht wird, wie sich das Sprachverhalten von Männern und Frauen unterscheidet. Die Unterschiede sind offenbar nicht so groß, wie man ursprünglich annahm. Es gibt allenfalls die weiblichen oder männlichen Register des Deutschen, wobei mögliche Unterschiede von Faktoren wie dem Bildungsniveau, der Gesprächskonstellation und dem Thema abhängig sind. Folgende Tendenzen haben sich als charakteristisch herausgestellt (vgl. Samel [2]2000, S. 196-202):

- Frauen orientieren sich stärker an der hochsprachlichen Norm, Männer tendieren dagegen eher zum Dialekt.
- Frauen sind höflicher, zurückhaltender und formulieren weniger direkt. Sie verwenden häufiger abschwächende Formulierungen (sog. 'hedges').
- Männer geben selbstbewusster die thematische Richtung in Gesprächen vor, während Frauen als gute Zuhörerinnen mit häufigen verständnissichernden Rückmeldungen (*hm, ach so*) ihr Interesse am Thema bekunden.
- Männer unterbrechen häufiger ihre Gesprächspartner, besonders dann, wenn dies Frauen sind. Frauen achten stärker darauf, dass auch unsichere Gesprächspartner eher zu Wort kommen.
- Frauen versuchen ihre Gesprächspartner stärker in einen Dialog einzubinden, der durch Verständnis und Rücksichtnahme geprägt ist. Ihr Gesprächsstil erscheint insgesamt als

kooperativer, während der männliche Gesprächsstil stärker durch Dominanz und Konkurrenz geprägt ist.

Die Gefahr dieser typisierenden Zuschreibungen liegt darin, dass hier Geschlechtsrollen festgeschrieben werden. Mittlerweile ist jedoch in Deutschland, vor allem in der medialen Öffentlichkeit (z.b. in Talk Shows) – nicht zuletzt durch populärwissenschaftliche Veröffentlichung (vgl. Tannen 1991) – ein Bewusstsein für diese Unterschiede entstanden, so dass sich heute vielfach Männer wie Frauen bemühen, ihr Gesprächsverhalten zu verändern, um nicht geschlechtsspezifischen Klischees zu entsprechen.

Das Geschlecht determiniert jedenfalls kein bestimmtes Gesprächsverhalten. Man kann vielmehr umgekehrt sagen, dass sich Frauen wie Männer durch die Art ihrer Kommunikation mehr oder weniger bewusst als typisch weiblich oder männlich inszenieren. Das Geschlecht wird so als 'soziales Geschlecht' durch Sprache, aber auch durch körpersprachliches Verhalten und Kleidung 'gemacht' (vgl. Günthner 1997).

Für Lerner einer Fremdsprache, die sich im Land ihrer Zielsprache aufhalten, ergibt sich aus den Ergebnissen der linguistischen Geschlechterforschung eine interessante Perspektive: In Gesprächen mit Muttersprachlern scheinen Gesprächspartner, die einen 'weiblichen Gesprächsstil' pflegen – unabhängig davon, ob es nun Frauen oder Männer sind – für einen möglichst optimalen sprachlichen Input und eine sinnvolle Unterstützung ihres Zweitspracherwerbs besonders geeignet zu sein. Sie bieten durch ihren kooperativen und einfühlsamen Stil eine bessere Gewähr dafür, dass sich der Lerner nicht nur besser verstanden fühlt, sondern dass ihm auch häufiger verständnissichernde sprachliche Brücken gebaut werden.

Lektürehinweise

Hess-Lüttich (1987) informiert kritisch über alle wesentlichen Bereiche sprachsoziologischer Forschung wie Soziolekte, Dialekte, Jugendsprache, Sprache in Institutionen und im Unterricht, Fachsprachen und Sprache der Medien. Neuere Tendenzen in der deutschen Gegenwartssprache werden in Glück/Sauer (1990) dargestellt. Der *dtv-Atlas zur deutschen Sprache* (König 1991) stellt auf zahlreichen farbigen Karten vorwiegend die dialektale Situation dar. Im *Wörterbuch deutscher Dialekte* (Knoop 1997) findet man eine Sammlung von Mundartwörtern aus zehn Dialektgebieten im Einzelvergleich, in Sprichwörtern und Redewendungen. Ammon hat eine Studienbibliographie zur Literatur über *Nationale Varietäten des Deutschen* (1997) herausgegeben. Über geschlechtsspezifisches Sprachverhalten und die *Feministische Sprachwissenschaft* informiert Samel (^{2}2000). Burger (1990) führt in die *Sprache der Massenmedien* und Roelcke (1999) in die *Fachsprachen* ein. Das *Handbuch des Fachsprachenunterrichts* von Buhlmann/Fearns (1999) bietet fachliche und didaktische Grundlagen zur interkulturellen Fachkommunikation. Über die Sprache in Ost- und Westdeutschland nach der Wende informiert Welke/Sauer/Glück (1992). Informativ und amüsant zu lesen sind Dieter E. Zimmers (1997) Beobachtungen zum Deutschen im „Modernisierungsfieber", vor allem seiner Tendenz zur Anglisierung.

3.3 Merkmale der deutschen Standardsprache

Wer Deutsch als Fremdsprache lernen möchte, der denkt an die Standardsprache, die „überregionale, mündliche und schriftliche Sprachform der sozialen Mittel- bzw. Oberschicht", und nicht an einen Dialekt. Als die Varietät des öffentlichen Lebens mit dem höchsten sozialen Prestige „unterliegt sie (besonders in den Bereichen Grammatik, Aussprache und Rechtschreibung) weitgehender Normierung, die über öffentliche Medien und Institutionen, vor allem aber durch das Bildungssystem kontrolliert und vermittelt wird" (Bußmann 1990, S. 732). Eine einfache Kosten-Nutzen-Analyse steht dahinter: Wenn man schon die Anstrengung auf sich nimmt, eine fremde Sprache zu erlernen, dann möchte man damit den größtmöglichen Nutzen erzielen, und den erreicht man mit der Sprachform, die am angesehensten ist und die größte Verbreitung hat.

Möchte man allerdings in einem deutschsprachigen Land leben, wird das Deutsche für den Lerner eine andere Funktion bekommen: Aus der *Fremdsprache* wird eine *Zweitsprache*, ein Verständigungsmedium im deutschsprachigen Alltag. Hier führt die Kosten-Nutzen-Analyse zu einem anderen Ergebnis: Das Deutsch der Menschen, mit denen man täglich sprechen muss, wird wichtiger als ein normierter Standard, so wie man ihn beispielsweise im Goethe-Institut in Tokio oder Kairo vermittelt bekommt. Man passt sich seinen Gesprächspartnern an und adaptiert – mehr oder weniger stark – die entsprechenden großräumigen Umgangssprachen, die Regiolekte, etwa das 'Norddeutsche' oder 'Österreichische', und auch kleinräumige dialektale und soziolektale Varianten.

Im Rahmen dieser Einführung in Deutsch als Fremdsprache kann nicht zusätzlich in die germanistische Linguistik eingeführt werden, auch für die Vermittlung linguistischer Grundkenntnisse reichen die wenigen Seiten hier nicht aus. Verwiesen sei deshalb auf Einführungen in die Linguistik von Dürr/Schlobinski ([2]1994), Clément (1996), Linke/Nussbaumer/Portmann ([3]1996) und Gross ([3]1998).

Als anregendes Nachschlagwerk empfiehlt sich „die Cambridge Enzyklopädie der Sprache" von Crystal (1993). Definitionen, Beispiele und Literaturhinweise findet man im „Lexikon der Sprachwissenschaft" von Bußmann ([2]1990) und im „Metzler Lexikon Sprache" von Glück ([2]2000). Kürschner (1994) bietet ein nützliches Kompendium zum Studium der Linguistik mit Hinweisen zur Anfertigung von Seminararbeiten, Vorbereitung auf Prüfungen und einer aktuellen Zusammenstellung von Basisliteratur.

Einen knappen Überblick über linguistisch relevante Bereiche des Deutschen mit Hinweisen zur weiteren Arbeit und Vertiefung halten wir aber dennoch in dieser Einführung für unverzichtbar. Dabei wird versucht, einzelne Themen aus der Interessenlage von DaF-Studierenden zu fokussieren, um eine Perspektive zu gewinnen, aus der spezifische und eigentümliche Merkmale des Deutschen deutlich werden und Brücken zur didaktischen Modellierung geschlagen werden können.

3.3.1 Generelle Charakteristik des Deutschen

Das Deutsche gehört – neben dem Englischen, dem Niederländischen, das als Standardsprache mit dem Flämischen in Belgien identisch ist, dem damit verwandten Afrikaans und Friesischen sowie dem Schwedischen, Norwegischen, Dänischen, Isländischen und Färöisch – zu den germanischen Sprachen, die wiederum Teil der indoeuropäischen Sprachfamilie[4] sind. Es hat die typischen Merkmale der germanischen Sprachen noch weitgehend bewahrt: den Wortaktzent auf der ersten Silbe, drei markierte Kasus, Unterscheidung von starker und schwacher Adjektivflexion sowie starker und schwacher Verbflexion. Grammatische Beziehungen werden allerdings nicht mehr in dem Ausmaß, wie in früheren Sprachstufen üblich, morphologisch bzw. *synthetisch* markiert, sondern mehr und mehr *analytisch* durch grammatische Verknüpfungswörter.

    1. Er sagte, er käme heute.
    2. Er hat gesagt, er würde heute kommen.

Im ersten Beispiel werden Tempus und Modus durch Suffixe und Umlaut direkt an den Verben synthetisch markiert. Dieser Satz entspricht einer gehobenen Stilebene und würde so nur noch in formalen Situationen geäußert. Im zweiten umgangssprachlichen Beispiel werden Tempus und Modus analytisch durch die Funktionswörter „hat" und „würde" markiert.

    In der Verbflexion ist diese Veränderung von einer synthetischen zur analytischen Markierung bereits relativ weit fortgeschritten. Die morphologische bzw. synthetische Markierung von Numerus, Genus und Kasus in der Nominalgruppe ist dagegen noch einigermaßen erhalten. Von allen germanischen Sprachen hat sich das Englische am weitesten in Richtung eines analytischen Sprachbaus verändert; es steht heute vom Sprachtyp her dem analytischen chinesischen Sprachbau näher als andere indoeuropäische Sprachen, die den flexivischen Charakter bewahrt haben. Da sich auch das Deutsche in Teilbereichen vom synthetischen zum analytischen Sprachbau verändert hat, wird es heute als ein sprachtypologischer 'Mischtyp' bezeichnet (Lang/Zifonun 1996).

    Der 'zwittrige' Charakter des Deutschen zeigt sich auch in der Wortstellung. Neben der SVO-Ordnung (Subjekt-Verb-Objekt) in Aussage- und Ergänzungsfragesätzen gilt die SOV-Ordnung in Nebensätzen. Hinzu kommt die markierte VSO-Stellung für Entscheidungsfrage- und Aufforderungssätze. Man vergleiche:

1.	Sie hat das Buch schon gelesen.	SVO
2.	Hat sie das Buch schon gelesen?	VSO
3.1	Er weiß, dass sie das Buch schon gelesen hat.	SOV
3.2	Stimmt es, dass sie das Buch schon gelesen hat?	SOV
3.3	Sag ihm, dass sie das Buch schon gelesen hat!	SOV (nach Askedal 1996, S. 371)

---

[4]   Die ursprünglichen Kennzeichen indoeuropäischer Sprachen sind komplexe Flexionsparadigmen mit Suffixen und Veränderungen im Wortstamm (Ablaut), drei Genusklassen, bis zu acht Kasus und drei Numeri (Singular, Dual, Plural), Kongruenz von Nomen mit dem Adjektiv und mit dem Verb sowie eine vorwiegend flexivische Markierung des Verbs in Tempus, Modus und Aspekt.

Aus typologischer Perspektive scheint für das Deutsche die Verbendstellung grundlegend zu sein, also das SOV-Muster für Nebensätze, die in den Beispielen 3.1 - 3.3 trotz ihrer unterschiedlichen pragmatischen Funktion als Teile eines Aussage-, Entscheidungsfrage- oder Aufforderungssatzgefüges keine Veränderung aufweisen und mithin unmarkiert bleiben. Die Wortstellung in Hauptsätzen dagegen muss sich an der Funktion der Aussage orientieren und sie entsprechend markieren. Auch wenn diese typologische Argumentation einsichtig erscheint, wird man dennoch aus didaktischer Sicht im Unterricht vom Aussagesatz und der Zweitstellung des flektierten Verbs (SVO) ausgehen müssen.

Da die grammatischen Mittel zur Kodierung von Funktionen im Satz eine nicht leicht zu erfassende Vielfalt aufweisen, wird das Deutsche weithin als 'schwere Sprache' eingeschätzt. So auch von Mark Twain:

> Wer nie Deutsch gelernt hat, macht sich keinen Begriff, wie verwirrend diese Sprache ist. Es gibt gewiss keine andere Sprache, die so unordentlich und systemlos daherkommt und dermaßen jedem Zugriff entschlüpft. Aufs hilfloseste wird man in ihr hin und her geschwemmt, und wenn man glaubt, man habe endlich eine Regel zu fassen bekommen, die festen Boden zum Verschnaufen im tosenden Aufruhr der zehn Redeteile verspricht, blättert man um und liest: „Der Lernende merke sich die folgenden *Ausnahmen*." (Twain 1997, S. 528)

Aber nicht jeder Ausländer fällt ein derartig negatives Urteil. Der französische Deutschlandkenner Bernhard Nuss kommt zu einer anderen Einschätzung:

> Im Gegensatz zu dem, was man gemeinhin denkt, versucht die deutsche Sprache, Verschwommenheit zu vermeiden. Sie bedarf der Präzisierungen und weist jedem Faktum seinen Platz in einem genau festgelegten Rahmen zu. Daher geht der Argumentation immer eine sehr genaue Vorstellung voraus. Daraus ergibt sich, dass das Deutsche viel Konzentration und eine ständige intellektuelle Anstrengung erfordert. Das macht die Sprache kraftvoll und spannungsreich. Erst am Ende des Satzes und nachdem man mehrere Fakten zur Kenntnis nehmen oder sogar miteinander verbinden musste, kann man sich wirklich eine Meinung bilden. Die Urteilsfindung bleibt im Laufe der Äußerung offen, riskiert manchmal, sich auf eine falsche Fährte einzulassen oder in eine Sackgasse zu münden, kommt plötzlich zurück auf den richtigen Weg und ist erst am Schluss sicher und definitiv. Das Deutsche ist eine Sprache für vorsichtige und bedächtige Leute, die erst nach langer und sorgfältiger Analyse aller Elemente des Problems zu einer Schlussfolgerung oder Entscheidung kommen. (Nuss 1992, S. 22)

Die Einschätzung von Nuss, dass das Deutsche einen engen Bezug zwischen sprachlicher Form, Bedeutung und Gedankenentwicklung erfordert, wird von der neueren Forschung ähnlich gesehen (vgl. König 1996, S. 35). Wenn Nuss allerdings meint, das Deutsche sei eine Sprache für „bedächtige und vorsichtige Leute" und verlange eine „ständige intellektuelle Anstrengung", dann muss man als Linguist die Nase rümpfen. Als DaF-Didaktiker und -Lehrer darf man derartige Laienurteile jedoch nicht einfach ignorieren, da sie auch unter Lernern verbreitet sind und einen ganz erheblichen Einfluss auf die Entscheidung haben können, Deutsch zu lernen und auch darauf, wie Deutsch gelernt und unterrichtet wird.

Deutschlehrer sollten die Urteile und Vorurteile, mit denen Lerner auf die Sprache zugehen, ernst nehmen, auf ihren Wahrheitsgehalt prüfen und zu relativieren versuchen, beispielsweise die Einschätzung des Deutschen als einer komplizierten, intellektuellen und bedächtigen Sprache durch Unterrichtseinheiten, die zeigen, dass Deutsch auch eine spontane, naive und lustige Sprache sein kann.

Lektürehinweise

Mit Störig ([2]1997) bekommt man einen anregend geschriebenen Überblick über die Sprachfamilien der Erde, über das Deutsche und die wichtigsten europäischen Sprachen. Bodmer (1955) bietet als älterer 'Klassiker' einen ähnlich breiten Überblick, ist aber wesentlich umfangreicher, detaillierter und genauer. Wandruszka (1969) liegt zwischen dem poplärwissenschaftlichen Buch von Störig und dem Kompendium von Bodmer.

3.3.2 Phonetik und Phonologie

Das Deutsche hat wie die meisten indoeuropäischen Sprachen ein relativ großes Phoneminventar, etwa 40 Phoneme: 15 Vokale und der Schwa-Laut [ə], 3 Diphthonge und 19 Konsonanten sowie 2 Affrikaten (vgl. Ternes 1999). Hinzu kommen circa 27 weitere Laute, die über Fremdwörter aus anderen Sprachen adaptiert wurden, wie kurze, geschlossene Vokale in Fremdwörtern meist griechischen oder lateinischen Ursprungs (z.B. „Poesie", „Telefon") sowie Vokale und Konsonanten aus dem Englischen und Französischen, da viele Fremdwörter aus diesen Sprachen nicht der deutschen Lautung angepasst werden (z.B. „Aids", „Thriller", „Fondue", „Manege").

Die Vokale können als kurze, meist zugleich ungespannte ('offene') oder lange gespannte ('geschlossene') Laute realisiert werden; das Merkmal der Vokalquantität hat also eine bedeutungsunterscheidende Funktion, was in Minimalpaaren wie „Stahl – Stall", „bieten – bitten", „Ofen – offen" oder „Höhle – Hölle" deutlich wird. Da in den Erstsprachen vieler DaF-Lerner Kürze oder Länge eines Vokals keine bedeutungsunterscheidende Funktion haben, kann es hier zu kontrastiv bedingten Aussprachefehlern kommen.

In unbetonten Silben tritt der Schwa-Laut [ə] auf („Raabe" [raːbə]). Unbetont ist auch das [ɐ], ein vokalisiertes /r/, das ungefähr zwischen einem [a] und [ə] steht (z.B. „Vater" [faːtɐ]). Hinzu kommen drei Diphthonge: [ai], [au] und [ɔy].

Zu den konsonantischen Sprachlauten des Deutschen, die in den Sprachen der Welt nur selten vorkommen, gehören [ç], also der ich-Laut, und das uvulare [R]. Maddieson (1984) untersucht das Lautsystem von über 300 Sprachen; [ç] findet er lediglich in zehn Sprachen belegt, [R] neben dem Deutschen nur im Französischen. Aus kontrastiver Sicht sind hier also Lernprobleme in der Aussprache zu erwarten.

Im Deutschen werden die Wort- und Silbengrenzen deutlich markiert. Betonte Silben, die mit einem Vokal beginnen, sowie vokalische Wortanfänge werden durch den initialen Stimmlippenverschlusslaut [ʔ] (sog. Knacklaut) abgegrenzt. Lerner, die von ihrer Muttersprache her den Stimmlippenverschluss nicht kennen, neigen dazu, ihn wegzulassen und riskieren dadurch Verständigungsprobleme. Wer beispielsweise in dem Kompositum „Blumentopferde" das Grundwort „Erde" nicht mit einem Knacklaut beginnen lässt, könnte beim Hörer die Vermutung auslösen, dass er auf eine besondere Pferderasse hinweisen möchte. Der für viele ungewohnte 'knackende' vokalische Einsatz mag auch den Eindruck einer harten, wenig melodischen Sprache entstehen lassen. Dieser Eindruck kann durch die zahlreichen Möglichkeiten zur Konsonantenhäufung verstärkt werden.

Ein weiteres Merkmal des Deutschen gegenüber etlichen Ausgangssprachen sind Konsonantencluster, Häufungen von mehreren Konsonanten im Anfangsrand und im Endrand von Silben. Neben Silben, die nur einen Vokal aufweisen („A.bend") und solchen, die nach dem Muster Konsonant-Vokal-Konsonant aufgebaut sind („Sohn", „viel"), gibt es einen quantitativ größeren Wortbestand mit zwei und mehr aufeinander folgenden Konsonanten, wobei folgende Abfolgen möglich sind:

V-K-K	oft, alt, irrt
V-K-K-K	Obst, Angst
K-V-K-K	kalt, Wild
K-V-K-K-K	dankt
K-V-K-K-K-K-K	schimpfst
K-K-V	froh, Klee
K-K-V-K	klug, Blatt
K-K-V-K-K	schlank, Brust
K-K-K-V-K-K	Strolch, springt
K-K-K-V-K-K-K	sprichst

Assimilationen von Konsonanten kommen kaum vor; aufeinander folgende stimmhafte und stimmlose Konsonanten behalten vielmehr ihre stimmliche Charakteristik („Reissalat"). Die Markierung des Wortendes mit einem stimmlosen Konsonanten (mit Ausnahme von Nasalen) und der Knacklauteinsatz bei vokalisch anlautenden Wörtern führt dazu, dass es Lernern des Deutschen relativ leicht fällt, einzelne Wörter aus einer Äußerungskette 'herauszuhören'.

Zu den suprasegmentalen prosodischen Merkmalen des Lautsystems einer Sprache gehören der Wortakzent, die Satzintonation und der Sprachrhythmus. Der Wortakzent ergibt sich aus der Hervorhebung (Betonung) einer Silbe in mehrsilbigen Wörtern. Dazu nutzt das Deutsche vor allem das Mittel der Lautstärke. Das Deutsche hat einen freien Wortakzent; von der Grundregel der Betonung der ersten Silbe des Wortstammes gibt es zahlreiche Ausnahmen. Deshalb kann der Wortakzent gelegentlich sogar distinktiv sein und Bedeutungen unterscheiden („über̲setzen – übersetzen"). Haupt- und Nebenakzent von Wörtern können den Wörterbüchern entnommen werden.

Die Satzintonation („Satzmelodie") wird durch die Variation im Tonhöhenverlauf gestaltet. Sie vermittelt dem Hörer wesentliche Informationen zum Verständnis einer Äußerung. Die Grundverlaufsmuster sind steigende, schwebende und fallende Intonation. Eine zum Satzende hin fallende Intonation kennzeichnet zumeist Aussagesätze oder Wortfragen, eine steigende Intonation Satzfragen. Die Intonation kann auch Zweifel an der Geltung einer Aussage signalisieren, ein Ironiesignal darstellen usw.

Vom Sprachrhythmus her wird das Deutsche zu den akzentzählenden Sprachen gezählt. Äußerungen haben eine rhythmische Struktur; sie ergibt sich im Deutschen aus der als isochron (gleichmäßig getaktet) empfundenen Abfolge von Wortakzenten. Daraus kann sich beim Sprechen eine Tendenz zur Reduktion oder Tilgung ,überzähliger' unbetonter Silben ergeben, um den Rhythmus aufrecht zu erhalten. Diese rhythmische Durchgliederung der Äußerungen unterstützt vermutlich das Verstehen. Gegenüber den akzentzählenden Sprachen wie z.b. Deutsch und Englisch erreichen silbenzählende Sprachen dies durch eine isochrone Abfolge von Silben.

Wortakzent, Satzintonation und Sprechrhythmus gehören zu den Merkmalen, nach denen Muttersprachler die sprachliche Kompetenz eines DaF-Lerners einschätzen. Kleinere Verstöße in der Morphosyntax oder in der Artikulation des einen oder anderen Sprachlautes werden eher hingenommen als Auffälligkeiten auf diesen drei Feldern.

Lektürehinweise
In die Phonetik führen Pompino-Marschall (1995) und Hakkarainen (1995) ein, in die Phonologie Ternes (1999) und Hall (2000).

3.3.3 Morphologie und Wortbildung

Die Morphologie beschäftigt sich mit den bedeutungstragenden Bausteinen, aus denen Wörter bestehen: den *Morphemen*. Man unterscheidet lexikalische Morpheme wie „Haus", „Baum" oder „Baumhaus", die eine semantische Bedeutung haben, von grammatischen Morphemen, die entweder 'frei' als einzelne Funktionswörter wie „aber" oder „dem" vorkommen oder gebunden als Präfixe („Verlauf") oder Suffixe („denkbar").

Das Deutsche kennt drei Genera: Maskulinum, Femininum und Neutrum. Bei der überwiegenden Anzahl der Nomen lässt sich das Genus nicht sicher erschließen (vgl. „die Frau", „der Vamp", „das Weib"). Dies bedeutet für den Lerner, dass er das Genus eines Nomens zusätzlich erwerben muss.[5] Für die Kasusmarkierung (Akkusativ, Dativ, Genitiv) müssen sowohl die Artikel, die Endungen der Nomen als auch – sofern vorhanden – die Endungen der zwischen Artikel und Nomen eingeschobenen 'attributiven' Adjektive einbezogen werden. Dieses Verfahren mehrfacher Markierungsmöglichkeiten erschien dem amerika-

---

[5] Beim ungesteuerten Erwerb wird nach Wegener (1995) zunächst die Numerus-, dann die Kasus- und zum Schluss die Genusmarkierung gelernt, wobei stufenweise anhand von Wahrscheinlichkeiten und Plausibilitätsannahmen das komplexe Muster allmählich rekonstruiert wird. Eine Memorierung der Genusmarkierung spielt dabei kaum eine Rolle.

nischen Schriftsteller Mark Twain (1997, S. 536) als 'zu viel des Guten' bzw. für einen Lerner eher ein Zuviel des Unangenehmen:

> Ein Deutscher nennt einen Bewohner Englands einen Engländer. Zur Änderung des Geschlechts fügt er ein „-in" an und bezeichnet die weibliche Einwohnerin desselben Landes als Engländerin. Damit scheint sie ausreichend beschrieben, aber für einen Deutschen ist es noch nicht exakt genug, also stellt er dem Wort einen Artikel voran, der anzeigt, dass das nun folgende Geschöpf weiblich ist, und schreibt: „*Die* Engländerin". Meiner Ansicht nach ist diese Person überbezeichnet.

In einer Nominalgruppe, die aus Artikel, attributivem Adjektiv und Nomen besteht, herrscht Arbeitsteilung: Während am Nomen vorwiegend der Numerus markiert wird („Bach – Bäche"), sind für die Markierung von Kasus und Genus des Nomens in erster Linie Artikel und Adjektiv zuständig (Weinrich 1993, S. 483). Je nachdem ob ein bestimmter, ein unbestimmter oder kein Artikel vorausgeht, werden attributive Adjektive unterschiedlich flektiert.

der groß<u>e</u> Bedarf	dem groß<u>en</u> Bedarf
ein groß<u>er</u> Bedarf	einem groß<u>en</u> Bedarf
groß<u>er</u> Bedarf	groß<u>em</u> Bedarf

Da Nomen redundant 'von zwei Seiten', von einem vorausgehenden Artikel und/oder Adjektiv als auch durch ein Suffix im Kasus, im Genus und im Numerus markiert werden können, kann es sich das System 'leisten', dass diese mehrfachen Markierungsmöglichkeiten nicht immer eindeutig sind und teilweise entfallen können. Da zudem nur relativ wenig Phoneme zur Verfügung stehen, kommt es zu Synkretismen, lautlich gleichen Morphemen mit unterschiedlichen Funktionen, wie beispielsweise bei dem 'an sich' maskulinen Artikel „der", der auch die Funktion haben kann, das Femininum im Dativ und Genitiv Singular und Genitiv Plural zu markieren. Da zudem noch die Pluralbildung zahlreiche Varianten aufweist, ergibt sich ein nicht einfach durchschaubares, redundantes, aber gleichwohl auch lückenhaft erscheinendes System mit Ähnlichkeiten und Überschneidungen (vgl. Granzow-Emden 1998). Im Vergleich dazu werden im Türkischen grammatische Funktionen gleichsam mit der Eindeutigkeit einer Computersprache markiert.

   Die Verbalflexion bietet ein ähnlich komplexes Bild. Auch hier finden sich zahlreiche Formübereinstimmungen mit unterschiedlichen Funktionen, und auch hier herrscht die Tendenz vor, Flexionsmorpheme und -paradigmata obsolet werden zu lassen und durch Funktionswörter zu ersetzen. Morphologisch werden, wie in allen germanischen Sprachen, zwei Tempora differenziert: Das Präsens und das Präteritum. In der gesprochenen Alltagssprache ist allerdings das 'synthetische' Präteritum („kochte") weitgehend durch das 'analytische' Perfekt („hat gekocht") ersetzt worden. Zukunftsbezogene Verbalausdrücke werden indes kaum noch analytisch mit „werden" gebildet, sondern mit dem Präsens ausgedrückt (also anstatt: „Sie wird morgen kommen." eher: „Sie kommt morgen.").

Eine Schwierigkeit bei der Perfektbildung besteht darin, dass ein (größerer) Teil der Verben das Hilfsverb „haben" und ein (kleiner) Teil das Hilfsverb „sein" verlangt („Ich habe gegessen." vs. „Ich bin gelaufen."). Der größere Teil der Verben (die sog. 'schwachen' Verben) kennzeichnet das Präteritum mit dem Flexiv „t". Ein kleiner, aber meist häufig verwendeter Teil der Verben bildet Präteritum und Partizip durch Veränderung des Vokals im Verbstamm ('Ablaut'). Da manche dieser Verben oft auch einen Vokalwechsel im Präsens aufweisen, müssen vier verschiedene 'Stammformen' gelernt werden.

geben	laufen	Infinitiv
gibst	läufst	Präsens der 2. Person Singular
gaben	liefen	Präteritum
gegeben	gelaufen	Partizip Perfekt

Der für alle indogermanischen Sprachen typische Ablaut dient nicht nur zur Markierung der Tempora bei unregelmäßigen Verben, sondern hat auch für die Wortbildung große Bedeutung (z.B. „binden", „band", „gebunden", „der Bund", „das Band", „die Binde").

Das Deutsche verfügt über vier Möglichkeiten, Wörter zu bilden: Komposition, Derivation, Konversion und Kürzung. Mit der Komposition steht dem Deutschen ein Prinzip zur Verfügung, das aus der Sicht von Mark Twain erschreckend große Wortungetüme entstehen lassen kann. Er fand die Beispiele „Altertumswissenschaften", „Unabhängigkeitserklärungen", „Wiederherstellungsbestrebungen" und meinte dazu, dass „diese langen Dinger (...) wohl kaum rechtmäßige Wörter" seien, „sondern vielmehr Wortkombinationen, deren Erfinder man hätte umbringen sollen" (Twain 1997, S. 539f.). Aber für einen DaF-Lerner kann das Prinzip der Komposition auch praktisch, ja sogar vergnüglich sein. Es lassen sich nämlich mit ein wenig Fantasie ganz neue Wörter kreieren, ein „Mondblumenkarrussell" für eine „Lunaparkanlage" mit automatischen „Kaugummibremsen" lässt sich im Deutschen rasch aus dem Nichts zaubern.

Die Derivation ist ebenfalls höchst praktisch: Aus „sprechen" wird unter Verwendung eines Präfixes leicht „versprechen", oder durch zwei Präfixe und ein Suffix kann es rasch „unaussprechlich" werden. Und das Verb „versprechen" konvertiert zum Nomen, wenn jemand ein „Versprechen" gibt.

Schließlich besteht die Möglichkeit, Wörter zu kürzen. Aus dem „Lastkraftwagen" wird ein „LKW", aus einer „Lokomotive" eine „Lok" und aus „Deutsch als Fremdsprache" wird „DaF".

Lektürehinweise

Erben ([3]1993) ist als Einführung in die Wortbildungslehre gut geeignet. In Eisenbergs Standardwerk zum 'Wort' (1998) sind die Kapitel 5 (zur Flexion) sowie 6 und 7 (zur Wortbildung) einschlägig und zudem angenehm zu lesen.

3.3.4 Syntax

Im Vergleich mit anderen Sprachen nimmt das Deutsche in Bezug auf die Satzgliedstellung eine 'mittlere' Position ein. Slawische Sprachen beispielsweise, die über einen ausgeprägten flektierenden Sprachbau verfügen, haben eine sehr freie Satzgliedstellung; in einer Sprache wie dem Englischen mit seiner fast flexionslosem Struktur hingegen existieren feste Abfolgeregularitäten. Die Stellung der syntaktischen Elemente im Deutschen ist relativ frei und durch eine Reihe von Varianten gekennzeichnet. Man vergleiche:

D1	Der Chef hat seinen Arbeitern gern eine Lohnerhöhung gegeben.
D2	Seinen Arbeitern hat der Chef gern eine Lohnerhöhung gegeben.
D3	Eine Lohnerhöhung hat der Chef gern seinen Arbeitern gegeben.
D4	Gern hat der Chef seinen Arbeitern eine Lohnerhöhung gegeben.
E	The boss was pleased to give his workers a rise.

Die verbalen Elemente im Satz allerdings sind positionsfest. Ihre Stellung gibt zudem den Satztyp und die Satzart vor: Beim Aussagesatz steht das finite Verb an zweiter Position, bei Entscheidungsfragen an erster Stelle und bei Nebensätzen am Schluss.

Ballack schießt das erste Tor.	(Verbzweit)
Schießt Ballack das erste Tor?	(Verberst)
Alle pfeifen, als Ballack das erste Tor schießt.	(Verbletzt)

Besteht der Verbalkomplex aus mehreren Elementen, so bilden diese das prägende Charakteristikum der deutschen Sprache, die so genannte Verb- oder Satzklammer. Die Klammerbildung entsteht dadurch, dass zwischen dem finiten Verb und dem infiniten mehrere andere syntaktische Elemente stehen können.

Heute Abend ist Sonja sehr spät, nämlich nach der letzten Fernsehsendung, aufgestanden.

Zu Beginn der Äußerung baut der Rezipient die Erwartung auf, dass „Sonja wohl zu Bett gegangen ist". Erst ganz am Ende des Satzes wird seine Erwartung korrigiert. Die Notwendigkeit, bei Klammersätzen immer bis zum Ende auf das Verb zu achten, versetzt den Sprecher gegenüber dem Hörer in eine starke Position, da gewissermaßen strukturell ein ungeduldiges Unterbrechen erschwert ist.

Die verbalen Einheiten sind auch der Ausgangspunkt, um den Satz topologisch zu beschreiben (vgl. z.B. die IDS-Grammatik, Zifonun u.a. 1997, 1502 ff.). Der Bereich zwischen den verbalen Klammerteilen wird als Mittelfeld bezeichnet, der Abschnitt vor dem finiten Verb bildet das Vorfeld und hinter dem infiniten Verb eröffnet sich das Nachfeld.

Das Vorfeld ist – zumindest in der geschriebenen Sprache – in der Regel mit genau einem syntaktischen Element besetzt. Dies können sehr unterschiedliche Elemente sein, wie die Beispiele D1 bis D4 oben zeigen. Das Nachfeld muss nicht besetzt sein. Gerade in der gesprochenen Gegenwartssprache jedoch wird es häufig genutzt, um unübersichtliche Klammerstrukturen zu vermeiden und dem Hörer das 'Warten auf das Verb' zu ersparen.

Er konnte wieder gehen nach seinem schweren Unfall und dem langen Krankenhausaufenthalt.

Statt:

Er konnte nach seinem schweren Unfall und einem langen Krankenhausaufenthalt wieder gehen.

Die meisten Satzglieder sind im Mittelfeld anzutreffen. Eine ganze Reihe von Faktoren beeinflusst die Regularitäten ihrer Abfolge (vgl. hierzu z. B. Eisenberg 1999, 394). So erscheinen beispielsweise Pronomina vor Nomen.

Die Mutter schenkt ihr den Schmuck.

Und nicht:

*Die Mutter schenkt den Schmuck ihr.

Welche Satzglieder überhaupt in einem Satz vorkommen, entscheidet zu einem wesentlichen Teil das Verb. Jedes Verb fordert Ergänzungen und legt damit einen bestimmten Satzbauplan fest (vgl. hierzu Engel 1996, 185ff.) Wie viele Ergänzungen welcher Art ein Verb zu sich nimmt, nennt man seine Valenz.[6] So lassen sich Verben auch nach ihrer Stelligkeit unterscheiden. Das Verb „schenken" zum Beispiel ist dreistellig, denn es fordert drei Ergänzungen, das sind neben dem Subjekt eine Dativ- und eine Akkusativergänzung.

Neben den Ergänzungen gibt es Angaben. Angaben sind nicht spezifisch an ein Verb gebunden, sie können zu jedem beliebigen Verb treten und ihr Vorkommen im Satz ist quantitativ unbegrenzt. Ein Beispiel für eine freie Angabe wäre im folgenden Satz das Adverbial „gern".

Die Mutter schenkt ihrer Tochter gern den Schmuck.

Auch aus der Tatsache, ob ein Element als Ergänzung oder als Angabe fungiert, ergeben sich Tendenzen für die Stellung im Satz (vgl. hierzu Engel 1996, 303ff.). Kasusergänzungen beispielsweise haben eine Linkstendenz, d.h. sie befinden sich näher beim finiten Verb als andere Ergänzungen oder als Angaben.

Lektürehinweise

Das grammatische Standardwerk für DaF ist Helbig/Buscha (1991). Die Grammatik von Engel ([3]1996) als Dependenz-Verb-Grammatik ist für DaF ebenfalls grundlegend. Als didaktische Grammatik dazu ist Rall/Engel/Rall ([2]1985) einschlägig. Empfehlenswert ist auch Heringers „re-

---

[6] Da valenzgrammatische Ansätze den wichtigsten Einfluss auf die Grammatikdidaktik des Deutschen als Fremdsprache hatten (vgl. Kapitel 4.3.3), folgen wir auch an dieser Stelle der Terminologie und Darstellung dieser Grammatiktheorie.

zeptive Grammatik des Deutschen" (1989). Hentschel/Weydt (1994) vermitteln in einem gut lesbaren Stil grammatische Grundkenntnisse. Als Übungsgrammatik für fortgeschrittene Lerner ist Rug/Tomaszewski (1993) eine anregende Lernhilfe.

3.3.5 Lexik und Semantik

Der Umfang des deutschen Wortschatzes beträgt circa 400.000 bis 600.000 Wörter: eine problematische Schätzung, da man einerseits nicht genau weiß, was ein Wort ist, andererseits schlecht festlegen kann, wo die Grenze zwischen einem 'allgemeinsprachlichen' und 'fachsprachlichen' Wortschatz verläuft. Die Zahl fachsprachlicher Termini geht dagegen in die Millionen und verdoppelt sich circa alle vier Jahre. Der allgemeine Wortschatz des Englischen soll um circa 1/3 größer als der deutsche sein, der des Französischen hingegen kleiner. Dieser Unterschied erklärt sich aus der Fähigkeit und Bereitschaft des Englischen, fremdes Wortmaterial problemlos zu amalgamieren, während vom Französischen fremde Wörter schlecht integriert werden; hinzu kommen politisch motivierte sprachpuristische Tendenzen in Frankreich. Das Deutsche nimmt hier insofern eine mittlere Stellung ein, als zwar bereitwillig Wörter aus anderen Sprachen aufgenommen wurden – zunächst vorzugsweise aus dem Griechischen und Lateinischen, dann aus dem Französischen und heute aus dem Englischen –, sich diese Wörter aber längst nicht so leicht amalgamieren lassen, wie dies im Englischen möglich ist. Das Verhältnis von ursprünglich deutschen Wörtern zu Wörtern, die aus einer Fremdsprache übernommen wurden, beträgt heute circa 3:1.

Nach Wortarten aufgeschlüsselt ergeben sich für das Deutsch circa 50% Nomen, 25% Verben, 25% Adjektive und Adverbien, sowie 200 Präpositionen und Konjunktionen und knapp 100 Pronomen (vgl. Décsy 1973, Kalverkämper 1990, Zimmer 1994).

Diese allgemeinen Zahlen sagen nichts darüber aus, was semantisch für den deutschen Wortschatz charakteristisch ist. Zu fragen wäre, ob es inhaltliche Bereiche gibt, in denen das Deutsche besonders differenzierte Wortfelder ausgebildet hat und genauer ist als andere Sprachen. Im typologischen Sprachvergleich kann man durchaus charakteristische Merkmale des deutschen Lexikons ausmachen, nur der Schluss auf eine damit zusammenhängende Mentalität ist unzulässig. Wenn man sich beispielsweise das Wortfeld der Bewegungsverben näher anschaut, stellt man fest, dass das Deutsche als ein typischer Vertreter der germanischen Sprachen die Art und Weise der Bewegung genau lexikalisiert (König 1996, S. 48f.), während das Französische hier nicht differenziert.

> Da, wo das Französische einfach sagt 'entrer', präzisiert das Deutsche die Art, wie dies geschieht: hineinfahren, hineingehen, hineinschwimmen, hineinreiten usw. So weit wie möglich stützt man sich auf das Wirkliche und zögert nicht, ein Höchstmaß an Details anzugeben. (Nuss 1992, S. 20)

Bei Verben des Bekleidens und Entkleidens differenziert das Deutsche wiederum genauer als das Englische. An Stelle von „anziehen", „aufsetzen" (eine Brille), „umbinden" (eine Krawatte), „anstecken" (einen Ring) verwendet das Englische durchgängig „to put on" (König 1996, S. 49f.). Dieses Bemühen um Genauigkeit zeigt sich, laut Nuss, grundsätzlich im Bereich des sinnlich Wahrnehmbaren. Das Deutsche lebe „wesentlich durch die Sinne":

> ... es beobachtet, berührt, lauscht, schnuppert, kostet, berauscht sich an Formen und Farben, ist erdverbunden, orientiert sich an der Wärme oder flieht die Kälte, folgt den Gerüchen – kurz, es bringt erst Erscheinungen und dann Ideen zum Ausdruck (Nuss 1992, S. 21).

Vielfältige Differenzierungsmöglichkeiten hat das Deutsche auch durch seine Modalpartikeln. Eine Äußerung kann mit ihrer Hilfe – wie in dem folgenden Beispiel – in höchst subtiler Weise modifiziert werden:

> Könntest du nicht bitte doch auch mal so gut sein und dieses doch sicherlich auch für dich nicht ganz unwichtige Problem direkt anpacken und nicht wieder mal auf die lange Bank schieben! Also wirklich!

Unter den europäischen Sprachen findet man nur unter den slawischen Sprachen einen ähnlichen Partikelreichtum (vgl. Engel 1986 zum Serbokroatischen). König (1996, S. 50f.) zeigt, wie beispielsweise die vielseitige englische Partikel „even" im Deutschen mit einer ganzen Reihe unterschiedlicher Partikeln übersetzt werden kann: Mit „selbst", „sogar", „ja sogar", „nicht einmal", „auch nur", „schon" und „noch während". Für DaF-Lerner ist die adäquate Beherrschung dieser Partikelvielfalt mit der schwierigste Bereich überhaupt. Das liegt sicherlich auch daran, dass sie vor allem in informellen, persönlichen Gesprächen gehäuft auftreten, während sie in formalen Situationen – wie beispielsweise in der Lehrer-Schüler-Kommunikation – eher vermieden werden (vgl. Steinig 1986, S. 175ff.).

Lektürehinweise

Lutzeier (1985) führt in die traditionell und strukturalistisch orientierte Semantikforschung ein. Im Zuge der 'kognitiven Wende' hat sich die Prototypensemantik entwickelt, die von flexiblen, prototypisch organisierten und kognitiv verankerten Konzepten ausgeht. Ein gut verständliche Einführung dazu hat Kleiber ([2]1998) geschrieben. Schippan (1992) macht mit der Lexikologie vertraut. Zur Gliederung des Wortschatzes, zu Theorien und Methoden der lexikalischen Semantik sowie zum Begriff der 'Bedeutung' wird man gut informiert. Nützlich dazu ist ein Arbeitsbuch zur Lexikologie von Lutzeier (1995).

3.3.6 Pragmatik und Gesprächsanalyse

Die Beherrschung des formalen Systems der deutschen Sprache reicht nicht aus, um im Alltag bestehen zu können. Hier kommt es darauf an, situationsangemessen, partnerbezogen und thematisch adäquat sprachlich zu handeln. Oberstes

Prinzip eines jeden Gesprächs ist laut Grice (1975) die gegenseitige Annahme, dass Gesprächspartner kooperativ miteinander kommunizieren wollen und dies in der Regel auch tun. Dieses Kooperationsprinzip gilt für alle Sprachgemeinschaften, wird aber von Kultur zu Kultur und auch innerhalb einer Kultur unterschiedlich interpretiert. Ausländer, die im zielsprachlichen Land erfolgreich (sprachlich) handeln wollen und in besonderer Weise auf das Kooperationsprinzip angewiesen sind, sollten seine kulturspezifischen Ausprägungen adäquat einschätzen können. Feste Regeln oder Ergebnisse empirischer Untersuchungen, die hier Verhaltenssicherheit geben könnten, gibt es jedoch leider kaum. Die folgenden Einschätzungen sind deshalb auch nur als Tendenzen zu verstehen: In einer konkreten Situation kann das Gegenteil richtig sein. Zudem kommt es immer auf den eigenen kulturellen Standort an: Was für einen Japaner als verletzende Offenheit gelten kann, ist für einen Israeli möglicherweise nicht offen und direkt genug!

In Gesprächen zwischen Einheimischen und Ausländern wird das Kooperationsprinzip recht unterschiedlich interpretiert. Wird ein Gesprächspartner von einem Deutschen an seinem fremden Akzent als Ausländer erkannt, versucht er oft dadurch zu kooperieren, dass er das Gespräch – sofern er dazu fähig ist – auf Englisch fortführt in der nicht immer richtigen Annahme, die Kommunikation so für einen Ausländer zu erleichtern. Doch dieser Sprachwechsel wird von einem DaF-Lerner nicht unbedingt als kooperativ verstanden, sondern eher als eine Ablehnung seines 'Ausländer-Deutsch' und als Missachtung seiner Bemühungen, im Gespräch mit Deutschen seine Sprachkenntnisse zu verbessern. Diese Bemühungen können auch durch ein anderes vermeintliches Kooperationsverhalten gestört werden, den sog. *foreigner-talk*: Ein stark vereinfachtes und grammatisch nicht mehr normgerechtes Sprechen, das für den Spracherwerbsprozess sicherlich nicht förderlich ist: „Du mit mir kommen, dann ich dir zeigen, wohin gehen! Du verstehen?"

Aus dem generellen Kooperationsprinzip leitet Grice vier Maximen ab: Die Maxime der Quantität, der Qualität, der Relation und der Modalität. Jede dieser Maximen wird kulturspezifisch anders gewichtet.

Die Maxime der Quantität besagt, dass man so viel wie nötig sagt, aber auch nicht zu viel. Nur: Was ist zu viel und was zu wenig? Deutsche scheinen hier im interkulturellen Vergleich eher weniger zu sprechen. Vor allem an öffentlichen Orten, in Verkehrsmitteln oder Geschäften wird oft kaum mehr als das Nötigste gesagt. Viele Ausländer empfinden diese verbale Zurückhaltung als unangenehm. Auch wenn Deutsche einen Wunsch haben oder sich beschweren, machen sie das knapper und direkter als etwa Engländer (vgl. House/Kasper 1987), was von Ausländern vielfach als brüsk und unhöflich empfunden wird, während es umgekehrt Deutsche als penetrant empfinden können, wenn sie beispielsweise einen Amerikaner oder Italiener jemanden 'überschwänglich' loben hören. Österreicher scheinen dagegen gesprächsbereiter als Deutsche zu sein, neigen eher zu Übertreibungen und betten Aufforderungen und Bitten in längere Entschuldigungs-, Rechtfertigungs- und Erklärungssequenzen ein (vgl. Clyne 1995, S. 122).

Die 'Maxime der Qualität' besagt, dass man grundsätzlich die Wahrheit sagt oder andernfalls signalisieren muss, wie ernst man das Gesagte nehmen soll. Die Fähigkeit zum höflichen Umschiffen unangenehmer Wahrheiten, zur Ironie, zum augenzwinkernden Sprechen auf zwei Ebenen, zum Lesen zwischen den Zeilen wird hier angesprochen. In Deutschland gilt eine offene und ehrliche Direktheit als Tugend, die aber von Ausländern leicht als unhöflich verstanden werden kann (vgl. Schwanitz 1999, S. 445).

Mit der 'Maxime der Relation' wird gefordert, dass man Relevantes sagt und nicht etwas, das 'zu weit hergeholt ist' und zu dem der Gesprächspartner nur schwer eine Beziehung herstellen kann. Für formale Gespräche und für Sachtexte wird diese Maxime weitaus stärker beachtet als für eine entspannte Plauderei, aber dort wie hier gibt es bedeutende kulturelle Unterschiede. Im muttersprachlichen Deutschunterricht lernen Schüler, dass man im Aufsatz und in einer Diskussion möglichst viele Aspekte, die irgendwie für ein Thema relevant sein können, berücksichtigen sollte. Erst gegen Ende gibt man in einem Aufsatz, besonders in der Form der 'Erörterung', seine 'eigentliche' Auffassung preis. Gegenüber einem deutschen Aufsatz ist ein englischer Essay linear an der Entwicklung eines zentralen Gedankens ohne 'Abschweife' und Exkurse orientiert. Diese unterschiedlichen schulischen Texttraditionen setzen sich in fachlichen und wissenschaftlichen Textsorten fort (Clyne 1995, S. 138). Während Deutsche in informellen, privaten Gesprächen weniger geneigt sind, 'vom Hölzchen aufs Stöckchen zu kommen', äußern sie sich fachlich und themengebunden in aller Breite, mündlich und schriftlich.

Die Maxime der Modalität bezieht sich auf die Angemessenheit von sprachlichen Äußerungen in Bezug auf die soziale Situation und die Gesprächspartner. Für das Deutsche ist hier besonders die Wahl der Anrede wichtig: Ob man sich mit 'du' oder 'Sie' anredet, hängt von zahlreichen Faktoren ab wie Alter, Geschlecht, Schulbildung, Beruf, politischer Einstellung, Bekanntheitsgrad der Gesprächsparter, räumlicher Umgebung u.a. (vgl. Besch 1996). Die Entscheidung für „Sie" oder „du" ist jedenfalls komplizierter, als uns manche DaF-Lehrwerke weismachen wollen. In Gesprächen zwischen Deutschen und Ausländern wird manchmal einseitig von Deutschen, meist aus einem Gefühl der Überlegenheit, auf die Du-Ebene gewechselt, ohne ein vorheriges Einverständnis einzuholen.

Eine grundlegende Form, in der Verständigung spontan organisiert wird, ist das Gespräch. Ein Gespräch ist „eine begrenzte Folge von sprachlichen Äußerungen, die dialogisch ausgerichtet ist und eine thematische Orientierung aufweist." (Brinker/Sager [3]2001, S. 11). „Äußerung" verweist in dieser Definition auf die gesprochene Sprachform als Medium von Gesprächen. Ihr dialogischer Charakter impliziert das Element von Spontaneität, das natürliche Gespräche kennzeichnet. Das Merkmal der Begrenztheit weist darauf hin, dass die Äußerungsketten, die ein Gespräch ausmachen, strukturiert sind. So lassen sich typischerweise eine Eröffnungsphase, eine Beendigungsphase und eine thematisch kohärente Gesprächsmitte abgrenzen, und unterhalb dieser groben Gliederungsebene sind differenziertere Strukturmuster in der Abfolge von Gesprächszügen aufzufinden. Die Sprecher/Hörer arbeiten in einem Gespräch nicht nur gemeinsam den thematischen Gehalt ab, sie koordinieren auch den Gesprächsverlauf, sie etablieren einen geeigneten Beziehungsrahmen (dem dienen typischerweise die Eröffnungs- und Beendigungsphase), sie definieren den Charakter einer Gesprächssituation (privat/formell usw.), sie stellen sich selbst dar, sie weisen sich soziale Rollen zu oder distanzieren sich von Rollenzuweisungen usw. All dies charakterisiert Gespräche über die Grenzen von Einzelsprachen hinweg. Sprach- und kulturspezifisch sind jedoch die Mittel, die verwendet werden. Daraus ergibt sich für den Fremdsprachenunterricht eine Trainingsaufgabe: Die Lerner benötigen die sprachlichen Mittel wie z.B. Dialogpartikeln oder Abtönpartikeln, um sich aktiv und den eigenen Bedürfnissen entsprechend an der Gestaltung von Gesprächen beteiligen zu können. Sie brauchen aber auch kulturspezifische Erfahrungen damit, wie umfangreich z.B. eine Eröffnungsphase in bestimmten Situationen sein sollte, was man dabei thematisch ansprechen kann (Sollte man über das Wetter sprechen, über die Familie, über die berufliche Stellung, über das Einkommen?), wie direkt man Zustimmung oder Zweifel äußern kann usw. Da die Gesprächslinguistik weit davon entfernt ist, eine exemplarische Modellierung 'des' deutschen Gesprächs zu liefern, benötigen die Lerner ein hinreichend breites, variationsreiches Erfahrungsfeld, auf dem sie die notwendigen Kompetenzen ebenso wie jeder Muttersprachler aufbauen können. Ihre fremdkulturelle Perspektive kann sogar ein Vorteil sein, weil sie die Notwendigkeit eines flexiblen Handelns besonders deutlich werden lässt und auch die Thematisierung und Bewusstwerdung von konversationellen Mustern und Strategien anstoßen kann (zur Gesprächstypologie vgl. Kapitel 3.4 'Landeskunde', S. 72f.).

Lektürehinweise

Brinker/Sager ([3]2001) ist eine zuverlässige Einführung in die *Linguistische Gesprächsanalyse*. Fritz/Hundsnurscher (1994) und Antos/Brinker/Heinemann/Sager (2001) stellen umfangreiches und aktuelles Handbuchwissen zur Verfügung. Edmondson (2001) widmet sich dem Unterrichtsgespräch im Fremdsprachenunterricht.

3.3.7 Textlinguistik

In einem spanischen Reiseprospekt war der folgende Text abgedruckt:

DIE COSTA BRAVA
Es ist unmöglich zu beschreiben in ihre Allgemeinheit, die ausgezeichnete Ecke dieser Erde. Vom Blanes bis zur Grenze mit den nachbaren Frankreich, die weisse Städtchen, die zu uns kommen, erscheinen, als ob sie ein Wettstreit von unleugbarer Anziehugkraft teilgenommen hätten. Ihre Berge sind manchmal kräftig manchmal weich, mit kleinen Stücken von Natur in ihren klaren Ausdrück. Zu ihren Füssen breiten sich die Strande mit schonen Sonde aus, mit Wasser und felsiges Profil, die ein wahrhaftiges Mosaik mit neugieringe Bilder ist. Eine Prahlerei von Schönheit, macht uns denken, dass vom Bild des einbildungskaftigen Maler herausgekommen ist.

Intuitiv weiß ein kompetenter Leser, dass es sich hier um einen Text handelt, auch wenn Grammatik, Wortwahl und Rechtschreibung fehlerhaft sind. Bestimmte textuelle Merkmale weisen ihn als Text aus. Es handelt sich also nicht um willkürlich aneinandergereihte Sätze. Zwischen den Sätzen bestehen vielmehr kohärente Beziehungen, die auf ein gemeinsames Thema verweisen, das mit der Überschrift fokussiert wird. Diese Beziehungen werden zum einen deutlich anhand von Wörtern, die sich auf einen gemeinsamen Erfahrungsbereich beziehen: die Geographie einer bestimmten Landschaft mit ihren Grenzen, mit Städten, Bergen, Stränden, Sand, Wasser und Felsen. Die Semantik wichtiger Nomen und Adjektive ist über das gemeinsame Merkmal 'Natur' miteinander vernetzt. So entsteht eine Isotopie, die den Eindruck vermittelt, dass dieser Text in sich kohärent ist.

Zum anderen findet man auf textgrammatischer Ebene pronominale Verknüpfungen, die dafür sorgen, dass zwischen Sätzen Beziehungen hergestellt werden (im dritten und vierten Satz „ihre" bzw. „ihren"). Diese (und andere) textgrammatischen Verknüpfungen führen zu einer sog. 'Kohäsion'; es sind grammatische Klebemittel – Kohäsionsmittel – die die Sätze miteinander verbinden.

Aber bereits dadurch, dass ein Leser diesen Text – neben ansprechenden Landschaftsaufnahmen – in der Broschüre eines Tourismusunternehmens findet, führt zu der Annahme, dass es sich um einen Text handeln muss. Es ist ein kurzer Abschnitt neben zahlreichen anderen, die sich alle auf ein gemeinsames Thema beziehen und eine bestimmte kommunikative Funktion erfüllen: Den Leser auf die Schönheiten einer spanischen Landschaft aufmerksam zu machen, ja ihn dafür zu begeistern.

Schließlich ist der Text für einen Deutschen, der an der Costa Brava Urlaub macht, eingebettet in das *Skript* 'Ferien' bzw. 'Urlaub', und im Rahmen dieses Skripts weiß ein deutscher Urlauber, dass er sich hin und wieder in Reiseführern oder Broschüren über sein Urlaubsziel informieren sollte. Er weiß wohl auch, dass diese touristischen Texte nicht nur die Funktion haben, ihn zu informieren. Sie sollen ihm auch das Gefühl vermitteln, er habe für sein gutes Geld ein besonders attraktives Reiseziel ausgewählt.

Für einen spanischen wie für einen deutschen Touristen oder Reisekaufmann werden sich diese beiden Funktionen kaum voneinander unterscheiden. Dennoch spürt man als deutscher Leser wahrscheinlich eine kulturspezifische Differenz: Der Text erscheint ihm als zu übertrieben. Er enthält Hyperbeln, die ihm als unangemessen erscheinen: „ein Wettstreit von unleugbarer Anziehungkraft", „eine Prahlerei von Schönheit". Sicherlich spielt hier auch die schlechte wörtliche Übersetzung eine Rolle, aber mit der grundsätzlich akzeptierten Funktion, mit einer touristischen Landschaftsschilderung Interesse beim Leser zu wecken, wurde in diesem Text doch eine interkulturelle stilistische Grenze überschritten. Beim deutschen Leser kann diese Normabweichung – auch wenn sie nur gering ist – Irritationen, Erheiterung oder gar Verärgerung auslösen.

Die kurze Analyse sollte deutlich machen, dass es auch auf textueller Ebene Interferenzen gibt. Sie werden weniger vermutet und schlechter erkannt, als etwa phonetische oder grammatische Interferenzen, da man als Muttersprachler geneigt ist, Textsorten als universell gültige Einheiten anzusehen und sein Textwissen unreflektiert auf die Rezeption und Produktion fremdsprachlicher Texte zu übertragen.

In institutionell geprägten Textsorten wie Bewerbungsschreiben, Lebensläufen oder Todesanzeigen kommen kulturspezifische Merkmale deutlich zum Ausdruck. Der Unterschied zwischen deutschen Schulaufsätzen und englischen oder amerikanischen Essays als schulischer Textsorte, ist dagegen nicht so leicht zu erkennen (vgl. Hufeisen 1997). Um so wichtiger ist es, sich diesen Unterschied zunächst als Lehrender bewusst zu machen, um ihn dann didaktisch aufzuarbeiten.

Wenn man authentische zielsprachliche Texte im Unterricht einsetzt, gilt es grundsätzlich immer zu prüfen, inwiefern sich kulturspezifische Merkmale in bestimmten Textsorten finden. Dazu sollte man bei der Unterrichtsvorbereitung vergleichbare Texte aus der eigenen Sprache kontrastierend analysieren. Mit diesem Wissen kann die Arbeit mit Texten im Unterricht so gestaltet werden, dass sie zur Erweiterung der fremdsprachlichen Textkompetenz führt. Authentische fremdsprachliche Texte sollten nicht mehr, wie oft noch üblich, als 'Steinbrüche' für Grammatik- und Wortschatzarbeit dienen, sondern in ihrer Kulturspezifik erkannt und entsprechen rezipiert werden.

Textsortenwissen, vor allem eine rasche Verortung von Texten anhand charakteristischer 'Textsortenmarker' erleichtert das Leseverstehen wesentlich. Wer in einem Märchen den 'Märchenton' erkennt („als der König nun sah", „ward er zornig", „der Koch aber antwortet") oder in einem Reiseprospekt die Spezifik der Beschreibungen („die Anlage hat auch ihren eigenen 9-Loch Golfplatz samt Golfschule"), kann den Inhalt eines Textes leichter antizipieren und so rascher ein Globalverständnis entwickeln.

Lektürehinweise

Heinemann/Viehweger (1991) und Brinker ([5]2001) sind nützliche Einführungen in die Textlinguistik. Die Einführung von Vater ([3]2001) enthält zusätzlich Aufgaben, um das linguistische Wissen anwenden zu können. Weinrichs umfangreiche *Textgrammatik* (1993) nimmt mündliche wie schriftliche Texte zum Angelpunkt der grammatischen Beschreibung.

3.3.8 Rechtschreibung

Das Deutsche hat, wie die meisten europäischen Sprachen, eine Alphabetschrift entwickelt, die auf lateinischen Schriftzeichen beruht. Zwischen Phonemen und Schriftzeichen besteht keine einfache 1:1-Relation; für ca. 40 Phoneme des Standarddeutschen stehen nur 30 Buchstaben zur Verfügung[7]; die einzeln oder in

---

[7] Die Buchstaben ä, ö, ü und ß sind Zeichen, an denen man einen Text rasch als deutsch identifizieren kann; der Buchstabe ß, der nicht als Großbuchstabe vorhanden ist, wird in der Schweiz allerdings durch ein doppeltes s ersetzt.

Kombinationen diese Phoneme graphematisch repräsentieren müssen. Es gibt einerseits Phoneme, die durch verschiedene Buchstaben bzw. Buchstabenfolgen repräsentiert werden, z.b. /i:/ durch <i>, <ie>, <ih> oder <ieh>, andererseits Grapheme, die für unterschiedliche Phoneme oder Allophone stehen, z.b. das <s>, das für die Phoneme /z/, /s/ oder /ʃ/ stehen kann.

Die deutsche Orthographie richtet sich zwar deutlich erkennbar an der phonologischen Gestalt der Wortformen aus, phonographisches Schreiben wird aber immer wieder von der Orientierung an einigen zusätzlichen Strukturmerkmalen überlagert. So erscheint die Schreibung des heutigen Deutsch weniger lautgetreu als die von phonologisch flachen Schriftsystemen wie dem spanischen, dem finnischen oder dem 1928 im lateinischen Alphabet neu verschrifteten türkischen. Sie ist aber andererseits näher an der Lautung als phonologisch tiefe Schriftsysteme mit einer alten Kodifizierung wie das englische und französische. Das Deutsche nimmt hier eine Mittelstellung ein. Wo es von der phonographischen Schreibung abweicht, liegt keineswegs ein unübersichtliches Gewirr von unsystematischen Besonderheiten vor, wie manchmal angenommen wird. Dem Leser werden vielmehr Informationen über sprachliche Einheiten oberhalb der Ebene der Einzellaute angeboten, die ihm ein zeitökonomisch vorteilhaftes, flüssiges Lesen ermöglichen. Bei diesen Einheiten handelt es sich um Silben, um Morpheme und um einige die Einzelwörter übergreifende grammatische Bezüge.

Etliche vom Prinzip der Lauttreue abweichende Schreibungen liefern Informationen über die silbische Gestalt von Wörtern. Dies gilt etwa für das silbeninitiale <h> in Wörtern wie <sehen> oder <ruhen> (gegenüber den lautgetreuen Schreibungen *<seen> und *<ruen>): Der Leser kann die Wortformen leichter als zweisilbig identifizieren und wird so dabei unterstützt, den passenden Eintrag in seinem mentalen Lexikon abzurufen. Es gilt z.B. auch für die Schreibung des doppelten Konsonantenbuchstabens in Wörtern wie <kämmen> (gegenüber der lautgetreuen Schreibung *<kämen>): Die erste Silbe wird als kurze, betonte Silbe gekennzeichnet.

Leser haben ja das Ziel, den Sinn eines Textes möglichst rasch zu erfassen. Das gelingt vor allem dann, wenn Morpheme leicht als identisch identifiziert werden können.

Würde Deutsch lauttreu geschrieben, müsste beispielsweise das Wort „Dieb" auf Grund der Auslautverhärtung *<diep> geschrieben werden, der Plural dagegen <diebe>. Lauttreue ist für die deutsche Rechtschreibung also offenbar weniger wichtig als das morphematische Prinzip, das darin besteht, die nur circa 5.000 (mit Fremdwörtern 10.000) Grundmorpheme des Deutschen in allen Wörtern einer Wortfamilie in gleicher oder durch Umlaut abgeleiteter Schreibung zu erhalten. Ein geübter Leser (und auch DaF-Lerner) hat also wenig Mühe, semantisch ähnliche und voneinander abgeleitete Morpheme in der Schrift zu identifizieren, auch wenn sie unterschiedlich artikuliert werden. Er weiß, dass „Hand", „Hände", „Handel", „Handlung", „Treuhand" „verhandeln", und auch „behände" irgendwie semantisch zusammengehören. Dies erleichtert ihm auch die Benutzung eines Wörterbuchs.

Eine das Einzelwort übergreifende Information liefert vor allem die Substantivgroßschreibung. Sie erleichtert es den Lesern, so nimmt man an, die substantivischen Kerne von Nominalphrasen schneller zu erkennen. Solche Wortgruppen können im Deutschen neben dem Substantiv im Kern mehrere Links- und Rechtsattribute umfassen und recht komplex sein; eine schnelle Übersicht erleichtert das Verständnis eines Satzes wesentlich.

Mit der Rechtschreibreform, die am 1. Juli 1996 in Wien unterzeichnet wurde, hat man u. a. versucht, Ausnahmen, die gegen das morphematische Prinzip verstießen, zu beseitigen. Deshalb wurde aus einer Schreibung wie „behende" nun „behände", damit der zu Grunde liegende Stamm „Hand" deutlich wird.

Das morphematische Prinzip wird auch in Zusammensetzungen konsequenter angewandt. Man schreibt also heute „Rohheit" und „Zierrat" analog zu „Vorrat". Der Wechsel von „ss" zu „ß" im Silbenendrand nach kurzem Vokal fällt weg, um auch hier die gleiche Schreibung der Wortstämme zu markieren, also nicht mehr wie früher „muß", „Riß", „Kuß", sondern „muss", „Riss" und „Kuss", um jeweils den Bezug zu „müssen", „Risse" oder „küssen" deutlich zu machen. Am augenfälligsten an der neuen Regel ist vielleicht die Veränderung der Schreibung von „daß" zu „dass".

Die bis 1996 gültige Rechtschreibung, die 1901 auf der 2. Orthographischen Konferenz in Berlin beschlossen wurde, soll also durch die Reform etwas systematischer werden. Die ursprünglich radikaleren Forderungen an diese Reform waren politisch nicht durchsetzbar, vor allem nicht die Abschaffung der Großschreibung von Nomen im Satzinneren. Deutsch bleibt damit weltweit die einzige Sprache, in der Schreiber eine Wortart als grammatische Kategorie erkennen und im Schriftbild markieren müssen; für DaF-Leser ist dies sicherlich ganz angenehm, wie sogar Mark Twain (1997, S. 534) als „nun wahrhaftig mal eine gute Idee" lobend hervorhob. (vgl. Mentrup 1993, *Duden* 1996).

Lektürehinweise
Die amtlichen Regeln zur deutschen Rechtschreibung von 1996 entnimmt man entweder dem *Duden Rechtschreibung der deutschen Sprache* (2000) oder Hermann/Götze (1996). Zuverlässige Darstellungen aus fachlicher Sicht sind Eisenberg (1998, S. 286–340), Duden (1998, S. 54–84) und Maas (1992). Eine Darstellung im Internet ist Huneke (1999). Eine didaktisch aufbereitete Einführung zur deutschen Rechtschreibung und einigen ihrer Grundlagen stellt Gallmann/Sitta (1996) dar.

3.4 Landeskunde

Wer heute eine Fremdsprache in einer Institution lernt, erfährt normalerweise auch eine ganze Menge über die Menschen und das Land oder die Länder, in denen diese Sprache gesprochen wird: Er erwirbt landeskundliches Wissen. Das war nicht immer so. Bis circa 1950 waren beispielsweise in den englischen DaF-Curricula keine explizit landeskundlichen Inhalte vorhanden. Das Studium lebender Fremdsprachen war damals zum einen noch stark an der Altphilologie

(Griechisch, Latein) orientiert und zum anderen war das Bedürfnis nach aktuellen Infomationen über ein Land nicht so ausgeprägt, da es auf Grund der beschränkten Reisemöglichkeiten kaum zu Begegnungen kam. Der Fremdsprachenunterricht war ein Buchstudium, in dem die Struktur der Fremdsprache und deren Literatur im Mittelpunkt standen.

Inzwischen hat sich heute in einer wissenschaftlich fundierten Ausbildung von Fremdsprachenlehrern – neben sprach- und literaturwissenschaftlichen sowie didaktischen Studienanteilen – Landeskunde als Fach weitgehend etabliert. In England spricht man von 'cultural studies', in den USA von 'area' bzw. 'international studies' und 'cultural learning', in Frankreich von 'civilisation' oder 'culture étrangère'. Immer geht es um das Gleiche: Lerner sollen etwas erfahren über die zielsprachliche Gesellschaft. Doch warum? Worin besteht der Nutzen der Landeskunde?

Zunächst einmal kann die Vermittlung landeskundlichen Wissens schlicht die Neugier von Lernern befriedigen: Wenn man eine Fremdsprache lernt, möchte man auch etwas über die Menschen erfahren, die diese Sprache sprechen. Gelingt es, diese Menschen, ihre Kulturen und ihre Länder einem Lerner näher zu bringen und vertrauter zu machen, dann werden meist auch das Interesse an der Sprache und die Lernmotivation größer.

Ein weiterer Grund liegt im besseren Verstehen von authentischen Äußerungen und Texten: Ein Gespräch mit 'Einheimischen', eine Fernsehsendung oder einen Zeitungstext kann man umso besser verstehen, je mehr Hintergrundinformationen einem als Hörer oder Leser zur Verfügung stehen. Ein Muttersprachler versteht in seiner Sprachgemeinschaft vieles einfach deshalb, weil er in ihr sozialisiert wurde. Hört er beispielsweise kurz vor dem Abendessen bei einer befreundeten Familie allein in der Küche den Satz der Gastgeberin „Wir brauchen noch Gabeln!", dann weiß er auf Grund der bereits aufgetragenen Speise, welche Gabeln es sein sollten und legt sie anschließend selbst an die richtigen Stellen auf den gedeckten Tisch. Die Sprecherin hat es nicht nötig, besonders explizit zu sprechen, weil der Hörer mit seinem Hintergrundwissen all das nicht Gesagte zu einer sinnvollen Aufforderung ergänzen kann.

Aber nicht nur sprachliche Handlungen werden besser verstanden, wenn man den Handlungskontext und den kulturspezifischen Hintergrund kennt: Auch einzelne Wörter, Metaphern oder Idiome erschließen sich einem Fremden nur, wenn er die kulturell verankerten Konzepte kennt, die sich hinter Wörtern und Phrasen verbergen. Besonders Begriffe, die sich auf rituell geprägte Handlungskontexte beziehen wie 'Weihnachten', 'Hochzeit', 'Konfirmation', 'Geburtstagsparty', 'Karneval', aber auch 'Kaffee und Kuchen', 'Frühschoppen', 'Kegelabend' oder 'Bewerbungsgespräch' kann man nur umfassend begreifen, wenn man die Handlungsabläufe, die sich hinter diesen Wörtern verbergen, kennt. Hinter 'Weihnachten' (vgl. Erdmenger 1996, S. 27f.) verbirgt sich beispielsweise eine komplexe Choreographie, die ihren Höhepunkt bereits am 'Heiligen Abend', also am Abend vor dem 'eigentlichen' Weihnachtstag hat. Dieser 'Heilige Abend' ist am Morgen noch geschäftiger Alltag und dann, am Nachmittag mit dem Schmücken des Weihnachtsbaumes und dem Beginn der Dämmerung, steuert er langsam vom Alltag auf den Höhepunkt des Festes mit dem Anzünden der Kerzen und der 'Bescherung' zu, wobei oft noch ein Kirchgang den Unterschied zwischen Alltag und Fest markiert. Dieser Handlungsablauf variiert zwar, beispielsweise durch die Anwesenheit von Kindern unterschiedlichen Alters oder der Orientierung am christlichen Glauben, aber er richtet sich doch an einer kulturspezifischen Vorstellung aus.

Auch die regionale Prägung oder die Zugehörigkeit zu einer Konfession modifizieren die Konzepte, Einstellungen und Handlungsfolgen, die hinter einem Begriff stehen (vgl. den Karneval im Rheinland oder im katholischen Schwaben, im Schwarzwald oder in Teilen der Schweiz).

Letztlich ist wohl jedes Wort einer Sprache kulturell konnotiert, manche stärker, andere schwächer. Ein deutscher „Wald" ist etwas anders als ein französischer „forêt", auch wenn er äußerlich gleich wäre, denn es haben sich – besonders seit der Romantik – mit dem Konzept „Wald" spezifisch deutsch geprägte Vorstellungen verbunden. Wer als Lerner diese Konnotationen nicht kennt, und wer nicht weiß, wie man sich in Bezug auf bestimmte Wörter und Äußerungen verhalten sollte, kann missverstanden werden oder gar unangenehm auffallen.

Der Gebrauch bestimmter Wörter kann aber auch das Leben im zielsprachlichen Land enorm vereinfachen, da er bessere Handlungsmöglichkeiten eröffnet. Wenn man beispielsweise weiß, dass sich beim Kauf einer Fahrkarte in Deutschland mit einer 'BahnCard' ihr Preis auf die Hälfte verringern lässt, kann man eine Menge Geld sparen. Reist man in einer Gruppe, sollte man hingegen einen 'Gruppenfahrschein'[8] kaufen. Noch günstiger kann man unter Umständen reisen, wenn man weiß, was eine 'Mitfahrzentrale' ist und ihr Angebot bei der Reiseplanung berücksichtigt.

Es geht aber nicht nur um sprachliche Äußerungen: Auch nonverbale Signale spielen eine wichtige Rolle. Ob man bei einem Gruß die Hände schüttelt (wie fest und wie lange?) oder sich küsst (ein-, zwei- oder dreimal?), sollte man wissen, wenn man mit Deutschsprachigen zusammenkommt.

Hinzu kommen nicht intendierte Signale: Es gibt beispielsweise einen feinen, aber bedeutsamen Unterschied zwischen einer alten, zerknitterten Plastiktüte und einer neuen, glatten, die man beim Einkauf bekommen kann: Wird man mit einer neuen Plastiktüte in der Öffentlichkeit angetroffen, dann signalisiert man damit, dass man einen spontanen Einkauf getätigt hat und keine eigene Tasche zur Hand hatte. Mit einer zerknitterten Tüte signalisiert man jedoch – für den Betroffenen selbst vielleicht unbewusst – Armut, denn eine einmal erworbene Tüte wird offenbar immer wieder benutzt, was darauf hindeutet, dass man sich keine richtige Tasche leisten kann. Tüten, die ihre Herkunft aus Billigläden mit ihrem Aufdruck verraten, verstärken diesen Eindruck. Aussiedler oder Flüchtlinge, die aus ärmeren Ländern kommen, nehmen diesen Unterschied nicht wahr,

---

[8] In der deutschsprachigen Schweiz wäre dies ein 'Kollektivbillet', ein Wort, das sich in der Bundesrepublik nicht etablieren könnte, da 'Kollektiv' hier negative Assoziationen auslöst: Es würde an 'sozialistische Kollektive' aus DDR-Zeiten und die sog. 'Kollektivschuld' im Zusammenhang mit dem Holocaust erinnern.

wenn für sie eine Plastiktüte ganz undifferenziert ein Ausdruck für das Leben in einer Wohlstandsgesellschaft ist.

Da ein Lerner einer Fremdsprache die Sozialisation eines Muttersprachlers nicht durchlaufen hat, müsste man ihm diese Erfahrung gewissermaßen nachliefern: Erst wenn er alle wesentlichen Informationen hat, die sprachlichen Handlungen vorausgehen, sie voraussetzen, sie begleiten und in zukünftigen Ereignissen fortwirken lassen, wäre er umfassend handlungskompetent. Da im Fremdsprachenunterricht aber nur eine begrenzte Zeit zur Verfügung steht, und man unmöglich eine muttersprachliche Sozialisation im Zeitraffer nachliefern kann, stellt sich die Frage nach Art und Auswahl landeskundlicher Inhalte und auch nach der Form der Vermittlung.

Mit Landeskunde soll aber nicht nur ein besseres Verstehen und eine Erweiterung der Handlungskompetenz erreicht werden: Auch Ziele, die mit einer Veränderung der Einstellung gegenüber der zielsprachlichen Gesellschaft verbunden sind, werden angestrebt. Negative und die Wirklichkeit stark verzerrende Vorurteile zwischen Völkern bzw. Sprachgemeinschaften sollen durch die aufklärende Wirkung landeskundlichen Unterrichts abgebaut werden. Mit der Thematisierung von Meinungsumfragen zu Autostereotypen (wie man sich selbst sieht) und Heterostereotypen (wie man die Fremden sieht) aus der eigenen und aus der zielsprachlichen Gesellschaft und mit Informationen zu ihrer historischen Entwicklung lassen sich möglicherweise klischeeartige Vorstellungen relativieren und korrigieren.

Besonders in den kleineren Nachbarländern Deutschlands wie Dänemark, Tschechien und den Niederlanden herrschen auf Grund der Besetzung vor und während des Zweiten Weltkrieges durch das nationalsozialistische Deutschland bis heute – auch unter jungen Leuten – starke negative Vorurteile. Ein holländischer Deutschlehrer, der seine Schüler nach den Eigenschaften 'der Deutschen' fragte, bekam Adjektive wie „herrschsüchtig" und „arrogant" genannt (vgl. Jansen 1993). Als er dann nochmals nachfragte, wie wohl deutsche Jugendliche im gleichen Alter im Vergleich zu ihnen seien, meinten allerdings dieselben Schüler, dass sie sich sicherlich kaum von ihnen unterschieden. Historisch verfestigte Vorurteile und realistische Einschätzungen des tatsächlichen Verhaltens klaffen offensichtlich weit auseinander. Wenn man möchte, dass Menschen aus unterschiedlichen Kulturen offen und unbelastet aufeinander zugehen, muss man nach Wegen suchen, die aus dieser kognitiven Dissonanz zwischen 'den Deutschen' und 'einem konkreten Deutschen' herausführen können.

Lernprozesse, die zu einer toleranteren Einstellung Fremden gegenüber, aber auch zu einer kritischeren Einschätzung der eigenen Kultur führen können, bezeichnet man als 'interkulturelles Lernen'. Auch wenn die Vorstellungen, wie über interkulturelles Lernen der, die oder das Fremde als normal akzeptiert und toleriert werden kann, ja sogar innovativ in Bezug auf die eigene Kultur wirken könnte, recht weit auseinander gehen (vgl. Auernheimer 1995), so ist doch evident, dass unbekannte Verhaltensweisen und eigentümlich erscheinende Einstellungen zu weniger Irritationen führen, wenn man sie sich in ihrem kulturellen Kontext erklären kann.

Vor der Zeit, als man sich an den Interessen der Lerner zu orientieren versuchte, betrieb man Landeskunde als ein unsystematisches Sammelsurium von Facetten des zielsprachlichen Landes, die man in irgendeiner Weise für typisch, charakteristisch oder wichtig hielt, ohne sich aber darüber klar zu werden, warum für einen Lerner gerade diese Auswahl nützlich oder notwendig sein könnte. In dieser ersten, sog. 'kognitiven Phase' (vgl. Pauldrach 1992) von 1950 bis circa 1980 standen möglichst objektive geographische, historische, politische und kulturelle Fakten im Vordergrund, die allerdings oft in anekdotisch aufbereiteten Texten (vom Typ 'Der Weinanbau an der Mosel') dem Lerner präsentiert wurden.

Ein Faktenwissen, das sich an politischen Themen ('Die Verfassung', 'Außenpolitik'), gesellschaftlichen Themen ('Frauen und Frauenbewegung', 'katholische und evangelische Kirche') oder kulturellen Themen ('Theater', 'Architektur', 'Werbung') orientiert, hat einen geringen Bezug zum Handeln im Alltag, ist besonders für jüngere Lerner von geringem Interesse und kann den fremdsprachlichen Lernprozess nur wenig fördern. Informatorische Lesetexte – meist Sammlungen von Zeitungsartikeln zu diesen ausgewählten Themenbereichen (vgl. Picht 1981) – führen im Unterricht häufig zu wenig anregenden, zähen Diskussionen.

Bei diesem landeskundlichen Vorgehen wird zudem nicht das Wissen berücksichtigt, über das Deutschsprachige normalerweise verfügen. Ein Lerner könnte als überheblich oder besserwisserisch angesehen werden, wenn beispielsweise in einem Gespräch mit einem Deutschen deutlich würde, dass er sich in den Finessen des deutschen Wahlrechts besser auskennt als sein Gesprächspartner. In einem Gespräch über Politik würde ein deutscher Gesprächspartner stattdessen wohl eher erwarten, dass 'der Fremde' über die politischen Zustände seines Landes Informationen geben und auch wertend Stellung beziehen könnte. Es wäre deshalb aus gesprächstaktischen Gründen für einen Lerner wichtig zu wissen, was ein Deutscher normalerweise über sein Herkunftsland weiß und auch welche Vorurteile er haben könnte. Eine interkulturelle Landeskunde orientiert sich deshalb nicht mehr einseitig in Richtung des zielsprachlichen Landes, sondern geht von wechselseitigen Bezügen aus, wobei nicht nur kontrastiv auf die jeweiligen beiden Länder rekurriert wird, sondern auch länderübergreifende Aspekte einbezogen werden.

In einem kommunikativ orientierten Fremdsprachenunterricht stehen landeskundliche Inhalte in einem engen Bezug zu möglichen authentischen, kommunikativen Situationen in der Zielsprache. Anders als in Geographie, Geschichte, Soziologie oder Politologie sollten in der Landeskunde Lerner also nicht wissenschaftlich abgesicherte generelle Wissensbestände über ein Land und seine Menschen erwerben, sondern ein spezifisches Wissen, das kommunikative Relevanz hinsichtlich mündlicher und schriftlicher Kommunikation hat. Parallel zu dieser Neuorientierung veränderte sich auch der zu Grunde liegende Kulturbegriff: Nicht mehr die Hochkultur eines Volkes – all das, was es als besonderen Beitrag zur Weltkultur eingebracht hat – steht im Mittelpunkt, sondern die Alltagskultur: die alltäglichen, meist unbewusst ablaufenden Verhaltensweisen von Menschen im täglichen Umgang.

Mit der Orientierung an der Alltagskultur und an den kommunikativen Bedürfnissen der Lerner geraten Themen wie 'die Bayreuther Festspiele' oder 'das politische System der Bundesrepublik' zwangsläufig ins Hintertreffen. Wenn sich heute junge Leute aus unterschiedlichen Ländern Europas und der Welt treffen, dann stehen Themen wie Sport, Film, Popmusik und auch Mode im Vordergrund: Themen, die Teil einer weltweit verbreiteten, angloamerikanisch geprägten Jugendkultur sind. Heute ist es deshalb weitaus einfacher als noch vor dreißig Jahren, in ein Gespräch über Kulturen hinweg einzutreten, da man an gemeinsame Medienerfahrungen anknüpfen kann. Die Internationalisierung ist hier bereits so weit fortgeschritten, dass es kaum noch einen Unterschied macht, ob es sich nun um deutsche Stars wie Boris Becker oder Michael Schumacher handelt oder um Amerikaner wie Madonna oder Tom Hanks.

Man mag es vielleicht bedauern, dass kulturspezifische Themen und Fremderfahrungen in einer Welt, die immer stärker durch globale mediale Strategien multinationaler Konzerne geprägt wird, zunehmend seltener werden: Diese Entwicklung bietet jedoch die Chance, unverkrampfter und rascher in ein Gespräch einzutreten, als dies früher möglich war. Wäre es deshalb im DaF-Unterricht nicht sinnvoll, deutschsprachige Länder als Bestandteil eines 'global village' zu sehen und – im Zeichen globaler Vernetzung – kulturübergreifende Gemeinsamkeiten in den Mittelpunkt zu stellen und kulturspezifische Besonderheiten eher als Randerscheinungen zu betrachten? Das Interesse an globalen Themen und das Gefühl, gemeinsam auf einem kleinen Planeten angesichts möglicher Gefahren zusammenzustehen und Probleme verantwortlich und uneigennützig zu lösen, entspricht dem Bedürfnis vieler junger Lerner nach moralisch legitimiertem Engagement – man denke nur an den Erfolg von 'Greenpeace' – und ist als Antrieb für den Erwerb einer Fremdsprache bislang zu wenig beachtet worden.

Dennoch: Abwertende Vorurteile gibt es nach wie vor! Und auch in engen interkulturellen Freundschaftsbeziehungen schleichen sich oft Unstimmigkeiten ein, die auf Missverständnissen und fehlendem Wissen und Gespür für das Verhalten und die Einstellungen des fremdkulturell Anderen beruhen. Eine scheinbar einfache und eindeutige Mitteilung wie „Ich habe Kopfschmerzen" kann beispielsweise zu allen möglichen Irritationen führen, wenn die begleitenden nonverbalen Signale als 'unpassend' empfunden werden. Ein Grieche, der Kopfschmerzen hat, würde dies eher mit einem leidenden Gesichtsausdruck und entsprechender Tonlage mitteilen, ein Schwede jedoch eher nüchtern und scheinbar emotionslos und ein Deutscher mit einem mittleren Grad an Expressivität. Mit der Stärke der tatsächlichen Schmerzempfindung hätte dies nichts zu tun. In manchen Kulturen wird ein stärker expressives Verhalten erwartet; bleibt es aus, führt dies zu Irritationen.

Kennen Gesprächspartner ihre kulturell bedingten unterschiedlichen Erwartungen und Gewohnheiten nicht, und können sie sie nicht metakommunikativ entschlüsseln und gemeinsam klären, entwickeln sich leicht, im Verbund mit latent bestehenden Vorurteilen, schwer wiegende Irritationen, die frühere Gemeinsamkeiten auf Grund thematisch ähnlicher Sichtweisen überschatten und zunichte machen können.

Interkulturelle Kompetenz besteht u.a. in dem Wissen um kulturell bedingte Unterschiede und in der Erfahrung, jederzeit mit noch unbekannten kulturspezifischen Verhaltensweisen konfrontiert werden zu können, die aber dann nicht etwa moralisch wertend oder als eigentümliche Charaktereigenschaft interpretiert werden dürfen, sondern als kulturspezifische Konventionen, die man verstehen und tolerieren muss. Man sollte sich aber auch vor dem Trugschluss hüten, einen Fremden und seine Kultur gänzlich verstehen zu können. Eine derartige Haltung enthält immer einen unangenehmen Machtanspruch: „Du bist mir zwar fremd, aber ich durchschaue dich trotzdem!"

Um eine spezifische Sensibilität in der Begegnung mit Fremden zu entwickeln, sind die anthropologisch universalen Rollen des Gastes und des Gastgebers zentral: In diesem Verhältnis drückt sich auch oft die erste Begegnung aus, und je nachdem, wie zufrieden stellend oder irritierend sie verläuft, prägt sie die Entwicklung der späteren Beziehung. Fremde, die in deutschsprachigen Ländern zu Gast sind, werden immer wieder durch die zeitlichen Begrenzungen und die geradezu geschäftsmäßige 'Durchführung' der als kühl empfundenen Gastbesuche irritiert. Oft fühlen sich Gäste auch zu wenig als 'zentrale Personen' in den Mittelpunkt gerückt, da der Gastgeber noch Bekannte oder Freunde eingeladen hat, um die er sich ja ebenfalls 'kümmern' muss, und vermissen Herzlichkeit. Wer aber als Gast und DaF-Lerner weiß, wie Gastbesuche normalerweise hier ablaufen, bleibt vor Enttäuschungen bewahrt.

Eine private Einladung in eine deutschsprachigen Familie ist sicherlich eine zentrale Begegnungssituation, die auf einen Fremden nicht selten einen tiefen Eindruck hinterlässt. Dank schulischer Austauschprogramme, Städtepartnerschaften und Begegnungsprogrammen, wie sie etwa vom deutsch-französischen Jugendwerk, im Rahmen von Städtepartnerschaften usw. durchgeführt werden, sind derartige Gast-Situationen zunehmend häufiger geworden. Es gibt darüber hinaus jedoch noch zahlreiche andere Situationen, die in der deutschen, österreichischen oder schweizerischen Fremde 'gemeistert' werden müssen.

Als ein möglicher Orientierungsrahmen für die Entwicklung landeskundlicher Kompetenzen, die zum Gelingen von Gesprächen zwischen Deutschsprachigen und DaF-Lernern notwendig sind, kann eine Gesprächstypologie nützlich sein (vgl. Steinig 1978; auch Lüger 1992). Gespräche lassen sich idealtypisch klassifizieren in

- Kontaktgespräche,
- Zielgespräche,
- Weisungsgespräche,
- Sachgespräche und
- Beziehungsgespräche.

Kontaktgespräche sind kontakterhaltende kurze Gespräche im öffentlichen und privaten Bereich. Da sie eine geringe Verbindlichkeit haben und gut voraussagbar sind, lassen sie sich – beispielsweise in Rollenspielen – gut einüben. Die Grußformeln, die hier verwendet werden, sind abhängig von der Region im deutschsprachigen Raum, von der Tageszeit, vom Alter, vom sozialen Milieu, von der sozialen Situation und von der Konstellation und dem Machtgefälle zwischen den Gesprächspartnern (Sie-/du-Gebrauch, Vorgesetzter/Untergebener). Die Bedingungen, die zu einem bestimmten Grußverhalten führen, sind also komplex und nicht leicht zu durchschauen. Doch wie tolerant und flexibel wird dieses Grußsystem im Alltag gehandhabt? In einer kontrastiv angelegten landeskundlichen Didaktik ist es etwa für japanische Lerner wichtig zu wissen, dass das deutschsprachige Grußverhalten weniger formalisiert und ritualisiert ist als das japanische, während es beispielsweise amerikanischen Lernern rigider als ihr eigenes erscheinen kann.

Zielgespräche sind einseitig intendierte, kurze Gespräche meist im öffentlichen Bereich, wobei ein Gesprächspartner ein Ziel verfolgt, beispielsweise eine Fahrkarte kaufen möchte, und sich dabei bestimmter sprachlicher Mittel bedienen muss, die, ähnlich wie bei Kontaktgesprächen, relativ gut voraussagbar und oft floskelhaft sind. Während im kommunikativen Anfängerunterricht der typisierte Ablauf derartiger Zielgespräche im Vordergrund steht, sollte auf fortgeschrittenem Lernerniveau ein landeskundliches Wissen hinzukommen, das deutlich macht, ob und wann man in einem Zielgespräch von dem typisierten Ablauf abweichen kann, indem man etwa während eines Gesprächs an der Ladentheke humorvolle Bemerkungen einflicht oder über Privates redet.

In Weisungsgesprächen stehen die Gesprächspartner in einem asymmetrischen beruflichen oder familiären Abhängigkeitsverhältnis zueinander: ein Meister gegenüber einem Auszubildenden oder Eltern gegenüber ihren Kindern. Für Lerner, die beispielsweise für eine gewisse Zeit in einem deutschsprachigen Land in einer Firma oder als Aupairmädchen arbeiten möchten, wäre es wichtig zu wissen, welche Gesprächsregeln in diesen Konstellationen herrschen. Ist es beispielsweise erlaubt, in einem Gespräch mit einem Vorgesetzten bestimmte Vorschläge zu machen, Wünsche zu äußern oder einen Themenwechsel zu initiieren? Und wie direkt bzw. vorsichtig sollte man beim Verfolgen eigener Intentionen vorgehen, ohne es sich mit einem Höherrangigen zu verscherzen?

Sachgespräche sind themenbezogene Gespräche unter weitgehend gleichberechtigten Partnern, beispielsweise Wissenschaftlern oder Geschäftspartnern, die sich über ein Problem unterhalten. Auch diese fachlich geprägte Kommunikation unterliegt kulturspezifischen Bedingungen, die sich beispielsweise darin ausdrücken, wie eine Argumentationskette aufgebaut wird, wie stark und wie häufig vom eigentlichen Thema abgewichen werden darf, ob Ironie erlaubt ist, ob während des Essens immer noch über Fachliches geredet werden kann oder ob man einem Gesprächspartner ins Wort fallen darf. Für Wissenschaftler, die an einem fachsprachlich orientierten Deutschkurs teilnehmen, wären landeskundliche Informationen zu diesen Fragen wichtig.

Beziehungsgespräche sind schließlich meist längere Gespräche im vorwiegend privaten Bereich mit einem hohen verbindlichen Anspruch und geringer Voraussagbarkeit. Unter guten Bekannten, bei Freunden und in Liebesbeziehungen begegnet man diesem Gesprächstyp, der in seiner Ausgestaltung von dem jeweiligen sozialen Milieu abzuhängen scheint.

Neben den Gesprächstypen sind für die Gestaltung eines Gesprächs – vor allem in der beruflichen und öffentlichen Kommunikation – die sozialen Rollen der Gesprächspartner bestimmend: Eine Wegauskunft wird anders verlaufen, wenn sie von einem Arzt oder von einem Bauarbeiter gegeben wird. Wenn man dagegen in ein Sachgespräch oder in ein privates Beziehungsgespräch eintritt, wird die individuelle Vielfalt möglicher Gesprächsverläufe wesentlich größer als in Kontakt- oder Zielgesprächen. Die Kategorie der sozialen Rolle und auch demographische Kriterien wie Beruf, Einkommen oder Schulbildung reichen in persönlich geprägten Gesprächen nicht mehr aus, um ihre Spezifik zu charakterisieren. Themenbereiche und Alltagsrhetorik richten sich hier vielmehr an grundlegenden Wertorientierungen und Einstellungen aus, die wiederum mit der Lebensauffassung und dem Lebensstil der Gesprächspartner zusammenhängen. Das sozialwissenschaftliche Institut Sinus (1997) hat dazu ein Modell entwickelt, um Lebensziele, die soziale Lage und den Lebensstil der deutschen Bevölkerung in sozialen Milieus zu erfassen. In einem sog. 'Sinus-Milieu' werden Menschen zusammengefasst, die sich „in Lebensauffassung und Lebensweise ähneln". Es sind gewissermaßen „Gruppen Gleichgesinnter" (Sinus 1997, S. 5), deren Verhalten sich u.a. in der Kleidung, Wohnungseinrichtung, Automarke, Mediennutzung, Freizeitgestaltung, in Umgangsformen und Kommunikationsstilen ausdrückt. Menschen, die dem gleichen Milieu angehören, verstehen sich untereinander besser. Man fühlt sich einfach wohler bei Menschen, die eine ähnliche 'Wellenlänge' haben: ähnliche Interessen, eine ähnliche Einstellung zur Erziehung, ein ähnliches Konsumverhalten und Stilempfinden. Und man weiß, worüber und wie man sich unterhalten kann und auch, worüber man eher schweigen sollte. Als 'Einheimischer' hat man normalerweise wenig Probleme, Gleichgesinnte zu finden und sich kommunikativ zu orientieren. Für Fremde und Ausländer ist dies bedeutend schwieriger. Ein Ziel landeskundlicher Didaktik muss es deshalb sein, in der hochdifferenzierten deutschsprachigen Lebenswelt Lernern eine Fähigkeit zur Orientierung in den Strukturen sozialer Milieus zu geben (vgl. Mog/Althaus 1992, S. 111-151).

Seit der Vereinigung der beiden deutschen Staaten 1989 ist diese Orientierung noch schwieriger geworden. Die Untersuchungen des Sinus-Instituts haben ergeben, dass sich die Milieus im Westen und im Osten Deutschlands deutlich voneinander unterscheiden (vgl. Sinus 1997, S. 23-34). Dies drückt sich in unterschiedlichen kommunikativen Mustern aus und führt zu Irritationen, Missverständnissen und zu 'Fremdheit in der Muttersprache' (vgl. Antos 1997, S. 15).

Im kommunikativen Kontakt zwischen DaF-Lernern und Deutschen aus Ost oder West, aus Österreich oder der Schweiz kann es leicht zu Konstellationen kommen, in denen sich auf Grund einer ähnlichen Milieuorientierung Ausländer und Deutschsprachige 'mehr zu sagen haben' als manche Einheimische untereinander. Fremdheit kann also nur zum Teil durch nationale und sprachliche Unterschiede begründet werden: Ein Westdeutscher versteht sich mit einem Italiener aus einem 'konservativ-technokratischen Milieu' – trotz unterschiedlicher Muttersprache und Nationalität – vielleicht besser als mit einem Ostdeutschen aus einem 'bürgerlich-humanistischen Milieu'. In einer kontrastiv angelegten Landeskunde sollten deshalb weniger globale Einstellungen und nationale Stereotypen im Vordergrund stehen, sondern vielmehr Gemeinsamkeiten und Unterschiede hinsichtlich der jeweiligen sozialen Milieus.

Eine interkulturell-kommunikative landeskundliche Orientierung an Gesprächstypen und sozialen Milieus lässt sich auf mediale und schriftliche Kommunikation erweitern. Sowohl die inhaltliche und formale Textstruktur als auch die Rezeption von Fernseh- oder Radiosendungen, von Zeitungen und Zeitschriften, von Werbung und von fiktionaler Literatur wird letztlich nur verständlich durch die Kenntnis der milieuspezifischen Einstellungen und Verhaltensweisen der Rezipienten: Eine Quiz-Show oder eine politische Sendung im Fernsehen, die *Bild-Zeitung* oder *Die Zeit*, ein Roman von Günter Grass oder ein *Sylvia-Romanheft* am Kiosk, aber auch private Briefe versteht man leichter, wenn man das Rezeptionsverhalten und die Lebenswelten sozialer Milieus kennt.

Didaktische Entscheidungen zur Landeskunde im Unterricht müssen sich an den Voraussetzungen und Bedürfnissen der Lerner orientieren, wobei einerseits der außerschulische Kontext und andererseits die Lernsituation im Unterricht selbst zu berücksichtigen sind.

Der außerschulische Kontext wird zunächst einmal durch das Land bzw. die Kultur bestimmt, in welcher der Deutschunterricht stattfindet: in einem deutschsprachigen oder einem nicht-deutschsprachigen Land? Desweiteren muss man sich fragen, welche Face-to-Face- oder medialen Kontakte mit Deutschsprachigen vorkommen: Bestehen sporadische oder häufige Kontakte über Briefe, E-Mail, Internet, Zeitungen, Fernsehsendungen oder Begegnungen mit Touristen, Geschäftsleuten oder Freunden? Da diese Begegnungen landeskundlich durchweg wertvoller sind als jeglicher abstrahierende landeskundliche Unterricht, sollte man sie nach Möglichkeit ausweiten und intensivieren. Das Anbahnen, Vorbereiten, Aufbereiten und Analysieren derartiger Begegnungen lassen landeskundliche Fragestellungen zu einem motivierenden Prozess werden.

Die gegenwärtige Lebenssituation der Lerner wird mehr oder weniger stark von Zielen und Hoffnungen für die Zukunft bestimmt: Möchte man in absehbarer Zeit ein deutschsprachiges Land als Tourist besuchen? Möchte man als Arbeiter, Student oder Aupairmädchen für einen längeren Zeitraum in einem deutschsprachigen Land leben? Möchte man – wie manche Russlanddeutsche – nach Deutschland auswandern? Oder lernt man vielleicht Deutsch, weil man in einer deutschen Firma im eigenen Land einen lukrativen Arbeitsplatz bekommen könnte?

Von diesen Perspektiven her stehen unterschiedliche landeskundliche Fragestellungen im Mittelpunkt des Lernerinteresses. Lerner mit touristischen Zielen werden sich dafür interessieren, wie man sich in einem deutschen Hotel verhält, wie viel Trinkgeld man einem Ober gibt und wie man Fahrpläne für Züge und Busse liest. Für Aussiedler, die sich in einem DaF-Kurs in Russland oder Kasachstan auf ihr zukünftiges Leben in Deutschland vorbereiten möchten, werden andere Fragen im Vordergrund stehen, beispielsweise wie man einen Antrag auf Altersrente stellt oder ein Auto anmeldet. Und wer in einer Firma vor Ort die

Kontakte mit deutschsprachigen Geschäftspartnern pflegen möchte, wird wiederum ein anderes Handlungswissen benötigen.

Im Unterricht – am prägnantesten in der Wahl der Textbasis – erweist sich, welcher Bezug zur Landeskunde besteht, sei es als ein durchgängiges Unterrichtsprinzip oder in einzelnen Unterrichtseinheiten und Projekten. Falls sich der Unterricht an einem Lehrwerk orientiert, muss kritisch geprüft werden, ob und inwiefern landeskundliche Lernziele mit einem eingeführten Lehrwerk erreicht werden können. Und weiter muss man kritisch fragen:

- Entspricht die Textauswahl den Bedürfnissen und Interessen der Lerngruppe?
- Welche Absichten stehen hinter einer vorgegebenen Textauswahl?
- Aus welcher Perspektive wird die zielsprachliche Kultur dargestellt?
- Steht eher die Alltagskultur im Vordergrund oder die Öffentlichkeit mit ihren Institutionen und die 'hohe Kultur'?
- Lassen sich bestimmte Einstellungen, Vorurteile oder Ideologien erkennen?
- Wird die Zielkultur eher harmonisierend und schönfärbend oder kritisch dargestellt?
- Werden bestehende Vorurteile eher bestätigt oder relativiert?
- Werden neben Deutschland auch Österreich, die Schweiz oder andere deutschsprachige Gebiete angemessen berücksichtigt?
- Handelt es sich um ein Lehrwerk, das in Deutschland undifferenziert für den Weltmarkt veröffentlicht wurde und deshalb keine kultur-kontrastiven Aspekte enthält?
- Wie aktuell sind die landeskundlichen Informationen?

(vgl. Delmas/Vorderwülbecke 1989, S. 159-175)

Wie auch immer die kritische Sichtung der landeskundlichen Texte in Lehrwerken ausfallen wird: Eine gezielte Erweiterung der Textbasis mit authentischen und aktuellen Texten wird in jedem Fall notwendig sein. Nicht nur der Lehrer, auch die Lerner selbst können sich schriftlich an die verschiedensten Stellen wenden, um authentische Texte kostenfrei zu erhalten, z.B. an Reisebüros, Touristikzentralen, Firmen, staatliche Stellen, Vereine und gemeinnützige Organisationen, die teilweise auch im eigenen Land Niederlassungen haben. Heute kann man sich allerdings viel rascher, bequemer und umfassender über das Internet informieren, die Lerner mit bestimmten landeskundlichen Fragestellungen am Computer recherchieren lassen und authentische Texte ausdrucken und bearbeiten (Rüschoff/Wolff 1999, S. 103 ff.)

Lektürehinweise

Als Einführung in die Landeskunde findet man in Erdmenger (1996) sowohl den aktuellen Stand der Diskussion als auch Unterrichtsvorschläge für alle Schulstufen und die Erwachsenenbildung, wobei sich die Beispiele allerdings auf den Englischunterricht beziehen. Mog und Althaus (1992) stellen das *Tübinger Modell einer integrativen Landeskunde* am Beispiel der USA und der Bundesrepublik vor: Ein Buch, das nach wie vor didaktisch wegweisend ist und durch seine lesenswerten Analysen kulturspezifischer Raum- und Zeiterfahrungen, privater und öffentlicher Sphären, des Bildungswesens sowie politischer Kulturen auszeichnet. Zur Bedeutungsvermittlung im landeskundlichen und kulturspezifischen Kontext hat Müller (1994) eine anregende Fernstudieneinheit vorgelegt.

3.5 Deutschsprachige Literatur

Die Germanistik hat zwei klassische Perioden deutschsprachiger Literatur ausgemacht, die beide in der jeweiligen zeitgenössischen literarischen Kultur Europas gewissermaßen verspätet in Erscheinung treten: Die 'Staufische Klassik' um 1200 n.Chr. und die 'Weimarer Klassik' zwischen 1786 und 1832 (Frenzel 1991).

Die Staufische Klassik (z.Zt. der Stauferkaiser Barbarossa und Friedrich II.) mit den großen Versepen Hartmanns von Aue, Wolframs von Eschenbach und Gottfrieds von Straßburg beruht wesentlich auf französischen Vorbildern, besonders der höfischen Dichtung Chrétiens von Troyes. Da sie in mittelhochdeutscher Sprache verfasst sind, kommen sie für DaF nicht in Betracht.

Die Weimarer Klassik wurde von der Dichtung Johann Wolfgang von Goethes und Friedrich Schillers geprägt, die in der griechischen Antike ihr Vorbild sahen. Sie konnte sich zunächst nur langsam über barocke Vorläufer, dann selbstbewusster über die Aufklärung (Immanuel Kant, Gotthold Ephraim Lessing u.a.) und den Geniekult des 'Sturm und Drang' mit Shakespeare als Vorbild von französischen Traditionen lösen.

Verspätet ist diese zweite Klassik, da die klassische Epoche Italiens, bekannt als Renaissance (1300-1500), die Klassik Spaniens mit Cervantes und Calderon, Englands Elisabethanisches Zeitalter mit Shakespeare und Frankreichs Klassizismus mit Corneille und Racine bereits durch neuere Strömungen abgelöst wurden (Schlosser 1983, S. 163). In der Lebenszeit Goethes von 1749 bis 1832 kann die deutsche Literatur in einer regelrechten Aufholjagd an die Leistungen europäischer Literatur anschließen, wobei die eigentliche Weimarer Klassik mit ihrem idealistischen Humanismus, ihrem Harmoniestreben und ihrer unpolitischen Persönlichkeitsbildung nur einen relativ kleinen Ausschnitt im literarischen Leben jener Zeit für sich beanspruchen konnte. Die deutsche Klassik kann man als ein letztes großes Aufbäumen vor den Dekonstruktionen der beginnenden Moderne verstehen.

Nicht nur das Menschenbild, auch die literarische Form und die Gestalt des Handlungsablaufs waren in der Klassik noch eine Einheit, die sich dann aber bereits bei Kleist (*Das Erdbeben in Chili*) und Hölderlin (*Hyperion*), die beide noch der Klassik zugerechnet werden, aufzulösen beginnt.

Die literarischen Epochen und Strömungen im Anschluss an die Klassik: die Romantik (1798-1835), das Junge Deutschland (1830-1850), der Naturalismus (1880-1900), der Expressionismus (1910-1925) und schließlich die Literatur nach dem Zweiten Weltkrieg erschüttern auf unterschiedliche Weise die Harmonie eines idealistischen Menschenbildes und die geordneten Strukturen erzählerischer Abläufe, die sich auch von nicht literarisch gebildeten Lesern als triviale und/oder tragische Geschichten nacherzählen lassen. Der Prozess der Moderne verlagert das eigentliche Geschehen von den äußeren Gegebenheiten immer stärker in mehr oder weniger bewusst erlebte Innenwelten.

Dieser Weg in innere, immer schwieriger kommunizierbare psychische Zustände und Vorstellungen verlief im deutschsprachigen Raum wahrscheinlich markanter als im übrigen Europa, da die politisch unübersichtlichen, schwer verstehbaren und bedrohlichen Verhältnisse in Mitteleuropa klare Stellungnahmen, Zivilcourage und politischen Widerstand äußerst schwierig machten. Die deutsche Kleinstaaterei, eine gescheiterte Revolution (1848), die beiden kaiserlichen Regime in Deutschland und Österreich, die zum Ersten Weltkrieg führten, der Hitler-Faschismus in den dreißiger Jahren, der Zweite Weltkrieg und die sozialistische Diktatur in Ostdeutschland zwangen die Bürger, auf der Hut zu sein und sich zu fügen. Der Rückzug in die innere und äußere Emigration war für viele die einzige Möglichkeit, als Schriftsteller zu überleben.

Auf diesem Wege eines oftmals als unerträglich empfundenen Rückzugs in poetisch imaginierte Bewusstseinszustände entstanden romantische Ironie und Fantastik (Heine, E.T.A. Hoffmann), expressionistische Poesie (Rilke, Heym, Benn), 'schwer erzählbare' Romane in Patchwork-Szenarien (Döblin, Musil), existenzialistische Suchbewegungen (Kafka), schwierige Ich-Entwürfe und künstlerische Selbstbespiegelungen (Hesse, Thomas Mann). Nur selten wurde politischer Widerstand in Dichtung manifest – wie bei Büchner, Herwegh oder Brecht.

Charakteristisch für all diese Wege aus der Klassik in die Moderne ist, dass sich die geschlossenen Formen öffnen, gradlinige Erzählstränge sich vervielfältigen, unübersichtlicher werden oder gar auflösen, das äußere Geschehen tendenziell unwichtiger, die Bewusstseinsprozesse der Figuren dagegen bedeutsamer werden.

Robert Musil hat die Erfahrungsweise Ulrichs in *Der Mann ohne Eigenschaften* und ineins damit die – modern „geschichtendestruierende"– Erzählweise des Romans damit begründet, ihm sei das „primitiv Epische" einer „Abbildung der überwältigenden Mannigfaltigkeit des Lebens" entlang einem „Faden der Erzählung" abhanden gekommen, weil die Realität, mit der er es zu habe, „unerzählerisch" geworden sei: sie folge nicht mehr einem Faden, sondern breite sich „in einer unendlich verwobenen Fläche" aus. (Kreutzer 1992, S. 270, der Musil zitiert)

Es gab jedoch auch Gegenströmungen, die sich diesem Prozess der Moderne widersetzten: Insbesondere das sog. 'Biedermeier' (1820-1850) und der Realismus (1850-1890), der in Deutschland auch als 'poetischer Realismus' bezeichnet wird, da die stoffliche Fokussierung sich auf eher traditionelle gesellschaftliche Bereiche bezog und das, was den gesellschaftlichen Wandel in Richtung einer modernen Industriegesellschaft vorantrieb, weitgehend ausklammerte. Im Ergebnis entstanden in diesen restaurativen Strömungen literarische Formen, deren Erzählstrukturen noch traditionellen, geschlossenen Abläufen folgten. Joseph Freiherr von Eichendorff, Eduard Mörike, Jeremias Gotthelf, Adalbert Stifter, Wilhelm Raabe, Conrad Ferdinand Meyer, Theodor Storm und, mit Einschränkung, Theodor Fontane können als Vertreter dieser Richtung gelten.

Von der literarischen Wertung werden nach dem Zweiten Weltkrieg zunehmend Werke, die eine geschichten-dekonstruierende Erzählweise etablieren, wie sie exemplarisch in Musils *Der Mann ohne Eigenschaften* oder Alfred Döblins *Berlin Alexanderplatz* zum Ausdruck kommt, höher eingestuft als Werke, die einem 'roten Faden' folgen und mithin leichter 'nacherzählbar' sind.

Da die Schere zwischen den Bedürfnissen eines durchschnittlichen Lesepublikums, das eher traditionelle Erzählschemata bevorzugt, und den Erwartungen einer literarisch gebildeten Elite an Texte, die den Manierismen dekonstruierter Bewusstseinskaskaden als Ausdruck eines modernen oder gar postmodernen Lebensgefühls entsprechen, im deutschsprachigen Raum immer größer wurde, haben sich zwei literarische Szenen herauskristallisiert: Eine populäre Lesekultur, die vor allem mit Übersetzungen aus dem Englischen in Bestsellerlisten erkennbar wird, und eine elitäre Leseszene, deren Texte in wesentlich kleineren Auflagen erscheinen.

Das Nachrichtenmagazin *Der Spiegel* veröffentlichte Ende 2001 die folgende Jahres-Bestsellerliste zur Belletristik:

1. Joanne K. Rowling: *Harry Potter und der Stein der Weisen*
2. Joanne K. Rowling: *Harry Potter und der Feuerkelch*
3. Joanne K. Rowling: *Harry Potter und die Kammer des Schreckens*
4. Joanne K. Rowling: *Harry Potter und der Gefangene von Askaban*
5. Henning Mankell: *Der Mann, der lächelte*
6. Paulo Coelho: *Der Alchimist*
7. John Grisham: *Die Bruderschaft*
8. Henning Mankell: *Mittsommermond*
9. Charlotte Link: *Die Rosenzüchterin*
10. Rosamunde Pilcher: *Wintersonne*
11. Donna Leon: *In Sachen Signora Brunetti*
12. Donna Leon: *Feine Freunde*
13. Zeruya Shalev: *Mann und Frau*
14. Paulo Coelho: *Handbuch des Kriegers des Lichts*
15. Per Olaf Enquist: *Der Besuch des Leibarztes*
16. Ingrid Noll: *Selige Witwen*
17. Bernhard Schlink: *Liebesfluchten*
18. Sándor Márai: *Die Glut*
19. Minette Walters: *Schlangenlinien*
20. Stephen King: *Duddits*[9]

(Der Spiegel 52, 2001, S. 192)

Nur drei Bücher auf dieser Liste (Nr. 9, 16 und 17) wurden nicht aus einer anderen Sprache ins Deutsche übersetzt. Bücher aus dem angelsächsischen Raum überwiegen. An Stelle einer deutlichen Trennung zwischen trivialer und gehobener Literatur gibt es dort einen breiten gehobenen, aber nicht zu anspruchsvollen literarischen Übergangsbereich, der in Deutschland ein großes Publikum findet.

Nur wenigen deutschsprachigen Autoren ist es in den letzten Jahren gelungen, sich über das dichotome Bewertungsschema 'gehoben/trivial' hinwegzuset-

---

9   Die aktuellen Bestseller aus Österreich findet man unter http:www.buchmarkt.at im Menü 'Bestseller'.

zen und einen durchgängig spannenden, leicht lesbaren und dennoch anspruchsvollen Roman zu schreiben. *Der Vorleser* von Bernhard Schlink, ein Bestseller,
der in viele Sprachen übersetzt wurde, ist eine solche Ausnahme (vgl. auch sein
Erzählband 'Liebesfluchten' auf Rang 17). Ein Bestsellerautor wie Johannes Mario Simmel dagegen wird von Kritik und Literaturwissenschaft nicht anerkannt,
da er die unsichtbare Grenze von der trivialen zur gehobenen Literatur bislang
nicht habe überwinden können.

Am Institut für Deutsche Philologie der Universität München wurden 1991 alle
Dozenten gefragt:

> Welche 25-30 Werke (höchstens) der deutschsprachigen Literatur sollte ein gebildeter
> Mensch kennen, um über 'deutsche Literatur' mitreden zu können?

Gut die Hälfte der 87 befragten Personen lieferten Vorschlagslisten, auf denen
insgesamt 443 Werke von 168 Autoren (!) genannt wurden. Ein Kanon, der zumindest einen minimalen Konsens finden konnte, ergab sich nicht: Man war sich
nicht einmal über ein einziges Buch einig, das jeder Studierende gelesen haben
sollte. Nur neun Werke bekamen mehr als die Hälfte der abgegebenen Stimmen.
Hier das Ergebnis dieser Befragung:

1. Johann Wolfgang von Goethe: *Faust* (36; *Faust* I 10, *Faust* 26)
2. Gotthold Ephraim Lessing: *Nathan der Weise* (33)
3. Johann Wolfgang von Goethe: *Die Leiden des jungen Werthers* (33)
4. Hans Jakob Christoffel von Grimmelshausen: *Der abenteuerliche Simplicissi-
    mus Teutsch* (29)
5. Günter Grass: *Die Blechtrommel* (29)
6. Johann Wolfgang von Goethe: *Wilhelm Meister* (28; *Lehrjahre* 12, *W.M.* 16)
7. Theodor Fontane: *Effi Briest* (25)
8. Franz Kafka: *Der Prozess* (25)
9. Georg Büchner: *Woyzeck* (24)
10. Thomas Mann: *Der Zauberberg* (23)
11. Alfred Döblin: *Berlin Alexanderplatz* (23)
12. Robert Musil: *Der Mann ohne Eigenschaften* (22)
13. Gottfried Keller: *Der grüne Heinrich* (20)
14. Friedrich von Schiller: *Die Räuber* (19)
15. Friedrich Hölderlin: Gedichte (19; Gedichte 18, späte Hymn. 1)
16. Joseph Freiherr von Eichendorff: *Aus dem Leben eines Taugenichts* (18)
17. Thomas Mann: *Buddenbrooks* (18)
18. Gerhart Hauptmann: *Die Weber* (17)
19. Johann Wolfgang von Goethe: Lyrik (15; Lyrik 12, *Divan* 3)
20. Heinrich Heine: *Buch der Lieder* (15; *B.d.L.* 12, Lyr. 3)
21. Heinrich Mann: *Der Untertan* (15)
22. Wolfram von Eschenbach: *Parzival* (14)
23. Johann Wolfgang von Goethe: *Die Wahlverwandtschaften* (14)

24. Heinrich Heine: *Deutschland. Ein Wintermärchen* (13)
25. Uwe Johnson: *Jahrestage* (13)
26. Georg Büchner: *Dantons Tod* (12)
27. Gottfried Keller: *Die Leute von Seldwyla* (12)
28. Bertolt Brecht: *Mutter Courage* (12)
29. Bertolt Brecht: *Leben des Galilei* (12)
30. *Das Nibelungenlied* (11)

Nach dieser Liste von Dozenten der Germanistik kann man nun fragen, welche Autoren denn Germanistikstudenten bevorzugen: Stimmen ihre Vorlieben einigermaßen mit den Erwartungen überein, die ihre Dozenten an sie stellen? In einer Untersuchung an der Universität Dortmund (vgl. Conrady/Eicher 1997) ergaben sich bei 909 Teilnehmern an Einführungen in die Literaturwissenschaft folgende Präferenzen:

	AUTOREN	NENNUNGEN
1.	Bertolt Brecht	113
2.	Hermann Hesse	105
3.	Franz Kafka	100
4.	Johann Wolfgang von Goethe	93
5.	Max Frisch	87
6.	Thomas Mann	86
7.	Heinrich Böll	48
8.	Noah Gordon	47
9.	Friedrich Dürrenmatt	43
10.	Steven King	41
11.	Günter Grass	38
12.	Theodor Fontane	36
13.	J.R.R. Tolkien	28
14.	Hera Lind	28
15.	Isabel Allende	28
16.	John Irving	27
17.	Marion Zimmer-Bradley	27

AUTOREN ges. 324   NENNUNGEN ges. 2.069

Während sich auf den ersten Rangplätzen deutschsprachige Autoren befinden, die als 'hochliterarisch' gelten, erscheinen bereits ab dem achten Rang, mit drei Ausnahmen, ausschließlich Bestseller-Autoren mit Trivialromanen, meist Übersetzungen aus dem Englischen.

Wenn man sich als Lehrender entscheiden muss, welche Lektüre im DaF-Unterricht gelesen werden soll oder wenn man Lektüreempfehlungen geben möchte, ist es hilfreich zu wissen, was heute an deutschen Schulen gelesen wird und was deutsche Schüler und Schülerinnen in ihrer Freizeit lesen – vor allem in Hinblick auf einen Schüleraustausch und länderübergreifende Schulprojekte zur deutsch-sprachigen Literatur.

Es gibt zwar in den deutschen Bundesländern keinen verbindlichen Kanon mehr, aber die Vorgaben der offiziellen Rahmenpläne und Lektüreempfehlungen haben dazu geführt, dass bestimmte Werke zum festen Bestand schulischer Lektüre gehören. In einer repräsentativen Befragung von 645 Deutschlehrern achter Klassen an allgemeinbildenden Schulen, die Ende des Schuljahres 1998/99 in Bayern, Nordrhein-Westfalen, Sachsen und Sachen-Anhalt durchgeführt wurde,[10] ergab sich folgende Rangfolge:

		Häufigkeit	Prozent
1.	Theodor Storm: *Der Schimmelreiter*	146	12,3
2.	Gottfried Keller: *Kleider machen Leute*	94	7,9
3.	Anne Frank: *Das Tagebuch der Anne Frank*	69	5,8
4.	Morton Rhue: *Die Welle*	39	3,3
5.	Friedrich Schiller: *Willhelm Tell*	39	3,3
6.	Carl Zuckmayer: *Der Hauptmann von Köpenick*	34	2,9
7.	Gudrun Pausewang: *Die Wolke*	34	2,9
8.	Hans-Georg Noack: *Rolltreppe abwärts*	31	2,6
9.	Ann Ladiges: *Hau ab, du Flasche!*	27	2,3
10.	Gudrun Pausewang: Die letzten Kinder von Schewenborn	27	2,3
	Nennungen < 27	645	54,4
	GESAMT	1185	100,0

An den gleichen, nach einer Zufallsstichprobe ausgewählten Schulen wurden 4418 Schüler aus achten Klassen nach ihrer Freizeitlektüre gefragt. Die folgenden Bücher waren bei den circa 13- bis 14-jährigen Jugendlichen am beliebtesten:

		Häufigkeit	Prozent
1.	Kevin J. Anderson u.a.: *Akte X* (Bde.)	102	2,3
2.	Christiane F.: *Wir Kinder vom Bahnhof Zoo*	76	1,7
3.	Anne Frank: *Das Tagebuch der Anne Frank*	56	1,3
4.	Nicholas Evans: *Der Pferdeflüsterer*	54	1,2
5.	Steven King: *Es*	53	1,2
6.	Jostein Gaarder: *Sofies Welt*	43	1,0
7.	Anna Leoni: *Gute Zeiten, schlechte Zeiten* (Bde.)	35	0,8
8.	Stephen King: *Friedhof der Kuscheltiere*	30	0,7
9.	Benjamin Lebert: *Crazy*	30	0,7
10.	Diane Carey u.a.: *Star Trek* (Bde.)	28	0,6
	Nennungen < 28	3911	88,5
	GESAMT	4418	100,0

---

[10] Die Erhebung fand statt im Rahmen des DFG-Projekts *Muss-Lektüre versus Lust-Lektüre. Der Einfluss von Schullektüre und Leseempfehlungen von Lehrern auf die Freizeitlektüre und die private Medienpraxis von Jugendlichen* (Leitung: Kurt Franz, Bode Franzmann, Franz-Josef Payrhuber, Erich Schön); vgl. Franz/Gattermaier/Stier 2002.

Mit den unterschiedlichen Autoren- und Bücherlisten möchten wir ein möglichst breites Bild von der Lesekultur in Deutschland vermitteln. DaF-Lehrer sollten die literarische Rezeption von Muttersprachlern kennen, um fundierte literaturdidaktische Entscheidungen mit einer entsprechenden Textauswahl treffen zu können. Wenn DaF-Lerner Texte lesen, die im Land der Zielsprache rezipiert werden, eröffnen sich ihnen fiktionale Erlebnisräume, die sie mit Muttersprachlern ein stückweit teilen können. So wird ein tiefergehendes Verstehen der fremden Kultur möglich. Besonders bei Internetprojekten zur Literatur zwischen deutschsprachigen und anderssprachigen Schulen ist es wichtig, Texte zu finden, mit denen Brücken zwischen den Kulturen gebaut werden können.

Da Fremdsprachenlerner grundsätzlich mehr oder weniger große sprachlich bedingte Verstehensprobleme haben, scheinen für sie eher Texte erschließbar, die ein deutlich erkennbares Erzählmuster aufweisen, also einen 'roten Faden' haben, dem ein Lerner getrost folgen kann. Die zeitgenössische Literatur, in der man weniger deutliche Erzählschemata findet, zeichnet sich hingegen oft durch einen kürzeren, einfachen Satzbau aus, was dem Bedürfnis nach einem möglichst problemlosen ersten Lesen entgegenkäme. Man denke etwa an Peter Handkes *Publikumsbeschimpfung*, ein Text, der einer grammatischen Übung aus einem Lehrwerk recht nahe kommt.

Das Ziel, einen repräsentativen Querschnitt der Entwicklung der Literatur etwa seit der Aufklärung zu vermitteln, ist für Schüler unrealistisch. In einem Germanistikstudium an deutschen Universitäten wird dieses Ziel nur noch in Ausnahmen erreicht, da hier exemplarisches Lernen und Spezialisierung – vor allem in den Abschlussprüfungen – den Erwerb eines breit angelegten Überblickswissens kaum noch ermöglicht. Literarische Kanones und Leselisten existieren zwar, aber sie werden immer weniger ernst genommen. In der Auslandsgermanistik ist dagegen noch stärker ein enzyklopädischer Anspruch spürbar und auch das Bemühen, den Studierenden die 'Glanzlichter' deutschsprachiger Literatur nahe zu bringen. Ein Sprachstudium hatte, nicht nur in der deutschen, humanistisch geprägten Bildungstradition, ganz wesentlich das Ziel, die großen literarischen Werke eines Volkes im Original lesen zu können. Denn anders als bei der Rezeption von Musik und bildender Kunst lassen sich nun einmal literarische Werke nicht unmittelbar goutieren, wenn man die Sprache nicht versteht, in der sie geschrieben wurden. Dieses Ziel wurde vom Studium der klassischen, toten Sprachen – Griechisch und Latein – zunächst auf den Unterricht lebender Fremdsprachen übertragen. Mit dem Aufkommen audiolingualer und audiovisueller Methodik und einem Fremdsprachenunterricht, der sich an den kommunikativen Notwendigkeiten des Alltags und an den Bedürfnissen von Lernern orientierte, geriet die Literatur jedoch ins Hintertreffen.

Arbeit mit Literatur im Fremdsprachenunterricht erinnert viele an einen schwierigen Leseprozess und an ein zähes Ringen um angemessene interpretative Formulierungen zum jeweiligen Text, die letztlich nur dem Lehrer und allenfalls einigen wenigen Lernern gelingen, wobei man immer wieder aus Sprachnot auf seine Muttersprache zurückgreifen muss. In fremdsprachendidaktischen Richtungen, die an der gesprochenen Sprache und den kommunikativen Erfordernissen des Alltags orientiert sind, hatte Literatur deshalb auch zunächst keinen Platz mehr. Erst seit etwa Anfang der 80er-Jahre hat Literatur im DaF-Unterricht wieder einen höheren Stellenwert. Nach der einseitigen Ausrichtung hin zu alltäglichen Kommunikationssituationen und authentischen Gesprächssequenzen wurden wieder verstärkt literarische Texte als spezifische schriftsprachliche Manifestationen des Deutschen in den Vordergrund gerückt. Wie kam es zu dieser Entwicklung?

Wenn durchgehend Alltagsdialoge im Mittelpunkt des Lerngeschehens stehen, so wichtig sie auch immer für die Entwicklung einer Sprechhandlungskompetenz sein mögen, ergeben sich motivationale Probleme für den Lerner. Es ist nämlich frustrierend, wenn man sich mit der für einen Anfänger üblichen Langsamkeit und Anstrengung durch einen Text arbeitet und am Ende feststellen muss, dass dieser Text die Mühe nicht wert war, da er nur unwichtige Banalitäten preisgibt. Anspruchsvollere Literatur dagegen wird auch von kompetenten Lesern in der Muttersprache nicht einfach rasch 'heruntergelesen'. Literarische Texte sträuben sich gegen eine oberflächliche, 'glatte' Rezeption. Hier ist ein langsameres, bewussteres Lesen adäquat. Ein fremdsprachlicher Text, den man ohnehin als Lerner aufmerksamer und genauer lesen muss, löst Genugtuung und Befriedigung aus, wenn man das Gefühl hat, dass sich die Anstrengung lohnt.

Banale Alltagsdialoge lassen zudem beim Lerner leicht den Eindruck entstehen, dass Menschen aus einer anderen Kultur und mit einer anderen Sprache im Grunde genauso kommunizieren, wie man es selbst von seiner Muttersprache her kennt, nur dass man eben andere Wortmarken verwenden müsse. Lediglich bestimmte Eigentümlichkeiten wie etwa Höflichkeitsregeln, Begrüßungs- und Abschiedsfloskeln u.ä. müsse man lernen, um Menschen in ihrer anderen Kultur verstehen zu können. Doch dieses fundamentale Missverständnis kann zu interkulturellen Kommunikationsproblemen führen, insbesondere bei fortgeschrittenen Sprechern einer Fremdsprache. Denn während man einem radebrechenden Anfänger alle Normabweichungen in der Zielkultur meistens nachsieht, kann ein sprachlich kompetenter Fremdsprachler, der annimmt, er würde beispielsweise 'die Deutschen' leicht verstehen, in peinliche und missverständliche Situationen geraten, gerade weil er bestimmte andere, ihm fremd gebliebene Gebrauchsbedingungen der deutschen Sprache nicht durchschaut und auch kein Sensorium dafür entwickelt hat. Der Umgang mit literarischen Texten kann eher Sensibilität für einen ungewohnten, schwer durchschaubaren Gebrauch sprachlicher Handlungen in einer fremden Kultur ermöglichen als Lehrbuchtexte, die eine offensichtliche, oberflächliche Alltäglichkeit vermitteln.

Literarische Texte führen den Leser letztlich immer in Bereiche, die ihm ungewohnt, eigentümlich und fremdartig erscheinen. Und das ist gut so, denn dadurch wird sein Vorstellungsvermögen erweitert. Fremden Realitäten gegenüber wird der Leser aufgeschlossener. Fremdartigkeit wird nicht mehr so leicht engstirnig und borniert abgewehrt, sondern bekommt die Chance, in ihrer ganzen Komplexität erfahren zu werden und so ihre Wirkung zu entfalten. Menschen können ihre Möglichkeiten erweitern, indem sie Fremdes als Normalität in ihren Verstehenshorizont einbeziehen, ohne es in ihrem Sinne zu vereinnahmen und seines kritischen Potenzials zu berauben. Lerner können so behutsam tiefer in die fremde Kultur eindringen und die eigene Kultur als einen Entwurf unter möglichen anderen besser verstehen. Texte, mit denen diese persönlichkeitsbereichernde Fremderfahrung möglich werden kann, müssen die Spezifik der Fremde deutlich machen können. Es dürften also keine trivialen Texte sein, in denen kulturelle Unterschiede entweder kaum zum Ausdruck kommen oder aber als Klischees oder Vorurteil erscheinen. Es müssten Texte sein, die sich einem oberflächlichen und angenehm leichten Verstehen widersetzen.

Literarische Texte erfordern weit mehr als Gebrauchstexte einen aktiven Verstehensprozess beim Leser. Ständig muss er das, was im Text unausgesprochen bleibt, zu einem sinnvollen Zusammenhang ergänzen, wobei jeder Leser zu anderen Resultaten kommen kann (vgl. Iser 1990) – eine Situation, die Chancen zu echter Kommunikation eröffnet. Für einen Lerner, der mit und über das Lesen von fremdsprachlichen Texten seine Kompetenz zu entwickeln und zu erweitern sucht, wird – im günstigen Fall – ein Verstehensprozess angeregt, der durch eine vertiefte Verarbeitung der aufgenommenen Informationen gekennzeichnet ist. Da ein fiktionaler Text den Leser dazu zwingt, ständig eigene zusätzliche Sinnkonstruktionen während und nach dem Leseprozess zu entwickeln, können in seinem Gedächtnis komplexe Verknüpfungen entstehen, die eine spätere Reproduktion von sprachlichen Einheiten erleichtern, da mehrere, selbstkonstruierte Abrufwege zur Verfügung stehen. Allerdings, wie gesagt, nur im günstigen Fall! Entscheidend ist hier nämlich die Auswahl des literarischen Textes. Ein fremdsprachlicher und fremdkultureller Leser benötigt je nach dem Grad seiner sprachlichen Kompetenz und auch kulturellen Nähe zur Zielkultur Texte, die nicht zu banal sind, um über sie hinwegzulesen, aber auch nicht zu komplex, fremdartig und mit zu vielen Leerstellen behaftet, sodass ein vertieftes Bemühen um Sinnkonstruktionen von vornherein verhindert wird.

Wenn ein fremdkulturelles Erzählschema schlecht zu eigenen bekannten Erzählschemata passt, versuchen Rezipienten das fremde Schema dem gewohnten anzugleichen. Je länger die erste Begegnung mit einem Text zurückliegt, desto stärker wird er im Gedächtnis modifiziert und assimiliert. Eine manchmal verblüffende Andersartigkeit und Widerborstigkeit fremdsprachlicher Literatur löst möglicherweise nur eine kurzfristige Irritation beim Lerner aus und wird dann bald in die bereits vorhandenen kognitiven Schemata integriert. Damit kulturelle und sprachliche Fremdheiten anhand von Literatur als neue zusätzliche Schemata entwickelt werden können, ist wohl eine weitaus intensivere kulturelle Begegnung notwendig als die Beschäftigung mit wenigen Texten im Unterricht. Aber nicht nur ein Ausweichen auf die Muttersprache, sondern das gesamte eigenkulturell geprägte Unterrichtsgeschehen birgt immer die Gefahr der kulturellen Vereinnahmung und Assimilation nach eigenen Deutungsmustern.

Alois Wierlacher, neben Dietrich Krusche und Bernd Thum einer der Begründer der Interkulturellen Germanistik (vgl. Wierlacher 1980), hält es für den Verstehensprozess eines fremdkulturellen Lesers nicht für notwendig, dass ein Text auf der Folie seines jeweiligen kulturellen Kontextes verstanden werden muss. Ganz im Gegenteil dürfe man dem fremden Leser nicht vorschreiben, wie er die

Leerstellen eines Textes zu füllen habe. Er bekomme vielmehr das Recht, den Text so lesen zu dürfen, wie er dies auf der Basis seiner kulturellen Prägungen und seines individuellen Verstehenshorizontes vermöge; auch dann, wenn aus literaturwissenschaftlicher Sicht Fehldeutungen entstünden. Durch dieses freigewordene Potenzial an möglichen Verstehensweisen könne die deutschsprachige Literatur nur profitieren, da sie durch die Vielfalt neuartiger Sinnzuschreibungen ihren ästhetischen Raum erweitere.

Doch was bedeutet diese rezeptionsästhetische Liberalität für den Unterricht? Zunächst nur so viel, dass nun nach Herzenslust gedeutet werden darf, was möglicherweise die Lerner dazu animiert, sich freier und ungezwungener gegenüber Texten zu äußern, aber auch manchen verunsichern kann, für den die Beschäftigung mit Literatur dann einem willkürlichen Stochern im Nebel gleichzukommen scheint.

Arbeit mit literarischen Texten im Fremdsprachenunterricht darf keinen Rückfall in den alten lehrerzentrierten Interpretationsunterricht bedeuten, in dem sich nur einige wenige Lerner aktiv bemühen, die Fragen des Lehrers zu beantworten, während der große Rest stumm bleibt. Ein kreativer, lernerorientierter Literaturunterricht steht nicht im Widerspruch zur kommunikativen Didaktik, sondern möchte sie um die Dimension ästhetischer Kommunikation erweitern. Ausgehend von den Leseerfahrungen jedes einzelnen Lerners wird man aber nicht mehr in herkömmlicher Weise nur noch über literarische Texte sprechen; die Texte werden vielmehr zum Ausgangs- und auch zum Endpunkt eines handelnden und produktionsorientierten Umgangs mit Literatur. Die Lerner beteiligen sich gewissermaßen an einem Spiel mit ästhetischer Sprache. Literarische Texte bleiben nicht mehr 'unberührt', sondern werden modifiziert, zerschnitten, mit einem anderen Ende versehen, als Vorlage für eigene Texte genommen, szenisch umgesetzt, vertont, in Collagen gestaltet. Wenn Texte so zu Vorlagen für individuelle, kreative Gestaltungsprozesse werden, dann bewirkt dies eine intensive Auseinandersetzung und Verarbeitung, eine vertiefte kognitive Vernetzung und mithin bessere Lernergebnisse. Der fremde Text wird vom Lerner nicht mehr nur im Kopf, sondern mit Herz und Hand nach Gutdünken (und mit Ratschlägen vom Lehrer als Experten) weiter konkretisiert, verfremdet und so neu ästhetisiert. Als Textvariante wird er zum eigenen Text des Lerners. Eine interpretative Auseinandersetzung mit dem Original muss dabei keineswegs auf der Strecke bleiben. Sie wird sogar in einer umfasserenderen Weise möglich als über ein kopflastiges Gespräch, da Lerner die formalen und inhaltlichen Gestaltungsmerkmale eines Textes weitaus tief greifender erfahren.

Mit dieser didaktischen Orientierung verliert Literatur allerdings ihren weithin verbreiteten Status des 'ganz Besonderen', ja 'kulturell Sakrosankten'. Wenn es im Unterricht erlaubt sein soll, mit literarischen Texten auf eine derart 'ungehörige' Weise umzugehen, dann werden sich traditionelle Literaten und Literaturwissenschaftler mit Grausen abwenden. Ein chinesischer Kollege äußerte sich beispielsweise höchst erstaunt darüber, wie 'skrupellos' einige Didaktiker mit ihrer Literatur umgehen; chinesische Gedichte dürfe man auf jeden Fall so nicht behandeln! Nicht nur die Rezeption deutscher Literatur selbst kann offenbar zu einer Fremderfahrung führen. Auch die Verfahrensweisen, mit denen Literatur im Unterricht 'behandelt' wird, können zu 'Verstörungen' führen, die positiv zu werten sind, falls sie zu einer produktiven Auseinandersetzung mit dieser anderen Methodik führen.

Texte, die sich für einen kommunikativen, handlungs- und produktionsorientierten Literaturunterricht in besonderer Weise eignen, haben eine erkennbare Struktur, regen zum Spiel mit der Sprache an und lassen einen Transfer auf andere Erfahrungsbereiche zu. Sie können Ankerstellen für visuelle, auditive und kinästhetische Sinnbereiche bieten und innere Welten für komplexe, emotional geprägte Situationen entstehen lassen. Sicherlich ist es leichter, für fortgeschrittene DaF-Lerner geeignete Texte zu finden, aber auch für Anfänger gibt es bereits literarische Texte, mit denen man sinnvoll arbeiten kann. Schöne Beispiele dafür bietet die Konkrete Poesie (vgl. Krusche/Krechel 1984).

Die von der fremdkulturell-hermeneutischen Literaturdidaktik erwünschte Widerborstigkeit von Texten, der vielschichtige Interpretationsraum, der sich für fremd-kulturelle Leser eröffnen soll oder der spielerisch-handelnde Umgang mit Literatur der kommunikativ-kreativen Literaturdidaktik: All diese unterschiedlichen Ansätze führen wohl kaum zu dem Vergnügen, ein Buch in einem Zug ganz privat zu verschlingen. Die meisten Bücher, die hohe Rangplätze auf Bestsellerlisten erreicht haben, treffen einen breiten Lesergeschmack, weil sie dieses ganz naive Lesevergnügen erzeugen können.

Interesse wecken auch Romane, in denen sich ein deutschsprachiger Autor mit einer ihm fremden Kultur befasst, beispielsweise ein deutscher Autor wie Herbert Rosendorfer mit der chinesischen (Briefe in die chinesische Vergangenheit): Für chinesische DaF-Lerner dürfte es spannend sein zu erfahren, wie dieser fremde deutsche Blick auf ihre Kultur ausfällt. Oder umgekehrt der Blick eines fremden Autors auf deutschsprachige Kulturen, beispielsweise der des türkischen Autors Aras Ören, der 1985 als erster ausländischer Schriftsteller den Adalbert-von-Chamisso-Preis bekam, ein Literaturpreis, der alljährlich für bedeutende Beiträge zur deutschen Literatur an Autoren mit nichtdeutscher Muttersprache verliehen wird.

Schließlich kann man auch Texte wählen, die in mehreren Sprachräumen kulturell verankert sind, wie beispielsweise Märchen. Einige Märchen der Gebrüder Grimm gehören in vielen Ländern Europas seit langem zum festen Bestandteil literarischer Sozialisation. Viele Märchen haben oft auch einen festen kulturübergreifenden Kern und erscheinen von Kultur zu Kultur als Variationen des gleichen Themas (vgl. Ulich u.a. 1993). Für jüngere DaF-Lerner sind Kinder- und Jugendbücher geeignet, da sie sprachlich einfach sind, besser an ihre Lebenswelt anknüpfen können, aber auch die Übernahme fremder Perspektiven ermöglichen.

Zum Schluss bleibt vielleicht ein Dilemma. Soll das literaturdidaktische Credo lauten: „Je fremder, desto besser" oder aber: „So vertraut wie möglich"? Kulturelle Konfrontation und produktive Verunsicherung oder universale literarische Schemata mit voraussagbaren sprachlichen Mustern, die ein selbstvergessenes Eintauchen, eine Immersion, erlauben? Wie oft in didaktischen Fragen gibt es auch hier keine eindeutige Antwort. Sie kann es auch nicht geben, da Lerner und Leser einfach zu unterschiedlich sind und sich ihre Bedürfnisse ständig verändern.

Lektürehinweise

Der *dtv-Atlas zur deutschen Literatur* von Schlosser (1994), die *Daten deutscher Dichtung* von Frenzel/Frenzel (^{12}1991) und die kurze Literaturgeschichte von Brenner (1996) sind als ein erster Zugang zur deutschsprachigen Literatur geeignet. Bogdal (1997) bietet eine fundierte und gut verständliche Darstellung neuerer Literaturtheorien. In Bogdal (1993) findet der Leser exemplarische Anwendungen unterschiedlicher Literaturtheorien am Beispiel einer Kafka-Parabel. Kimmich/Renner/Stiegler enthält eine klug zusammengestellte Auswahl einschlägiger literaturtheoretischer Texte im Original bzw. in deutscher Übersetzung. Segebrecht (1999) hat eine Leseliste für Germanisten zusammengestellt. Orientierung auf dem großen, stetig wachsenden Literaturmarkt vermitteln die von der Stiftung Lesen (Fischtorplatz 23, 55116 Mainz) herausgegebenen Leseempfehlungen. Als Einführung in die Literaturdidaktik mit einer hermeneutischen Position ist Hunfeld (1990) geeignet. Wer sich über die 'Interkulturelle Germanistik' informieren möchte, findet mit Wierlacher (1980) den besten Einstieg. In Zimmermann (1989) wird harsche Kritik an dieser Richtung geäußert. Methodische Anregungen zur Arbeit mit Literatur im Unterricht bekommt man in Ehlers (1992).

4. Unterricht

4.1 Fremdsprachliche Lernwelten

Es gibt vielfältige Möglichkeiten, eine Fremdsprache zu erlernen. Zwischen den beiden extremen Polen 'traditioneller, schulischer Fremdsprachenunterricht' und 'ungesteuerter Erwerb im Land der Zielsprache' ergibt sich eine breite Palette unterschiedlicher Verfahren, Methoden und fremdsprachlicher Lernwelten.

4.1.1 Traditioneller Fremdsprachenunterricht und ungesteuerter Erwerb

Das schulische Arrangement des Lernens ist allen, die als Kind eine Schule besucht haben, so geläufig, dass es schwer fällt, sich das Eigentümliche dieser Unterrichtssituation zu vergegenwärtigen. Was kann man beobachten, wenn man möglichst unvoreingenommen beschreiben möchte, was im traditionellen Unterricht generell und im Fremdsprachenunterricht speziell geschieht?

Der Ort des Geschehens ist ein Raum mit Stühlen oder Bänken und Tischen, die in einer Richtung angeordnet sind, nämlich auf eine Art 'Bühne' hin. Dort steht ein Schreibtisch mit einem bequemeren Stuhl vor einer Tafel. Dieses räumliche Grundmuster steht oft in keinem erkennbaren Zusammenhang mit einem bestimmten Gegenstand, der hier unterrichtet wird. Wenn jeder Fachlehrer jedoch einen eigenen Unterrichtsraum hat und die Schüler ihn dort aufsuchen müssen, lässt er sich ganz individuell so einrichten, dass eine adäquate Lernumgebung für den Erwerb einer Fremdsprache entsteht.

Im Unterricht selbst sitzt üblicherweise eine mehr oder weniger große Anzahl von Schülerinnen und/oder Schülern eines Jahrgangs (also in einer altershomogenen Zusammensetzung) nach einer bestimmten Sitzordnung mit Blick zur 'Bühne'. Dort agiert sitzend, stehend oder gehend eine erwachsene ausgebildete Lehrperson.

Die Rollen 'Lehrer' und 'Schüler' sind deutlich geschieden. Lehrer beanspruchen bis zu 80% der Redezeit für sich. Die Schüler müssen sich den verbleibenden Rest teilen. Bei fünf Wochenstunden und 40 Unterrichtswochen käme auf einen Schüler im Jahr eine durchschnittliche Sprechzeit von nicht mehr als einer Stunde und 40 Minuten (vgl. Trosborg 1995, S. 129); rein quantitativ gesehen eine zu kurze Zeit, um zu einer kommunikativen Kompetenz in einer Fremdsprache zu gelangen.

Die Kommunikation im Unterricht erfolgt meist nach einem bestimmten Muster. Der Lehrer entscheidet darüber, wer sprechen darf und wozu etwas gesagt werden soll. Jede 'offizielle' kommunikative Sequenz wird von ihm eröffnet, meist mit einer Frage und manchmal durch einen sog. 'Impuls': eine Äußerung, die eine Reaktion der Schüler provozieren soll. Oft werden Frage oder Impuls vom Lehrer mehrfach wiederholt, paraphrasiert und zusätzlich erläutert.

Nach dem sog. 'Sich-Melden' einzelner Schüler erfolgt eine Sprecherzuteilung durch den Lehrer, wobei aber auch Schüler zum Sprechen aufgefordert werden können, die sich nicht gemeldet haben. Anschließend antwortet ein Schüler, oft sehr kurz, manchmal nur mit einem Wort oder in vorgeprägten sprachlichen Wendungen. Ist der Lehrer mit dieser ersten Antwort nicht ganz zufrieden, erteilt er weiteren Schülern das Wort, bis eine Äußerung kommt, mit der er zufrieden ist. Falls die Schüler die Intention einer Frage nicht auf Anhieb erkennen, bemühen sie sich zu ergründen, auf was der Lehrer hinaus will und was ihm als korrekte Antwort vorschwebt. Damit kann die Suche nach der richtigen Antwort zu einer Art 'Rätselraten' werden (vgl. Ehlich/Rehbein 1986, S. 30f.).

Im abschließenden Teil dieser kommunikativen Sequenz gibt der Lehrer ein kurzes verbales oder non-verbales Urteil ab und/oder wiederholt mehr oder weniger wörtlich die Schüleräußerung mit zustimmender oder fragender Intonation und signalisiert so entweder sein Einverständnis oder seine Unzufriedenheit mit der Antwort. Falls er mit einer Äußerung nicht einverstanden ist, tadelt er, korrigiert, fordert zu einer korrekten Wiederholung auf oder fragt andere Schüler so lange, bis er 'seine' gewünschte Antwort bekommen hat.

Das grundlegende kommunikative Verfahren im lehrerzentrierten Unterricht ist demnach ein 'Dreischritt'(vgl. Bellack 1974):

- Lehrerfrage oder Impuls mit Sprecherzuteilung
- Schülerantwort(en)
- abschließende, wertende Lehreräußerung

Hinzu kommen strukturierende Äußerungen des Lehrers, um den Unterricht zu organisieren, beispielsweise Themen zu bestimmen, Übungen vorzugeben, Lernbereiche einzuleiten oder zu beenden, die Schüler aufzufordern, etwas Bestimmtes zu tun oder sie zu disziplinieren.

Lehrerfragen sind uneigentliche Fragen, weil die erwarteten Antworten dem Lehrer ja bereits bekannt sind. Er fragt nicht etwa, wie in einem Alltagsgespräch, weil er etwas wissen möchte. Für den Fremdsprachenunterricht kommt hinzu, dass seine Aufmerksamkeit auf die formalsprachliche Korrektheit einer Äußerung gerichtet ist. Seine bewertende, abschließende Äußerung in unserem 'Lehrer-Schüler-Lehrer-Dreischritt' bezieht sich dementsprechend oft auf die sprachliche Form und nicht auf die inhaltliche Aussage.

Die Schüler, die dem Anspruch genügen möchten, sich normgerecht und fehlerfrei zu äußern, sprechen deshalb eher vorsichtig und langsam, damit sie Zeit für eine präzise, regelkonforme Satzplanung gewinnen. Das Ziel, bestimmte sprachliche Strukturen regelkonform und fehlerfrei von Anfang an zu äußern, wird in den Unterrichtsstunden, in denen diese Strukturen eingeübt werden, einigermaßen erreicht. Doch diese Erfolge sind häufig nicht von Dauer: In den Folgestunden, in denen neue, andere Strukturen im Mittelpunkt stehen, werden Fehler gemacht, die 'eigentlich' nicht mehr vorkommen dürften, da dieser Bereich doch bereits 'abgehakt' schien. Der Unterricht schreitet von Stunde zu Stunde und von Lektion zu Lektion nach einer kleinschrittigen Progression in der Grammatik und im Wortschatz voran. Der sprachliche Input wird in 'mundgerechten Häppchen' didaktisch modelliert, doch die Schüler tun sich dennoch schwer mit dieser Kost und folgen der Progression nur bedingt.

Da traditioneller Unterricht in einer formal organisierten Großgruppe stattfindet, müssen Schüler in einem öffentlichen Raum vor einer schweigenden und oft desinteressierten Zuhörerschaft sprechen, was viele besonders im Fremdsprachenunterricht irritiert. Die ersten unsicheren Äußerungen in einer fremden Sprache, aber auch sprachliche Unsicherheiten in einem fortgeschritteneren Lernerstadium bergen die Gefahr, sich vor der Gruppe lächerlich zu machen, sich zu blamieren, sein 'Gesicht zu verlieren'. Abwehr- und Vermeidungsstrategien von Schülern – vor allem in der Pubertät – sind deshalb verständlich.

Da die kommunikative Struktur im traditionellen Fremdsprachenunterricht nicht einer alltäglichen Gesprächssituation entspricht, wie sie unter Bekannten, Freunden oder auch Fremden üblich wäre, kann sie auch schlecht auf außerschulische Gesprächssituationen vorbereiten. Selbst gute Schüler, die sich erfolgreich am Unterricht beteiligten, fühlen sich der Anforderung, ein einfaches Gespräch außerhalb des Unterrichts zu führen, oft nicht gewachsen. Die Fähigkeiten, auf Lehrerfragen angemessen zu reagieren, Texte zu lesen oder auswendig zu lernen oder Übungsaufgaben zu bewältigen, reichen nicht aus, um alltägliche Gespräche zu führen (vgl. Kramsch 1981). Dazu muss beispielsweise die Fähigkeit erworben werden, trotz einer nicht immer ausreichenden fremdsprachlichen Kompetenz einen Sprecherwechsel zu initiieren, Missverständnisse zu erkennen und zu klären, vorausgegangene Äußerungen zu kommentieren, Pausen sprachlich zu füllen, Gespräche zu eröffnen und zu einem Abschluss zu bringen.

Im traditionellen Fremdsprachenunterricht ist es schwierig, den Lernbedürfnissen jedes einzelnen Schülers gerecht zu werden. Einige langweilen sich, weil sie zu wenig gefordert werden, andere können dem Unterricht nicht folgen, weil die Progression zu steil ist. Eine unmittelbare Rückkopplung, etwa zu klären, ob und wie etwas verstanden wurde, wie sie im Gespräch unter vier Augen selbstverständlich ist, lässt sich im Rahmen dieser Unterrichtsorganisation schlecht ermöglichen. Die durchgängige Dominanz und Leitung des Unterrichts durch den Lehrer verhindert, dass die Schüler ihr Lernen selbst in die Hand nehmen. Sie werden nicht dazu ermutigt, individuelle, ihren Bedürfnissen und Voraussetzungen gemäße Lernwege zu erkunden, sondern werden in Abhängigkeit vom Lehrer gehalten. Eine ausschließliche Orientierung an seiner Aussprache, seinen spezifischen Hilfen und möglicherweise auch seinen Fehlern kann verhindern, dass sich die Schüler auf andere, ihnen unbekannte Muttersprachler einzustellen vermögen.

Zur Verteidigung des herkömmlichen Unterrichts wird vielfach angeführt, er sei ökonomisch. Man könne so in der knapp bemessenen Zeit, die zum Erwerb einer Fremdsprache zur Verfügung stehe, ein möglichst großes Lernpensum abarbeiten. Diese Einschätzung trifft zu, wenn man 'stofforientiert' arbeitet, d.h. einen Lehrplan oder ein Lehrwerk so versteht, dass alle darin enthaltenen Inhalte wie einzelne Bausteine nacheinander vom Lehrer zum Schüler 'hinübergeschoben' werden müssen. Wer unter dieser Prämisse unterrichtet, wird selbstverständlich rascher vorankommen, wenn er die 'Stoffvermittlung' straff lehrerzentriert und frontal organisiert. Große Stoffmengen können so zwar rasch 'abgearbeitet' werden, aber der Lernzuwachs ist bei Schülern, die sich kaum aktiv am Unterrichtsprozess beteiligen können, besonders hinsichtlich der Entwicklung ihrer kommunikativen Kompetenz, dürftig.

Ein derartiger Unterricht kann im Übrigen nur zu einem einigermaßen befriedigenden Erfolg führen, wenn man davon ausgehen kann, dass die Schüler so viel Selbstdisziplin und Leistungswillen aufbringen, dass sie ihre Defizite außerhalb des Unterrichts irgendwie kompensieren. Bei Lernern, die aus einem gehobenen oder aufstiegsorientierten sozialen Milieu kommen und entsprechend extrinsisch motiviert sind, kann man diese Bereitschaft voraussetzen. Lehrer können es sich bei dieser Klientel gewissermaßen leisten, Lernprozesse, die im Unterricht möglich und sinnvoll wären, weniger effektiv zu organisieren oder gar nicht erst stattfinden zu lassen. Ein entsprechender Noten- und Selektionsdruck reicht oft aus, um diese Schüler zu außerschulischen Lernanstrengungen zu bewegen. Die Botschaft eines frontal unterrichtenden 'Stoffvermittlers' an seinen Schüler ist meist schlicht: „Du musst halt selbst sehen, wie du dir den Stoff aneignest!"

Während das schulische Grundmuster weltweit erstaunlich konstant ist, gibt es dennoch unterrichtliche Traditionen, die von Land zu Land variieren. Die Unterschiede betreffen in erster Linie das Ausmaß der Steuerung des Unterrichtsgeschehens durch den Lehrer. Beispielsweise kann man in den meisten asiatischen Ländern eine besonders starke Lehrerdominanz beobachten, die komplementär zu äußerlich passiven Schülern steht. Nun kann man einerseits argumentieren, dieses kommunikative Muster entspreche den kulturellen Traditionen der betreffenden Länder. Diese ließen sich nicht verändern; man müsse sie respektieren. Auf der anderen Seite unterliegt das Lehrer-Schüler-Verhältnis historischen Veränderungen, die vor allem mit gesellschaftlichen und politischen Entwicklungen einhergehen. In Deutschland kam es beispielsweise noch bis in die 60er-Jahre vor, dass Lehrer einzelne Schüler prügelten. Verändert sich eine Gesellschaft hin zu mehr Offenheit, Kritikfähigkeit, Gleichberechtigung und Demokratie, dann verändert sich auch das Verhältnis zwischen Lehrern und Schülern. Der Hinweis auf kulturelle Unterschiede verschleiert häufig gewachsene, aber dennoch veränderbare Machtstrukturen.

In China werden bis heute vor allem die Grammatik-Übersetzungs-Methode, Drills und Auswendiglernen praktiziert (vgl. Ylönen 1995). Dies scheint nur auf den ersten Blick im westlichen Kulturkreis ganz anders zu sein. Fremdsprachendidaktiker treten zwar hier für kommunikative Unterrichtsverfahren ein, aber zwischen den auf Tagungen und in der Literatur propagierten Methoden und der Unterrichtsrealität an den Schulen 'fortschrittlicher' Industrienationen besteht ein Missverhältnis: Nicht nur in Deutschland stoßen neuere fremdsprachendidaktische Entwicklungen bei Lehrern auf wenig Interesse und entsprechend traditionell ist immer noch der Unterricht.

Fassen wir noch einmal die wichtigsten Merkmale traditionellen Fremdspra-chenunterrichts zusammen:

- gleich bleibender Lernort mit einer bestimmten Einrichtung ('Schulstube')
- knapp bemessene Unterrichtszeit
- geringe Sprechzeit der Schüler
- ritualisierte Frage-Antwort-Muster mit uneigentlichen Lehrerfragen
- ein Lehrer als einziges fremdsprachliches Modell (meist kein Muttersprachler)
- Betonung sprachlicher Korrektheit auf Kosten des Inhalts
- didaktisch modellierte Progression, die sich an der Grammatik orientiert
- Erfolgsdruck durch Notengebung

Der traditionelle Fremdsprachenunterricht unterscheidet sich fundamental von ungesteuertem Lernen im zielsprachlichen Land. Zunächst einmal wechselt dort ständig der *Lernort*: Man kann zu Hause, in einem Gasthof, im Freien oder im Zug lernen, was zunächst unwichtig erscheint, aber an diesen verschiedenen Lernorten kann unbekanntes Sprachmaterial durch die Anschauung konkret wer-den. Die räumliche Umgebung, ihre Farben, Geräusche und der Geruch können zudem mit bestimmten sprachlichen Inputs assoziiert werden und so eine für das Lernen günstige Wirkung entfalten, beispielsweise eine Lautsprecheransage in einem gründerzeitlichen Bahnhof oder das Kompliment eines Tanzpartners auf einem Geburtstagsfest.

Die *Lernzeit* ist ebenfalls variabel und kann vom Lerner weitgehend frei be-stimmt werden. Manche lernen lieber früh am Morgen, manche spät in der Nacht. Und vor allem steht sie in großem Umfang zur Verfügung. Die *Sprechzeit* wird ebenfalls selten von einer Autorität eingeschränkt. Man muss nicht darauf war-ten, bis man das Rederecht bekommt, sondern kann selbst ein Gespräch initiie-ren.

Die *Gesprächspartner* sind Muttersprachler und stehen in mehr oder weniger großer Auswahl zur Verfügung. Man kann mit Gleichaltrigen, mit Jüngeren oder Älteren sprechen, mit Gebildeten oder Ungebildeten, mit Frauen oder Männern, mit jemandem 'unter vier Augen' oder mit mehreren in einer Gruppe. Nicht nur die *Themen*, über die man sprechen kann, sind weitaus vielfältiger als im Fremd-sprachenunterricht; auch die *Sprechakte* und *Textsorten* sind breiter gestreut. Man kann flirten, schimpfen und fluchen, Witze reißen und Trinksprüche formu-lieren, telefonieren, Briefe oder Rechnungen schreiben oder dies als Gesprächs-partner hören bzw. als Empfänger lesen.

Die sprachliche Vielfalt, der ein Lerner ausgesetzt ist, richtet sich nicht nach einer didaktischen Progression: Die fremde Sprache scheint in ihrer ganzen Viel-falt auf den Lerner einzuströmen. Doch vollkommen ungefiltert bekommt er die Fremdsprache nicht zu hören. Viele, wenn nicht die meisten Muttersprachler ver-suchen, bewusst oder unbewusst ihr Sprachverhalten den sprachlichen Fähigkei-ten eines Lerners anzupassen und sprechen deshalb weniger kompliziert, als sie es normalerweise tun würden. Sie interessieren sich kaum dafür, ob man gram-matisch korrekt spricht oder nicht. Es geht im Alltag normalerweise um Inhalte;

nur selten wird auf die Form Bezug genommen, beispielsweise bei Missverständnissen, bei Sprachspielen und Witzen oder wenn man einen Muttersprachler ausdrücklich darum bittet, auf Normverstöße aufmerksam zu machen. Schließlich braucht man sich als Lerner in zielsprachlicher Umgebung keine Sorgen um Noten oder Zeugnisse zu machen. Die Gesprächspartner, mit denen man sich im Alltag unterhält, rümpfen nicht die Nase, wenn man einen Fehler macht und erteilen keine schlechten Zensuren. Oder tun sie es nicht vielleicht doch? Sicherlich schreiben sie keine Zeugnisse, aber jegliches Gesprächsverhalten, von einem Muttersprachler wie von einem Lerner, löst beim Hörer bestimmte Einstellungen und Wertungen aus, die der Hörer allerdings normalerweise für sich behält.

Wenn ein Lerner nicht mehr nur ein Gast ist, sondern sich um eine berufliche Stellung, eine Funktion im öffentlichen Leben oder auch um einen Lebenspartner 'in der Fremde' bemüht, werden andere, härtere Maßstäbe an seine fremdsprachlichen Fähigkeiten gelegt. Bei vielen ausländischen Arbeitnehmern, die seit Jahren in Deutschland leben, ist die Entwicklung des Deutschen auf einem mehr oder weniger niedrigen lernersprachlichen Niveau fossiliert. Für die kommunikative Bewältigung des deutschen Alltags reicht diese defizitäre Lernervarietät zwar aus, aber ein sozialer Aufstieg ist den betreffenden Lernern dieser Gruppe damit verwehrt. Nicht nur die normgerechte Beherrschung der Standardsprache ist ein prestigeträchtiges Merkmal, auch ein aktives Bemühen um sprachliche Korrektheit, beispielsweise durch metasprachliche Bemerkungen zu eigenen Fehlern oder den Besuch von Sprachkursen in Instituten oder Volkshochschulen, dient der sozialen Anerkennung und Wertschätzung durch Muttersprachler. Dieses Verhalten zeigt auch, dass das Lernen – oder wie Krashen (1981) hier sagen würde: 'acquisition' bzw. Erwerb – keineswegs so 'ungesteuert' ist, wie es auf den ersten Blick scheint. Lerner versuchen, ihren Lernprozess in zielsprachlicher Umgebung auf vielfältige Weise steuernd zu beeinflussen: Indem sie sich bestimmte Muttersprachler als Gesprächspartner auswählen, sie um sprachliche Korrekturen bitten, Wörter im Wörterbuch nachschlagen, sich Notizen machen oder mit einem Selbstlernkurs arbeiten.

4.1.2 Fremdsprachenunterricht mit authentischer Kommunikation?

Die Nachteile des traditionellen Fremdsprachenunterrichts und die Vorteile des ungesteuerten Erwerbs sind evident. Wenn Kommunikationsfähigkeit das oberste didaktische Ziel ist, dann muss Kommunikation auch der Weg sein, der zu diesem Ziel führt. Der traditionelle Fremdsprachenunterricht ging diesen Weg jedenfalls nicht. Es lag deshalb nahe zu versuchen, Elemente des ungesteuerten Erwerbs in den Unterricht zu integrieren, ihn dem außerschulischen Alltag anzunähern und so 'kommunikativer' zu gestalten. Die Vorschläge, die dazu gemacht wurden, reichen von bescheidenen Modifikationen am traditionellen Grundmuster bis hin zu radikalen Neuansätzen.

Eine einfache Modifikation, um den Anteil der Lerneräußerungen zu erhöhen und die Dominanz des Lehrers zurückzunehmen, kann beispielsweise darin be-

stehen, dass in bestimmten Unterrichtsphasen nicht mehr der Lehrer das Rederecht vergibt, sondern die Lerner dies untereinander tun: Wenn ein Lerner eine
Antwort gegeben oder eine Aufgabe gelöst hat, ruft er anschließend selbst einen
anderen auf und stellt ihm eine Frage oder Aufgabe. Das traditionelle Ge-
sprächsmuster bleibt bei diesem 'Schneeballverfahren' zwar weitgehend erhalten, aber die Lerner werden stärker sprachlich aktiviert, wenn sie das Rederecht
selbst vergeben.

Martin (1985) ist hier einen Schritt weiter gegangen: Er lässt abwechselnd
einzelne Lerner nach vorne kommen und in die Lehrerrolle schlüpfen. Sie führen
einzelne Unterrichtsphasen nach vorheriger Absprache mit dem Lehrer selbstständig durch, können aber während 'ihres' Unterrichts jederzeit Hilfe und Unterstützung vom Lehrer bekommen. Nach welcher Methode dieser 'lehrende
Lerner' unterrichtet – ob eher traditionell oder 'kommunikativ' – ist dabei zweit-
rangig. Wichtig ist vor allem, dass die Sprechanteile der Lerner zunehmen und
dass sie zudem didaktische Einsichten in die Steuerung von Unterrichtsprozessen
gewinnen (vgl. dazu eine Unterrichtseinheit nach dem Verfahren 'Lernen durch
Lehren' im Anhang, 6.1.3).

Partner- und Gruppenarbeitsphasen erhöhen ebenfalls die Sprechanteile der
Lerner und verringern die sprachliche Dominanz des Lehrers. Die Qualität dieser
Phasen ist allerdings sehr unterschiedlich, was zum einen mit dem Selbstver-
ständnis der Lerner und zum anderen mit der Art der Arbeitsaufträge zusammen-
hängt. Werden diese Phasen als eine angenehme Unterbrechung eines straff ge-
führten Unterrichts empfunden, nutzt man sie gerne für private Gespräche in der
Muttersprache. Partner- und Gruppenarbeit kann nur dann Teil eines effektiven
Unterrichts sein, wenn jeder Lerner weiß, worin seine Aufgabe besteht.

'Kommunikativ' bedeutet nicht nur, dass ein Lerner eine Äußerung selbstständig formuliert hat, sondern dass diese Äußerung im Gespräch mit dem Lehrer
oder anderen Lernern eine kommunikative Funktion erfüllt. Kommunikativ authentisch sind Äußerungen vor allem dann, wenn sie Informationen enthalten, die
für den Hörer neu sind. Wenn sich ein Lerner beispielsweise nach den Hausaufgaben erkundigt, eine Auskunft über preiswerte Angebote in einem Geschäft gibt
oder eine Frage zur Grammatik stellt, weil ihm etwas unklar ist, dann ist dies Teil
einer authentischen Kommunikation. Wenn dagegen ein Lerner den Inhalt eines
Textes, den ein Lehrer bereits kennt, mit eigenen Worten zusammenfasst, dann
ist das nicht 'kommunikativ', da der Lehrer ja nichts Neues erfährt. Die Zusam-
menfassung eines Textinhaltes kann jedoch kommunikativ sein, wenn der Lehrer
erfahren möchte, wie ein Lerner den Text ganz persönlich verstanden hat, und
nicht, ob er ihn einfach nur reproduzieren kann.

Die Fremdsprachendidaktik hat hierzu die nützliche Unterscheidung zwischen 'sprachbezogener' und 'mitteilungsbezogener' Kommunikation getroffen.
'Sprachbezogen' ist eine Kommunikation dann, wenn sich ihre Funktion darauf
beschränkt, einem Übungszweck zu dienen. In 'mitteilungsbezogener' Kommunikation dagegen geht es um die Vermittlung von Inhalten. Doch 'mitteilungsbezogen' greift immer noch zu kurz. In einer authentischen Kommunikation werden nicht nur Inhalte vermittelt, sondern auch Appelle geäußert („Bleib stehn!"),

Beziehungen verdeutlicht („Grüß dich!"), und die eigene Persönlichkeit kommt im Gespräch zum Ausdruck (vgl. Schulz v. Thun 1981).

Wie ließe sich nun aber authentische Kommunikation in den Fremdsprachenunterricht implantieren? Welche Inhalte und welche Gesprächskonstellationen ließen sich finden, damit 'echte' Gespräche im Fremdsprachenunterricht möglich werden? Selbst in einem modernen, an kommunikativen Bedürfnissen der Lerner und an lebenspraktisch relevanten Situationen orientierten Fremdsprachenunterricht besteht das Problem einer 'uneigentlichen' Gesprächsatmosphäre: Man bemüht sich zwar um interessante Inhalte und Themen, aber letztlich weiß doch jeder, dass es 'eigentlich' nur um die Fremdsprache selbst geht.

4.1.3 Immersion

Anstatt die Kommunikation im Fremdsprachenunterricht authentisch zu gestalten, lässt sich die Fremdsprache als Kommunikationsmedium benutzen, um fachliche Inhalte zu vermitteln. Wenn nicht mehr die Fremdsprache selbst im Zentrum des unterrichtlichen Bemühens steht, sondern eine fachliche Thematik, ein Schulfach wie beispielsweise Mathematik, Biologie oder Geschichte, und dabei die Fremdsprache als Medium der Vermittlung des fachlichen Inhalts dient, dann entspricht dies einer zwar 'schulischen', aber dennoch authentischen Kommunikation.

Mit diesem Verfahren – *Immersion* oder auch *bilingualer Unterricht* genannt – schlägt man gewissermaßen zwei Fliegen mit einer Klappe: Schüler bekommen Fachunterricht erteilt und sie erlernen dabei gleichzeitig eine Fremdsprache (vgl. Wode 1995, S. 58). Immersionsprogramme sind im zweisprachigen Kanada, wo eine Gruppe anglophoner Eltern einen effektiveren Französischunterricht für ihre Kinder forderte, in den 60er-Jahren entstanden und wissenschaftlich begleitet worden. Von den ersten Versuchsklassen im Jahre 1965 bis heute, wo nahezu eine halbe Million kanadischer Schüler am Immersionsunterricht teilnimmt, wurde die Effektivität dieses Verfahrens auf breiter Basis bestätigt. Nicht nur die erreichten Französischkenntnisse waren weitaus besser als im herkömmlichen Fremdsprachenunterricht; auch Befürchtungen, dass Defizite im Sachunterricht und in der Muttersprache entstehen könnten, waren unbegründet.

'Early total Immersion', Immersion in allen Fächern mit Beginn des ersten Schuljahres, erwies sich für den Fremdspracherwerb als besonders erfolgreich. Ein späterer Beginn nur in bestimmten Sachfächern war weniger erfolgreich, aber immer noch effektiver als traditioneller Fremdsprachenunterricht. Stehen nur einige Sachfächer für Immersion zur Verfügung, erscheinen Mathematik, Naturwissenschaften und Geographie besonders geeignet, da hier anhand von Zahlen und visuellen Materialien Inhalte leichter konkret und deshalb verständlicher vermittelt werden können als etwa in Fächern wie Geschichte, Philosophie oder Religion.

Es gibt allerdings auch kritische Stimmen zum Immersionskonzept. Hammerly (1991) führt sechs empirische Untersuchungen an, die alle eine hohe, zumeist kontrastiv bedingte Fehlerhäufigkeit im Bereich der Grammatik und des Wortschatzes bei Lernern in Immersionsprogrammen konstatieren. Die Flüssigkeit (fluency) sei zwar mit der von Muttersprachlern vergleichbar, es mangele jedoch an der formalsprachlichen Korrektheit (accuracy).

Trotz dieser Kritik: Die Vorteile von Immersion überwiegen bei weitem! Und wenn man bedenkt, dass in der Antike Griechisch, im Mittelalter Latein und in Ländern der sog. Dritten Welt Englisch, Französisch oder Spanisch für unzählige Schüler Zweit- und gleichzeitig Unterrichtssprachen waren und sind, dann muss es geradezu verwundern, warum das bewährte kanadische Immersionsprogramm in Europa auf Skepsis stößt und nur zögerlich in einigen wenigen Schulen Eingang findet. Gerade in Europa mit seiner sprachlichen Vielfalt und dem Willen zu politischer Vereinigung wären Immersionsprogramme in großem Umfang möglich und sinnvoll.

4.1.4 Lernen 'unter vier Augen'

Je weniger Gesprächspartner an einem Gespräch beteiligt sind, desto günstiger sind die Bedingungen für eine möglichst intensive kommunikative Interaktion und für sprachliches Lernen. Wenn man Ausschau nach möglichst intensiven kommunikativen Beziehungen hält, kommen einem die Mutter-Kind-Beziehung und die Beziehung unter Liebenden in den Sinn. Die Beziehung zwischen einer Mutter und ihrem Baby ist in ihrer 'mehrkanaligen' kommunikativen Dichte und Intensität wohl nicht zu übertreffen. Interaktionistische Theoretiker wie Jerome Bruner (1975) oder Roger Brown (1973) vertreten die Ansicht, dass Mutterspracherwerb überhaupt nur auf Grund dieses ständigen intensiven Kontaktes möglich sei. Die ersten Laute und sprachlichen Äußerungen werden von der Mutter durch Mimik, Gestik, Körperkontakte und Sprache begleitet, unterstützt, eingebettet und kommunikativ erweitert. In der Geborgenheit des Mutter-Kind-Handlungsfeldes kann sich die Muttersprache optimal entwickeln. Die Intensität und Qualität dieser Beziehung könnte als Modell für fremdsprachliches Lernen dienen. Und in der Tat: Ungesteuertes fremdsprachliches Lernen scheint dann besonders gut zu gelingen, wenn sich ein Lerner in einen Partner aus der Zielsprache verliebt, da hier die Intensität der kommunikativen Interaktion eine vergleichbare Qualität hat. Fremdsprachendidaktiker sollen nun sicherlich keine Liebesbeziehungen anbahnen, aber sie können Lernpartner unterschiedlicher Muttersprachen zusammenbringen, die in ihren Interessen und Einstellungen gut zueinander passen und die beide die Sprache des anderen als Fremdsprache erlernen möchten. Dieses Prinzip des wechselseitigen Lernens 'unter vier Augen' heißt *Tandem*.

Ein Zusammenführen von Menschen mit unterschiedlichen Muttersprachen garantiert allerdings noch keinen Lernerfolg. Es kommt darauf an, was die Tandem-Partner aus ihrer gemeinsamen Lernsituation machen, ob sie die Zeit ihrer gemeinsamen Treffen fair auf beide Sprachen aufteilen, ob sie einen methodischen Zugang finden, der beiden behagt und ob ein wechselseitiges Interesse am

Partner entsteht. Besonders in der ersten Phase muss eine didaktische Beratung erfolgen, um den Tandem-Partnern unterschiedliche Möglichkeiten des Lernens und Lehrens zu erläutern, Lehrwerke, Materialien und Übungsformen vorzustellen und ihnen zu helfen, ein Verfahren zu finden, das den Lernbedürfnissen beider gerecht wird. Aber bereits nach wenigen Tandem-Treffen emanzipieren sich die Partner mehr und mehr von didaktischen Vorgaben und entwickeln ihre eigenen individuellen Lernwege. Sie entdecken nicht nur ihre Stärken und Schwächen in Bezug auf fremdsprachliches Lernen, sondern auch ihre privaten Lebensumstände und ihren unterschiedlichen kulturellen Hintergrund. Fremdspracherwerb und interkulturelles Lernen können im Tandem eine glückliche Symbiose eingehen. Selbstverständlich können die Lernorte frei gewählt werden. Ob in den Wohnungen der Partner, in einem Restaurant oder auf einer gemeinsamen Wanderung: Überall kann gemeinsames Lernen stattfinden. Da keine Schulgebäude nötig sind und für diesen Unterricht kaum Kosten anfallen, ist es zudem eine höchst preiswerte Alternative.

Ein Lernen 'unter vier Augen' kann allerdings auch teuer werden. Private Sprachlerninstitute bieten kaufkräftigen Lernern Intensiv-Kurse an, in denen man vom Aufwachen bis zum Schlafengehen ständig mit einander abwechselnden muttersprachlichen Lehrern zusammen ist und ausschließlich in der Fremdsprache kommuniziert. Die Erfolge eines derartig intensiven Sprachkontaktes sind erstaunlich, aber wiederum auch verständlich, wenn man einmal eine Woche mit 16-stündigen 'Lern-Tagen' mit einem ganzen Schuljahr traditionellen Fremdsprachenunterichts vergleicht, in der ein Schüler mit durchschnittlich 100 Minuten spontanen Sprechens (s.o.) auskommen muss.

Aber es ist nicht nur der quantitative Aspekt: Während eines intensiven fremdsprachlichen Dialogs mit dem Lehrer ist es dem Lerner kaum möglich, gedanklich in seine Muttersprache auszuweichen und ganz unmöglich, sich mit anderen Lernern in der Muttersprache zu unterhalten. So kann der Effekt eines 'Eintauchens' in eine Fremdsprache entstehen: Man ist umgeben von der fremden Sprache und bis in seine Gedanken und sogar Träume von ihr 'durchdrungen'.

Wenn kein Muttersprachler als Tandem-Partner oder als privater Lehrer zur Verfügung steht, können Lerner mit einem Tutor 'unter vier Augen' lernen. Der Tutor muss dabei in der Fremdsprache keineswegs eine ausgesprochen hohe Kompetenz haben, sondern lediglich in seinem lernersprachlichen Niveau dem Lerner deutlich überlegen sein. Die Lernkonstellation scheint besonders günstig, wenn man an Schulen Tutoren aus einer circa zwei Jahre höheren Klassenstufe mit jüngeren Schülern in Zweierschaften (vgl. Steinig 1985) in einem festen Rhythmus über einen längeren Zeitraum miteinander lernen lässt. Man mag hier einwenden, dass sich in diesen Zweierschaften Fehler einschleichen könnten, die unkorrigiert bleiben und sich deshalb verfestigen könnten. Doch wenn man von einer stufenweisen Entwicklung von Lernervarietäten ausgeht, sind Fehler Teil dieses natürlichen Prozesses.

In einem Gesprächsausschnitt mit holländischen Schülern, die sich auf verschiedenen Spracherwerbsstufen befinden, wird deutlich, welche Lernprozesse hier ablaufen können. Ein jüngerer Schüler, der im ersten Jahr Deutsch lernt, beschreibt einem älteren aus dem dritten Jahr anhand einer Landkarte den Weg, um zu einem Schatz zu gelangen.

	jüngerer S.:	Dann bei das Insel gekommen, bei die Insel.
	älterer S.:	An den Leuchtturm.
	jüngerer S.:	Ja!
	älterer S.:	Hm.
5	jüngerer S.:	Was ist da Leuchtturm? Leuchtturm? Was ist das?
	älterer S.:	Ja, das heißt auf Holländisch 'vuurtoren', glaub ich.
	jüngerer S.:	Ach ja, eh. (zögert, will weiter sprechen)
	älterer S.:	Das weiß ich nicht sicher, aber das glaub ich.
	jüngerer S.:	Dann geht man nach die alte Leuchtturm.
10	älterer S.:	Ja.
	jüngerer S.:	Und geht nach boven, eh (zögert).
	älterer S.:	Nach oben.
	jüngerer S.:	Nach oben. Und da oben bei die Lampe ...
	älterer S.:	Hm.
15	jüngerer S.:	... das, eh (zögert), sollst du die Skatt finden.
	älterer S.:	So, hier oben finde die Schatz.
	jüngerer S.:	Schatz. (nach Steinig 1985, S. 146)

Der jüngere Schüler befindet sich beim Erwerb der Kasus- und Genusmarkierungen auf einer deutlich niedrigeren Erwerbsstufe als der ältere. Während der Jüngere nur die Artikel „das" und „die" verwendet, hat der Ältere bereits den Akkusativ „den" erworben, ist aber auch selbst noch längst nicht sicher im normgerechten Artikelgebrauch. Die Markierung der Nomen als ein äußerst verzwickter grammatischer Bereich wird nicht thematisiert; sie erscheint wohl dem älteren Schüler zu schwierig, als dass sie dem Jüngeren vermittelt werden könnte. Viele Lehrer würden hier wahrscheinlich ständig die falschen Artikel zu korrigieren versuchen, ohne allerdings damit einen längerfristigen Erfolg zu erzielen, da Lerner dieses System offensichtlich selbstständig über mehrere Fehlerstufen erwerben müssen (vgl. Wegener 1996). Bestimmte grammatische Phänomene einer Sprache sind nicht lehrbar (vgl. Pienemann 1989). Man weiß aber leider noch wenig, um welche es sich im Einzelnen handelt. Der Wortschatz dagegen ist lehrbar; und das scheinen die Schüler auch ganz intuitiv zu wissen, wie durch die Klärung von „Leuchtturm" deutlich wird, wobei die Unsicherheit des Älteren (Zeile 8) für den Jüngeren durchaus positiv gesehen werden kann, denn so bleibt die Semantisierung dieses Wortes für ihn gewissermaßen noch länger kognitiv virulent.

Im Vergleich zur Partnerarbeit, wie sie im Rahmen einer altershomogenen Schulklasse als Arbeitsform neben der Gruppenarbeit heute zum normalen Methodenrepertoire gehört, befinden sich Lernpartner in altersheterogenen Zweierschaften auf unterschiedlichen Spracherwerbsstufen. Beide Lernpartner sind, wie in einer Seilschaft, auf einem gemeinsamen Weg, auf dem einer bereits weiter vorangeschritten ist und so dem 'unter ihm Steigenden' helfen kann, die Grenze zur nächsten Erwerbsstufe leichter zu überwinden.

In einer Untersuchung von Long und Porter (1985) wurde deutlich, dass weder ein Muttersprachler (wie im Tandem), noch ein Lerner auf gleichem Niveau (wie in der Partnerarbeit) den Lernerfolg so gut zu fördern im Stande ist wie ein fortgeschrittener Lerner im Zweierschaftsmodell. Die fortgeschrittenen Lernpartner kennen selbst noch gut den Lernweg und wissen intuitiv, wie man von einem früheren Lernerstadium zu einem späteren gelangt. Sie erklären, wenn es ihnen sinnvoll erscheint, mit einfachen Worten, ohne auf Regeln zu verweisen. Nur wenige verfallen in einen Lehrer-Habitus und versuchen, ein traditionelles Verhaltensrepertoire mit dem charakteristischen uneigentlichen Fragemuster (s.o.) zu imitieren (vgl. Steinig 1985, S. 86-109).

Allen Peer-Teaching-Modellen ist gemeinsam, dass Lerner ihren Lernprozess selbstverantwortlich organisieren und Lehrfunktionen übernehmen. Durch Lehren wird gleichzeitig gelernt, aber dieses Lehren 'unter vier Augen' ist anders als im traditionellen Unterricht. Wenn Lernende Lehrfunktionen übernehmen, nehmen sie aktiver und selbstverantwortlicher an ihrem eigenen Lernprozess und dem ihrer Lernpartner teil. Die oft geforderte Lernerorientierung und Individualisierung kann über den Prozess des selbst organisierten Lernens und Lehrens eingelöst werden. Die in der Zweitspracherwerbsforschung beobachteten günstigen Bedingungen für produktive Sprachlernsituationen und einen erfolgreichen Erwerb werden weitgehend erfüllt:

- ein quantitativ hoher Input und Output, der sich an den Bedürfnissen der Lerner orientiert,
- die Möglichkeit intensiver Gespräche 'unter vier Augen', in denen Verstehen und Nichtverstehen unmittelbar signalisiert werden und in denen sich eine individuelle, 'maßgeschneiderte' Progression entwickeln kann,
- Sympathie und emotionale Nähe zu einem gleichaltrigen oder älteren Lernpartner; damit verbunden weniger Hemmungen und Vermeidungsstrategien als beim Sprechen vor 'Publikum',
- nahezu gleichaltrige Lehrer (Peer-Lehrer) – sowohl Muttersprachler als auch fortgeschrittene Lerner –, die auf Grund dieser Nähe leichter als sprachliches Vorbild dienen können als professionelle Lehrer,
- hohe Motivation, da Peer-Lehrer wie Lerner ihre Interaktionen selbstständig steuern und inhaltlich gestalten können.
- Peer-Lehrer lernen ähnlich intensiv wie ihre 'Schüler', da sie die bereits gelernten sprachlichen Strukturen unter einer anderen funktionalen Perspektive wiederholen können. Sie bekommen unter der Prämisse, einem schwächeren Schülern helfen zu können, auch motivational einen anderen Stellenwert.

4.1.5 Zuerst nur zuhören

Während es beim Lernen 'unter vier Augen' auf die Intensität und Qualität der kommunikativen Interaktion ankommt, ist für Immersion die Vermittlung und das Verstehen fachlicher Inhalte zentral. Auf Zuhören und Verstehen beruht auch eine weitere Alternative zum traditionellen Fremdsprachenunterricht: *Total Physical Response* (TPR). Der Begründer dieser Methode, James Asher (1972), nahm eine pragmalinguistische Besonderheit in der Beziehung zwischen Mutter und Kleinkind zum Vorbild: Im Alter zwischen einem und drei Jahren, wenn die Entwicklung der Erstsprache geradezu explodiert (vgl. Pinker 1996, S. 305ff.), aber auch schon vor den ersten sprachlichen Äußerungen, kann man beobachten, dass die Mutter ihr Kind häufig auffordert, etwas Bestimmtes zu tun. „Komm zur Mami!", „Setz dich hin!", „Sei still!" sind Aufforderungssätze, die kleine Kinder verstehen, lange bevor sie sprachlich adäquat darauf reagieren können. Die Handlungen, die Kinder nach Aufforderung und Anweisung ausführen können, sind eng mit den Äußerungsmustern der Mutter verbunden. Sprechen und Handeln gehen im Verstehen des Kindes eine enge Verbindung ein, die für sprachliches Lernen offenbar sehr förderlich ist. Anfänger, die in den ersten Wochen konsequent einsprachig nach TPR unterrichtet werden, bekommen vom Lehrer dementsprechend zunächst ausschließlich kurze 'Befehle' bzw. Anweisungen zu hören, auf die sie nicht verbal reagieren müssen, sondern mit ihrem 'ganzen Körper': deshalb die eigentümliche Bezeichnung 'total physical response'. Der Lehrer sagt beispielsweise den Lernern, die mit ihm im Stuhlkreis sitzen:

„Steh auf! – Geh! – Stop! – Dreh dich um! – Geh! – Stop! – Dreh dich um! – Setz dich!"

Die ersten 'Befehle' führt der Lehrer selbst auch aus, um den Lernern, die zunächst ja kein einziges Wort verstehen, zu zeigen, was sie überhaupt tun müssen. Aber bereits nach wenigen 'Befehlssequenzen' beginnen die Lerner ohne diese Hilfe zu verstehen. Die aufeinander folgenden 'Befehle' sind in einer sorgfältig geplanten Progression angeordnet. Sobald eine Struktur sicher verstanden wird und die entsprechende Handlung dazu problemlos ausgeführt werden kann, werden die 'Befehle' durch bislang noch unbekannte sprachliche Elemente modifiziert. Durch diese Modifikationen werden die Lerner gezwungen, bekannte Strukturen mit unbekannten zu vergleichen und so ständig neue Hypothesen zur Bedeutung einzelner Wörter oder Strukturen zu bilden. Bereits nach wenigen Stunden können Lerner mit dieser Methode eine erstaunlich große Anzahl unterschiedlicher Äußerungen verstehen und ausführen.

Befehle mögen manche im pädagogischen Kontext für bedenklich halten, aber TPR lässt bei den Lernern keine Assoziationen in Richtung Zwang oder militärischen Drill aufkommen, sondern wird wie ein Spiel angenommen. Nach wenigen Unterrichtseinheiten können einzelne Lerner, die dazu bereit sind, selbst 'Befehle' erteilen.

Während Ashers TPR seit über vierzig Jahren bekannt ist (aber in DaF kaum Beachtung fand), gehen die Forderungen Stephen Krashens nach einer verstärkten Betonung der Rezeption und des Inputs auf die frühen 80er-Jahre zurück. Für ihn als Vertreter der Position Chomskys ist nicht die Intensität und Spezifik der sprachlichen Interaktion zwischen Mutter und Kind für den L1-Erwerb entscheidend, sondern die Tatsache, dass, lange bevor die ersten Sprachäußerungen produziert werden, Babys zunächst die Sprache in ihrer Umgebung aktiv hören, teilweise verstehen und selbsttätig kognitiv in Sprachmodulen prozessieren und speichern. Diese Fähigkeit zur kreativen Konstruktion der L1 gelte es für den L2-

Erwerb nutzbar zu machen; und der Weg dahin führt nach Krashen über den Input. Ein verständlicher Input sei alles, was ein Lerner brauche.

Während TPR mit seinen sorgfältig aufeinander abgestimmten Befehlen ein wenig an programmiertes Lernen erinnert, empfiehlt Krashen ganz generell, dass die Äußerungen des Lehrers, um als Input für den Lerner verständlich zu sein, lediglich immer nur gering über dem momentanen Verstehensniveau eines Lerners liegen müssten, ganz ähnlich, wie das Äußerungsniveau der Mutter über dem ihres kleinen Kind liegt. Die methodischen Vorstellungen Krashens, die er mit Terrell zusammen als 'natural approach' veröffentlicht hat (vgl. Krashen/Terrell 1983), sind dementsprechend weniger stringent als die von TPR.

Zu allen Programmen, die sich konsequent am Verstehen von Inhalten orientieren, lässt sich sagen, dass sie besonders in der Anfangsphase zu raschen Lernfortschritten führen. Obwohl die Lerner über einen mehr oder weniger langen Zeitraum nicht gezwungen werden, sich selbst zu äußern, entwickelt sich nicht nur eine rezeptive Kompetenz, sondern offensichtlich auch ein produktives Sprachvermögen 'im Verborgenen'. Wenn die Lerner zu sprechen beginnen, starten sie auf Anhieb auf einem bemerkenswerten Niveau.

4.1.6 Ist Instruktion notwendig?

Im kommunikativen Fremdsprachenunterricht wird versucht, so viele Elemente authentischer Kommunikation wie möglich in den Unterricht zu integrieren. Die Fähigkeit der Lerner zu einer flüssigen Kommunikation ist dadurch im Vergleich zum traditionellen, an Strukturen orientierten Fremdsprachenunterricht gewachsen. Es bleibt jedoch in der Forschung nach wie vor ungeklärt, wie weit man den kommunikativen Weg gehen kann. Vielleicht so weit, dass die Sprache als Medium vollkommen hinter der Gesprächsabsicht verschwindet, dass es also nur noch um die Vermittlung von Inhalten gehen sollte und die Arbeit an der Struktur einer Fremdsprache überflüssig wird? Eine hohe sprachliche Flüssigkeit erzielen oft Lerner, die eine Fremdsprache im Land der Zielsprache allein durch kommunikative Kontakte mit der Bevölkerung erwerben und auch Lerner in Immersionsprogrammen. Doch die heimliche Hoffnung, dass unter den Bedingungen von Unterricht allein durch authentischen Input und kommunikative Situationen ein annähernd muttersprachliches Niveau erreicht werden kann, trog. Kommunikative Kompetenz und Flüssigkeit führen nicht automatisch irgendwann, nach mehreren Erwerbsstufen, zu korrektem, normgerechtem Sprachverhalten (vgl. Hammerly 1991). Woran mag das liegen?

Zunächst könnte es sein, dass wir einfach zu hohe Erwartungen haben: Das, was in der begrenzten Zeit des Fremdsprachenunterrichts erreicht werden kann, ist nicht mit dem L1-Erwerb zu vergleichen. Aber auch in Immersionsprogrammen, in denen viel Sprachkontaktzeit zur Verfügung steht, lassen sich oft bestimmte Fehler nicht ausmerzen. Ein Grund dafür mag sein, dass die Lehrer auf grammatische Korrektheit zu wenig Wert legen. Wenn es für sie ausreicht, dass Schüler das inhaltlich in der Fremdsprache ausdrücken können, was sie möchten, dann werden auch Lerner mit diesem Sprachniveau zufrieden sein. Warum sollten sie sich in formalsprachlicher Hinsicht anstrengen, wenn dazu keine Notwendigkeit besteht?

Hinzu kommt die sozialpsychologische Situation der Lerngruppe. Lerner orientieren sich nicht nur am Lehrer als sprachlichem Vorbild, sondern auch am Sprachverhalten in ihrer Lerngruppe. Falls alle Lerner die gleiche L1 haben, sind Interferenzen und kontrastiv bedingte Fehler Teil des Inputs, den sich die Lerner ja auch gegenseitig vermitteln. Die Lerngruppe übt dabei indirekt einen Druck aus, sich den Aussprachegepflogenheiten ihrer kleinen 'Sprachgemeinschaft' zu unterwerfen. Wenn sich ein Lerner einseitig nur am Akzent des Lehrers ausrichten würde, könnte er bei seinen Kameraden leicht als Außenseiter gelten.

Ein weiterer Grund für die Schwierigkeit, auf 'kommunikativem Weg' ein Höchstmaß an formalsprachlicher Korrektheit zu erreichen, liegt wohl in der Sprache selbst. Grammatische Strukturen dienen sprachlichen Funktionen. Eine Pluralendung beispielsweise dient dazu, einem Hörer anzuzeigen, dass ein Phänomen mehr als einmal gemeint ist. Aber warum hat das Deutsche so viele unterschiedliche Möglichkeiten der Pluralbildung? Erfüllt jede verschiedene Endung eine andere Funktion? Offensichtlich nicht! Es handelt sich um historisch gewachsene Formen, die in ihrer Vielfalt heute nicht mehr funktional zu begründen sind.

Eine geringe funktionale Notwendigkeit hat auch die Genusmarkierung. Ein DaF-Lerner sieht keinerlei Grund dafür, warum es „der Wind", „die Tasse" oder „das Hemd" heißen soll, und offensichtlich machen grammatische Elemente, die geringe funktionale 'Ladungen' haben, Lernern besonders große Schwierigkeiten (vgl. Wegener 1996). Das Genus hat zwar für die Vermittlung von Inhalten eine relativ geringe Bedeutung, aber wer seinen richtigen Gebrauch beherrscht, signalisiert damit, dass er sich den Normen der fremden Sprachgemeinschaft, so willkürlich und undurchschaubar sie auch immer sein mögen, angepasst hat. Und die Sprachgemeinschaft dankt ihm dies mit sozialer Anerkennung. Die unmittelbare Lerngruppe reagiert jedoch meist mit Gleichgültigkeit auf Normabweichungen, und dementsprechend geringer ist das Bemühen um formale Korrektheit.

Gegen diese 'Nachlässigkeiten' gegenüber sprachlichen Formen hilft offenbar eine didaktisch begründete Instruktion: Hinweise auf sprachliche Fehler und Vorschläge, wie man bestimmte Fehler vermeiden und die Aufmerksamkeit auf grammatische Phänomene lenken kann, scheinen für Lerner hilfreich zu sein. Doch keiner möchte zurück zum traditionellen Grammatikunterricht, der flüssigen, authentischen Sprachgebrauch geradezu verhindert hat. Man muss sich deshalb in Bezug auf die formalsprachlichen Instruktionen fragen:

- Was kann sinnvollerweise gelehrt werden?
- Wie kann der Übergang von einem Lernerniveau zum nächsten erleichtert werden?
- Wann sollte eine Korrektur und/oder ein Kommentar im Anschluss an einen Fehler erfolgen?
- Wie sollte instruiert werden?

Pienemann (1989) postuliert mit seiner 'teachability Hypothese', dass Unterricht nur dann für den Zweitspracherwerb erfolgreich sein kann, wenn die Lernersprache sich in einem Entwicklungsstadium befindet, in dem eine bestimmte sprachliche Struktur auf natürliche Weise bereit steht, erworben zu werden. Wenn ein Lerner beispielsweise in seiner Entwicklung noch nicht so weit ist, die Zweitstellung des finiten Verbs im deutschen Aussagesatz zu produzieren, führen Übungen und Regelerklärungen zu keinem Erfolg: In spontanen Äußerungen fällt der Lerner immer wieder in sein gegenwärtiges Stadium zurück. Hier scheint ein interner Entwicklungsprozess abzulaufen, in den man kaum steuernd eingreifen kann. Wichtig scheint aber, dass Lehrer ein Gespür für Übergangsstadien entwickeln und dem Lerner dann erläuternde und kommentierende Hilfen geben können, wenn er dazu aufnahmebereit ist. Ist diese Sensibilität nicht vorhanden, rauschen Instruktionen einfach wirkungslos am Lerner vorbei. Besonders dann, wenn Lerner nach einem Fehler mitten in einer Äußerung vom Lehrer durch eine Korrektur, noch dazu mit einer anschließenden Erläuterung, unterbrochen werden, fühlen sie sich meist schlichtweg nur gestört und sind entmutigt, weiterzusprechen.

Auch wenn ein Unterricht, in dem das Einüben und Erklären grammatischer Formen im Zentrum steht, wenig erfolgreich ist, so ist er doch nicht gänzlich 'für die Katz' (vgl. Diehl u.a. 2000). Falls die zu erlernende grammatische Struktur einfach ist, ihre Funktion zudem eindeutig und das Erwerbsstadium adäquat, führt der unterrichtliche Fokus auf die Form zu einer erhöhten Korrektheit und zu einem rascheren Erwerb. Falls grammatische Formen und Funktionen jedoch nicht eindeutig und komplex sind, kann es zu kurzfristigen Lernerfolgen kommen, aber die 'angelernte' Struktur wird rasch wieder vergessen.

4.1.7 Ganzheitlicher Fremdsprachenunterricht

Man könnte nach unserer Reise durch unterschiedliche Lernwelten zu dem Ergebnis kommen, ein gut ausgewogener Cocktail mit den besten Zutaten aus allen einigermaßen erfolgreichen Methoden müsste den optimalen Fremdsprachenunterricht ergeben: Authentische Kommunikation in 'dichten' Lernsituationen mit individuellen Lernpartnern, die ihren Lernprozess autonom steuern können, dazu Phasen, in denen man intensiv zuhört und schließlich auch – zur rechten Zeit – eine bewusste Beschäftigung mit der sprachlichen Form; dazu eine entspannte, lustvolle Lernatmosphäre und die Berücksichtigung unterschiedlicher Lernertypen, Motivation und Interessen.

Auf die Suche nach einer ultimativen Lösung, nach der einzig optimalen Methode, haben sich eine ganze Reihe findiger Persönlichkeiten gemacht, meist aus dem pädagogischen, psychologischen und psychotherapeutischen Bereich. Ihren Methoden ist deshalb auch gemein, dass sie sich kaum um eine linguistische Fundierung ihrer Ansätze gekümmert haben. Angelpunkt war stattdessen ein spezifisches, oft aus der humanistischen Psychologie übernommenes Menschenbild, verbunden mit einem generellen Konzept des Lernens.

Alternative Ansätze wurden durchweg in privaten, außerschulischen Instituten entwickelt. Der Unterricht findet meist in kleinen Gruppen mit zahlenden und motivierten Erwachsenen in Intensivkursen statt. Dieser äußere Rahmen begünstigt die Modellierung eines durchgestalteten, geschlossenen und ritualisierten Kursdesigns, das die Kursteilnehmer als 'Komplettangebot' akzeptieren müssen, wobei eine selbstbewusste Werbung der Institute mit der 'Wissenschaftlichkeit einer außergewöhnlichen Sprachlernmethode' sicherlich ganz wesentlich dazu beiträgt, dass erwachsene Lerner sich beeindrucken lassen und an ihren Lernerfolg glauben.

Ortner (1998) hat in einer kritischen Gesamtdarstellung alle wesentlichen ganzheitlichen, alternativen oder – wie sie es nennt – unkonventionellen Methoden dargestellt: *Suggestopädie, Psychopädie, Total Physical Response, Linguistische Psychodramaturgie, Community Language Learning, Silent Way, Fremdsprachenwachstum, Natural Approach* und *Drama-Methode.* Exemplarisch soll hier nur eine dieser Methoden vorgestellt werden: die Suggestopädie.

Georgi Lozanow, ein bulgarischer Psychiater, entwickelte diese Methode Anfang der Sechzigerjahre. Bei Menschen mit außergewöhnlichen Lernleistungen – indischen Yogis, Fakiren und Rechenkünstlern – hatte er anhand von Messungen der Hirnströme, der Herzschlagfrequenz, des Atemrhythmus und des Hautwiderstandes festgestellt, dass sie sich beim Lernen in einem außergewöhnlich entspannten Zustand befinden. Wenn man gewöhnliche Lerner in einen ähnlich entspannten Zustand versetzen könnte, so seine Überlegung, müssten sich ihre Lernleistungen ebenfalls erheblich steigern lassen. Dies gelang ihm zunächst mit Hilfe der Hypnose; später setzte er bestimmte langsame Musikstücke ein, die eine ähnlich entspannende Wirkung erzeugten. Lernen mit Musik: Dadurch ist die Suggestopädie bekannt geworden, besonders über das 1980 erschienene populärwissenschaftliche Buch der amerikanischen Journalistinnen Ostrander und Schroeder mit dem reißerischen Titel *Super-learning,* ein Buch, das überzogene Erwartungen weckte und die Suggestopädie mit dem Odium des Unseriösen umgab.

Seit den Anfängen in Lozanows suggestopädischem Institut in Sofia hat sich die Suggestopädie in den USA und der Bundesrepublik erheblich verändert. Bei Lozanow war sie noch ein methodisch strenges, ritualisiertes Verfahren, mit dem der Lehrer einen fremdsprachlichen Lerngegenstand nach einem festen Schema, dem suggestopädischen Kreislauf, möglichst effektiv im Langzeitgedächtnis der Lerner verankern sollte. Lernen wurde also mit Memorieren gleichgesetzt. Wörter mit ihrer Übersetzung wurden beispielsweise als Vokabelgleichungen vom Lehrer mit Musikbegleitung vorgelesen.

Seither hat die Suggestopädie den strengen Dogmatismus Lozanows aufgegeben. Methodische Varianten wie beispielsweise die 'Psychopädie' von Baur (1990) sind entstanden. Die meisten suggestopädischen Lehrer lassen heute in bunter Folge suggestopädische Elemente und Übungen in ihren Unterricht einfließen. Vor allem wurden die geradezu autokratische Lehrerdominanz und die damit verbundene Infantilisierung des Lerners aufgegeben. Die Musik bleibt jedoch nach wie vor ein wesentlicher Faktor. Ihre lernfördernde Wirkung wird allerdings heute nicht mehr so euphorisch gepriesen, wie dies anfänglich der Fall war (vgl. Schiffler 1987).

Eine suggestopädische Unterrichtseinheit beginnt normalerweise mit einem 'Centering', einer Einstimmungsphase mit Körperentspannung und Musik. Anschließend beschäftigt man sich kognitiv mit einem relativ langen Text, der den Lernern mit einer möglichst wörtlichen Übersetzung gegeben wird. Dann wird der Text mit deutlichen Pausen nach jedem Satz zu einer langsamen Musik (meist einem Largo aus dem Barock) vom Lehrer vorgelesen, wobei die Lerner die Augen schließen oder den fremdsprachlichen Text (mit oder ohne Übersetzung) mitlesen können. Diese Textpräsentation mit musikalischer Untermalung[1] macht zeitlich höchstens 20% des Unterrichts aus. Nach dieser kontemplativen, entspannenden Phase, in der der Lerner den Höreindruck auf sich wirken lässt, folgt eine aktive Phase, in der spielerisch sprachlich gehandelt wird, nicht nur am Tisch mit einzelnen Partnern und in der Gruppe, sondern mit viel Bewegung, auch Tanz und szenischem Spiel. In der Suggestopädie wechseln also ruhige, entspannende und lebhafte, aktive Phasen einander ab: Der Ablauf wird 'rhythmisiert'.

Der Text wird zum Ausgangspunkt unterschiedlichster Aktivitäten: Zentrale Figuren werden gezeichnet, gemalt, modelliert. Man lässt sie als Puppen agieren oder schlüpft als Lerner in ihre Rollen. Man lässt sie in Talkshows auftreten und interviewt sie. Wichtige Textstellen – für jeden Lerner sind andere wichtig! – werden in den verschiedensten Modalitäten (geflüstert, laut, beleidigt, hochnäsig usw.) gesprochen oder gesungen, musikalisch unterlegt oder vertont, mit einem Recorder aufgenommen, auf Plakaten gestaltet, als Reklame für Fantasieprodukte eingesetzt oder als eine aus mehreren Lernern gestaltete Skulptur versinnbildlicht. Auch die Grammatik kann in dieser fantasievollen Weise verankert werden. Wortstellungsregeln beispielsweise als eine 'menschliche Eisenbahn', als ein Mobile oder Plakat, die Charakteristik von Wortarten als Sketch oder Puppenspiel. Die Lerner suchen auch selbst nach individuellen Lösungen, um einzelne Bereiche der Grammatik zu veranschaulichen, stellen dazu Grafiken oder bewegliche Modelle her, um die Dynamik von Strukturen deutlich zu machen. Sprachliche Inhalte und Formen werden so mit Gestalten und Szenarien verkoppelt, dass Gefühle, Vorstellungen und Empfindungen leichter hervorgerufen werden können als durch den Text allein und er damit eher für das Langzeitgedächtnis zugänglich wird.

Die Suggestopädie versucht, individuelle Lernblockaden abzubauen. Wenn man einmal an seine eigene Schulzeit denkt, stößt man leicht auf merkwürdige Details, die einem das Lernen verleideten oder aber motivierten. Zunächst der Lehrer oder die Lehrerin selbst – weiche, freundliche oder schnarrende, knarzende Stimmen, ein jugendliches Aussehen, gepflegte oder nachlässige Kleidung, Humor oder verletzende Bemerkungen: All das hatte einen enormen Einfluss darauf, ob man mit Lust oder Unlust in den Unterricht ging, ob sich innere Blockaden aufbauten oder ob einem die fremden, ungewohnten Laute einer Fremd-

---

[1] Das sog. 'aktive Lernkonzert' mit ausdrucksstarker klassischer Musik wurde hingegen meist aufgegeben.

sprache leicht über die Lippen kamen. Negative Suggestionen, die sich lange vor dem aktuellen Unterricht, im Elternhaus oder in früheren Schulstunden entwickelt haben, sollten zunächst gelöscht oder zumindest in ihrer lernhemmenden Wirkung eingedämmt werden.

Um Lernblockaden möglichst nicht aufkommen zu lassen, achtet man auf eine ästhetische Gestaltung des Lernortes. Jeder Raum hat eine bestimmte Ausstrahlung. In manchem hält man sich gerne auf, in anderen fühlt man sich unwohl. Schulräume aus unserer Kindheit, aber auch heutige zeichnen sich häufig durch Kargheit und Uniformität aus. Eine Lernumgebung, die möglichst frei von Stimuli ist, die nicht zum Lerngegenstand gehören, wurde noch vom Behaviorismus als sinnvoll angesehen: Nichts sollte vom Lernen ablenken oder die Konzentration stören. Die Vorstellungen gingen sogar dahin, in fensterlosen Räumen zu unterrichten und Schüler durch Trennwände zu separieren. Das Sprachlabor mit seinen Ein-Personen-Boxen ist behavioristisch gesehen der ideale Lernort. Die Suggestopädie fordert genau das Gegenteil: Eine gemütliche, heitere Raumgestaltung mit zahlreichen Stimuli, die in unterschiedlichster Beziehung zum Lerngegenstand stehen, aber auch allein ästhetische Qualitäten haben dürfen. Im suggestopädischen Unterricht können die Lerner im Kreis auf einem Teppich sitzen, in der Mitte stehen Blumen oder brennt eine Kerze, im Hintergrund spielt leise Musik, warmer Duft strömt aus einer Teekanne und an den Wänden hängen Kunstdrucke, Bilder der Lerner, anregende Sätze, Wörter und selbst entworfene Plakate. Man ist entspannt und fühlt sich behaglich. Trotzdem – und vielleicht gerade deshalb – wird intensiv gelernt.

Die neuronalen Prozesse in der Großhirnrinde lassen sich schlecht in eine Richtung lenken. In ihr werden vielmehr unablässig Verknüpfungen und Assoziationen auf den verschiedensten Ebenen hergestellt. Suggestopäden geben mit ihrer Raumgestaltung diesem Bedürfnis nach Verknüpfungen, nach Symbolen und Assoziationen nach und lenken damit die Aufmerksamkeit wieder auf den Lerngegenstand zurück. Wenn die Gedanken 'abschweifen', weil beispielsweise die Äußerungen des Lehrers momentan nicht interessieren, wandert der Blick im Klassenzimmer umher und wird von einem interessanten Plakat eingefangen, das als Anker für einen bereits bearbeiteten Lerngegenstand dienen kann. Oder weniger anschaulich und grundsätzlicher: Lerngegenstände werden durch visuelle und gestalterische Bearbeitungen zu ästhetischen Gestalten, die offenbar einem menschlichen Grundbedürfnis nach Ästhetik entsprechen und Lernen stimulieren.

Im suggestopädischen Unterricht werden Lerner über die Inszenierung einer positiv erlebten 'differenten Lernwelt', die sich deutlich vom traditionellen schulischen Arrangement, aber auch vom außerschulischen Alltag unterscheidet, in einen fremdsprachlichen 'Kontaktraum' versetzt, der ihnen mit seinen vielfältigen Sinneseindrücken – Musik, Farben, Formen, Materialien, Gerüche – Anker bietet, um sich in einem Prozess kreativer Selbstorganisation 'seine' Fremdsprache zu konstruieren. Die Vielfalt dieses sprachlichen Begegnungsraumes sollte so groß sein, dass jeder Lerner als Individuum darin seine ihm adäquaten Assoziationen findet und selbstständig verarbeiten kann. Wenn sich der fremdsprachliche Input auf vielfältige Weise mit intensiv erlebten Situationen, mit Gedanken,

Gefühlen, Vorstellungen und Empfindungen verbinden kann, wird ein multisensorisches, ganzheitliches Lernen möglich.

Die Krux der Suggestopädie wie aller anderen Methoden, unkonventioneller wie konventioneller, ist die mangelnde empirische Überprüfung ihrer Wirksamkeit. Da die Sprachlehrforschung hier keine entscheidenden Fortschritte erzielen konnte, setzt man immer weniger auf einzelne Methoden, sondern versucht, die Autonomie des Lerners zu stärken und ihm Lernstrategien zu eröffnen, damit er seinen Lernprozess selbst in die Hand nehmen kann.

Ein neuerer Ansatz, den Lerner als Person mit seinen Lebenserfahrungen, seinen Emotionen und seiner Leiblichkeit in den Mittelpunkt des Lerngeschehens zu rücken, ist von Inge Schwerdtfeger (2000) entwickelt worden. Das Lernen von Fremdsprachen versteht sie als einen „Vorgang der Einverleibung, der an das materiell körperliche Selbst des Menschen, seine Sprache als einverleibende Praxis und die damit immer zugleich einhergehenden sinnlichen und emotionalen Möglichkeiten gebunden ist" (ebenda, S. 113). Über Narrationen konstituieren Menschen ihr Selbst und ihre Identität immer wieder neu (vgl. Bruner 1996). Dieses anthropologisch begründete emotional-narrative Konzept führt zu didaktischen Modellierungen, in denen sich Menschen in sozialen Erfahrungsräumen über eigene und fremde Erzählungen eine Fremdsprache so einverleiben sollen, dass sie Teil ihres durch diese Lernerfahrungen veränderten Selbst wird.

Im Fremdsprachenunterricht müssen dementsprechend Themen, Lernräume und -zeiten so gestaltet werden, dass personale Erfahrung und Begegnung der Lernenden und Lehrenden möglich werden. Mit dem von Hunfeld und Piepho entwickelten Lehrwerk „Elemente" (1996) und dem Primarstufenlehrwerk „Aurelia" (Augustin u.a. 1994) ist dieser narrative Ansatz bereits recht gut für die Praxis umgesetzt worden.

In emotional geprägten Begegnungen und narrativem Austausch von Person zu Person über kulturelle und soziale Grenzen hinweg liegt möglicherweise die Zukunft des Fremdsprachenunterrichts. Identität entsteht und entwickelt sich weiter in fremdsprachlichen Interaktionen mit anderen Lernern, die ihre Geschichte(n) in den Lernprozess einbringen, und der Fähigkeit, die Rolle des Anderen zu übernehmen und seine Einstellungen und Gefühle interaktiv zu erfahren (vgl. Steinig 1999).

Lektürehinweise

Um sich zunächst unabhängig vom Fremdsprachenunterricht mit Unterrichtsmethoden in Theorie und Praxis vertraut zu machen, empfiehlt sich Meyer (1987). Richards/Rodgers (1986) bieten einen gut lesbaren Überblick über alle wesentlichen Sprachlehrmethoden. Das Heft 25 (1996) der Zeitschrift *Fremdsprachen Lehren und Lernen* zu *Innovativ-alternative[n] Methoden* führt rasch in die Thematik ein. Sehr informativ ist die kritische Darstellung ganzheitlicher bzw. unkonventioneller Methoden von Ortner (1998). Als Korrektiv zu diesem Buch sollte man Timm (1995) lesen. Um die Suggestopädie theoretisch und praktisch kennen zu lernen, sind Dhority (1993), Baur (1990) und Riedel (1995) geeignet. Eine Fundgrube für einen kreativen Unterricht ist Cross (1995).

4.2 Die vier sprachlichen Grundfertigkeiten

Was tut man, wenn man sich einer Fremdsprache bedient? In einem ersten, noch recht pauschalen Versuch einer Antwort könnte man sagen, dass etwas Gemeintes oder Intendiertes, also ein Konzept oder eine Verbindung mehrerer Konzepte, in eine sprachliche Struktur der L2 überführt wird, wenn man spricht oder schreibt, und dass ein umgekehrter Weg der Umwandlung sprachlicher Strukturen in Konzepte beschritten wird, wenn man Texte verstehend hört oder liest. Hören, Lesen, Sprechen und Schreiben sind die vier Grundtätigkeiten, die im Gebrauch der Sprache ausgeführt werden, und wer eine Fremdsprache erlernt, muss sich in erster Linie die entsprechenden vier Grundfertigkeiten in der L2 aneignen.[2] Aneignen bedeutet dabei nicht, zu einem Wissen über sie zu gelangen, sondern zum praktischen Können. Zu diesem mag dann auch das 'Wissen über' einen gewissen Beitrag leisten, es kann das praktische „Training" aber niemals ersetzen – der Fremdsprachenunterricht erscheint aus dieser Sicht durchaus mit dem Sportunterricht, dem Klavierunterricht oder der Fahrschule vergleichbar. Im Folgenden soll es darum gehen, welche Charakteristika die vier Fertigkeiten jeweils aufweisen und welche Konsequenzen sich daraus für das Fremdsprachenlernen ergeben. Nun ließe sich kritisch fragen, ob es denn überhaupt sinnvoll ist, die Fertigkeiten isoliert voneinander zu betrachten. Sie beziehen sich ja auf das gemeinsame Fundament des sprachlichen Systems der Zielsprache. Genügt es nicht, wenn man dieses erwirbt, um es im kommunikativen Gebrauch direkt zu erproben?

Dazu die folgende Überlegung: Die vier Fertigkeiten lassen sich ganz offensichtlich doppelt gruppieren. Den beiden rezeptiven Fertigkeiten des Hörens und Lesens stehen die produktiven des Sprechens und Schreibens gegenüber, andererseits geht es einmal um gesprochene Sprache, einmal um geschriebene:

	rezeptive Sprach-verarbeitung	produktive Sprach-verarbeitung
gesprochene Sprache	*Hören*	*Sprechen*
geschriebene Sprache	*Lesen*	*Schreiben*

Den beiden rezeptiven Fertigkeiten ist trotz des offensichtlichen medialen Unterschieds gemeinsam, dass es um Verstehensprozesse in der L2 geht, bei denen die Lerner eine Verknüpfung der neu erfahrenen Informationen mit ihren bereits vorhandenen Wissensbeständen herstellen müssen. Gleichzeitig haben sie hier die Möglichkeit, sprachlichen Input in der L2 zu verarbeiten und auch zum sprachbezogenen Weiterlernen zu nutzen. Dem stehen die beiden produktiven Fertigkeiten gegenüber. Auch sie stellen die Lerner vor miteinander vergleichbare, von Verstehensvorgängen deutlich unterschiedene Probleme, wenn es zum Beispiel um die schwierige Tätigkeit des Formulierens geht, des Suchens nach

---

[2] Manchmal wird das Übersetzen als fünfte Fertigkeit betrachtet (vgl. Krings 1995).

passenden Redemitteln, die zu grammatisch wohl geformten Äußerungen zusammenzufügen sind. Es ist nahe liegend, dass man für das Verstehen und für das Produzieren von Sprache jeweils zu spezifischen Formen des Lernens und Übens kommen wird.

Andererseits geht es einmal um gesprochene Sprache, einmal um geschriebene. Beide Sprachformen unterscheiden sich schon an der Oberfläche deutlich: Sie benutzen zum Beispiel teilweise ein unterschiedliches Vokabular (gesprächssteuernde Wörter wie „ne?", „gell?", „oder?" wird man in geschriebener Sprache allenfalls finden, wenn Mündlichkeit simuliert wird, Wörter wie „folglich" und „ungeachtet dessen" dürften in gesprochener Sprache kaum vorkommen), sie bevorzugen andere Satzbaumuster (eher parataktische in gesprochener Sprache, auch hypotaktische in geschriebener Sprache) und Satzfiguren (Anakoluthe und Ellipsen sind in geschriebener Sprache viel seltener als in gesprochener). Schreiber müssen aber auch vieles von dem explizit machen, was Sprecher nonverbal (etwa durch Gestik und Mimik) vermitteln oder als bekannt voraussetzen können, wenn sich die Gesprächspartner im gemeinsamen Kontext einer Gesprächssituation befinden. Zu den beiden Sprachformen gehören also durchaus unterschiedliche Normen und Konventionen. Aber auch die Bedingungen, unter denen beide Sprachformen produziert und rezipiert werden, unterscheiden sich. Beim Schreiben kann man sich im Prinzip beliebig viel Zeit nehmen, um den Text sorgfältig zu planen und schon Geschriebenes zu revidieren, beim Lesen kann man in beliebiger Weise zu vorangegangenen oder folgenden Textteilen springen. Sprechen und Hören erfolgen dagegen unter Zeitdruck: Sprecher vermeiden es, zu lange Formulierungspausen entstehen zu lassen und können einmal gemachte Äußerungen oft nicht einfach wieder zurücknehmen und revidieren; Hörer sind der Kette der gehörten Äußerungen ausgeliefert und können in diesem Hörtext nicht nach ihrem Belieben einfach vor- oder zurückspringen.

Es ist also zu erwarten, dass beim Verstehen und Hervorbringen von Äußerungen, aber auch bei der Verarbeitung gesprochener und geschriebener Sprache zumindest teilweise psycholinguistische Prozesse ablaufen, die spezifisch für die jeweilige Tätigkeit und für die jeweilige Sprachform sind. Diese Prozesse sind oft hochkomplex und längst nicht abschließend erforscht. Ihre Komplexität nehmen die Sprecher im Alltag kaum wahr, weil sie beim frühkindlichen Spracherwerb und beim Lesen- und Schreibenlernen ziemlich weitgehend automatisiert wurden. Beim Fremdsprachenlernen werden sie aber in neuer Weise aktuell, und ein Blick auf sie ist zur Fundierung von unterrichtlichem Handeln sinnvoll.

Im Folgenden sollen deshalb die vier Grundfertigkeiten einzeln betrachtet werden, um jeweils nach Hinweisen auf spezifische Lehr- und Lernformen zu fragen. Dies schließt natürlich nicht aus, dass Übungen dazu dann in der Unterrichtspraxis aufeinander bezogen werden. Das Lesen wird vor dem Hören und das Schreiben vor dem Sprechen betrachtet, weil die zeitliche Dehnung der Prozesse und der Bezug auf schriftlich niedergelegte Texte einen leichteren Zugang für die Beobachtung ermöglichen.

4.2.1 Lesen

Wie können Fremdsprachenlerner in ihrem Herkunftsland auf authentische Weise in Kontakt zu der Sprache treten, die sie lernen? Auch wenn in den vergangenen Jahren audiovisuelle Medien immer weitere Verbreitung gefunden haben und wenn viele Fremdsprachenlehrer seit den 70er und 80er-Jahren (aus guten Gründen) die mündliche Kommunikationsfähigkeit in den Mittelpunkt ihres Unterrichts gestellt haben, bleibt doch ein beträchtlicher Teil des Kontaktes zwischen Lerner und Fremdsprache durch schriftlich niedergelegte Texte vermittelt:

- Sprachlehrwerke, zusätzliche Lektüretexte, Sprachzeitschriften usw. tragen breite Phasen des Sprachunterrichts.
- Außerhalb des Unterrichts und später, nach Abschluss der Schulzeit oder des Sprachkurses, ermöglichen vor allem Zeitungen, Zeitschriften und Bücher einen für jeden leicht zugänglichen, vom Vorhandensein technischer Medien unabhängigen, authentischen Kontakt zum Kulturraum der Zielsprache. Auch die Möglichkeiten des Internet sind hier zu nennen.
- In der Ausbildung und im Beruf erhält die Lesefähigkeit in der Fremdsprache eine zunehmende Bedeutung. Das wird zum Beispiel deutlich in dem breiten Raum, den die Fertigkeit Lesen in der Diskussion um den Fachsprachenunterricht einnimmt.

Bevor nach der Rolle des Lesens beim Fremdspracherwerb, nach der Textauswahl, nach Übungsformen für den Unterricht usw. gefragt wird, soll zunächst ein Blick auf einige zentrale Merkmale des Leseprozesses in der Fremdsprache geworfen werden.

Was tun wir, wenn wir in der Fremdsprache lesen? Die Frage könnte auf den ersten Blick banal erscheinen, die Antwort scheint auf der Hand zu liegen: Wir nehmen Buchstabenzeichen wahr, ordnen ihnen einen Lautwert zu und rekonstruieren daraus Wörter und ihre grammatische Einbettung in den Satz und in den Text. Reichen Wortschatz- und Grammatikkenntnisse aus, so kann dem Text ein Sinn zugeordnet werden: Man versteht. Lesen erscheint als ein Vorgang des Dekodierens, der gelingt, wenn man den (fremdsprachigen) Code sicher beherrscht. Mit dieser Überlegung ist der Leseprozess aber noch nicht vollständig geklärt. Ein ziemlich weit gehendes Verständnis ist nämlich selbst dann möglich, wenn diese Voraussetzung nur ansatzweise gegeben ist. Wer sich davon überzeugen möchte, sei aufgefordert, sich eine Viertelstunde Zeit zu nehmen und einen der beiden folgenden Texte so weit wie möglich zu 'lesen' – am besten den, dessen Sprache ihr/ihm am wenigsten bekannt ist.

Konrad Adenauer
1876-1967

Primeiro chanceler da RFA (1949-63) e líder democrata-cristão, está indiscutivelmente associado à recuperação da economia e do prestígio da Alemanha no pós-guerra. Ex-burgomestre de Colónia, demitido e duas vezes preso pelos nazis, conseguiu, com o apoio ocidental, recolocar o seu país entre os mais influentes do Mundo. Foi um dos fundadores da CEE e da NATO e apoiou a linha gaullista de unidade europeia com a criação do «eixo Paris-Bona».

The Bettmanh Archive

Aus: 1000 figuras do século XX. Beilage der portugiesischen Wochenzeitung *Expresso* vom 28. 12. 1991. [3]

---

[3]   Übersetzung:
Konrad Adenauer, 1876 – 1967
[Als] erster Kanzler der BRD (1949 – 1963) und christdemokratischer Führer ist [sein Name] unbestreitbar fest verknüpft mit der Wiederherstellung der Wirtschaft und des Ansehens Deutschlands in der Nachkriegszeit. [Als] ehemaliger Bürgermeister von Köln, von den Nazis abgesetzt und zwei Mal festgenommen, schaffte er es mit westlicher Unterstützung, sein Land wieder unter die einflussreichsten der Welt einzureihen. Er war einer der Gründer der EWG und der NATO und unterstützte die gaullistische Linie der europäischen Einigung mit der Schaffung der „Achse Paris–Bonn".

ТРАНСАЭРО
АВИАЦИОННАЯ КОМПАНИЯ

предлагает широкую сеть маршрутов по России, СНГ и дальнему зарубежью
на самолетах "Боинг-757", "Боинг-737" из Москвы (Шереметьево-1) и через Москву в
Алма-Ату, Баку, Берлин, Владивосток, Екатеринбург, Киев, Минск, Нижневартовск, Новосибирск,
Норильск, Одессу, Ригу, Сочи, Ташкент, Франкфурт, Тель-Авив, Эйлат (Израиль),
а также предлагает полет Москва—Лондон.

НОВАЯ ЛИНИЯ

Боинг-737	с 1 июня 1995 года	ежедневно
МОСКВА —	САНКТ-ПЕТЕРБУРГ	— МОСКВА
Время вылета из Шереметьево-1	Время прилета/ /время вылета	Время прилета в Шереметьево-1
08.15	09.40/10.20	11.55

- ❑ Удобные стыковки по России и СНГ
- ❑ Бизнес- и экономический классы
- ❑ Гибкая система тарифов и скидок
- ❑ Выбор прохладительных напитков
- ❑ Горячее питание
- ❑ Широкий выбор газет и журналов
- ❑ Аудио- и видеосистемы
- ❑ Действует первая в России программа для часто летающих пассажиров — "Трансаэро-привилегия"

Заказать билеты и получить подробную информацию можно по телефонам:
в Москве: (095) 578-05-37 /38 /39/ 80/ 81 — круглосуточно,
(095) 241-03-01 /05-48 /36-63 /11-90 /76-76 — с 9 до 21 часа;
в Санкт-Петербурге: Литейный пр-т, 48; тел./факс (812) 279-80-42.

ЛИТЕРАТУРНАЯ ГАЗЕТА
21.VI.95 №25 (5556)

Anzeige aus der russischen Zeitung *Literaturnaja Gasjeta* vom 21. 6. 1995[4]

---

[4] Übersetzung:

Transaero
Luftfahrtgesellschaft

Man bietet ein breites Netz von Fluglinien in Russland, [in der] GUS und ins ferne Ausland
an mit den Flugzeugen Boeing 757, Boeing 737 von Moskau (Scheremetjewo I) und über
Moskau nach Alma-Ata, Baku, Berlin, Wladiwostok, Jekaterinburg, Kiew, Minsk, Nischnje-
wartowsk, Nowosibirsk, Norilsk, Odessa, Riga, Sotschi, Taschkent, Frankfurt, Tel-Aviv,
Elat (Israel), und außerdem bietet man die Linie Moskau–London an.

Neue Linie		
Boeing - 737	ab 1. Juni 1995	täglich
Moskau	**Sankt Petersburg**	**Moskau**
Abflugzeit von	Ankunftszeit/Abflugzeit	Ankunftszeit in
Scheremetjewo–I		Scheremetjewo–I
08.15	09.40/10.20	11.55

[...]
Die Billets kann man bestellen und ausführliche Informationen kann man erhalten über Tele-
fon: In Moskau [...] durchgehend, [...] von 9 – 21 Uhr
In Sankt Petersburg: Litejnij-Prospekt 48, Tel./Fax [...]

Sicher ist es Sprachunkundigen nicht möglich, die beiden Texte vollständig zu verstehen. Aber dass es sich bei dem portugiesischen Text um eine Kurzbiografie Adenauers mit seinen wichtigsten biografischen Daten handelt, ist dem Text wohl auch ohne einschlägige Sprachkenntnisse zu entnehmen. Und wer sich eine Zeit lang mit der russischen Anzeige befasst hat, wird zumindest wissen, dass er nicht unbedingt auf die Eisenbahn angewiesen ist, wenn er von Moskau nach Sankt Petersburg oder zu anderen Zielen in der GUS oder in Europa reisen möchte.

Zugegeben, ganz einfach ist die Bearbeitung einer solchen Aufgabe nicht. Um sie lösen zu können, ist man darauf angewiesen, vielfältiges Wissen zu mobilisieren und auf seine Verwendbarkeit zu prüfen. Man könnte etwa mit der Lektüre des russischen Textes beginnen, indem man die Quellenangabe nutzt, um den Titel der Zeitung zu entziffern. So gewinnt man einige Buchstaben, die helfen, den Namen der werbenden Firma „ТРАНСАЭРО" als „Transaero" zu identifizieren. Die Wortbestandteile „trans" und „aero" kommen in vielen internationalen Wörtern vor; sie legen die Vermutung nahe, dass es sich um eine Fluggesellschaft handelt. So wird eine (sicher zunächst noch recht diffuse) Sinnerwartung aufgebaut, die zum Beispiel hilft, die Werbung mit den Flugzeugtypen *Boeing 757* und *Boeing 737* zu entschlüsseln und den Text im grauen Kasten als den Flugplan für die „neue Linie" Moskau – Sankt Petersburg – Moskau. Vergleichbar wird man bei der Lektüre des portugiesischen Textes vorgehen.

Der Lesevorgang besteht also nicht nur im Dekodieren von sprachlichen Zeichen. Vielmehr werden in einem begleitenden Prozess im Gedächtnis bereits gespeicherte Wissensbestände 'angezapft' und genutzt. Dabei kann es sich um Wissensbestände ganz unterschiedlicher Art handeln:

- Man kann allgemeines und kontextbezogenes Welt- und Sachwissen aktivieren (russischer Text: Es gibt Fluggesellschaften, sie eröffnen gelegentlich neue Fluglinien und machen manchmal mit einem Firmenlogo Werbung in Zeitungen, Boeing 737 und 757 sind Flugzeugtypen; portugiesischer Text: Nach der Niederlage der Nazis wurde schließlich 1949 die Bundesrepublik gegründet, und Adenauer (Foto!) war ihr erster Kanzler, die Achse Paris – Bonn hatte Bedeutung für die europäische Einigung, damals wurde die NATO gegründet usw.).
- Bestimmte thematische Vorgaben und Textsorten (hier: Zeitungsanzeige, Kurzbiografie) strukturieren das Verständnis vor. Sie lassen die Nennung mancher Informationen erwarten, andere schließen sie aus.
- 'Internationale Wörter': Eine nicht geringe Zahl von Wörtern und Wortbausteinen ist in vielen Sprachen wieder erkennbar (russ. Text: „trans", „aero", „Sankt", „Telefon", „Fax"; port. Text: „Kanzler", „christdemokratisch", „europäisch") oder als Fremd- bzw. Lehnwort in eine andere Sprache gewandert („Marschroute", „Bürgermeister").
- Häufige Buchstabenkombinationen oder Wörter müssen nicht jedes Mal ganz neu erlesen werden, sie stehen schnell als 'Baustein' zur Verfügung („Boeing" und „Moskau" müssen beim wiederholten Vorkommen nicht völlig neu erschlossen werden, sie werden wiedererkannt. Ebenso sind die portugiesischen Wörter „o" und „a" wohl recht schnell als Artikel (wieder-)erkennbar.).

- Dazu tritt bei zunehmender Beherrschung der Zielsprache natürlich weiteres sprachbezogenes Wissen, das die Tätigkeit des Dekodierens entlastet. So können etwa die Kenntnis charakteristischer Satzmuster und die Kenntnis von Textkonnektoren wie „entweder ..." und „sowohl ...", die ein „... oder" bzw. „... als auch" erwarten lassen, das Verstehen vorstrukturieren und entlasten.

Beim Lesen spielen also offensichtlich zwei unterschiedliche Typen von mentalen Tätigkeiten eine wichtige Rolle: Zum einen werden dem Bewusstsein Informationen 'von unten' zugeführt, indem das Datenmaterial der Buchstabenzeichen dekodiert wird. Dazu tritt aber ein zweiter Prozess. Es wird nämlich gleichzeitig bereits vorhandenes sprach- und sachbezogenes Vorwissen 'von oben' aktualisiert. Die beiden Prozesse werden als 'aufsteigende' vs. 'absteigende' (oder 'datengeleitete' vs. 'konzeptgeleitete') Verarbeitung von Information bezeichnet. Wir verstehen, indem wir beide Verarbeitungsweisen koordinieren und zu einem möglichst widerspruchsfreien Ergebnis führen.

Beim Lesen in der Fremdsprache ergeben sich nun vor allem zwei charakteristische Schwierigkeiten. Zum einen ist für Leser fremdsprachlicher Texte die datengeleitete Verarbeitung oft erschwert, weil sie ja erst über eine eingeschränkte Sprachfertigkeit verfügen und den Datenstrom aus dem zu lesenden Text weniger effizient als in der L1 dekodieren können. Deshalb sind sie auf die Kompensation durch Prozesse absteigender Verarbeitung in besonderem Maße angewiesen. Wirksame Hilfen zur Aktualisierung und Strukturierung ihres Vorwissens und eine gute Einbettung von Lesetexten in Situationen und Kontexte sind für sie dementsprechend besonders wichtig. Ihnen sollten auch Lesestrategien vermittelt werden, die sie zur optimalen Nutzung solcher Informationen befähigen und die sie vor wenig hilfreichen Maximen wie „Erlies dir Texte Wort für Wort!" bewahren. Stattdessen sollten sie trainieren, ihr Vorwissen für den schnellen Aufbau von (nach Möglichkeit: zutreffenden) Sinnerwartungen zu nutzen, den Sinn zu antizipieren und anschließend 'nur noch' am Text zu überprüfen, ob ihre hypothetische Sinnerwartung zutreffend war. Lesen wird dann zu einem Vorgang, der auch (begründetes) Raten und Vorhersagen umfasst. *Reading: A psycholinguistic guessing game*, so lautete ein programmatischer Aufsatztitel von Goodman (1967). In vielen empirischen Untersuchungen stellte man seitdem fest, dass gute Leser nicht einfach Buchstabe für Buchstabe und Wort für Wort lesen, sondern dass sie ein möglichst breites Vorwissen zum Vorhersagen einsetzen.

Ein zweites Charakteristikum des Lesens in der L2 ergibt sich daraus, dass authentische fremdsprachige Texte im Allgemeinen für Leser aus der Kultur der L2 verfasst worden sind. Fremdsprachenlerner verfügen aber zunächst über ein Vorwissen und über kognitive Schemata, wie sie nicht nur sprachlich, sondern auch kulturell zur L1 gehören. Sie können sich von solchen, wie sie in der L2 üblicherweise verbreitet sind, durchaus unterscheiden. Hier liegt also eine Quelle für potenzielle Missverständnisse. Ein Alltagsbeispiel möge genügen, um dies zu veranschaulichen:

Eine deutsche Germanistikstudentin schreibt einen Brief über die Mühen und Plagen im Zusammenhang mit ihrem bevorstehenden Examen an eine portugiesische Kommilitonin. Wenn sie vom 'Examen' schreibt, wird sie an das Staatsexamen oder die Magisterprüfung nach Abschluss ihres Studiums denken, und ihre Lage erscheint uns gut nachvollziehbar. Ihre portugiesische Briefpartnerin wird sie allerdings eher beneiden als bedauern: Nur ein einziges Examen? Sie hat doch derer so viele! Zu dieser Ansicht wird sie kommen, weil sie vor dem Hintergrund des portugiesischen Studiensystems unter Examen etwas anderes versteht als ihre deutsche Freundin: Dort gibt es nämlich keine besondere Abschlussprüfung am Ende des Studiums, man erhält das Diplom, wenn alle Studienleistungen erfolgreich erbracht sind. Der Examensstress verlagert sich allerdings entsprechend auf viele einzelne Prüfungen am Ende der Unterrichtsveranstaltungen während des ganzen Studiums.

Natürlich tritt solch ein Missverständnis nicht zwangsläufig auf. Im Gegenteil, die Leser sind aufgefordert, sich die notwendigen Informationen aus Kultur und Gesellschaft der L2 zu beschaffen. Tun die beiden Briefpartnerinnen aus dem Beispiel dies, so werden sie sich nicht nur über ihre Prüfungssorgen besser verständigen können, sie lernen auch eine andere Studienorganisation kennen und können vielleicht sogar ihre eigenen Studienbedingungen klarer und auch kritischer sehen. Sie emanzipieren sich also (ein wenig) von den perspektivischen Beschränkungen und Verzerrungen, die das Verhaftetsein in der Gesellschaft und in der Kultur der L1 für sie ebenso wie für uns alle bedeutet. Aus dieser charakteristischen Schwierigkeit beim Lesen in einer L2 ergibt sich also andererseits eine 'Erweiterung des eigenen Horizonts' (das Ausdifferenzieren und Erweitern auch von komplexen kognitiven Schemata) als besondere Lernchance durch den Fremdsprachenunterricht. Stellt man in Rechnung, dass dies nicht nur für alltägliche Situationen und praktische Themen gilt, sondern auch für umfassendere Begriffe wie Liebe, Arbeit, Glück, Tod, Zeit, Familie usw., so wird deutlich, dass es hier um ein Lernpotenzial des Fremdsprachenunterrichts geht, das weit über die praktische Handlungsfähigkeit in der Fremdsprache etwa auf einer Urlaubsreise hinausgeht und das wichtige Argumente für eine pädagogische Begründung des Fremdsprachenunterrichts überhaupt liefert.

Fragt man nach didaktisch-methodischen Konsequenzen aus den angesprochenen Überlegungen, so ergibt sich zunächst die Forderung nach der intensiven thematischen Einbindung der Lesetexte in den Unterricht. Nur so können beim Verstehen auch Prozesse absteigender Verarbeitung optimal genutzt werden, so, wie das auch in authentischen Lesesituationen außerhalb des Unterrichts der Fall wäre. Dies ist als ein zentrales Kriterium für die Auswahl geeigneter Lesetexte zu berücksichtigen, es hat aber auch Konsequenzen für die Präsentation des Textes und für die Phasierung des Unterrichts. Bilder, Überschriften und Lead-Texte, die Abschnittsgliederung, grafische Elemente usw. sollten den Texten also unbedingt belassen werden, und es ist zu überlegen, wo Phasen der thematischen Vorentlastung der Texte vor Beginn der eigentlichen Lektüre helfen können, einen Erwartungshorizont aufzubauen.

Weitere didaktisch-methodische Konsequenzen ergeben sich daraus, dass die Lerner als ganze Personen, als Individuen mit vielfältigen Einstellungen, kulturellen Prägungen, mit einem spezifischen Vorwissen und mit ihren persönlichen Fähigkeiten zur Erschließung in Kontakt zu dem Text treten, nicht nur als 'Text-dekodierer'. Die komplexen mentalen Handlungen, die das Lesen als Verste-hensprozess ausmachen, werden, so darf man annehmen, ausgeführt, um Bedürf-nisse der Leser (etwa ein Informationsbedürfnis) zu befriedigen. Dies wird in vielen Fällen für die Text-auswahl bedeuten, dass vor allem solche Texte in Frage kommen, die die Erfahrungswelt der Leser ansprechen, aber zugleich et-was Neues bieten und über diese Erfahrungswelt hinausführen. Für die Lektüre-weise wird dies bedeuten, dass man so genau liest, wie es dem eigenen Informa-tionsbedürfnis entspricht. Es wird also nach einem ersten orientierenden Lesen die Entscheidung für eine der drei Lesearten zu treffen sein: Reicht das *orientie-rende Lesen* aus? Sollen *selektiv* nur relevante Informationen aus dem Text her-ausgesucht werden? Oder soll der Text passagenweise oder insgesamt genau und *detailliert* gelesen werden? Eine solche Entscheidung verlangt auch, dass eine Lerngruppe nicht nur mit dem Text und über den Text im Gespräch ist, sondern auch den Leseprozess und das eigene Informationsbedürfnis thematisiert. Hierin liegt sicher eine Chance, die Selbstständigkeit von Lernern im Blick auch auf eine autonome Lektüre außerhalb des Unterrichts (oder später, nach dem Ab-schluss des Kurses) zu unterstützen.

Eine letzte praktische Konsequenz ergibt sich aus dem Erfordernis, Lerner natürlich auch sprachbezogen beim Lesen zu unterstützen. So hat Heringer (1987, 1988) nachhaltig die Bedeutung auch einer rezeptiven, nicht nur einer produktions-orientierten Grammatikarbeit betont und eine entsprechende Gram-matik aus rezeptiver Perspektive vorgelegt. Solch eine Grammatikarbeit hilft bei typischen Leseproblemen in deutschen Texten weiter: Wo sollte ich sinnvoller-weise nach den beiden Bestandteilen der verbalen Klammer in einem komplexen deutschen Satz suchen? Was kann das Flexionsmorphem {-er} am Demonstrati-vum „dieser" bedeuten (Nom. m „dieser Tag", Dat. und Gen. f „dieser Sonne", Gen Pl. „dieser Kinder")? Wie 'knacke' ich komplexe nominale Gruppen mit Rechts- und Linksattributen wie „einen von allen anwesenden Mitgliedern des Gemeinderats befürworteteten Antrag zur Umgestaltung des Sportplatzes an der Grundschule"?

4.2.2 Hören

Ohne hörendes Verstehen ist Sprachenlernen kaum vorstellbar – der größte Teil des sprachlichen Inputs, anhand dessen Sprachlerner die Fremdsprache erwerben, begegnet ihnen als gesprochenes Wort. Der Verstehensvorgang beim Hören weist zunächst deutliche Parallelen zum Lesen auf: Auch beim Hören wird (fremd-)sprachlich Übermitteltes im Zusammenspiel von aufsteigender und ab-steigender Informationsverarbeitung wahrgenommen und verarbeitet. In aufstei-gender Informationsverarbeitung registrieren wir den akustischen Datenstrom, der uns über das Ohr erreicht, und bereiten ihn auf. In absteigender Verarbeitung interpretieren wir diesen Datenstrom, indem wir zum Beispiel Wörter (Lexeme,

Flexionsmorpheme) identifizieren, syntaktische Zusammenhänge erkennen, Sinnerwartungen aufbauen und erproben, Verstehenslücken hypothetisch (erratend, vermutend) schließen und schließlich neue Wissensbestände in unsere vorhandenen integrieren. Doch es gibt Besonderheiten der hörenden Sprachverarbeitung, die die spezifische Schwierigkeit von Hörverstehensaufgaben ausmachen. Einige dieser Besonderheiten sollen im Folgenden kurz erläutert werden, um anschließend nach Konsequenzen für das Fremdsprachenlernen zu fragen.

Medium: Aus dem Medium, der gesprochenen Sprache, ergibt sich, dass man lernen muss, über das phonologische Inventar der Zielsprache zu verfügen. Es muss hinter den Zufälligkeiten der jeweiligen konkreten phonetischen Realisierung (individuelle menschliche Stimmen, 'Nuscheln', Heiserkeit ...) identifiziert werden. Erschwerend kann hinzukommen, dass die Reinheit der akustischen Signale beeinträchtigt ist: Rauschen in Form von Nebengeräuschen, unvollständige Wiedergabe von Gesprochenem, unzureichende Lautstärke usw. Signale der Intonation (Satzintonation, z.B. Frageintonation) und der Betonung müssen identifiziert und im Zusammenhang interpretiert werden, ebenso nonverbale Zeichen aus der Gestik und Mimik der Sprecher. Dies alles muss in kürzester Zeit geschehen; in schneller Folge ist das jeweils nächste Glied der sprachlichen Zeichenkette zu verarbeiten. Die aufsteigende Informationsverarbeitung ist beim Hören also schon auf Grund des Mediums der Mündlichkeit oft mit besonderen Schwierigkeiten behaftet. Umso größere Bedeutung kommt deshalb der absteigenden Verarbeitung zu, um ein Verstehen doch noch zu sichern.

Zeit: Der Zeitfaktor macht einen wesentlichen Unterschied zwischen dem Lesen und dem Hören aus. Der Leser bestimmt das Tempo seiner Tätigkeit selbst, er kann z.B. jederzeit verweilen oder zurückspringen und etwas noch einmal lesen oder sogar ein Nachschlagewerk zu Rate ziehen. Dem Hörer dagegen wird das Tempo seiner verstehenden Sprachverarbeitung vom Gesprächspartner, vom Vortragenden, vom Radiosprecher usw. diktiert. Das kann zu Stress führen: eine eher ungünstige Ausgangslage, wenn es darum geht, zur Lösung einer schwierigen Sprachverwendungsaufgabe die Fähigkeiten des Gedächtnisses optimal zu nutzen. Denn ein bestimmter Bereich des Gedächtnisses, das primäre Gedächtnis (Kurzzeitgedächtnis), ist gerade beim Hören besonders gefordert. Hier werden die wahrgenommenen Informationen gespeichert und dem Bewusstsein zur weiteren 'verstehenden' Verarbeitung zugeführt. Auf die Inhalte unseres Kurzzeitgedächtnisses können wir sehr schnell und direkt zugreifen, aber es hat nur eine eng begrenzte Kapazität. Experimentell lässt sich leicht zeigen, dass es nur etwa 7 +/- 2 Informationseinheiten speichern kann. Nimmt es dann weitere Daten auf, gehen 'alte' verloren. Leicht nachvollziehen kann das, wer sich auf dem Weg vom Bibliothekskatalog zum Regal eine Signatur merken will. Wird er unterwegs nach der Uhrzeit gefragt, so füllt er sein Kurzzeitgedächtnis mit einiger Wahrscheinlichkeit mit neuen Informationen, der Uhrzeit, und muss zurück zum Katalog. Beim Hören müssen wir uns im Kurzzeitgedächtnis z.B. Wörter eines begonnenen Satzes so lange präsent halten, bis wir eine Sinnhypothese aufstellen können. Gerade Hörverstehensaufgaben in einer zu erlernenden Fremdsprache sind unter diesem Gesichtspunkt besonders anspruchsvoll, weil die Lerner über das sprachliche Zeichenmaterial weniger sicher verfügen als in der L1. Solche Aufgaben stellen also besondere Anforderungen an die Spanne des Kurzzeitgedächtnisses, da es oft noch länger dauert, bis eine Sinnhypothese gebildet werden kann. Und dies gilt gerade für die „Klammersprache" Deutsch,[5] in der man Sinnhypothesen nicht selten erst aufstellen kann, nachdem man das Ende eines umfangreicheren Satzes, Teilsatzes oder Satzteiles abgewartet hat (vgl. Thurmair 1991).

Varietäten: Im geschriebenen Deutsch, wohl auch in ihrem Sprachunterricht und in den allermeisten Lehrwerken begegnen die Lerner überwiegend der Standardvarietät der Fremdsprache. Kommen sie aber auf authentische Weise in Kontakt mit Sprechern der Zielsprache, dann erfahren sie die ganze Breite sprachlicher Varietäten. Sie hören verschiedene nationale Ausprägungen des Deutschen in Deutschland, Österreich und der Schweiz, Dialekte (Sprecher aus bestimmten Regionen), Soziolekte (Sprecher aus bestimmten sozialen Schichten oder Gruppen), Sondersprachen (z.B. Jargon von Jugendlichen, Studenten), spezifische sprachliche Register (charakteristische Sprachverwendung in bestimmten Situationen: Der Arzt redet mit Patienten anders als mit den Vereinskameraden im Sportverein.), sie hören foreigner talk ('Ausländerregister', die vereinfachende und fehlerhafte Sprechweise vieler Muttersprachler mit Ausländern; vgl. Hinnenkamp 1982) und Idiolekte (individuelle charakteristische Sprechweise von Einzelpersonen). In all diesen unterschiedlichen Weisen der Sprachverwendung begegnen die Lerner zudem der Grammatik und Lexik der gesprochenen Sprache, die mit der der geschriebenen oft nicht deckungsgleich sind. Auf diese Vielfalt sprachlicher Erscheinungsformen sollte im Unterricht mit authentischem Hörmaterial vorbereitet werden.

Situation: Zentrale Charakteristika von Hörverstehensaufgaben, die sich dem Fremdsprachenlerner stellen, ergeben sich aus der jeweiligen Kommunikationssituation. Handelt es sich um die Teilnahme an einem Gespräch (Face-to-Face-Kommunikation), dann wird er einer ad hoc produzierten, wenig vorgeplanten Sprache begegnen, die oft direkt auf den Rahmen der jeweiligen Situation Bezug nimmt. So ist das Verständnis der Deixis im Text (also das Verständnis von 'Zeigewörtern' wie die Pronomen „ich" und „du" oder Adverbien wie „hier" und „jetzt") nur möglich in einem Zeigefeld, das eine konkret gegebene außersprachliche Situation schafft.

Ferner wird gesprochene Sprache oft durch nonverbale Signale unterstützt. Dann hat der Lerner die Chance (und die kommunikative Verpflichtung), auch als Zuhörer zum Gelingen des Gesprächs beizutragen, indem er z.B. durch Hö-

---

[5] Weinrich (1993, S. 23) bezeichnet das Deutsche als eine Klammersprache. Er unterscheidet drei Typen von sprachlichen Klammern in Texten: Verbalklammern (Maler *sprach* zwei Wochen vor Weihnachten zum ersten Mal beim Regisseur am Residenztheater *vor*. / Maler *hat ... vorgesprochen.*), Nominalklammern (*das* von den Kritikern hochgelobte, aber gleichwohl wenig besuchte *Stück*) und Adjunktklammern, z.B. zwischen der eröffnenden Konjunktion und dem schließenden Verb in einem Nebensatz (..., *wenn* das Stück in dieser Saison trotz der katastrophalen Kritiken gut *läuft*.).

rersignale zu verstehen gibt, ob er verstanden hat, ob er zustimmt usw. Er kann auch seinerseits das Verständnis durch Nachfragen absichern. Ganz anders ist die Situation etwa beim Hören einer Radiosendung, einem monologischen, oft vorgeplanten und der geschriebenen Sprachform angenäherten Text. Zwischen diesen beiden Polen stehen z.b. Telefongespräche und Filme. Auch auf diese Vielfalt sollte der DaF-Unterricht vorbereiten.

Das Hören ist zentral für das Sprachlernen. Es ist jedoch, wie sich gezeigt hat, mit vielfältigen spezifischen Schwierigkeiten zu rechnen. Dieser Befund legt die Frage nach Grundsätzen für das Üben dieser Fertigkeit nahe. Nun unterscheidet sich das Üben des Hörverstehens vom Üben in anderen Bereichen. Festigt man einen bestimmten Wortschatz, so kann man dies durch variierendes Wiederholen tun. Will ich etwa üben, dass die Präposition „für" mit dem Akkusativ verwendet wird, so könnte ich dies tun, indem ich sie in mehreren verschiedenen Sätzen verwende. Bei Hörverstehensaufgaben ist dieses Wiederholen nicht möglich. Habe ich die fremdsprachliche Lautsprecherdurchsage, mein Zug sei verspätet, einmal verstanden, so kann ich sie nicht zur Übung wiederholend ein zweites und drittes Mal verstehen. Wie kann man diesem Problem begegnen? Dazu seien drei Wege vorgestellt, die durchaus auch miteinander verknüpft werden können: Üben durch Progression in der Textschwierigkeit, Üben durch Zerlegen der Hörverstehensfertigkeit in Teilkompetenzen und Üben durch Vermitteln von Strategien.

Zunächst ist es nahe liegend, das Hörverstehen zu trainieren, indem man zuerst 'leichte', dann entsprechend der Zunahme der sprachlichen Kompetenz immer anspruchsvollere Hörverstehensaufgaben auswählt. Was aber macht eine Hörverstehensaufgabe 'leicht', was macht sie anspruchsvoll? Hier sind bisher vor allem textinterne Faktoren gesehen worden wie die Zahl der unbekannten Vokabeln, die Satzlänge, die syntaktische Komplexität usw. (vgl. den Katalog von Schwierigkeitsfaktoren in Zimmermann 1980). Heute wird betont, dass auch textexterne Faktoren das Anspruchsniveau von Hörverstehensaufgaben entscheidend beeinflussen. Die fremdsprachige Lautsprecherdurchsage zur Zugverspätung könnte für einen Lerner mit Anfängerkenntnissen auf einem Bahnhof gerade noch verständlich sein, käme sie absurderweise als Durchsage in einem Kaufhaus, wäre sie bei gleicher textinterner Gestaltung viel schwieriger oder gar nicht zu verstehen. Solmecke (1991, 1993) nennt vor allem Aufgaben und Hilfen als Faktoren, die das textexterne Schwierigkeitsniveau des Hörverstehens in Unterrichtssituationen ausmachen, Aufgaben, die z.B. bestimmen, ob ein Text global, selektiv oder in allen Details verstanden werden soll, und Hilfen, die das Verständnis erleichtern, also z.B. eine sprachliche und thematische Vorentlastung oder ein Arbeitsblatt, das während des Hörens bearbeitet wird.

Ein zweiter Weg, zu einer Übungsprogression zu kommen, besteht in dem Versuch, die Fertigkeit Hörverstehen in ihre einzelnen Teilkompetenzen zu zerlegen und diese einzeln zu trainieren in der Erwartung, so die Gesamtkompetenz fördern zu können. Übungen in diesem Sinne schlägt Neuner (1988, S. 34) z.B. für den Anfängerunterricht vor:

- Diskriminationsübungen (Gegenüberstellung von Minimalpaaren: „Beet-Bett", „Blatt-platt"),
- Wortanfang heraushören (Knacklaut, Verschleifung von Wörtern),
- Wortbetonung heraushören,
- Intonationskonturen von Sätzen markieren.

Vorschläge zu solchen Komponentenübungen sind allerdings vor dem Hintergrund von ganzheitlichen Konzeptionen nicht ohne Widerspruch geblieben (vgl. Arendt 1990, der sich auf die Fremdsprachendidaktik der DDR bezieht; auch Neuner reiht die genannten Übungen in eine umfassendere Übungstypologie ein).

Eine dritte Übungsmöglichkeit schließlich ist die Vermittlung von Strategien, die zu einer Verbesserung der Verstehensfähigkeit beitragen. Eine zentrale Strategie in diesem Sinne ist die optimale Nutzung aller Kontextinformationen, um zu möglichst frühzeitigen, sinnvollen Verstehenshypothesen zu kommen (Wer ist der Sprecher? An wen wendet er sich? Warum spricht er? Von wann datiert die Tonaufzeichnung?). Ungünstig ist es dagegen, wenn Lerner sich von Anfang an ausschließlich auf den Wortlaut konzentrieren, jedes einzelne Wort hintereinander zu entschlüsseln suchen und möglichst alle Details lückenlos verstehen wollen, ohne auf ihre Bedeutsamkeit zu achten. Eine zweite Strategie ist die Konzentration auf schon Verstandenes, auf 'Verstehensinseln' im Text statt einer Fixierung auf Verstehensschwierigkeiten. Dies ist nicht nur von der Motivation her günstig, es trägt auch dazu bei, den Verstehensrahmen von Sinnerwartungen an den Text zu optimieren (vgl. Neuner 1988 und Solmecke 1993, wo sich auch Übungstypen und Beispiele finden).

Schließlich sei hier noch an ein Grundprinzip allen Übens erinnert, an den Grundsatz der Variation. Für den Bereich des Hörverstehens ergibt sich aus ihm nicht nur die Forderung nach Abwechslung in den Aufgabenstellungen, die die Motiviertheit der Lerner anspricht und zu einer besseren Verankerung von Gelerntem führt, sondern vor allem die nach Variation in der Auswahl der Hörtexte, die ja möglichst der Vielfalt sprachlicher Varietäten und Situationen entsprechen sollte. Hier liegt übrigens auch ein starkes Argument für die Verwendung unterschiedlichster authentischer Hörtexte, die über das Angebot von gängigen Lehrwerkskassetten hinausgeht. Auch muttersprachliche Lehrer werden deshalb auf Tonkonserven nicht verzichten können und wollen.

Abschließend ist noch einmal an die Überlegung anzuknüpfen, Hörverstehensaufgaben seien oft vor allem auch deshalb anspruchsvoll, weil sie typischerweise unter Zeitstress zu bewältigen sind und große Anforderungen an die Gedächtnisspanne stellen. Stress aber ist ein Faktor, der sich hemmend auf die Funktionen des Gedächtnisses auswirkt. Gerade beim Üben des Hörverstehens sollte man aus diesem Grunde für eine gelöste, sachorientierte Unterrichtsatmosphäre sorgen. Dazu gehört auch, dass die Kontrolle des Hörverständnisses nicht in den Vordergrund gestellt wird, wie es nicht selten mit diversen Testaufgaben geschieht. Aufgaben sollten vielmehr den Charakter von Hilfestellungen haben und das Hören vorbereiten und begleiten. Viele Beispiele für solche Hörverstehensaufgaben finden sich in Ghisla u.a. (1996).

4.2.3 Schreiben

Das Schreiben galt der audiolingual/audiovisuell orientierten und zunächst auch der kommunikativ-pragmatischen Methodenkonzeption von Fremdsprachenunterricht als eine eher zu vernachlässigende sprachliche Fertigkeit. Dies erscheint nahe liegend, wurde doch als Ziel des Fremdsprachenunterrichts zumeist die praktische Kommunikationsfähigkeit in Alltagssituationen gesehen. Und wann braucht etwa ein Tourist schon eine Schreibfertigkeit in der Fremdsprache, die über das Ausfüllen von Formularen oder das Verfassen von Postkarten und kurzen Briefen hinausgeht? So wurde dem Schreiben als Zieltätigkeit auch in etlichen DaF-Lehrwerken nur ein geringer Raum zugestanden, solange es nicht um besondere Zielgruppen ging wie etwa ausländische Studienanfänger. In der Unterrichtspraxis allerdings dürfte es eine viel bedeutsamere Rolle gespielt haben und spielen, dies schon aus Gründen der Unterrichtsorganisation (Lerner fertigen Notizen zum Unterrichtsstoff an, sie bekommen Arbeitsblätter und lösen Aufgaben individuell schriftlich, sie erledigen Hausaufgaben usw.) und vor allem bei der Leistungsüberprüfung. Dann kommt der Schreibfertigkeit nicht selten sogar eine entscheidende Bedeutung zu, auch wenn sie in der unterrichtlichen Konzeption eher am Rande gestanden hat.

Viele Lehrer wollen aber vor allem deshalb nicht auf das Schreiben in der L2 verzichten, weil sie sich eine lernfördernde Wirkung davon versprechen. Die Lerner stehen beim Schreiben vor komplexen Teilaufgaben wie z.B. dem Finden passender Wörter beim Formulieren, und sie entwickeln Lösungsstrategien für solche Probleme, die auch auf andere Zusammenhänge übertragbar sein könnten und, so lässt sich erwarten, den Spracherwerbsprozess günstig beeinflussen. Aus dieser Perspektive verdient das Schreiben nicht nur als Zieltätigkeit im Fremdsprachenunterricht Interesse, sondern vor allem als Lernmedium. Es kommt dann nicht mehr nur auf das Produkt, den fertigen Lernertext in der L2, an, sondern ganz zentral auch auf den Prozess, der zu diesem Produkt führt. An diese Prozessorientierung knüpft die heutige L2-Schreibdidaktik zumeist an, und sie gesteht dem Schreiben dann durchaus einen breiteren Raum im Fremdsprachenunterricht zu. Ausgangspunkt der kognitionswissenschaftlich und didaktisch orientierten Schreibforschung waren vor allem Arbeiten zum Schreiben in der L1 aus den USA (vgl. Raimes 1991), auch weil dort der Schreibfertigkeit in der Hochschulausbildung eine größere Bedeutung zukommt als an deutschsprachigen Universitäten.

Welche Teilschritte und Charakteristika machen den Schreibprozess aus? Welches Lernpotenzial für den Fremdspracherwerb liegt darin? Wie lassen sich Schreibprozesse initialisieren, wie unterrichtlich begleiten und integrieren? Dies sind zentrale Fragen einer prozessorientierten fremdsprachlichen Schreibdidaktik, die im Folgenden beleuchtet werden sollen. Dabei steht das Schreiben als Verfassen von Texten im Mittelpunkt, nicht der 'technische' Aspekt des Aufschreibens oder der Verwendung einer alphabetischen Schrift mit lateinischen Schriftzeichen.

Einige zentrale Ergebnisse der Schreibprozessforschung lassen sich recht einfach nachvollziehen, wenn man Schreiber beim Verfassen von Texten beobachtet. Zweierlei fällt meist schnell auf: Einmal schreiben sie nicht in einer ununterbrochenen Bewegungsfolge vom ersten Wort bis zum Schlusspunkt durch, sondern sie unterbrechen immer wieder und legen Pausen unterschiedlicher Länge ein, eine erste nicht selten schon vor dem eigentlichen Schreibbeginn. Dann lässt sich häufig beobachten, dass schon Formuliertes nochmals gelesen und überarbeitet, geändert, gestrichen, ergänzt wird. Oft ist das Bewusstsein von der Überarbeitungsbedürftigkeit der Textentwürfe so ausgeprägt, dass nach der vorläufigen Fertigstellung der gesamte Text erneut gelesen oder dass zunächst nur ein Konzept zu Papier gebracht wird und erst dann der Text entsteht – für Examensklausuren stellen Hochschulen oft sogar zwei unterschiedliche Papiersorten für diese beiden Fassungen zur Verfügung!

Geht man der ersten Beobachtung nach, so wird zunächst deutlich, welch komplexe und anspruchsvolle Tätigkeit das Schreiben ist. Schreiber sehen sich offenbar vor Teilaufgaben gestellt, für deren Lösung sie immer wieder Zeit und Konzentration aufwenden müssen. Fragt man sie im Anschluss, womit sie sich in diesen Pausen beschäftigt haben und bittet sie vielleicht, dies am entstandenen Text zu erläutern, so stellen sich zwei Tätigkeiten als zentral heraus: das inhaltlich-gedankliche, manchmal auch auf die sprachliche Realisierung bezogene *Planen* und das *Versprachlichen*, das Umsetzen in das Medium einer Einzelsprache, das beim Schreiben in der L2 auch über die L1 vermittelt sein kann. Planen bedeutet hier, dass die Schreiber in einer Situation, die als Schreibimpuls fungiert, eine Schreibintention aufbauen, sich ein Ziel setzen. Diese Intention wird dann unter Nutzung vielfältiger Wissensbestände aus ihrem Langzeitgedächtnis so weit ausdifferenziert, bis die entstandenen Teilpläne strukturiert und sprachliche Äußerungen generiert werden können. Die versprachlichte erste Fassung eines Textteiles entsteht. Die andere oben erwähnte Beobachtung verweist auf das Überarbeiten und *Revidieren* als ein drittes zentrales Charakteristikum des Schreibens. Die Revisionen können sich auf globalere Pläne für den ganzen Text und auf Teilpläne für einzelne Äußerungen oder Teiläußerungen ebenso beziehen wie auf die Umsetzung in Sprache, also z.B. auf einzelne Formulierungen, auf grammatische Stimmigkeit oder auf die Orthographie. Sie bestehen im Kern darin, dass die Lösung eines Sprachverwendungsproblems durch den Schreiber nachträglich als nicht zufrieden stellend eingeschätzt wird und er sich zu einem neuen Lösungsversuch, zu einer Selbstkorrektur- oder Revisionsschleife, entschließt. Hier ergeht es dem Fremdsprachenlerner wohl nicht anders als professionellen Autoren, wie etwa Sarah Kirsch (1991, S. 33), die in *Schwingrasen* schreibt:

Wie kommt Literatur zu Stande? Ganz einfach, es ist nur eine Fata aus dem Gebiet der Papierkörbe eben, indem du etwas nicht wegschmeißt bleibt etwas übrig was ein anderer vielleicht zu lesen vermag [...].

Mit den Begriffen des Planens (planning), des Versprachlichens (translating) und des Revidierens (reviewing) als den zentralen Teiltätigkeiten beim Schreiben, die im Rahmen einer Aufgabe stehen (task environment) und bei denen die Schreiber auf die Wissensbestände ihres Langzeitgedächtnisses zurückgreifen, sind die wichtigsten Vorstellungen des Grundmodells der Textproduktion von Hayes/ Flower (1980) genannt. Es hat die Schreibdidaktik, auch die fremdsprachliche, bis heute stark beeinflusst und wurde in den Jahren seit seiner Veröffentlichung vielfältig erweitert, ausdifferenziert, modifiziert und empirisch überprüft (vgl. Krapels 1990 und Portmann 1991, S. 272-369, mit Bezug auf die L2 sowie Kellogg 1994).[6]

Besondere Merkmale des Schreibens in der L2 stellt Krings (1992) aus einer Reihe empirischer Arbeiten zusammen. Zwar ist die Grundstruktur des Prozesses ähnlich wie in der L1. Doch sehen sich L2-Schreiber vor mehr Probleme gestellt. Dies zeigt sich darin, dass sie mehr als doppelt so häufig eine Pause einlegen, und ihre Schreibgeschwindigkeit ist nur halb so hoch. Sie sehen sich zusätzlich vor L2-Kompetenzprobleme gestellt, wobei die größeren Schwierigkeiten im Wortschatzbereich liegen, nicht in der Grammatik, wie man vielleicht erwarten könnte. Ferner spielt die L1 eine Rolle. Für einen nicht unerheblichen Teil der Planungstätigkeiten wird nämlich zunächst die L1 genutzt, und es kommt zu einer Überschneidung des eigentlichen Schreibens mit dem Übersetzen. Der Umfang der Vorplanung scheint dagegen keinen deutlichen Einfluss auf die Textqualität zu haben. Die interindividuelle Variationsbreite ist jedoch insgesamt groß.

Wie steht es nun mit dem Schreibprozess als Lernmedium? Worin liegen spezifische Lernpotenziale der mit dem Schreiben verbundenen Teiltätigkeiten? Darauf fünf Antworten:

Eine Gegenüberstellung von schriftlichen mit spontanen mündlichen Äußerungen etwa in einem Gespräch zeigt unter anderem, dass für die geschriebene Sprachform besondere Anforderungen an die Explizitheit gelten. Vieles, was sich bei einem Face-to-Face-Gespräch aus der Situation ergibt, muss im Geschriebenen ausdrücklich und oft mit größerer Präzision formuliert werden, um Missverständnissen vorzubeugen. Auch nonverbale Kommunikationskanäle stehen nur sehr eingeschränkt zur Verfügung. Die Schreiber erhalten also auch kaum ein unmittelbares Echo darauf, ob ihre Äußerungen richtig verstanden wurden und ob sie auf der Beziehungsebene den richtigen Ton getroffen haben. Entsprechend wenig Möglichkeiten haben sie, bei einem Missverständnis mit einem Reparaturversuch zu reagieren. Solche Schwierigkeiten müssen sie vielmehr antizipieren. Daraus ergeben sich die höheren Anforderungen an die Explizitheit, Angemes-

---

[6]   So ist insbesondere zu beachten, dass dieses Modell Teilaspekte in einen sachlogischen Zusammenhang stellt, aber nicht beansprucht, psycholinguistische Realitäten tatsächlich in ihren zeitlichen Abläufen und in der Breite der Variation zwischen einzelnen Individuen darzustellen. Auch liefert es noch keine Hinweise auf den Erwerb der Schreibfertigkeit durch Schreibanfänger (dazu Bereiter 1980) und auf kultur- und einzelsprachspezifische Momente (vgl. Leki 1991).

senheit, Differenziertheit und auch Korrektheit der Äußerungen. Hier liegt ja auch die Ursache dafür, dass der – wenn man will: mühsame – Sprachproduktionsprozess beim Schreiben überhaupt so 'aufwändig' abläuft, wie oben erläutert. Wenn die Lerner sich angemessen, differenziert und korrekt zu äußern lernen, kann ihnen das aber auch bei anderen sprachlichen Handlungen zugute kommen.

Die spezifischen Qualitätsstandards, die für das Schreiben gelten, führen zu den so typischen Handlungszyklen bei Vorgängen der Selbstkorrektur, und dies sicher in vielen Fällen auch schon vorwegnehmend, mental, bevor etwas überhaupt niedergeschrieben wird. Sucht ein Schreiber etwa nach einem passenden Wort, so mag er in Gedanken zunächst einen Teilsatz mehrmals wiederholen und in diesem festen syntaktischen Rahmen verschiedene Wendungen erproben. Er wird diese in den Teilsatz einfügen und dann ihre Angemessenheit beurteilen, er wiederholt also etwas (eine uralte, ganz spontane Lern- und Merktechnik) und knüpft dann mentale Tätigkeiten an diese Wörter, er verarbeitet sie. Die Intensität und der Perspektivenreichtum solcher wiederholenden Verarbeitung von bereits Gelerntem in immer neuen, nach Möglichkeit affektiv bedeutsamen Kontexten, also die Verarbeitungstiefe (in der Sprache der kognitiven Psychologie: der Grad der Elaboration), ist ganz wesentlich für die Festigung und die leichte Abrufbarkeit (Aktivierbarkeit) von Wissenseinträgen im Gedächtnis.

Die größere Distanz gegenüber der sprachlichen Äußerung ermöglicht beim Schreiben einen eher reflexiven, (selbst-)kritischen, ja experimentierenden Umgang mit Sprache. Insbesondere steht beim Schreiben viel mehr Zeit zur Verfügung als beim Sprechen – im Prinzip: beliebig viel. Das ermöglicht eine viel größere Stressfreiheit als bei mündlichen Äußerungen, wo man ja häufig sofort reagieren muss und Fehler manchmal nicht wieder reparieren kann. Eine stressfreie Atmosphäre aber ist lernpsychologisch wünschenswert.

Mit vielen Textsorten sind sprach- und kulturspezifische Lesererwartungen verbunden. Ein Geschäftsbrief, ein dialektischer Erörterungsaufsatz, eine Inhaltsangabe, ein Essay (vgl. Schüren 1993), ja ein wissenschaftlicher Aufsatz (vgl. Clyne 1987) können je nach sprachlich-kulturellem Hintergrund recht unterschiedlich aussehen. Sich mit diesen Lesererwartungen beim Verfassen eines Textes handelnd auseinander zu setzen, bedeutet auch ein Stück kulturbezogenes, landeskundliches Lernen. Anschaulich untersucht dies Bickes (1993) unter der Titelfrage *Wie schreiben Griechen und Deutsche?*

Schließlich kann das Schreiben auch die thematische Arbeit in einer Lerngruppe weiterführen. Beim Generieren und Ausdifferenzieren von Plänen werden ja Wissensbestände aktiviert und neu organisiert. Hier liegt die epistemische (wissensbildende) Funktion des Schreibens begründet, die auch für den thematischen Fortgang einer Unterrichtssequenz nutzbar gemacht werden kann.

Will man solche Lernpotenziale nutzen, so reicht es nicht aus, wenn das Schreiben im Fremdsprachenunterricht auf ein bloßes Aufschreiben reduziert bleibt, wenn die Aufgabenstellung sich also nur auf einen Teilbereich des Schreibens beschränkt, etwa auf das Versprachlichen von vorgegebenen Inhalten, weil man den Lernern die Aufgabe durch Reduktion von Komplexität vermeintlich erleichtern will. Vielmehr sollte ihnen immer ein 'ganzer' Schreibprozess ermöglicht werden, von der Bildung einer Schreibintention bis zur Fertigstellung und z.b. der gruppeninternen Veröffentlichung des Textes. Schreiben im Fremdsprachenunterricht sollte in diesem Sinne produktiv und formulierend sein, also stets das Verfassen eigener Texte im Blick behalten. Und damit die Lerner die manchmal durchaus mühevollen Teilschritte des Schreibprozesses durchhalten können, sollten bei ihnen geeignete Motive angesprochen werden. Motivationspsychologisch günstig ist es, wenn sie sich vor ganzheitlichen Schreibaufgaben sehen, die auch in der inhaltlich-gedanklichen Komponente ein angemessenes Anspruchsniveau und einen angemessenen Grad an Offenheit haben und deren Lösung sie insgesamt als eigene Leistung werten können, in die Ich-Beteiligung, eigenes Wissen, eigene Originalität und Gestaltungskraft einfließen können. Inhaltlich-thematisch sollten Aufgabenstellungen aus dieser Sicht an das Vorwissen anknüpfen, aber auch neue Perspektiven eröffnen. Hier kommt den Schreibimpulsen eine zentrale Funktion zu. Um geeignete Impulse zu gewinnen, lassen sich die neueren schreibdidaktischen Konzeptionen aus der L1-Sprachdidaktik nutzen, das kommunikative Schreiben (vgl. Jechle 1992), das kreative Schreiben (vgl. Spinner 1993) und das personale Schreiben (vgl. Schuster 2001, 146-164). Einige Beispiele zum Erfinden einer Geschichte mögen zeigen, wie solche Schreibimpulse aussehen könnten:

Brandi et al. (1988) bringen als 'sprechendes Foto' ein Szenenfoto aus dem Film *Die flambierte Frau* von Robert van Ackeren: Eva (Gudrun Landgrebe) sitzt am Kaffeehaustisch. Sie schreibt offensichtlich in ein Tagebuch. Dabei raucht sie eine Zigarette; ihr Blick geht aus dem Fenster nach draußen. Welche Geschichte mag zu dem Foto gehören? Was mag im Tagebuch stehen? Das Foto weist ein großes Maß an Offenheit auf, enthält aber zugleich so viele Details, dass ganz unterschiedliche Schreibideen angeregt werden können.

Für Lernergruppen, die mit so viel Offenheit (noch) nicht umgehen können, könnte man zum 'Zünden' von Schreibideen noch mehr ganz konkrete Hinweise geben. Das leistet z.B. ein Schreibimpuls wie der von Neuner (1990, S. 32), der ebenfalls ein Foto verwendet. Es zeigt einen jungen Mann auf einem Bahnsteig, der wohl einem ankommenden Zug entgegen- (oder einem abgefahrenen nach-) sieht. Dazu wird die Exposition einer Geschichte gegeben: „Das ist Nikolas. Er ist am Bahnhof. Es ist 17 Uhr. Er steht am Bahnsteig 7 und wartet auf den Zug aus ...". Einige Fragen strukturieren dann die nächsten Sätze vor, die eigentliche Geschichte muss noch erfunden werden. Je enger man solche Vorgaben gestaltet, umso weniger können die Lerner allerdings das Produkt ihrer Schreibarbeit als Ergebnis der eigenen Originalität ansehen. Damit nimmt der motivierende Impuls von Schreibaufgaben ab. Fehlen andererseits Details und wird der Grad der Offenheit etwa eines Bildes zu groß, so verliert der Schreibanlass an anregender und Ideen freisetzender Kraft.

Etliche literarische Texte mit ihren Leerstellen, die die Rezipienten herausfordern, vor allem kurze Texte, lassen sich in vielfältiger Weise als Schreibanlass nutzen. So kann man einen Alternativ- oder Paralleltext schreiben. Nicht selten bietet sich dafür auch ein Perspektivenwechsel an (vgl. Mummert 1989). Ein Beispiel zu einem Text von Peter Bichsel (1993) mit der Aufgabe, einen angefangenen Text fortzusetzen: Nach einem einführenden kurzen Gespräch über Langnau, den Hauptort des ländlichen Emmentals mit seiner Meiereiwirtschaft und über die Assoziationen, die dies wecken mag, wird der Beginn der Titelgeschichte aus dem Band *Zur Stadt Paris* vorgelesen:

> Sehnsucht
> In Langnau im Emmental gab es ein Warenhaus. Das hieß Zur Stadt Paris.

Es lassen sich Geschichten anknüpfen, vielleicht zum Überdruss am provinziellen Leben, zur Emigration in eine Metropole usw. Haben die Schüler solche Geschichten erfunden, kann man den kompletten Text vorstellen:

> Sehnsucht
> In Langnau im Emmental gab es ein Warenhaus. Das hieß Zur Stadt Paris. Ob das eine Geschichte ist?

An diese Pointe kann sich ein Gespräch anschließen, in dem es um die anspruchsvolle Thematik der Rezeption von literarischen Texten geht.

Das Bereitstellen geeigneter Schreibimpulse ist ein Schwerpunkt einer prozessorientierten Schreibdidaktik, die das Schreiben als ein Lernmedium versteht. Eine solche Schreibdidaktik bemüht sich jedoch darüber hinaus, Lerner auch bei den anschließenden Teiltätigkeiten des Schreibens zu unterstützen, soweit dies notwendig und sinnvoll erscheint.

- So lässt sich das globale Planen von Texten in vielen Fällen durch eine thematische Vorentlastung, durch eine gemeinsame Analyse der Schreibsituation (Adressat, Intention, Textsorte usw.) und durch das Bereitstellen von Techniken wie Brainstorming und Clustering unterstützen.
- Hilfen beim Formulieren zu geben ist in vielen Fällen problematischer. Zwar kann man Hilfsmittel wie z.B. Nachschlagewerke bereitstellen und Beratung durch Lehrer oder durch andere Lerner anbieten. Und gerade die Probleme beim Formulieren können thematisiert werden, wenn z.B. mehrere Lerner einen Text in kooperativer Autorenschaft gemeinsam schreiben. Doch scheinen die Strategien der einzelnen Lerner und ihre Wünsche bezüglich solcher Verfahren individuell höchst unterschiedlich zu sein, manche wünschen sie, andere empfinden sie als Störung.[7] Es sollte also differenzierend vorgegangen werden, die durchaus heterogenen Bedürfnisse der Lerner sind zu berücksichtigen. Es kann auch versucht werden, mit gezielten Übungen die Formulierungsfähigkeit zu fördern, etwa mit Übungen zu Konjunktionen als Textkonnektoren (vgl. Kast 1989). Hier besteht aber auch die Gefahr des Abgleitens in eine Kleinschrittigkeit, bei der die komplexe Gesamtaufgabe der Textproduktion aus dem Blick gerät.

---

[7] Dafür sprechen z.B. Ergebnisse einer Befragung von Huneke (1995, S. 479) bei 196 portugiesischen Studierenden der Germanistik. So wünschten 20,9% der Befragten Korrekturvorschläge während des Schreibens, 12,2% lehnten sie ab, und 65,8% wünschten die Möglichkeit zu Nachfragen.

- Hilfe beim Revidieren kann vor allem die Zusammenarbeit von Lernern in Schreibkonferenzen leisten. In einer Kleingruppe werden dabei die Textentwürfe vorgestellt. Die Autoren können so die Wirkung des Textes erproben, und sie erhalten Hinweise und Kommentare, die sie beim Überarbeiten unterstützen. Fritzsche (1994, S. 204-207) stellt verschiedene Verfahren vor, nach denen solche Schreibkonferenzen ablaufen können, z.B. „Der Autor schweigt" (Der Text wird in der Gruppe besprochen, der Autor hört zunächst nur zu.), die Umkehrung „Der Autor hat das erste Wort" (Der Autor erläutert zunächst seinen Text.), „Zettellawine" (Die Textentwürfe aller Gruppenmitglieder gehen reihum, und jeder notiert zunächst schweigend seinen Kommentar unter die Texte) oder „Spezialisten" (Der Text wird von Spezialisten für Inhalt, Wortwahl, Grammatik und Rechtschreibung gelesen und aus ihrer Sicht kommentiert.). In solchen Schreibkonferenzen wird Sprachverwendung thematisiert und bewusst gemacht, denn die Kommentare müssen ja am Textentwurf belegt und Alternativen müssen besprochen und beurteilt werden. Auch Merkmale des Schreibprozesses selbst werden bewusst. So begünstigen Schreibkonferenzen sicher einen metasprachlich bewussten, kontrollierten Umgang mit der Fremdsprache. Auch empirische Belege sprechen dafür, dass die Kooperation von Lernern beim Überarbeiten sich günstig auswirkt (vgl. Edelmann 1995). Schließlich fördert sie auch soziales Lernen und trägt zur Verbesserung der Diskursfähigkeit in der Fremdsprache bei (vgl. Villamil/de Guerrero 1996).

Zusammenfassend lässt sich sagen, dass es gerade die Komplexität des Schreibprozesses ist, die ihn reizvoll und für den Fremdsprachenunterricht nutzbar machen kann. Sie sollte deshalb nicht voreilig reduziert werden, um dem Lerner seine Aufgabe vermeintlich zu erleichtern. Die Texte, die das Ergebnis dieses anspruchsvollen Prozesses sind, sollten dann aber auch ein angemessenes Feedback finden. Dies könnte darin bestehen, dass sie anderen zugänglich gemacht werden oder dass sie eine Funktion im weiteren Gang des Unterrichts bekommen.

4.2.4 Sprechen

Sprechen ist die Haupttätigkeit, wenn man die Aufmerksamkeit anderer auf sich lenken möchte, wenn man in der Interaktion mit anderen etwas erreichen möchte, wenn man Situationen oder das Verhalten von Gesprächspartnern den eigenen Intentionen gemäß beeinflussen möchte – sei es unter vier Augen oder vor einer Gruppe, sei es privat oder öffentlich, sei es mit einem Vorgesetzten oder Lehrer oder mit Gleichgestellten. Zu sprechen ist aber gar nicht immer so einfach, Sprechhandlungen können ja – zumal in der Fremdsprache – auch weniger gut oder gar nicht gelingen. Die Not, in mancher Situation den passenden Ausdruck, die passende Formulierung zu finden, zeugt ebenso davon wie Versprecher oder andere kleine Fehlleistungen, die jedem unterlaufen können. Wer einen Gesprächsbeitrag machen möchte, der hat neben sprachbezogenem, kulturbezogenem und inhaltlichem Wissen und Können vor allem zwei 'knappe Ressourcen' nötig, die eine eher kognitiver Art, die andere eher affektiver Natur: Er braucht Aufmerksamkeit und Konzentration, um seinen Beitrag in der Kürze der Zeit zu organisieren und zu realisieren, und er braucht Mut, den Mut, sich dem Risiko des Scheiterns auszusetzen und sich von Sprechängstlichkeit nicht zu sehr behindern zu lassen. Beide Aspekte sollen hier kurz betrachtet werden, um einen Einblick in den Ablauf des Sprechprozesses zu geben und nach fremdsprachendidaktischen Konsequenzen zu fragen.

4.2.4.1 Aufmerksamkeit

Sprechen ist, auch wenn uns das meist nicht so bewusst wird, selbst in der L1 ein hochkomplexer psycholinguistischer Vorgang, von dessen Details die Forschung noch längst kein fertiges Bild hat. Die Komplexität des Vorgangs führt zu einer gewissen Störanfälligkeit, zum Beispiel kann es zu Versprechern kommen. Ein Blick auf solche Versprecher zeigt schnell, dass sie auf unterschiedlichen 'Niveaus' vorkommen: Sagt jemand „Da vorne ist doch der Pamcingplatz." statt „Da vorne ist doch der Campingplatz.", so hat er offensichtlich beim Sprechen zunächst einmal vieles recht gut gemacht. Er hat eine grammatisch richtig strukturierte Äußerung hervorgebracht, die sicher auch in die Kommunikationssituation passt. Er hat die Struktur seines Satzes mit sinnvollen und passenden Wörtern gefüllt. Selbst beim Versprecher „Pamcingplatz" wird zweifelsfrei deutlich, welches Wort intendiert war. Das Wort ist dem Sprecher sicher auch gut bekannt. Erst im Bereich zwischen der phonetischen 'Feinplanung' und der artikulatorischen Realisierung des Wortes ist ein Fehler aufgetreten, alle vorgelagerten Teilprozesse des Sprechvorgangs sind störungsfrei abgelaufen. Auch eine Vertauschung wie „Vergiss nicht die UB, wenn du noch in den Ausweis willst." zeigt, dass viele Instanzen des Sprachproduktionsapparates fehlerfrei gearbeitet haben. Die Äußerung ist bis zum Finden einer syntaktischen Struktur, zur Festlegung einer Satzintonation und zur Auswahl von Einträgen im mentalen Lexikon (Wörtern) perfekt vorbereitet. Erst beim Füllen der Positionen für die beiden Nomina „UB" (Universitätsbibliothek) und „Ausweis" ist es dann im Anschluss zu der Verwechslung gekommen. Die grammatische 'Feinanpassung' im Satz muss dann übrigens erst nach dem Entstehen des Versprechers stattgefunden haben, denn die Artikel „die" und „den" wurden noch an die beiden Nomen in ihrer vertauschten Position angepasst – andernfalls hätte es ja heißen müssen „Vergiss nicht den UB, wenn du noch in die Ausweis willst". Psycholinguisten leiten aus solchen Versprechern und aus vielen anderen Daten einen zentralen Aspekt des Bildes ab, das sie sich von der Sprachproduktion beim Sprechen machen, den der Modularität. Damit ist die Einsicht gemeint, dass die Sprachverarbeitung offensichtlich nicht als eine unstrukturierte und fließende mentale Aktivität vorzustellen ist, sondern dass es in sich relativ geschlossene Teilinstanzen gibt, die mit einer gewissen Selbstständigkeit und Unabhängigkeit voneinander Informationen verarbeiten. Wie hoch der Grad ihrer Spezialisierung und Unabhängigkeit ist, ist allerdings umstritten.

Herrmann und Grabowski (1994) legten ein Modell der Sprachproduktion beim Sprechen vor, auf das hier nur in sehr starker Vereinfachung Bezug genommen werden kann. Sie unterscheiden drei zentrale Bereiche, die sie Zentrale Kontrolle, Hilfssysteme und Enkodiermechanismus nennen. Die Zentrale Kontrolle bereitet Wissensbestände aus der Wahrnehmung und aus dem Langzeitgedächtnis sowie Intentionen auf und linearisiert sie, sodass sie für die Generierung einer Äußerung bereit stehen. Das Ergebnis ihrer Tätigkeit ist noch nicht einzelsprachspezifisch (deutsch, englisch usw.). Es ließe sich in grober Näherung als das Gemeinte bezeichnen. Es ist der Input für den nächsten Bereich der Sprachproduktion, die Hilfssysteme. Herrmann und Grabowski nennen es deshalb Protoinput. Die zweite Aufgabe der Zentralen Kontrolle ist die Überwachung und Einstellung der anderen Bereiche der Sprachproduktion. Der Protoinput wird dann von den Hilfssystemen weiterverarbeitet, eine sprachabhängige Detailplanung der Äußerung entsteht. Grammatische Strukturen werden genutzt, es wird entschieden, was in einer Äußerung besonders hervorgehoben werden soll, Einzeläußerungen werden zu einem Textzusammenhang verkettet usw. Das Ergebnis dieser Tätigkeiten ist der Enkodierinput, gewissermaßen der Rohbau der beabsichtigten Äußerung. Er ist bereits einzelsprachlich spezifisch. Der Enkodierinput wird dann im Enkodiermechanismus in eine grammatisch organisierte und harmonisierte, mit weiteren Angaben (z.B. zur Betonung und Intonation) versehene Phonemfolge umgesetzt. Diese Informationsfolge schließlich steuert die Tätigkeit der Artikulationsorgane. Die Zentrale Kontrolle, die Hilfssysteme, der Enkodiermechanismus und schließlich die Artikulationsgenerierung sind nun in dieser Folge hierarchisch geordnet nach ihrem Aufmerksamkeitsbedarf. Er ist am höchsten für die Zentrale Kontrolle, am niedrigsten für die Artikulationsgenerierung. Für die in diesem Sinne nachgeordneten Bereiche hat die Automatisierung von Teiltätigkeiten bereits Entlastung schaffen können, die 'eingesparte' Aufmerksamkeit kommt der Zentralen Kontrolle zugute, wo eine Automatisierung so nicht möglich ist.

Beim Sprechen in einer Fremdsprache nun sind zunächst die Probleme für die Lerner im Bereich der Hilfssysteme, des Enkodiermechanismus und nicht selten sogar der Artikulationsgenerierung (vgl. dazu den Abschnitt 4.3.1 zum Ausspracheunterricht) viel größer als in der L1, eine Automatisierung konnte noch nicht so weitgehend zu einer Entlastung beitragen wie beim Sprechen in der L1. Hieraus ergibt sich eine besondere Schwierigkeit des Sprechens in der L2 und damit eine zentrale fremdsprachendidaktische Aufgabe. Es handelt sich um eine Aufgabe, die sich nicht vorschnell einfach etwa durch Drillübungen lösen lässt. Diese können sicher durchaus ihren Beitrag zur Entlastung des Sprechvorgangs leisten. Sie reichen aber nicht aus, denn die sprachlichen Äußerungen müssen ja stets auch in der richtigen Weise gebraucht werden. Und viele Regeln für den angemessenen Gebrauch einer Äußerung in einer Kommunikationssituation (Pragmatik, vgl. 3.3) sind sprach- bzw. kulturspezifisch. Zwei Beispiele mögen diesen Sachverhalt illustrieren:

Günthner (1989, S. 434) berichtet von folgendem Gespräch aus China: „Frau Zhang, eine chinesische Deutschlehrerin, besucht Frau Müller, eine deutsche Lektorin in deren Wohnung:

Müller: 'Schön, dass Sie mal zu mir kommen. Was darf ich Ihnen zu trinken anbieten?'
Zhang: 'Oh nichts, danke.'
Müller: 'Nichts? Nicht einmal eine Tasse Tee?'
Zhang: 'Nein, nein. Vielen Dank.'
Müller: 'Oder vielleicht eine Tasse Kaffee?'
Zhang: 'Nein, machen Sie sich keine Arbeit.'
Müller: 'Aber es macht mir keine Arbeit. Also lieber Kaffee oder Tee?'
Zhang: 'Tee geht auch.'
Müller: 'Sie trinken den Tee sicher ohne Milch und Zucker, oder?'
Zhang: 'Ja, ja.'"

Günthner kommentiert, in China geböten es Höflichkeit und Bescheidenheit, ein Angebot drei Mal abzulehnen und es erst beim vierten Mal anzunehmen. Entsprechend häufig ist die Einladung zu formulieren. Ein chinesischer Deutschlerner sollte wissen, dass nach deutscher Konvention wohl allenfalls eine Wiederholung eines solchen Angebots erwartet wird. Andernfalls wird der Gesprächspartner davon ausgehen, die/der andere wolle eben wirklich keinen Tee. Wenn ein Fremdsprachenlerner in einer solchen Situation die kulturspezifischen Gebrauchsregeln für sprachliche Äußerungen nicht kennt, ist die kommunikative Intention – hier wohl die Schaffung einer freundlichen und entspannten Gesprächsatmosphäre zu Beginn eines Besuchs – sicher viel nachhaltiger gestört, als wenn ihm etwa ein Grammatikfehler unterläuft.

Ein deutscher Austauschdozent hospitiert im Deutschunterricht an einer russischen Kleinstadtschule. Bei einer anschließenden Aussprache im Kollegium wendet er sich an die Schulleiterin und beginnt in dem Bemühen, feministischer Sprachkritik gerecht zu werden, mit „Sehr geehrte Frau Direktorin!". Die russische Übersetzerin lässt ihn jedoch wissen, sie übersetze lieber „Sehr geehrte Frau Direktor!". Die Angesprochene könnte sich sonst in ihrem Amt nicht ernst genommen fühlen.

Missverständnisse, die auf Grund der Unkenntnis von Gebrauchsregeln in der L2 entstehen, sind häufig viel schwer wiegender als solche auf Grund von morphosyntaktischen Verstößen gegen Sprachnormen, und es kann viel schwieriger sein, sie wieder aus der Welt zu schaffen. Gesprächspartner stehen ihnen oft mit viel weniger Toleranz gegenüber als grammatischen oder lexikalischen Fehlern. Dies hat damit zu tun, dass die pragmatischen Normen von vielen nicht als kulturspezifisch verstanden werden, man hält sie oft für Universalien, während Unterschiede in den Sprachsystemen jedermann bewusst sind.

Fremdsprachenlerner müssen also nicht nur lernen, wohl geformte Sätze in der L2 hervorzubringen, sie müssen auch lernen, sie kulturspezifischen Gebrauchsnormen entsprechend zu verwenden. Dies ist eine anspruchsvolle Aufgabe, die hohe Anforderungen an die Planung und Kontrolle beim Sprechen stellt, also an das Subsystem der Zentralen Kontrolle im Modell der Sprachproduktion von Herrmann/Grabowski. Zu ihrer Lösung kann auf Wissensbestände unterschiedlicher Art zurückgegriffen werden. Herrmann/Grabowski (1994, S. 278-281) unterscheiden nun idealtypisch drei verschiedene Arten der Steuerung des Sprachproduktionsprozesses, je nachdem, welche Typen von Wissen dabei vorrangig genutzt werden. Sie nennen sie Schema-Steuerung, Reiz-Steuerung und Ad-hoc-Steuerung.

Spricht ein Sprecher schemagesteuert, so greift er nicht nur auf Wissensbestände zum Inhalt einer geplanten Äußerung zurück, sondern auch auf solche zum Wie der Äußerung. Er nutzt zum Beispiel sein Wissen darüber, wie man sich im Kulturraum der Zielsprache begrüßt, wie man in einem Gespräch das Wort ergreift, welche Reaktionen in einem Gespräch vom Zuhörer erwartet werden, wie man sich entschuldigt oder eben, wie man eine Tasse Tee anbietet. Viele Bereiche der Alltagssprache sind von solchen Wie-Schemata bestimmt.

In anderen Situationen reagieren Sprecher 'direkt' mit einer schnellen Antwort auf eine Frage, mit Zustimmung auf eine Feststellung, mit einem Gegengruß auf einen Gruß usw., ohne eigens Wie-Schemata aktivieren zu müssen. Unmittelbare Grundlage ihrer Reaktion ist vielmehr die Äußerung eines Gesprächspartners, der 'Reiz', der in einer Situation aufgetreten ist. Es liegt Reiz-Steuerung des Sprechens vor.

Beide Arten der Steuerung, die Schema-Steuerung und die Reiz-Steuerung, ermöglichen eine Entlastung auf dem Niveau der Zentralen Kontrolle. Ist eine solche Entlastung nicht möglich, weil eine einfache Reaktion nicht ausreicht und weil ein passendes Wie-Schema nicht aktiviert werden kann, dann muss die ganze Steuerungsarbeit im Zugriff auf einzeln auszuwählende Wissensbestände des Langzeitgedächtnisses aktuell gleichsam 'von Hand' vorgenommen werden. Diese Art der Steuerung, die ad-hoc-Steuerung, benötigt am meisten Aufmerksamkeit und oft wohl auch am meisten Zeit.

Fremdsprachenlerner sollten ihr Sprechen je nach Situation in allen drei Modalitäten steuern können. Dazu sollten sie Wie-Schemata erwerben,[8] sie sollten sich schnelle Reaktionen auf erwartbare sprachliche Reize verfügbar machen und sie sollten sich darin üben, auch ad-hoc-gesteuert zu sprechen. Hierbei können ihnen unter anderem auch Taktiken zum Zeitgewinnen helfen – und sei es die Zuflucht zu Füllwörtern wie „ehm"; „tja", „also"; „Wie formuliere ich das?" – sowie Techniken der Vorbereitung auf einen Gesprächsbeitrag, bevor man das Wort ergreift, vergleichbar etwa mit dem mentalen Training von Sportlern.

4.2.4.2 Mut

Gesprächsbeiträge sind, wie oben gesagt, in der Perspektive von Sprechern Handlungen, die auch misslingen können, nicht nur im grammatischen oder lexikalischen Sinn, sondern ganz handfest auch im pragmatisch-interkulturellen. Ich erreiche dann vielleicht nicht, was ich erreichen möchte, oder ich erscheine meinen Gesprächspartnern womöglich unhöflich, unfreundlich, inkompetent – mit dem Sprechen ist ja stets auch ein wenig Selbstdarstellung verbunden. Gerade Fremdsprachenlerner nehmen diese Gefahren des Scheiterns oft besonders deutlich wahr, sie sind sich des Risikos bewusst, das es bedeutet, eine Sprechhandlung zu wagen, und müssen sicher oft eine gehörige Portion Sprechängstlichkeit

---

[8] Eine sehr empfehlenswerte Einführung in die Arbeit mit Routinen und Ritualen der Alltagssprache im DaF-Unterricht ist Lüger (1993).

überwinden. In diesem Sinne erfordert Sprechen Mut, und der Sprachunterricht ist auf eine zentrale affektive Dimension des Lernens verwiesen. Die Alternative zu den kleinen Wagnissen beim Sprechen ist nämlich der Rückzug auf Altbekanntes und vielfach Erprobtes, auf solche sprachlichen Mittel und Verhaltensweisen, die gesichert zur Verfügung stehen. Neues, den Lernprozess weiterführendes oder als nicht genügend gesichert empfundenes Sprachmaterial wird vermieden. Diese Vermeidungsstrategien wirken lernhindernd. Sie begünstigen die Fossilierung des Spracherwerbsprozesses, denn es geht ja eben um die Bereiche der Lernersprache, die zum Weiterlernen anstehen. Beim tentativen Lösen von 'riskanten' Sprachverwendungsaufgaben werden ja gerade die aktuell zur Weiterentwicklung anstehenden lernersprachlichen Hypothesen erprobt. Bewähren sie sich, so wirkt dies verstärkend, andernfalls werden Anstöße zu ihrer Modifizierung und Ausdifferenzierung gegeben.

Der Sprachunterricht braucht also unbedingt eine ermutigende Atmosphäre. Er muss bemüht sein, immer wieder Anlässe und Situationen zu schaffen, in denen die Lerner als möglichst autonom kommunizierende, ganze Personen handeln können und in denen sie ihre eigenen Intentionen verwirklichen. So ist für sie ein Motiv gegeben, Wagnisse und Risiken auf sich zu nehmen. Zu einer ermutigenden Atmosphäre gehört aber auch, dass die Lerner darauf vertrauen können, im Falle des Misslingens aufgefangen zu werden und nicht einer emotional als unangenehm empfundenen Bewertung oder Kritik oder gar der Bloßstellung und dem Spott anderer ausgesetzt zu sein. Im Unterricht muss es also gerade beim Sprechen ein erkennbares und sinnvolles Maß an Fehlertoleranz geben.

Welche Grundsätze und Möglichkeiten ergeben sich für den Fremdsprachenunterricht, diese Überlegungen zur Fertigkeit Sprechen in der Praxis zu berücksichtigen? Hier einige Vorschläge:

- Ein nahe liegender Grundsatz ist sicher der eines variantenreichen, vielseitigen und umfassenden Übungsgeschehens, das hilft, Teilprozesse bei der Sprachproduktion zu automatisieren. Das Übungsgeschehen wird von der Aussprache und Intonation über unterschiedliche sprachliche Mittel und Routinen bis zum Umgang mit verschiedenen Textsorten reichen und das Erzählen und Berichten ebenso umfassen wie die Steuerung von Gesprächen, das Diskutieren, das Appellieren, die Beteiligung an Konversation und den Ausdruck eigener Gestimmtheit.
- Der Variationsreichtum im Übungsgeschehen wird sich auch auf die Wissensbestände beziehen, die beim Sprechen im Modus der Schema-Steuerung, der Reiz-Steuerung und der ad-hoc-Steuerung genutzt werden.
- Wer die Sprecherrolle innehat, steht unter einem gewissen Stress. Es ist lernpsychologisch wünschenswert, diesen Stress zu mindern. Eine emotional positive Einstimmung auf das Medium der Zielsprache kann in diese Richtung wirken. Möglichkeiten dazu ergeben sich von der Gestaltung des Unterrichtsraumes über regelmäßige Anwärmübungen bis hin zu Techniken der affektiven mentalen Einstimmung aus der Suggestopädie und dem autogenen Training.
- Anregende und motivierende Impulse, die es den Lernern ermöglichen, gern und aus eigener Intention zu sprechen, ergeben sich vor allem aus kommunikativen Situationen.

Dies ist nicht immer einfach zu realisieren, vor allem, wenn die Zielsprache im Ausland gelernt wird. Die Simulation von authentischer Kommunikation ist sicher eine Möglichkeit, auf die man nicht immer wird verzichten können. Besser ist es, wenn sich echte Kommunikation ergibt. Das Zusammenleben und -arbeiten in der Lerngruppe kann solche Chancen schaffen,[9] auch Sprachlernspiele ermöglichen dies, wenn der Akzent nicht zu einseitig auf den sprachlichen Lernzielen zu Ungunsten der Spielziele liegt. Allerdings enthalten auch solche Situationen oft noch ein Element von Künstlichkeit, denn warum sollten echte Kommunikationsabläufe in der Lerngruppe in der L2 geschehen, wenn nicht auf Grund der künstlichen Unterrichtssituation? Noch günstiger ist es wohl, wenn es gelingt, authentische Kommunikation mit L2-Sprechern oder in der L2 als lingua franca auf echte Bedürfnisse der Lerner zu gründen. Unterschiedliche Korrespondenz- und Austauschprojekte versuchen, diesen hohen Anspruch einzulösen.

- Zentral bleibt die Schaffung einer ermutigenden, lebendigen und anregenden Unterrichtsatmosphäre, die den Lernern auch einen zuverlässigen Schutz vor Verletzungen ihrer Person gewährt. Dazu gehört auch Fehlertoleranz – und Humor.

Lektürehinweise

Lesen: Eine zuverlässige Überblicksdarstellung zum Leseprozeß in der Fremdsprache bietet Stiefenhöfer (1986, S. 25-96), eine sehr gründliche Darstellung am Beispiel Deutsch als Fremdsprache ist Lütjeharms (1988). Der praxisnahen Vermittlung von *Strategien voraussagenden Lesens* widmet sich Westhoff (1987), dem Lesen und Verstehen literarischer Texte in der Fremdsprache Deutsch Kast (1985) und Ehlers (1992). Viele praktische Hinweise zum *Erschließen aus dem Kontext* (Röhr 1993) sind gerade für das Lesen nützlich. Eine Grammatik, die konsequent die rezeptive Perspektive einnimmt, legte Heringer vor (1987 einführend, 1988 vertiefend). Die Verwandtschaft der Verstehensvorgänge beim Lesen und Hören betont der Aufsatz von Solmecke (1992).

Hören: Das Heft 7 (1992) der Zeitschrift *Fremdsprache Deutsch* (Themenheft *Hörverstehen*) gibt im Grundlagenartikel einen Überblick und fügt viele Anregungen in Form von Unterrichtsentwürfen zum Üben des Hörverstehens bei. Zum Heft gehört eine kostenlose Hörkassette. Übungen, Übungstypen und Beispiele, die sich auf Deutsch als Fremdsprache beziehen, enthalten Neuner (1988) und Solmecke (1993). Zahlreiche Möglichkeiten der Arbeit mit Hörtexten auf Tonkassetten werden in Dahlhaus (1994, ebenfalls mit Kassette) erarbeitet.

Wer im Ausland DaF unterrichtet, hat vielleicht Schwierigkeiten mit der Beschaffung von authentischen Hörtexten. Hier können die vielfältigen Materialien von Goethe-Institut/Inter Nationes weiterhelfen, die ausländischen Schulen und anderen Institutionen kostenlos zur Verfügung stehen. Eine andere Materialquelle könnte das Radioprogramm der Deutschen Welle (Köln) sein, das weltweit ausgestrahlt wird und auch über das Internet zugänglich ist.

---

[9] Aktivitäten und Aufgaben für den Unterricht Deutsch als Fremdsprache, die sich in dieser Hinsicht um besondere Sensibilität bemühen, stellen Häussermann/Piepho (1996, S. 242-285) zusammen. – Natürlich ist auch die Interaktion zwischen Lernern und Lehrern im Unterrichtsalltag eine Chance zur Kommunikation in der Zielsprache. Wer für seine Lerngruppe oder für sich selbst hier nach Redemitteln sucht, findet in Butzkamm (1996) viel Material. Wagner (1999) gibt aus sprechpädagogischer Sicht viele Hinweise, die auch Fremdsprachenlernern und -lehrern zugute kommen können.

Schreiben: Die Beiträge in Heid (1989) führen in grundlegende Aspekte des Schreibens im DaF-Unterricht ein. Empfehlenswerte Überblicke über Modellvorstellungen zum Schreibprozess finden sich in Jechle (1992, S. 3-83) und in Krapels (1990). Umfassend aufgearbeitet ist die Literatur zur fremdsprachlichen Schreibdidaktik in Portmann (1991). Vielfältige Anregungen für Schreibimpulse, die sich auch auf den DaF-Unterricht beziehen lasssen, sind z.B. in Rodari (1992), Rau (1988), Posset (1988), Fritzsche (1989, 1994) und Mosler/Herholz (1992) zusammengetragen.

Die kommentierte Auswahlbibliographie von Antos/Pogner (1995) ermöglicht einen aktuellen Überblick über empfohlene Literatur zum Schreiben. Eine Fachzeitschrift, die sich ganz dem Schreiben in der L2 widmet, ist das *Journal of Second Language Writing*, New Jersey, 1992ff.

Sprechen: Zum Sprechen findet sich weniger einschlägige Literatur als zu den anderen Fertigkeiten, obwohl es natürlich vor allem im methodischen Ansatz des kommunikativ-pragmatischen Fremdsprachenunterrichts zentral berücksichtigt ist. Einen weiterführenden Zugang ermöglichen jedoch das Themenheft I/1996 der Zeitschrift *Fremdsprache Deutsch* (Heft 14) sowie der Fernstudienbrief von Neuf-Münkel/Roland (1994), der allerdings z.Zt. erst als Erprobungsfassung vorliegt. Die Beiträge im Sammelband von Slembek (1997) haben den interkulturellen Kontext des Sprechens zum Schwerpunkt; Forster (1997) bezieht sprechpädagogische Aspekte ein.

4.3 Sprachliche Fähigkeiten

Bei den in 4.2 betrachteten vier sprachlichen Grundfertigkeiten handelt es sich um partiell automatisierte Ketten von Teiltätigkeiten im Rahmen umfassender Prozesse der rezeptiven und produktiven Sprachverarbeitung. Sie können auf eine weitere Sprache übertragen werden, die Lerner müssen sie allerdings an die Bedingungen der Sprachverwendung in der L2 anpassen. Dabei beziehen sie sich auf die Kompetenzbasis der neuen Sprache. Gewissermaßen quer zu den Fertigkeiten müssen sie sich deshalb fremdsprachliche Kompetenzbereiche aneignen: Über das Lautsystem der L2, über ihren Wortschatz und über ihre grammatischen Strukturen müssen die Lerner beim Hören und beim Sprechen, beim Lesen und beim Schreiben verfügen können. Diese Kompetenzbereiche bezeichnen wir zusammenfassend als sprachliche Fähigkeiten.

4.3.1 Aussprache

Ausspracheschulung war lange ein Stiefkind im Fremdsprachenunterricht, aber seit ungefähr fünfzehn Jahren erscheinen mehr Veröffentlichungen zu dieser Thematik (vgl. Breitung 1994). Didaktiker haben erkannt, dass der Aussprache im Unterricht bislang zu wenig Zeit zur Verfügung stand, denn eine verständliche und norm-adäquate Aussprache ist die Basis für jegliches fremdsprachliche Handeln, und umgekehrt führt eine normabweichende Aussprache zu Verstehensproblemen oder gar Kommunikationsabbrüchen. Warum diese einfachen Wahrheiten bislang so wenig beachtet wurden, liegt wohl zum einen an dem unzureichenden phonetischen Wissen von Lehrern, zum anderen an einer wenig überzeugenden Methodik. Beides kam in der DaF-Lehrerausbildung bislang zu kurz. Es sind erhebliche Anstrengungen notwendig, um diese Defizite langfristig zu beheben.

Angehende DaF-Lehrer sollten in ihrer Ausbildung lernen, wo deutsche Laute gebildet werden (Artikulationsort) und wie sie gebildet werden (Artikulationsart). Sie müssen den Aufbau deutscher Silben kennen und Grundlegendes über die Artikulation von ein- und mehrsilbigen Wörtern wissen. Und sie sollten die wesentlichen intonatorischen Muster von deutschen Sätzen kennen.

Diese lautliche Ebene muss in der Analyse und Begrifflichkeit immer deutlich von der Ebene der Schrift getrennt bleiben. Für Phonetiker ist das eine Selbstverständlichkeit, aber für alle nicht ausreichend phonetisch Geschulten besteht die Gefahr, dass die Lautung von der Schreibung nicht klar geschieden wird. Wir sind einfach so sehr in unserer Sozialisation und durch unsere Kultur von Schrift geprägt worden, dass wir oft meinen, Laute zu hören, die so nicht vorhanden sind, nur weil wir das Schriftbild vor unserem inneren Auge sehen. Bei Wörtern wie „Bub" meinen beispielsweise viele, auch am Wortende ein [b] zu hören. Die Auslautverhärtung von [b] zu [p] wird auf Grund des bekannten Schriftbildes einfach nicht wahrgenommen.

In der Lehrerausbildung kommt es zunächst auf die Schulung des Hörvermögens an: Es gilt, die einzelnen Laute und Lautketten möglichst unmittelbar und von schriftsprachlichen Normen unbeeinflusst wahrzunehmen. Anhand von Austauschproben lassen sich Phoneme auf Gemeinsamkeiten oder Unterschiede hin überprüfen. Kann man ein einzelnes Phon durch ein anderes in einem Wort ersetzen, sodass ein neues Wort entsteht, dann hat dieses Phon eine bedeutungsunterscheidende Funktion und kann deshalb als Phonem bezeichnet werden. Mit dieser speziellen Form einer Austauschprobe, der sog. Minimalpaaranalyse, lassen sich alle Phoneme einer Sprache auf empirischem Weg ermitteln. Wenn beispielsweise in dem Wort „legen" /e:/ durch /i:/ ersetzt wird, dann ergibt sich auf Grund dieses Austausches ein anderes deutsches Wort, nämlich „liegen". „Legen" und „liegen" sind ein Minimalpaar, das sich nur in einem einzigen Phonem unterscheidet. Und da beide Phoneme, das /e:/ wie das /i:/, dazu fähig sind, die Bedeutung eines deutschen Wortes zu unterscheiden, handelt es sich bei diesen beiden Lauten um Phoneme der deutschen Sprache.

Jeder Laut lässt sich durch ein Zeichen der International Phonetic Association bzw. der Association Phonétique Internationale (IPA bzw. API) darstellen. Für einen DaF-Lehrer ist es nicht nur unerlässlich, deutsche Wörter sicher nach dieser Umschrift transkribieren zu können; er sollte auch die Muttersprache(n) der Lerner nach dem IPA/API-System schreiben können.

Zur Darstellung von Intonationsverläufen hat sich ein 1966 von Isacenko und Schädlich entwickeltes und später leicht modifiziertes Notationsverfahren, die 'Tonbruchnotierung' (Stock 1996, S. 29-33) didaktisch bewährt. Dabei werden keine geschwungenen Linien oder Noten über oder unter eine schriftlich fixierte Äußerung gelegt (die sog. 'Melodienotierung'), sondern gerade Linien, die entweder oberhalb oder unterhalb einer Schriftzeile verlaufen und durch senkrechte oder schräge Striche miteinander verbunden sind, die die Bewegung von einer hohen zu einer niedrigen Tonlage bzw. umgekehrt markieren.

Wo \ war Willi? – Willi war im / Wa\ld.   (vgl. Göbel/Graffmann/Heumann 1986, S. 53)

Erst nach einer theoretischen wie praktischen Beschäftigung mit den phonetischen Grundlagen wird man sinnvollerweise untersuchen, wie die Phoneme des Deutschen durch Schriftzeichen nach den Normen der Orthographie repräsentiert werden. Der einfachste Fall liegt dann vor, wenn ein Phonem einem Schriftzeichen (Graphem) entspricht, aber dieser Fall ist im Deutschen durchaus nicht die Regel. Selbst bei augenscheinlich einfachen Wörtern findet man selten eindeutige 1:1 Relationen von Phonemen zu Graphemen. Für das Phonem /ʃ/ beispielsweise stehen meistens die drei Buchstaben des Graphems <sch>; das Phonem /ŋ/ kann durch zwei Grapheme repräsentiert werden, z.B. in den Wörtern „Ring" und „Dank". Während bestimmte Phoneme durch mehrere Grapheme dargestellt werden, gibt es auch die umgekehrte Möglichkeit, nämlich dass einzelne Grapheme unterschiedlichen Phonemen entsprechen: Das Graphem <e> beispielsweise hat drei lautliche Entsprechungen, wie in „Bett" /ɛ/, „Melodie" /e/ und „hatte" /ə/, der Buchstabe „e" kann aber auch Teil der zweigliedrigen Grapheme <ie> in „nie", <eu> in „Heu" und <ei> in „Ei" sein. Diesen entsprechen die Phoneme /i:/, /ɔy/ und /ai/, hinzu kommt das /ɐ/ wie in „aber". Es ergeben sich also sieben unterschiedliche Entsprechungen (vgl. Graffmann 1995, S. 242).

Neben Kenntnissen zur deutschen Aussprache und ihrem Bezug zur Schreibung ist ein kontrastives Wissen über ähnliche und unterschiedliche Verhältnisse in der L1 und L2 notwendig. Englischsprachigen DaF-Lernern kann man beispielsweise an der Schreibung von zwei (nahezu) gleich geschriebenen Wörtern – dt. „Finger", engl. „finger" – die unterschiedlichen Laut-Buchstaben-Zuordnungen verdeutlichen: Dieses Wort wird im englischen Englisch /fɪŋgə(r)/ ausgesprochen, im Standarddeutschen hingegen /fɪŋɐ/, ein relativ geringer Unterschied, der auch bei fortgeschrittenen Lernern leicht 'überhört' wird.

Größere Kontraste bestehen zwischen nicht miteinander verwandten Sprachen, etwa dem Deutschen und dem Chinesischen, da hier die Silben nach anderen Gesetzmäßigkeiten aufgebaut sind. Konsonantenhäufungen sind im Chinesischen weitgehend unbekannt. Und da Silbe und Morphem meist identisch sind, ist das Erfassen der komplizierten deutschen Silbenstruktur schwierig (vgl. Rausch 1992).

Dieses knapp angedeutete phonetisch-phonologische Hintergrundwissen ist unabdingbar für die Diagnose von Aussprache- und Rechtschreibfehlern. Inwieweit es didaktisch ausgewählt und methodisch modelliert im Unterricht umgesetzt werden sollte, hängt von den jeweiligen Voraussetzungen einer Lerngruppe und den Lernzielen ab. Nicht nur für erwachsene Lerner kann es hilfreich sein, wenn man ihnen die Bildung von Lauten und die Beziehungen zwischen Laut und Schrift im Deutschen und in ihrer Muttersprache exemplarisch verdeutlicht.

Wenn man die Aussprache einer Fremdsprache vermitteln möchte, muss man angeben können, auf welche Aussprache man sich bezieht. Für das Deutsche hat sich weitgehend die 'Standardaussprache' durchgesetzt, so wie sie im *Duden-Ausprachewörterbuch* dargestellt wird. Diese Aussprachenorm hat folgende Eigenschaften:

1. Sie ist eine Gebrauchsnorm, die der Sprechwirklichkeit nahe kommt. Sie erhebt jedoch keinen Anspruch darauf, die vielfältigen Schattierungen der gesprochenen Sprache vollständig widerzuspiegeln.
2. Sie ist überregional. Sie enthält keine typisch landschaftlichen Ausspracheformen.
3. Sie ist einheitlich. Varianten (freie Varianten und Phonemvariation) werden ausgeschaltet oder auf ein Mindestmaß beschränkt.
4. Sie ist schriftnah, d.h. sie wird weitgehend durch das Schriftbild bestimmt.
5. Sie ist deutlich, unterscheidet die Laute einerseits stärker als die Umgangslautung, andererseits schwächer als die zu erhöhter Deutlichkeit neigende Bühnenaussprache.

(*Duden-Ausprachewörterbuch* 1990, S. 29f.)

Die Problematik dieser 'Gebrauchsnorm' liegt vor allem in ihrer einseitigen Orientierung am Sprachgebrauch im mittleren und nördlichen Deutschland. Süddeutsche, österreichische oder schweizerdeutsche Varianten werden im *Aussprache-Duden* nicht angegeben. Beispielsweise wird das 's' im Anlaut in Wörtern wie „Sonne" südlich des Mains weitgehend stimmlos gesprochen, also /sɔnə/, nach der 'Standardaussprache' ist jedoch ein stimmhaftes /z/ vorgeschrieben. Für ungarische und südosteuropäische DaF-Lerner könnte es aber auf Grund der räumlichen Nähe und der historisch gewachsenen Bindungen weitaus sinnvoller sein, sich an einem überregionalen süddeutschen und/oder österreichischen Standard zu orientieren.

Wenn man sich an einer Aussprachenorm, sei es der 'Standardaussprache' des *Duden* oder einer überregionalen süddeutschen, österreichischen oder schweizerdeutschen Norm orientiert, erscheint es doch unrealistisch zu erwarten, dass DaF-Lerner – von Ausnahmen abgesehen – tatsächlich dieses muttersprachliche Niveau erreichen können. Man muss sich also fragen, welche Ziele man in der Ausspracheschulung verfolgen sollte (Kelz 1992, S. 25). Reicht es beispielsweise aus, für Deutschsprachige einigermaßen verständlich zu sein? Oder sollte man nicht vielmehr so sprechen können, dass ein muttersprachlicher Akzent nicht als unangenehm und störend empfunden wird? Was allerdings jeweils von Deutschsprachigen toleriert wird, hängt auch von der Art des Akzents ab: Ein englischer, amerikanischer, niederländischer oder französischer Akzent wird scheinbar eher toleriert als ein türkischer, arabischer oder japanischer Akzent, was mit dem Prestige und/oder der kulturellen Nähe der jeweiligen Sprachen und Sprachgemeinschaften zusammenhängt.

Wie die Aussprache auch sein mag: Sie ruft beim Hörer immer eine bestimmte Einstellung hervor. Da sich dies nicht vermeiden lässt, kommt es vor allem darauf an, wie man mit der unvermeidlichen Wirkung seiner Aussprache im Gespräch umgeht. Nachteilig muss ein fremdsprachlicher Akzent jedoch keineswegs sein: Er wird bei einem Fremden ja geradezu erwartet. Die Ausnahme –

akzentfreies Sprechen – kann bei Einheimischen unter Umständen sogar zu Misstrauen und Ablehnung führen.

Von Lerngruppe zu Lerngruppe wird man jeweils andere Ausspracheziele definieren müssen, wobei die Antizipation zukünftiger Lebens- und Kommunikationswelten eine entscheidende Rolle spielt: Werden die Lerner in einem deutschsprachigen Land leben? Werden sie im öffentlichen Leben Deutsch sprechen oder auch im privaten? Werden ihre Gesprächspartner eher standardsprachlich oder dialektal geprägt sein? Wollen die Lerner im geschäftlichen und/oder touristischen Bereich mit Deutschsprachigen zusammenarbeiten? Werden sie nur kurz Deutschland, Österreich oder die Schweiz als Touristen besuchen und deshalb zufrieden sein, sich einigermaßen verständlich zu machen? Oder möchten sie über ihr Sprachverhalten Anerkennung, Prestige und Einfluss gewinnen?

Dieser Zukunftsbezug gerät jedoch oft aus dem Blick, da die Sprechgewohnheiten im Deutschunterricht, also die Gegenwart des Lerngeschehens, eine enorme Eigendynamik entfalten. Die Lerner entwickeln eine Art Gruppennorm in ihrer Aussprache, die stark von der Muttersprache (oder den Muttersprachen) der Lerner geprägt ist. Es entsteht gewissermaßen eine 'Lerner-Sprachgemeinschaft', in der sich alle gegenseitig in ihrer Aussprache aufeinander einstellen und zubewegen – „akkommodieren" würden Giles/Powesland (1975, S. 157-181) sagen. Dies kann so weit gehen, dass ein deutscher Muttersprachler DaF-Lerner aus einem Sprachkurs nicht mehr verstehen kann: Es ist ein 'Unterrichts-Pidgin' entstanden, dem sich manch ein Lehrer, für den das Deutsche auch eine Fremdsprache ist, mehr oder weniger angepasst hat oder mit dem er sich – als Muttersprachler – abgefunden hat.

Deshalb ist es wichtig, gleich zu Beginn des DaF-Unterrichts, möglicherweise sogar im Rahmen eines 'Vorkurses', die Weichen in Richtung einer möglichst norm-adäquaten Aussprache zu stellen. Und als Prävention gegen das allmähliche Aufkommen unterrichtlicher Sondernormen hilft eine häufige Öffnung des Unterrichts: Besuche von Muttersprachlern, die mit einzelnen Lernern, in kleinen Gruppen oder mit allen – auch mit dem Lehrer – gemeinsam kommunizieren oder die Vermittlung von Tutoren bzw. Tandempartnern. Besonders geeignet sind Tutoren, die selbst in einem Land der Zielsprache gelebt haben, beispielsweise Remigranten (Steinig 1990), die in der Regel sogar eine normadäquatere Aussprache haben als Lehrer, für die Deutsch eine Fremdsprache ist. Für einen Lehrer muss es keineswegs einen Prestigeverlust vor der Lerngruppe bedeuten, wenn er neidlos zugibt, dass ein Lerner eine zielsprachlich authentischere Aussprache hat und ihn entsprechend seiner besonderen Fähigkeiten in Partner- und Gruppenarbeitsphasen zur Ausspracheschulung zur Geltung kommen lässt. Lehrer, für die Deutsch eine Fremdsprache ist, sollten auch immer wieder selbstkritisch ihre Aussprache überprüfen, sei es durch befreundete Muttersprachler, durch Kollegen oder im Rahmen einer Lehrerfortbildung.

Nach welchen Prinzipien sollte man Ausspracheschulung betreiben?

Grundlegend ist sicherlich die Erkenntnis, dass ein Lerner nur dann einzelne Laute, Lautketten und Äußerungen in der L2 einigermaßen normgerecht produzieren kann, wenn er sie auch hört. Nur was man deutlich hören kann, lässt sich auch sicher produzieren. Übungen zum korrekten Hören sollten also Übungen zum Sprechen vorausgehen (vgl. Goebel u.a. 1986).

Alfred Tomatis setzt mit seinem eigenständigen Hörtraining, das vor dem eigentlichen Fremdsprachenunterricht steht, nicht beim Hören von Lauten und Lautfolgen an; er möchte vielmehr zunächst beim Lerner ein Gefühl für die Melodie, das Klangmuster und die Intonation der fremden Sprache entwickeln. Ein 'Einhören' auf dieser Ebene ist auch ontologisch, bei der Entwicklung der Muttersprache, grundlegender und erfolgt früher, als das Erfassen von einzelnen Lauten oder Lautfolgen – nach Tomatis erwirbt ein Kind die Melodie seiner L1 bereits im Mutterleib. Um den L2-Erwerb nach dem Muster des L1-Erwerbs zu simulieren, werden Lernern deshalb als Input über Kopfhörer nach einem speziellen Verfahren gefilterte L2-Äußerungen zugespielt, sodass sie in etwa dem Höreindruck entsprechen, den ein Kind im Mutterleib von den Äußerungen seiner Mutter hat. Seine Untersuchungen deuten darauf hin, dass Lerner nach diesem Hörtraining im anschließenden Unterricht rascher zu Lernerfolgen kommen, da sie die Melodie der fremden Sprache bereits 'im Ohr haben' (Tomatis 1991, vgl. auch Kaunzner 1994). Diese Abfolge – zunächst Hören und später Sprechen – kommt auch den Wünschen der meisten Anfänger entgegen, da sie sich nicht in einem zu frühen, unsicheren Stadium in der Öffentlichkeit der Lerngruppe produzieren möchten: Hören kompromittiert im Gegensatz zum Sprechen nicht.

Eine andere prinzipielle Frage ist die nach der Progression: Sollte man von einzelnen Phonemen ausgehen und dann zum Wort, zum Satz und zum Text (bottom-up) kommen oder besser umgekehrt? Eine Top-Down-Progression scheint sinnvoller zu sein, weil sie eher den natürlichen Spracherwerbsprozessen entspricht. Nicht nur Tomatis schlägt vor, mit der Sprachmelodie und Intonation zu beginnen, sowohl beim Hören als auch beim Sprechen (vgl. Dieling 1992, S. 11). Mit wenigen Varianten der Satzintonation können Anfänger einfache Aussagesätze als Fragen oder Emphase produzieren oder einzelne Elemente im Satz hervorheben (topikalisieren). Anschließend kann dann die Wortbetonung geübt werden und schließlich auch einzelne, schwierig zu produzierende Laute oder Lautfolgen, wobei man sich am Grundwortschatz orientieren sollte. Auf jeder dieser Stufen geht das Hören dem Sprechen voraus. Mit Fortgeschrittenen ist es häufig auch sinnvoll, dialektale Varianten des Deutschen zumindest auf der perzeptiven Ebene in Form von authentischen Hörbeispielen einzubeziehen.

Ein weiteres wichtiges Prinzip ist die Kontrastivität: Der Vergleich zwischen der L1 und der L2. Wenn man kontrastiv vorgeht, ist es für den Lerner einfacher, zunächst mit den Ähnlichkeiten verschiedener Laute, Lautfolgen und Intonationsverläufen zu beginnen. Anschließend betont man die Unterschiede: Satz- und Wortintonationen, Laute und Lautkombinationen, die in der L1 des Lerners unbekannt sind.

Geht man in der Ausspracheschulung eher imitativ oder kognitiv vor? Steht das imitative Üben der Aussprache im Vordergrund oder aber Erläuterungen zur Intonation und zum Phoneminventar, zur Art und zum Ort der Artikulation von Lauten, zur Veränderung von Lauten bei der Koartikulation, wobei die phonetische Umschrift nach dem IPA/API-System und die Beziehungen zwischen dieser Lautschrift und der orthographischen Schrift als Grundlage dienen würden? Bei älteren Lernern lassen sich die lautlichen Verhältnisse wohl eher auf einer abstrakteren Ebene vermitteln als bei jüngeren, für die ein imitativ-spielerischer Zugang geeigneter scheint. Aber auch hier kommt es auf die Einstellungen und Bedürfnisse einzelner Lerner an. Manche Erwachsene haben beispielsweise mehr Freude an spielerischen lautlichen Übungen als pubertierende Jugendliche, denen dies vielleicht eher peinlich ist.

Eine didaktische Entscheidung verlangt auch die Frage, wie systematisch man die Aussprache vermitteln möchte. Soll man sie als ein komplexes System möglichst umfassend vermitteln oder eher eklektizistisch, von Fall zu Fall und je nach den Bedürfnissen der Lerngruppe oder einzelner Lerner? Sollte man sich dabei an den tatsächlich vorkommenden Ausspracheproblemen orientieren oder eher vorab an einer Kontrastiven Analyse und danach die Bereiche auswählen, die sich anhand des Sprachvergleichs als problematisch erweisen? Auch diese Fragen muss ein Lehrer immer wieder neu anhand der Lernziele, der Lernvoraussetzungen und der Lernerbedürfnisse entscheiden. Mit Verfahren nach einem bestimmten Schema oder Dogma wird man wohl weniger ausrichten als mit flexiblen Strategien. Unterrichtliche Routinen – beispielsweise in jeder Stunde ein paar Minuten gezielt die Aussprache zu üben – sind allerdings besonders für jüngere Lerner von nicht zu unterschätzendem Nutzen.

Viel zu wenig Beachtung wird immer noch der ersten Begegnung mit einer Fremdsprache geschenkt. Welchen Eindruck, welches Gefühl hat ein Lerner, wenn er zum ersten Mal bewusst eine deutsche Rede oder einen Deutschsprachigen reden hört? Was verbindet ein Lerner mit dem Klang dieser Sprache? Klingt sie eher angenehm oder unangenehm? Klingt sie melodiös oder spröde, hart oder weich, natürlich oder gekünstelt, komisch, bizarr oder gar erschreckend? Welche Menschen, welche Situationen, Einstellungen oder Lebensstile stellt man sich vor? Erscheint es einem möglich oder wünschenswert, dass man selbst in diesem 'Tonfall' sprechen wird, oder spürt man einen inneren Widerstand (vgl. Graffmann/Timoxenco-Moura 1995)?

Für viele Lerner wäre es wichtig, wenn sie ihre Empfindungen gegenüber der fremden Sprachmelodie artikulieren könnten. Dem ersten vagen Eindruck ließe sich dann näher nachspüren: Gemeinsam mit dem Lehrer kann man untersuchen, worauf diese Empfindungen beruhen: Auf bestimmten lautlichen Eigenschaften des Deutschen selbst, auf die man beispielsweise beim mehrmaligen Hören einer aufgezeichneten kurzen Rede ganz bewusst achten könnte? Oder sind es vielleicht eher historisch bedingte Vorurteile, die unwillkürlich wachgerufen werden, wenn man Deutsch hört? Tauchen vielleicht sogar Szenen von sadistischen Nazi-Offizieren auf, die mit einem fürchterlich deutschen Akzent schnarren, so wie sie in manchen amerikanischen Filmen oder Comics immer wieder kolportiert werden?

Innere Widerstände gegenüber der fremden Sprachmelodie und den eigentümlichen Lauten, die bei einem entsprechend entwickelten Bewusstsein zunächst von jedem Lerner angesprochen und gemeinsam diskutiert werden könnten, lassen sich auf mannigfache Weise abbauen: Beispielsweise durch das Vorspielen kindlicher Äußerungen, angefangen von Vorschulkindern bis hin zu gleichaltrigen Kindern; oder durch Hörtexte von Frauen und Männern aus unterschiedlichen Regionen Deutschlands mit entsprechend dialektalen Färbungen, wobei Informationen zu diesen Sprechern gegeben werden können, die sich auf Vorurteile beziehen, die z.B. Schwaben, Bayern, Sachsen, Ostfriesen, Österreicher oder Schweizer untereinander haben. Gerade die Vielfalt an Dialekten und Volksgruppen, denen die unterschiedlichsten Eigenschaften zugesprochen werden, lassen wohl das vielfach noch vorhandene starre Bild von 'dem' Deutschen (Österreicher, Schweizer) zu Gunsten einer größeren Offenheit und Neugier auf die sprachliche und kulturelle Vielfalt des deutschsprachigen Raumes und seiner sprachlich so unterschiedlichen Menschen verblassen. Mit einem initialen Hörtraining, das gleichzeitig die Lerner emotional auf die fremde Sprache einstimmt, können Blockaden abgebaut werden und Lerner einen leichteren Zugang bekommen, sich auf das klanglich Neue einzulassen.

Die Aussprache betrifft zentral die Persönlichkeit eines Menschen, und deshalb ist es wohl besonders für ältere Lerner, deren Persönlichkeitsstruktur in der muttersprachlichen Sozialisation ausgereift ist und die um ein bestimmtes Bild in der Öffentlichkeit, ihr 'Image' bemüht sind und/oder Angst vor einem möglichen Gesichtsverlust haben, nicht leicht, sich auf das 'Glatteis' fremder Laute und Sprachmelodien voll und ganz einzulassen. Aber auch jugendliche Lerner versuchen oft, eine zielsprachlich authentische Aussprache zu vermeiden, weil sie das Erscheinungsbild der Persönlichkeit derartig stark verändert, dass dies beispielsweise pubertierende Schüler, die sich in einer Phase schwieriger Identitätsentwicklung befinden, schlecht tolerieren können. Lerner im Kindergarten- und Grundschulalter haben es hier sicherlich leichter![10] Die inneren Widerstände bei einer möglichst authentischen Intonation und Artikulation, das 'Sich-blöd-fühlen' beim Produzieren der fremden Laute, sollte ebenfalls offen angesprochen werden können. Wenn Lerner sehen, dass es anderen ganz ähnlich geht, und man gemeinsam darüber befreit lachen kann, ist das Problem bereits ein stückweit überwunden. Nirgendwo stärker als im Ausspracheunterricht wird ein Dilemma fremdsprachlichen Unterrichts deutlich: Einerseits werden Personen auf ihre Lerner- oder Schülerrolle mehr oder weniger stark reduziert und eingeengt, andererseits sollten sie aber ihre Person auf die fremde (Aus)sprache hin entgrenzen, ihre Ich-Grenzen öffnen.

Bei der Aussprache ist es besonders wichtig, dass der Lehrer eine vertrauensvolle Atmosphäre schaffen kann und möglichst als 'Sprech-Vorbild' von den Lernern akzeptiert wird. Sympathie oder Antipathie spielen hier eine wichtige

---

[10] Dass die Aussprache mit Ich-Bewusstsein und Ich-Grenzen zusammenhängt, hat Guiora (1968) anhand mehrer Experimente mit Neuropharmaka und Alkohol nachweisen können: Mit einer bestimmten Medikamentierung wurden die Ich-Grenzen der Probanden fließender: Die Zunge 'löste sich' gewissermaßen zu einer besseren L2-Aussprache. Über eine bestimmte Dosis hinaus lässt allerdings die Kontrolle der Stimmwerkzeuge nach und die Artikulation wird in der L2 wie der L1 undeutlicher.

Rolle, denn die persönlichen Gefühle, die ein Lerner seinem Lehrer gegenüber empfindet, können sich leicht auf seine Einstellung zur fremdsprachlichen Aussprache übertragen.

Ob ein Lehrer als Vorbild für die Aussprache akzeptiert wird, hängt auch damit zusammen, ob er Muttersprachler ist und dabei eher der Standardaussprache näher steht oder einem Dialekt. Ist der Lehrer kein Muttersprachler, achten Lerner oft sehr darauf, wie nahe seine Aussprache einem Muttersprachler kommt, wobei mehrere Fremdsprachenlehrer hier auch in Konkurrenz zueinander gesehen werden und sich untereinander so auch empfinden. Viele Lehrer sind ängstlich darauf bedacht, nur im Unterrichtsraum fremdsprachlich gehört zu werden: eine Haltung, die sicherlich nicht zu einer 'fremdsprachenfreundlichen' Atmosphäre in einer Schule beiträgt.

Da in der Ausspracheschulung Laute und Lautfolgen eingeübt werden, die in der L1 des Lernenden nicht vorkommen, müssen die Artikulationsorgane eine andere ungewohnte Stellung einnehmen. Um Laute aus der Zielsprache genau imitieren zu können, muss der Lernende bewusst seinen Mund, seine Lippen und die Bewegungen der Artikulationsorgane wahrnehmen. Eine Konzentration auf die Mundregion ist manchen Lernern jedoch peinlich, da auch andere Funktionen des Mundes wie Lustgewinn und orale Befriedigung assoziiert werden können. Kulturelle Restriktionen können hinzukommen. So ist es zum Beispiel in Japan für eine Frau verboten, den Mund weit aufzumachen oder die Lippen nach vorne zu stülpen. Das Einüben von /ø/- und /y/-Lauten ist deshalb problematisch (Dieling 1993). Der Lehrer muss also bei der Ausspracheschulung viel Einfühlungsvermögen besitzen.

Viele Lernende fühlen sich weniger kompromittiert, wenn der Lehrende eine größere räumliche Distanz wahrt und den Lernern beim Vorsprechen nicht direkt in die Augen schaut, sondern den Horizont fixiert (Groß 1994, S. 221). Sachliche Informationen zur Art und zum Ort der Artikulation können mögliche Peinlichkeiten entschärfen. Um zwischen Lehrern und Lernern ein Gefühl der gegenseitigen Achtung zu entwickeln, sollte sich der Lehrende übrigens auch bewusst um die korrekte Aussprache der Namen seiner Lerner bemühen: Eine banale pädagogische Weisheit, die allerdings immer wieder vergessen wird.

Im Fremdsprachenunterricht korrigieren Lehrer seit jeher eine nicht akzeptable Aussprache. Was jedoch jeweils als akzeptabel empfunden wird, wenn der Lehrer dementsprechend den Redefluss eines Lerners unterbricht, ist höchst subjektiv. Lerner erleben die korrigierenden Eingriffe, während sie sich äußern, als unangenehme Störungen und hören nur mit 'halbem Ohr' hin. Der Lehrer signalisiert durch seine korrigierende Unterbrechung zudem, dass er sich nicht für den Inhalt der gehörten Äußerung interessiert, sondern nur für das Wie der Aussprache.

Weitaus sinnvoller und einem lernerorientierten, kommunikativen Unterricht angemessener ist eine Rückmeldung des Lehrers, die der Technik des 'aktiven Zuhörens' entspricht, so wie sie etwa Thomas Gordon in seiner *Familienkonferenz* entwickelt hat. Die vorangegangene Äußerung des Lerners wird nicht wortwörtlich, sondern mit den eigenen Worten des Lehrers 'gespiegelt', womit er zeigt, dass er den Lerner akustisch und sinngemäß verstanden hat. Das Wort oder die Sequenz allerdings, die der Lerner nicht normgerecht produziert hat, greift der Lehrer wörtlich in seiner 'Spiegelung' auf. Dazu ein Beispiel in Anlehnung an Gordon (1989, S. 59), wobei wir annehmen, das Wort „Geister" sei nicht richtig ausgesprochen:

Lerner: Ich mag nicht im dunklen Zimmer schlafen. Da sind lauter [ɡaiʃtɐ].
Lehrer: Du glaubst, es sind [ɡaistɐ] in deinem Schlafzimmer. Du hast große Angst vor ihnen?
Lerner: Ja, sehr große [ɡaistɐ].

Mit einem derartig impliziten Korrekturverhalten kann sich ein Lerner als Person ernst genommen und verstanden fühlen und wird deshalb auch eher bereit sein, den Erwartungen des Lehrers hinsichtlich der Aussprache gerecht zu werden. Neben diesem personalen Zugang benötigen Lerner aber auch einen Freiraum, in dem sie angstfrei und unbeobachtet mit ihrer Aussprache experimentieren und sie einüben können. Beim Chorsprechen, das der Lehrer gestisch-mimisch unterstützen sollte, können sich Lerner beispielsweise in der Masse sicher fühlen.

Sinnvoll sind auch eine Reihe von Übungen für Schauspieler. Alle Lerner suchen sich beispielsweise nach individuellem Belieben ein Wort oder einen Satz aus, gehen anschließend kreuz und quer im Unterrichtsraum herum und deklamieren ihre Wörter oder Sätze in den verschiedensten Modulationen (laut, leise, flüsternd, böse, charmant, verärgert, erstaunt etc.), die vorab vereinbart werden (vgl. Müller 1996).

In Partnerphasen kann man versuchen, nur mit der Intonation bestimmte Absichten, seine eigene Stimmung oder seine Beziehung zum Partner auszudrücken. Dabei kann die Intonation auch als konventionelle Form der Satzartenmarkierung (Aussage, Frage und Emphase) und als Mittel zur Hervorhebung einzelner Wörter oder Satzteile geübt werden, wobei der Hörer jeweils die Intention des Sprechers erraten muss.

Da man sich als Anfänger ohnehin 'komisch vorkommt', wenn man ungewohnte Lautketten produzieren soll, sind auch bewusst komisch inszenierte Situationen hilfreich. Wenn sich Lerner beispielsweise eine Clown-Nase aufsetzen, schlüpfen sie in eine komische Rolle und können sich von der eigenen Person distanzieren. Die Angst vor einem Gesichtsverlust ist dann oft nicht mehr vorhanden.

Handpuppen oder Marionetten agieren und sprechen zu lassen führt ebenfalls zu einer Distanzierung: Wenn man sich auch selbst nicht recht traut, sich auf eine fremdartige Aussprache einzulassen: Eine Puppe kann man unbekümmert 'merkwürdig' sprechen lassen.

Da Texte von Ausspracheübungen oft keinen personalen Bezug zum Lerner haben, ist es sinnvoll, Lerner selbst kleine Texte zu bestimmten Ausspracheproblemen schreiben zu lassen, wobei Zungenbrecher oder lautmalende Gedichte als Anregung für einen kreativen eigenen Text dienen können (Berndt 1996). Es ist weitaus motivierender, einen eigenen Text vorzulesen, zu üben und auswendig zu lernen, als einen vorgegebenen Lehrbuchtext. Ein emotionaler Bezug zur Fremdsprache gelingt dann besser, wenn etwas Fremdes als etwas Eigenes aus einem selbst 'laut wird'.

Aber auch alleine, in den eigenen vier Wänden, lässt sich mit Kassetten- oder Videorecorder und Spiegel mit seinen Artikulationsorganen unbeschwert experimentieren und üben. Man sollte dabei möglichst häufig stehen oder gehen und seine Äußerungen mit Gesten unterstreichen, so, als wollte man für einen Bühnenauftritt oder eine Fernsehszene proben. Die fremde Aussprache bekommt dann durch die 'Mitwirkung' des ganzen Körpers eine tiefergehende Veranke- rung in der Person des Lerners, als wenn er nur mit geringer innerer Beteiligung seine Sprechwerkzeuge bemüht. Über einen Mitschnitt kann man sich anschlie- ßend so hören, wie Gesprächspartner einen wahrnehmen. Durch den 'Verfrem- dungseffekt' der nachträglichen Bandkontrolle steigert man zudem die kritische Aufmerksamkeit für seine Aussprache. Eine noch wenig erprobte Form der Selbstkontrolle ist mit Hilfe der digitalen Sprachsignalverarbeitung möglich: Man überprüft seine Aussprache anhand einer Computervisualisierung (Wagner 1995).

Durch ein häufiges aktives Zuhören können Lerner auch viel für ihre Aus- sprache tun: Sie versuchen immer dann, wenn es sich anbietet, kurze Äußerungs- sequenzen des Lehrers oder eines Muttersprachlers (auch im Film, Fernsehen oder Radio) still für sich nachzusprechen. Auch beim stillen Lesen kann man versuchen, die Aussprache innerlich zu hören. Beim Lesen eigensprachlicher Texte geschieht dies in der Regel nicht, da die Lesegeschwindigkeit dadurch her- abgesetzt würde, aber für fremdsprachige Texte hat man mehr Zeit zur Verfü- gung.

Mit solchen Methoden können sich Lerner stressfrei der ungewohnten Aus- sprache nähern und sie sich nicht nur 'technisch', sondern ganzheitlich und per- sonal zu Eigen machen. Ein verkrampfter Lerner, der in ständiger Sorge ist, bei einem Fehler ertappt zu werden, ist kaum bereit, seine Zunge für die fremden Lautketten zu lösen.

Lektürehinweise

Das *Duden-Aussprachewörterbuch* (1990) ist ein unverzichtbares Hilfsmittel für die Aussprache- arbeit. Als Einführung in die Phonetik für DaF geben Dieling (1992) und Dieling/Hirschfeld (2000) einen leicht verständlichen Überblick. Als theoretische und praktische Einführungen mit zahlreichen Übungen sind Stock (1996) zur Intonation und Rausch/Rausch (1995) zur Phonetik zu empfehlen.

4.3.2 Wortschatz

Von Lehrern wird oft bis heute Wortschatzerwerb als notwendiges Übel angese- hen. 'Vokabel-Lernen' wird deshalb auch häufig aus dem 'offiziellen' DaF-Un- terricht ausgelagert. Die Lerner müssen sich selbstständig darum bemühen, sich die 'Vokabeln' und deren Bedeutung irgendwie einzuprägen. Das einfachste Verfahren besteht darin, zwischen jeweils einem deutschen Wort und einem Wort in der Muttersprache eine assoziative Verbindung herzustellen: „Buch" – „book". Nach wie vor ist ein derartiges ‚Pauken' von Vokabelgleichungen im Bewusstsein vieler Lerner zentral für fremdsprachliches Lernen. Im Unterricht selbst wird allenfalls mündlich oder schriftlich überprüft, ob die ‚Vokabeln' mit den richtigen Entsprechungen gelernt wurden oder nicht.

Lehrer, die versuchten, Prinzipien eines lernerorientierten, kommunikativen Fremdsprachenunterrichts in ihrer Praxis umzusetzen, haben manchmal die Wortschatzarbeit weiter gehend vernachlässigt: ‚Vokabeln abzufragen' passte nicht mehr in die pädagogische Landschaft, und ‚sich mit einzelnen Wörtern zu beschäftigen' ließ sich nicht ohne weiteres mit kommunikativen, an Situationen und Texten orientierten Unterrichtsverfahren vereinbaren. Wörter, so hoffte man, würden schon irgendwie, auch ohne stumpfsinniges Pauken, allein auf Grund der intensivierten kommunikativen Prozesse im Gedächtnis gespeichert.

Auch die Zweitspracherwerbsforschung mit ihrem Interesse am Erwerb grammatischer Strukturen trug dazu bei, dass Didaktiker der Entwicklung eines fremdsprachlichen Wortschatzes weniger Aufmerksamkeit schenkten. Es mehren sich jetzt aber Stimmen, die die an sich banale Erkenntnis betonen, dass die Kenntnis von Wörtern die Voraussetzung von fremdsprachlicher Verständigung überhaupt ist und man dementsprechend Wortschatzarbeit einen höheren Stellenwert geben müsste.

Um fremdsprachliche Wörter didaktisch verantwortungsvoll zu vermitteln, sollte man sich darüber klar werden, was Wörter sind, wie sie ihre Bedeutung erhalten, wie sie gespeichert und wie sie dann wieder abgerufen werden. Wörter sind Zeichen, die einerseits eine lautliche bzw. schriftliche Form haben, andererseits einen Inhalt, ein Konzept. Wortform und Wortinhalt gehen – im Normalfall – eine weitgehend feste assoziative Verbindung ein. Die Speicherung im Gedächtnis erfolgt jedoch getrennt (Domasio/Domasio 1992): In manchen Fällen finden wir zu einem gedanklichen Konzept kein passendes Wort, auch wenn es uns ‚auf der Zunge liegt', oder aber uns fällt ein Wort ein, dessen Bedeutung wir vergessen haben. Während in der Muttersprache diese Fälle relativ selten sind, kommen sie in der Fremdsprache häufig vor.

Linguistische Laien könnten annehmen, dass fremdsprachliche Zeichen lediglich als Etiketten erlernt werden müssten, um eine objektiv beschreibbare Welt abzubilden. Da die Welt aber nicht objektiv gesehen werden kann, sondern eine komplexe Wechselwirkung zwischen gedanklichen Konzepten und ‚Wortmarken' (Herrmann/Grabowski 1994, S. 88ff.) besteht, können Vorstellungen und Konzepte von der Welt nicht unabhängig von Sprache entwickelt werden. Wörter bilden nicht einfach diese Vorstellungen ab; sie erhalten ihre Bedeutung nicht von etwas – einer objektiven Welt oder subjektiven Vorstellungen von Welt –, das außerhalb der Sprache liegt. Wir leben und handeln vielmehr in dieser Welt in einem sprachlich vermittelten Prozess. In der Weise, wie Wörter und Äußerungen in bestimmten Handlungszusammenhängen einer Kultur gebraucht werden, genau so bedeuten sie etwas für die Menschen in dieser Kultur. Wortbedeutungen liegen also in den Handlungen, die wir mit Wörtern vollziehen können, in dem sprach- und kulturspezifischen Gebrauch, den wir von ihnen machen. Daraus folgt, dass man muttersprachliche Wörter im Allgemeinen nicht einfach in fremdsprachliche Wörter übersetzen kann, denn die Gebrauchsbedingungen und Handlungszusammenhänge sind in einer fremden Sprache und Kultur anders. Dazu zwei Äußerungen:

(1) Morgen ist schon wieder die Miete fällig.
(2) Im Allgäu ist Schnee gefallen.

Beide Äußerungen könnten in einem Gespräch unter deutschen Eheleuten vorkommen, die beabsichtigen, in nächster Zeit im Allgäu Urlaub zu machen. Eine Verständigung wird nicht deshalb ermöglicht, weil jeder zu jedem Wort eine Vorstellung entwickelt oder wachruft. Bei den *Funktionswörtern* wie „ist", „die", „im" kann gar keine Vorstellung hervorgerufen werden, und bei den *Inhaltswörtern* „Miete", „Allgäu", „Schnee" oder „morgen" ist es keineswegs notwendig, dass ein Konzept von einem „Mietverhältnis", vom „Allgäu im Schnee" oder von einem „Morgen" vor dem inneren Auge des Sprechers oder Hörers entsteht. Entscheidend ist vielmehr, ob sich beide der Handlungsimplikationen dieser Äußerungen bewusst werden, also etwa dem Vermieter noch vor der Abreise eine bestimmte Summe überweisen oder an die Winterreifen denken, weil die Straßenverhältnisse unsicher sind.

Eine andere Wirkung entsteht jedoch, wenn man Wörter aus einem natürlichen Äußerungszusammenhang reißt und sie einzeln oder in Gruppen einem Hörer in gesprochener oder geschriebener Form anbietet. Wörter ohne eine handlungsleitende Absicht, gewissermaßen 'nackt', ohne situative oder syntaktische Einbettung dargeboten, fordern, ja verlangen nach einem Sinn. Der menschliche Geist, befreit vom Handlungsdruck, in Bruchteilen von Sekunden adäquat auf Äußerungen einzugehen, hat nun Muße, einen Vorstellungsinhalt zu entwickeln. Dieser Vorstellungsinhalt kann recht konventionell und banal sein oder aber auch fantasievoll bis bizarr. Er wird jedenfalls bei zwei Individuen nicht identisch sein.

Damit ein Wort hinreichend verstanden wird, müssen bestimmte Neuronengruppen in unserer Gehirnrinde (Neokortex) gemeinsam 'feuern', d.h. elektrische bzw. chemische Reize aussenden. Je mehr Neuronen gemeinsam aktiviert werden, desto umfassender und bewusster wird ein Wort in allen seinen Bedeutungsanteilen und sinnlichen Qualitäten erkannt. Man kann Bedingungen dafür schaffen, dass ein Wort besonders intensiv wahrgenommen wird, etwa dadurch, dass es in einem Lied, einem Gedicht oder einer Collage einen hervorragenden Platz einnimmt.

Erscheint ein Wort andererseits in einem gut voraussagbaren Äußerungszusammenhang, dann wird es oft als semantische Einheit überhört oder überlesen, da eine spezielle wortbezogene Aktivierung von Neuronen für das Verständnis einer Äußerung oder eines Textes nicht notwendig ist und eine rasche Rezeption oder Produktion nur aufhalten würde. Assoziationsexperimente haben ergeben, dass ein Wort wie „Butter" schneller nach dem Wort „Brot" erkannt wird als nach einem abwegigen Wort wie z.B. „Kindermädchen" (Benesch 1989, S. 127).

Funktionswörter wie „ist" oder „in" und häufig gebrauchte Wörter wie „Stuhl", „Schuh" oder „gehen" wecken in der Regel keine oder kaum bestimmte Vorstellungsinhalte. Seltenere Wörer dagegen wie „Weihnachtsabend", „Sylvesterparty" oder „Schnitzeljagd" dagegen provozieren häufig komplexere Vorstellungen, da diese selteneren Wörter eine hohe 'kulturelle Ladung' haben: Man kann die Komplexität der damit verbundenen Inhalte nur verstehen, wenn man den kulturellen Hintergrund kennt. Ohne differenziertere Vorstellungsinhalte lassen sie sich kaum adäquat verwenden. Die meisten Wörter wie beispielsweise „Mutter" oder „Dorf" sind jedoch ambivalent: Einerseits sind sie als häufige Wörter leicht und ohne großen semantischen 'Tiefgang' dahingesagt, andererseits können sie aber Auslöser sein für ausdifferenzierte Erinnerungen, Vorstellungen und Wertungen.

Anhand dieser kurzen Ausführungen wird bereits deutlich, dass die kognitive Verarbeitung von Wörtern ein komplexer Vorgang ist. Die Vorstellung von einem 'Gedächtnis' als einem 'Speicher', in dem Wörter nach einer 'ordentlichen' und nachvollziehbaren Systematik 'eingelagert' sind und nach Bedarf 'abgerufen' werden können, ist sicherlich schief. Semantische Systematiken, die nach strukturalistischen Beschreibungsprinzipien entwickelt wurden, wie beispielsweise die Komponenzialsemantik, sind den tatsächlichen neuronalen Verarbeitungsprozessen nicht adäquat. Die neuere Prototypensemantik, die Wörter danach kategorisiert, in welchem Ausmaß sie typische Vertreter eines bestimmten Wortfeldes sind, scheint dagegen eher der internen Verarbeitung nahe zu kommen (Kleiber 1993). Wenn man beispielsweise an „Vögel" denkt, dann wäre der „Spatz" für einen Deutschsprachigen 'prototypischer' und mithin neuronal leichter 'abrufbar' als etwa ein „Pinguin", ein „Strauß" oder ein „Papagei", alles auch Vögel, die aber – zumindest für einen Europäer – keine typischen Vögel wären.

Für die Wortschatzarbeit liegen wenig empirisch fundierte Ergebnisse zu bestimmten Unterrichtsverfahren vor. Man verlässt sich nach wie vor nahezu ausschließlich auf bekannte und als 'bewährt' eingestufte Verfahren oder macht didaktisch plausible Vorschläge, wie man variantenreicher, differenzierter und mithin abwechslungsreicher unterrichten kann. Da in nahezu jeder Unterrichtsstunde unbekannte Wörter erklärt werden müssen, wäre es jedoch wichtig, empirisch zu prüfen, welche Worterklärungsverfahren für das Verstehen, Einprägen und Behalten am erfolgreichsten sind und deshalb empfohlen werden können. Henrici/Kostrzewa/Zöfgen (1991) haben dazu eine empirische Pilotstudie vorgelegt, um festzustellen, ob unbekannte abstrakte Wörter fortgeschrittenen erwachsenen Lernern sinnvoller kontextuell, also eingebettet in eine Äußerung, oder aber nicht-kontextuell mit einer Erklärung in der Zielsprache vermittelt werden sollte. Das Ergebnis ist uneinheitlich: Bei Wörtern, die eine eindeutige Kontextualisierung nur schlecht ermöglichen, ist die Verstehens- und Behaltensleistung gering. Lerner, die mit Kontextualisierungen nicht vertraut sind, scheinen ebenfalls wenig von diesem Verfahren zu profitieren. Dennoch plädieren die Autoren für eine verstärkte Berücksichtigung dieser Form, da sie eher als Worterklärungen die Voraussetzung dafür schafft, unbekannte Wörter produktiv in anderen Kontexten zu verwenden.

Doch warum sollten es ausschließlich Bedeutungserklärungen in der Fremdsprache sein? Lassen sich nicht auch muttersprachliche Erklärungen rechtfertigen, wenn der Aufwand in der Fremdsprache zu groß wird (vgl. Butzkamm 1989)? Welche Rolle sollte eine schriftsprachliche Präsentation spielen? Wie sollten sich mündliche und schriftliche Präsentation aufeinander beziehen? Welche Rolle spielen dabei Alter und Vorerfahrungen der Lerner? Konkreta sollte man sicherlich anders einführen als Abstrakta, nämlich mit demonstrativen Verfahren wie Visualisierungen oder gestisch-mimischer und szenischer Präsentation. Doch wie steht es mit Funktionswörtern wie Konjunktionen, Pronomen oder Präpositionen?

Auf all diese Fragen gibt es zwar bislang kaum gesicherte Antworten. Aber wenn man die von Lerner zu Lerner höchst unterschiedlichen Selbstorganisationsprozesse beim Aufbau neuer sprachlicher Strukturen ernst nimmt, dann muss man Fremdsprachenlehrern raten, die unterschiedlichen Möglichkeiten, neue Wörter bekannt zu machen, in ihrer ganzen Vielfalt zum Zuge kommen zu lassen, damit jeder einzelne Lerner sich seine individuelle Organisation für Verstehen, Einprägen, Behalten und Abrufen aufbauen kann. Dabei sollte man beachten,

- dass Lernern mit *visuellen, auditiven* oder *kinästhetischen* Wahrnehmungspräferenzen unterschiedliche Lernangebote gemacht werden,
- dass *kognitive, emotionale* und *handlungsbezogene* Ebenen berücksichtigt werden, wobei – falls möglich – Anbindungen an exemplarische Handlungen, typische Verfahrensweisen und Einstellungen aus der Zielkultur hergestellt werden sollten,
- dass nicht nur die *Inhaltsseite* von Wörtern, sondern auch ihre *Ausdrucksseite* berücksichtigt wird (etwa dadurch, dass Wörter geflüstert, gesungen, gerufen, überdeutlich gesprochen, in Reimschemata gebunden werden oder mit unterschiedlichen Schreibwerkzeugen in unterschiedlichen Schriftarten auf unterschiedliche Schreibunterlagen fixiert werden, und rezeptiv dadurch, dass Wortgestalten in Texten ohne Wortgrenzen oder in 'beschädigten' Texten gefunden bzw. wiederhergestellt oder in 'Hörspielen' entdeckt werden),
- dass sowohl das *paradigmatische Einordnen* von Wörtern (über Synonyme, Gegensatzpaare, Oberbegriffe, assoziative Wortreihen, auch Worterklärungen, in Ausnahmefällen in der Muttersprache!) wie auch das *syntagmatische Einbinden* in unterschiedliche Kontexte (Äußerungen, Sätze, Redensarten, Texte) und Kollokationen (inhaltliche Kombinierbarkeit wie „Hund – bellen") berücksichtigt werden,
- dass schließlich Lernern ermöglicht werden sollte, *individuelle semantische Netzwerke* aufzubauen, z.B. mit Brainstorming- und Clusteringverfahren (vgl. Holtwitsch 1993; jeder Lerner unterstreicht die für ihn sinntragenden Wörter – bekannte und unbekannte! – in einem Text und ordnet diese Wörter dann in einem freien oder vorstrukturierten Cluster an).

Generelles Ziel sollte wie gesagt sein, eine möglichst komplexe neuronale Vernetzung zu erreichen, denn je mehr Neuronen beim Hören, Sprechen, Lesen oder Schreiben eines Wortes 'feuern', desto größer ist die Chance, dass dieses Wort nicht vergessen wird. Dies gilt für die Präsentation neuer Wörter ebenso wie für die Übungsphasen.

Da Schüler oft wenig Erfahrung mit eigenen Lernstrategien haben, sollte der Lehrer explizit um Rückmeldungen bitten, inwieweit bestimmte Verfahren bei jedem einzelnen Wirkung zeigen und dann gezielt Hilfen zum autonomen Weiterlernen geben. Ein visuell orientierter Schüler arbeitet möglicherweise lieber mit Kärtchen, bei denen auf einer Seite das Lernwort steht und auf der Rückseite eine dazu passende Zeichnung, ein Foto oder Symbol, während ein auditiv orientierter Schüler sich eine Kassette mit unterschiedlich gesprochenen Wörtern zusammenstellt.

Während für Anfänger ein Grundwortschatz aufgebaut werden muss, besteht für Fortgeschrittene die Notwendigkeit, den Wortschatz in einzelnen, inhaltlich motivierten Teilbereichen auszudifferenzieren, dabei den Anteil des passiven Wortschatzes zu erhöhen und Wortbildungsregularitäten zu erkennen.

Beim Grundwortschatz stellt sich die Frage der Selektion: Welche Wörter sollten unbedingt berücksichtigt werden? Stehen Wörter im Vordergrund, die eine besonders hohe Frequenz in alltäglichen deutschen Texten (geschriebenen oder gesprochenen) haben? Oder sollten es besser Wörter sein, die für eine ganz spezifische Unterrichtssituation besonders geeignet erscheinen? Oder Wörter, die in besonderem Maße die Interessen der Lerner berücksichtigen? Oder vielmehr Wörter, die eine hohe 'kulturelle Ladung' haben und mithin einen deutschen Alltag, auch im Kontrast zum eigenen Alltag, zu charakterisieren vermögen? Diese Fragen erfordern didaktische Entscheidungen. Wenn man sich nur an den Wortschatz eines Lehrbuchs hält, besteht die Gefahr, dass besonders spannende Wortschatzbereiche unter den Tisch fallen. Lerner, besonders jugendliche, interessieren sich beispielsweise für Schimpfwörter. Welche Wörter wirken auf Deutsche beleidigend? Und welche Wörter wären zweckmäßig bei einem Flirt? Welche Ausdrücke des Erstaunens, der Bewunderung oder Missbilligung werden zurzeit im deutschen Sprachraum häufig (von Kindern oder Jugendlichen) benutzt? Assoziieren Deutsche bei „Fernsehen" oder „Fußball" etwas Ähnliches wie die Lerner? Welche Vornamen wurden im letzten Jahr deutschen Kindern gegeben? All dies sind Wortschatzbereiche, die eine deutliche Markierung haben und keine durchschnittlichen Allerweltswörter sind. Sie motivieren und regen zum Nachfragen und Recherchieren an. Will man sie einbeziehen, muss man den Mut haben, sich von den Fertigprodukten der Verlage ein stückweit zu distanzieren.

Lektürehinweise

Die Fernstudieneinheit von Müller (1994), Löschmann (1993) und das Themenheft *Wortschatzarbeit* der Zeitschrift *Fremdsprache Deutsch* (Heft 3, 1990) geben zahlreiche methodische Anregungen zur Wortschatzarbeit. Engelkamp (1991) führt in die gedächtnispsychologischen Grundlagen ein.

4.3.3 Grammatik im Unterricht Deutsch als Fremdsprache

Grammatik – ein notwendiges Übel: Dieser Eindruck entsteht nicht selten, wenn man in Hochschulseminaren zur Didaktik und Methodik des Unterrichts Deutsch als Fremdsprache nach Einstellungen zur Grammatikvermittlung fragt und um spontane Äußerungen bittet. Oft ergibt sich dann, dass Lehramtsstudierende aus den deutschsprachigen Ländern nur über ein rudimentäres schulgrammatisches Wissen zum Deutschen verfügen, das aus dem muttersprachlichen Unterricht in der eigenen Schulzeit stammt, und das für sie mit eher unangenehmen Erinnerungen an einen als demotivierend empfundenen Grammatikunterricht verbunden ist. Ihre ausländischen Kommilitonen dagegen können ihnen grammatische Regularitäten in der deutschen Sprache meist metasprachlich sicher erklären. Diese sehen dann in der Grammatikvermittlung oft auch eher den Aspekt einer Notwendigkeit, jene den eines Übels. Beobachtet man dann allerdings, dass die Ausländer trotz größerer metasprachlicher Sicherheit doch noch den einen oder anderen Fehler beim Sprechen und beim Schreiben machen und führt man sich den verführerischen Vergleich zum frühkindlichen Spracherwerb oder zum ungesteuerten Fremdsprachenlernen bei einem längeren Aufenthalt in einem Land der Zielsprache vor Augen, die beide oft so viel erfolgreicher zu verlaufen scheinen als der Fremdsprachenunterricht, dann drängt sich die Frage auf, ob Grammatikvermittlung denn überhaupt einen Beitrag zum Fremdsprachenlernen leistet. Wenn auch für andere Länder verallgemeinerbar ist, was Zimmermann (1984, S. 40) für den Fremdsprachenunterricht an deutschen Schulen festgestellt hat, nämlich dass 40-60% der Unterrichtszeit für Grammatikvermittlung verwendet werden, dann ist zu prüfen, ob hier nicht eine Zeitvergeudung vorliegt. Darum soll es im Folgenden zunächst gehen. Im Anschluss ist zu fragen, welche Konzeption einer wissenschaftlichen Grammatik sich für eine Vermittlung des Deutschen als Fremdsprache eignet und wie sie für didaktische Zwecke in eine pädagogische Grammatik umzusetzen ist. Als dritte Frage schließt sich die nach Grundsätzen und Möglichkeiten der Realisierung im Unterricht an.

4.3.3.1 Wozu Grammatik im Fremdsprachenunterricht?

Von welchem Grammatikbegriff sollte der Fremdsprachenunterricht sinnvollerweise ausgehen? Unter Grammatik, so argumentiert Helbig (1992), ist nicht nur die Morphosyntax zu verstehen, also z.B. die Flexion oder Fragen der Stellung von Satzgliedern. Dies wäre verengend. Vielmehr umfasst sie den gesamten Bereich der „Zuordnungsbeziehungen zwischen Form und Bedeutung" sprachlicher Zeichen (Helbig 1992, S. 150). Sie schließt also das Lexikon, die Semantik und die Phonetik bzw. Phonologie ein. Mit Blick auf den Spracherwerb kann der Begriff dann in einem dreifachen Sinne gebraucht werden:

- Er bezieht sich erstens auf die Regularitäten dieser Zuordnungsbeziehungen im Zeichensystem der Sprache selbst,

- zweitens auf die (wissenschaftlicher Theoriebildung folgende oder für didaktische Zwecke modifizierte und damit 'pädagogische') Beschreibung und Modellierung dieser Regularitäten durch Linguisten und Fremdsprachenlehrer, wie sie typischerweise in Büchern festgehalten wird,
- sowie drittens auf die subjektiven, den individuellen Sprechern/Lernern oft gar nicht bewussten Annahmen, Wissensbestände und Konstruktionen zu diesen Regularitäten, die ihrer tatsächlichen Sprachverwendung zu Grunde liegen.

Dieser dritte Grammatikbegriff ist mit dem zweiten keinesfalls identisch, denn eine solche Grammatik im Kopf des Einzelnen entsteht ja beim ungesteuerten L2-Erwerb und beim frühkindlichen L1-Erwerb spontan und weitgehend ohne jede Unterweisung. Er ist auch mit dem ersten nicht identisch, denn in jenem Sinne existiert Grammatik ganz unabhängig vom einzelnen Sprachverwender.

Einen 'grammatikfreien' Spracherwerb kann es also, führt man sich dies vor Augen, gar nicht geben. Zu fragen ist lediglich, inwieweit Grammatik im zweiten Sinne, also die metasprachliche, bewusst machende grammatische Beschreibung und ihre Didaktisierung, eine Lernhilfe sein kann. *Notwendig* ist eine solche metasprachliche Grammatikvermittlung nicht, das beweist die Möglichkeit des ungesteuerten Spracherwerbs. Aber sie könnte doch ein Weg zur Optimierung des Lernens sein und die Lerner dabei unterstützen, ihre subjektiven Grammatiken den Gegebenheiten in der Zielsprache anzunähern. Um diese Frage zu prüfen, ist es sinnvoll, zwei Typen des Sprachwissens zu unterscheiden, das explizite und das implizite. Explizites Sprachwissen ist metasprachlich formulierbares Wissen über Sprache, das 'Kennen' der Sprache. Ein Beispiel für das Vorhandensein von explizitem Sprachwissen ist die Fähigkeit, in einer gehörten Äußerung („Nimm's mit!") eine sprachliche Regularität zu erkennen und metasprachlich zu formulieren („Das ist die zweite Person Singular des Imperativs."). Implizites Sprachwissen sind die Wissensbestände, die den Sprechern das Produzieren und Verstehen von Äußerungen ermöglichen, das 'Können' der Sprache. Sie sind den Sprechern zumeist nicht bewusst und werden weitgehend automatisiert genutzt. Ein Beispiel wäre das spontane Verstehen der Äußerung oder auch die Fähigkeit, beim Formulieren zum Infinitiv eines starken Verbs wie „nehmen" problemlos die Formen „nimmst", „nahm" und „genommen" zu finden, ohne die Regelmäßigkeit der Ablautreihen, die hinter diesen Strukturen steht, zu kennen. Viele Sprecher mögen „nehmen" sogar irrigerweise, aber ganz schadlos für ein Verb halten, das in seinen Stammformen keiner Regularität folgt.

Beide Typen des Sprachwissens lassen sich idealtypisch gegenüberstellen:

explizites Sprachwissen (Sprache kennen)		implizites Sprachwissen (Sprache können)

Ziel des Sprachunterrichts ist der Erwerb von implizitem Sprachwissen. Um nun zu beurteilen, ob die Vermittlung von explizitem Wissen ein Umweg in Richtung auf dieses Ziel ist oder ob es eine Abkürzung sein kann, wäre es wesentlich zu wissen, ob sprachliche Wissenseinträge im Gedächtnis der Lerner ihren Charakter auch ändern können, ob also explizites Sprachwissen automatisiert werden kann und zu implizitem wird und ob sich Lerner umgekehrt implizites Wissen bewusst und metasprachlich formulierbar machen können. Eben diese Frage ist von der Spracherwerbsforschung und von der Sprachlehrforschung noch nicht abschließend beantwortet. Viele neuere Arbeiten deuten jedoch darauf hin, dass ein solcher Übergang im Charakter von Wissensbeständen durchaus möglich ist und dass er die Lerner bei der Ausdifferenzierung ihrer Lernersprachen wirkungsvoll unterstützen kann, dass Kognitivierung also Lernhilfe sein kann (vgl. Tönshoff 1990, 1992).

Den tatsächlichen Verhältnissen angemessener ist deshalb vermutlich folgende Darstellung:

explizites Sprachwis-	>>>>>>>>>>>>>>>>>>>>>>>>> implizites Sprachwis-
sen (Sprache kennen)	<<<<<<<<<<<<<<<<<<<<<<<<< sen (Sprache können)

In welcher Weise kann man sich diese Unterstützung des Spracherwerbs durch Grammatikvermittlung vorstellen? Dazu drei Hinweise:

- Bewusst machende Grammatikarbeit kann die Aufmerksamkeit des Lerners steuern, sodass er bei der Verarbeitung des fremdsprachlichen Inputs, dem er ausgesetzt ist, besonders auf solche sprachlichen Mittel und Strukturen achtet, die auf seinem individuellen Stand der Lernersprache gerade zum Weiterlernen anstehen. Sie kann also zu einem gezielteren Lernverhalten beitragen.
- Damit ermöglicht Bewusstmachung beim Lernen eine Ersparnis von Zeit und Anstrengung gegenüber dem ungesteuerten Erwerb. Dieser Aspekt wird oft vernachlässigt, wenn man das Lernen im Fremdsprachenunterricht dem anscheinend so viel erfolgreicheren ungesteuerten, 'natürlichen' Erwerb gegenüberstellt: Hier gibt es typischerweise etliche Stunden Umgang mit der L2 am Tag, dort müssen meist nur wenige in der Woche ausreichen.
- Explizites Sprachwissen kann aber auch direkt, also ohne (vollständige) Überführung in implizites Wissen, Grundlage der Sprachverwendung sein. Dies hängt von der Art der Sprachverwendungsaufgabe ab, in die sich ein Lerner gestellt sieht. Beim Schreiben und Lesen und beim vorbereiteten Sprechen besteht durchaus die Möglichkeit, sich explizite Wissensbestände ins Gedächtnis zu rufen und sie zu verwerten. Lerner nutzen diese Möglichkeit zum Beispiel bei Selbstkorrekturen in schriftlichen Texten, wie Protokolle lauten Denkens zeigen (Huneke 1995, S. 488-497).

Ob und in welchem Umfang Grammatikarbeit eine sinnvolle und entlastende Hilfe ist, hängt auch von den Lernern und von der jeweiligen konkreten Lernsituation ab. Ganz offensichtlich gilt dies für das Lebensalter der Lerner: Auf der Primarstufe dürfte bewusst machende Grammatikarbeit in größerem Umfang wenig sinnvoll sein, Lerner nach der Pubertät oder Erwachsene werden oft auf Grund der fortgeschrittenen oder abgeschlossenen kognitiven Entwicklung einen viel größeren Gewinn aus ihr ziehen können, ja darauf angewiesen sein, wenn ihre Spracherwerbsfähigkeit für den ungesteuerten Erwerb nachgelassen hat. Weydt (1993) stellt weitere Faktoren zusammen, die zur Beurteilung eines sinnvollen Ausmaßes des Anteils der Grammatikarbeit am gesamten Lernaufwand herangezogen werden sollten:

- Die Lernphase: In den ersten Wochen des Unterrichts in einer neuen Fremdsprache wird er eher gering sein, in der Hauptphase höher, in der 'Perfektionierungsphase' kann er absinken und der Anteil von Wiederholung wird gegenüber der Neueinführung zunehmen.
- Die Struktur der Zielsprache: Erlernt man eine Sprache mit 'wenig' Morphosyntax wie das Englische oder Französische, so kann der Grammatikanteil geringer bleiben als bei einer Sprache mit einer 'reichen' Morphosyntax wie dem Russischen oder Lateinischen. Das Deutsche tendiert hier eher zur zweiten Gruppe.
- Die Systemdistanz: Ist die strukturelle Ähnlichkeit zwischen L1 und L2 groß, so ist ein niedrigerer Grammatikanteil am Lernaufwand sinnvoller als bei geringer Ähnlichkeit (z.B. Englisch – Französisch gegenüber Deutsch – Koreanisch).
- Der Lernertyp: Für einen 'kognitiv-analytisch' geprägten Lernertyp ist ein höherer Grammatikanteil sinnvoller als für einen 'imitativ-ganzheitlichen'.
- Der Wunsch der Lerner nach Grammatikarbeit, das Ausmaß der schulischen Grammatikarbeit im muttersprachlichen Unterricht, ihre Möglichkeiten zum Sprachkontakt mit der L2 außerhalb des Fremdsprachenunterrichts und die Zahl bereits gelernter anderer Fremdsprachen sind zu berücksichtigende Faktoren.

Auch wenn die Geltung dieser Faktoren nicht für alle im gleichen Maße empirisch abgesichert ist, so können sie sich doch auf Plausibilität stützen.

Die Frage nach dem Anteil, den Grammatikvermittlung im Fremdsprachenunterricht einnehmen sollte, lässt sich also pauschal überhaupt nicht beantworten. Sie ist immer nur im Blick auf die konkreten Bedürfnisse und Voraussetzungen in einer Lerngruppe zu klären. Grundsätzlich aber bleibt festzuhalten, dass Grammatikarbeit sehr wohl eine Lernhilfe darstellen kann.

4.3.3.2 Welche Grammatik für Deutsch als Fremdsprache?

Im Anschluss ist nun zu fragen, welche Grammatikkonzeption den Anforderungen des DaF-Unterrichts am ehesten gerecht wird. Die traditionelle Schulgrammatik entspricht diesen Anforderungen nicht. Sie ist aus schulpraktischen Zwecken im Rahmen des herkömmlichen Lateinunterrichts entstanden und wurde von Karl Ferdinand Becker und anderen in der ersten Hälfte des 19. Jahrhunderts auf die Muttersprache übertragen. Im Kern besteht sie aus einer Wortartenlehre und einer Satzlehre, andere Gegenstandsbereiche werden kaum betrachtet. Sie verwendet keine einheitlich strukturierten Begriffe und Kriterien; teils orientiert sie sich formal, teils semantisch, teils an außersprachlicher Logik. Die vielfältigen Ansätze zur Abgrenzung von Wortarten und zur Klassifizierung von subordinierten Sätzen machen dies besonders augenfällig. Die Übertragung auf eine andere Objektsprache, der Wechsel der Funktion zu einer deskriptiven Grammatik der L1 (die gleichwohl sprachliche Empfehlungen formuliert und dabei oft die gesprochene Sprache auf die Normen der geschriebenen verpflichten möchte) und das Fehlen einer einheitlichen Perspektive führen zu etlichen Inkonsistenzen und Widersprüchen. Dies erschwert es den Lernern zum einen, sich ein zusammenhängendes Bild zu machen. Zum andern beschreibt sie die Sprache nicht vollständig und lässt die Lerner gerade bei zentralen Lernproblemen des Deutschen wie der Morphologie und der sog. Wortstellung im Stich. Zum Dritten setzt sie als typische Muttersprachengrammatik die sprachliche Kompetenz immer schon voraus, sie benennt im Wesentlichen nur, ohne zu präskriptiven Regeln für den Bau von wohlgeformten sprachlichen Äußerungen zu kommen. Sie kann deshalb nicht helfen, sprachliche Kompetenz aufzubauen. Für den Fremdsprachenunterricht wird eine in sich konsistente Grammatik gebraucht, die notwendigerweise vollständiger und umfangreicher sein muss als eine Muttersprachengrammatik. Für deutschsprachige Studierende, die DaF-Lehrer werden, dürfte hier deshalb oft sicher eine größere und anstrengendere Lernaufgabe liegen als für ihre ausländischen Kommilitonen, so viele Vorteile ihnen die sprachliche Kompetenz sonst auch verschafft.

Die Grammatikkonzeption, die sich im DaF-Unterricht und in den Lehrwerken in den letzten zwei Jahrzehnten weitgehend durchgesetzt hat, ist die Dependenz-Verb-Grammatik (DVG). Sie knüpft an der Oberfläche sprachlicher Äußerungen an und fragt nach den Bedingungen, die für das Vorkommen verschiedener syntaktischer Elemente im Satz gelten. Die Beziehungen zwischen den Elementen werden hierarchisch gesehen, d.h. manche Elemente legen anderen Bedingungen hinsichtlich ihres Vorkommens und hinsichtlich ihrer Form auf. Vor allem gilt das für das Hauptverb im Satz, dessen Stellung als zentral angesehen wird. So lassen sich zum Beispiel die morphosyntaktischen Lernprobleme beim Deutschen ebenso wie die sich aus der Wortstellung ergebenden gut erklären. Das Verb „stehlen" etwa eröffnet eine Position für einen 'Täter' und legt ihm die Bedingung auf, im Nominativ zu erscheinen, ferner die Position dessen, dem etwas gestohlen wird (Bedingung: Dativ) sowie die Position des Gestohlenen (Bedingung: Akkusativ). „Sich freuen" lässt je nach der Bedeutung die präpositionalen Ergänzungen „auf etwas" und „über etwas" zu, nicht aber „für etwas" oder „mit etwas". Solche Bedingungen, die das Verb anderen Elementen hinsichtlich der Notwendigkeit oder Möglichkeit ihres Vorkommens und hinsichtlich ihrer Form auferlegt, machen seine Valenz aus. Die Valenz muss im Wörterbuch angegeben sein (vgl. z.B. Wahrig 1990 und Götz/Haensch/Well-mann 1998). Ist sie bekannt, liegen schon wesentliche Informationen darüber vor, wie ein wohl geformter Satz mit diesem Verb gebildet werden kann. Eine Beschreibung mit dem schulgrammatischen Begriffsinstrumentarium könnte dies nicht leisten.

Auch bezüglich der Abfolge verschiedener Elemente im Satz ('Wortstellung') spielt das Verb eine zentrale Rolle. So konstituieren der finite und der infinite Bestandteil des verbalen Komplexes im Normalfall eine Satzklammer (verbale Klammer):

nimmt	...	mit
hat	...	gestohlen
will	...	stehlen
wurde	...	gestohlen	(usw.)

Die Satzklammer konstituiert ein syntaktisches ('topologisches') Mittelfeld, das verschiedene syntaktische Elemente aufnehmen kann:

hat	dem Huhn jeden Sonntag ein Frühstücksei	gestohlen.
hat	der Fuchs dem Huhn ein Frühstücksei	gestohlen.

Vor dem Mittelfeld, im Vorfeld, kann nun genau ein syntaktisches Element stehen:

Der Fuchs	hat	dem Huhn jeden Sonntag ein Frühstücksei	gestohlen.
Jeden Sonntag	hat	der Fuchs dem Huhn ein Frühstücksei	gestohlen.

oder auch:

Bevor die Bäckereien		der Fuchs dem Huhn jeden Sonntag	
sonntags öffnen durften,	hat	ein Frühstücksei	gestohlen.

Auch das dritte topologische Feld, das Nachfeld, kann bestimmte syntaktische Elemente aufnehmen:

Der Fuchs		dem Huhn jeden Sonntag		bevor die Bäckereien
	hat	ein Frühstücksei	gestohlen,	sonntags öffnen durften.

Die DVG konnte sich für den DaF-Unterricht weitgehend durchsetzen, weil sie eine konsistente Beschreibung des Deutschen ermöglicht, die alle für die Lerner wesentlichen Aspekte einschließt, dabei aber in ihrer Begrifflichkeit und in ihren Grundvorstellungen mit schulgrammatischen Ausgangskenntnissen relativ leicht zugänglich ist und verständlich bleibt. Außerdem stellt sie eine gute Basis für eine Kontrastierung des Deutschen mit vielen Ausgangssprachen dar (vgl. z.B. Engel 1986 für das Serbokroatische; Engel 1999 für das Polnische; Engel/Isbasescu/Stanescu/Nicolae 1993 für das Rumänische; Franco 1996 für das Portugiesische).

Nun liegt es auf der Hand, dass eine Grammatik wie die DVG zwar für die Lehrerinnen und Lehrer, die ja linguistisch vorgebildet sind, eine sichere Informationsbasis über sprachliche Gegebenheiten der Zielsprache liefert, dass sie aber mit ihrer wissenschaftlichen Zielstellung den Bedürfnissen der unterschiedlichen Gruppen von Lernern nicht entsprechen kann. Dies liegt daran, dass sie sich in ihrer Strukturierung ausschließlich am Gegenstand und an der theoretischen Konzeption ausrichtet, nicht an Lernprozessen. Außerdem bemüht sie sich in der Darstellung um Knappheit, Präzision und Konsistenz – die Lerner brauchen aber Explizitheit, Erklärung und ausführlichen Bezug auf das Sprachmaterial sowie auf ihre Sprachpraxis. Eine wissenschaftliche Grammatik kann also lediglich das 'Rohmaterial' bereitstellen, das noch mit Blick auf die Lerner didaktisch reflektiert, reduziert und restrukturiert werden muss, damit es eine Lernhilfe sein kann. Das Ergebnis dieser Bearbeitung ist dann eine pädagogische Grammatik. Dabei sind Aspekte wie die folgenden zu prüfen:

- Lernbarkeit: Für die Strukturierung einer pädagogischen Grammatik spielt nicht die Sachgemäßheit die zentrale Rolle, sondern die Lernbarkeit der Phänomene. Sie wird also zum Beispiel vom 'Leichten' zum 'Schwierigen' vorgehen (und muss dazu wissen, was für die konkrete Lerngruppe 'leicht' und 'schwierig' zu lernen ist). Sie wird sich auch an lernpsychologischen Überlegungen wie der Berücksichtigung des Phänomens der Ähnlichkeitshemmung orientieren. Die Ähnlichkeitshemmung ist eine Gedächtnishemmung: Es ist ungünstig, zwei sehr ähnlich strukturierte Lerngegenstände gleichzeitig zu lernen, sie hemmen sich gegenseitig. Es wäre also zum Beispiel für Lerner mit dem Portugiesischen als L1 nachteilig, die in ihrer Bedeutung sehr ähnlichen und in ihrer syntaktischen Funktion identischen Konjunktionen „als" und „wenn" gleichzeitig zu lernen – ein besonderes Lernproblem für sie, da beiden Wörtern in ihrer Muttersprache nur eines entspricht, die Konjunktion „quando". Günstiger ist es für sie wohl, zuerst „wenn" zu erwerben und dann später, vielleicht im Zusammenhang mit den Tempora der Vergangenheit, „als", obwohl beide Konjunktionen unter systematischen Gesichtspunkten (also auch im Blickwinkel einer wissenschaftlichen Grammatik) eng zusammengehören.
- Kontrastivität: Für die Beurteilung der Lernbarkeit von sprachlichen Phänomenen und für eine sinnvolle Schwerpunktbildung in einer pädagogischen Grammatik kann die Kontrastierung zur L1 der Lerner eine wichtige Rolle spielen. Deutschsprachigen DaF-Lehrern stellt sich deshalb die Aufgabe, die Ausgangssprache(n) ihrer Lerner möglichst gut kennen zu lernen; ihren ausländischen Kollegen gegenüber sind sie hier zunächst oft im Nachteil. Da Deutsch häufig zweite Fremdsprache zum Beispiel nach Englisch ist, kann auch der Vergleich mit der ersten Fremdsprache sinnvoll sein.
- Strukturierung und Schwerpunktbildung nach der Frequenz der Phänomene: Eine wissenschaftliche Grammatik ist an Problemen interessiert. Sie wird Gegenstände dann ausführlicher behandeln, wenn sie für ihre theoretische Konzeption zentral sind oder wenn sie die Geschlossenheit und Widerspruchsfreiheit der Theorie zu sprengen drohen, also etwa bei seltenen Ausnahmen von einer gefundenen Regel. Einer pädagogischen Grammatik dagegen geht es um praktikable Resultate. Sie setzt ihre Schwerpunkte bei besonders frequenten, typischen oder für den Erwerb und die Verwendung der L2 bedeutsamen sprachlichen Phänomenen. Damit ist sie notwendigerweise adressatenspezifisch, denn was frequent und typisch ist, hängt vom Interesse der Lerner und von den Varietäten der Zielsprache ab, mit denen sie zu tun haben. Der Wissenschaftler, der in der Fachsprache seiner Disziplin im Deutschen kompetent werden will, wird gehäuft mit Passiv- und Passiversatzformen zu tun haben, mit vielen sehr komplexen und unübersichtlichen Nominalphrasen und mit anderen Phänomenen, die in der gesprochenen Umgangssprache eher selten sind, aber kaum mit einer Wortstellung wie in dem Satz „weil es ist einfach zu voll im Schwimmbad", die eben dort recht häufig ist und der zum Beispiel Jugendliche sicherlich begegnen werden, wenn sie Kontakt zu Gleichaltrigen im deutschsprachigen Raum aufnehmen.
- Strukturierung nach der Art der Sprachverwendung: Für die Produktion von sprachlichen Äußerungen beim Sprechen und Schreiben reicht ein weniger umfangreiches Inventar an grammatischen Mitteln als für die Rezeption beim Hören und Lesen. Sprecher können ja selbst entscheiden, welche grammatischen Mittel sie verwenden wollen. Was ihnen noch zu komplex oder zu wenig gesichert erscheint, können sie umgehen; ihr kommunikatives Ziel ist in den allermeisten Fällen auch so erreichbar. Als Hörer oder Leser haben sie diese Wahlmöglichkeit nicht. In diesen Rollen müssen sie mit einem viel größeren Bestand an sprachlichen Phänomenen zurechtkommen. Und außerdem muss ihr grammatisches Wissen in anderer Weise strukturiert sein, damit sie es sinnvoll nutzen können. Eine

pädagogische Grammatik hat also nach Mitteilungsgrammatik (auch *Produktionsgrammatik*) und Verstehensgrammatik (auch *Identifikationsgrammatik* oder *rezeptive Grammatik*) zu unterscheiden.[11]

- Darstellbarkeit: Eine pädagogische Grammatik muss darum bemüht sein, die Sachverhalte so verständlich, einprägsam und leicht verwendbar wie möglich darzustellen. Dabei wird sie Visualisierungen, Eselsbrücken und Ähnliches nutzen, sie wird zur Signalgrammatik.

- Erarbeitbarkeit: Es ist in der Lernpsychologie eine altbekannte Tatsache, dass Lernen dann besonders gut funktioniert, wenn sich die Lerner die Gegenstände selbst erarbeiten, wenn sie also induktiv lernen können. Für die Grammatikvermittlung bedeutet dies, dass es wenig sinnvoll ist, die Lerner etwa über eine sprachliche Regularität zu informieren und sie dann aufzufordern, Beispiele dazu zu suchen oder zu bilden. Vielmehr sollten sie die Chance haben, auf der Grundlage des Sprachmaterials die Regularitäten und Strukturen selbst zu erarbeiten. Dann kann sie die Grammatikarbeit dabei unterstützen, ihr Inventar an lernersprachlichen Hypothesen über die Zielsprache auszubauen und auszudifferenzieren, also dazuzulernen.

- Kommunikative Einbettbarkeit: Sprachliche Phänomene zu kennen bedeutet noch nicht, sie in der Kommunikation auch verwenden zu können – dies muss geübt werden, und das Üben darf sich nicht im Drill von isolierten sprachlichen Strukturen erschöpfen. Es muss immer in kommunikative Situationen führen, wenn die sprachliche Kompetenz tatsächlich erweitert werden soll.

Für eine pädagogische Grammatik heißt dies, dass sie funktional ausgerichtet sein sollte, dass sie also die Phänomene stets aus der Perspektive des 'Nutzens' darstellt, der sich beim Kommunizieren daraus ziehen lässt.

Wo findet man eine pädagogische Grammatik, die all diesen Aspekten gerecht wird? Es dürfte deutlich geworden sein, dass es sie 'fertig' zum Nachlesen aus Expertenhand nicht geben kann – nur die einzelne Lehrerin und der einzelne Lehrer verfügen über das nötige Wissen und über die nötigen Fähigkeiten, um eine pädagogische Grammatik für ihre jeweiligen Lerner zu erarbeiten.

4.3.3.3 Welche unterrichtlichen Zugriffe sind geeignet?

Nimmt man diesen Gedanken ernst, so kann es 'die' angemessene Zugriffsweise auf Grammatikarbeit in einem lernerorientierten Fremdsprachenunterricht nicht geben. Aber aus dem bisher Gesagten ergeben sich aber doch einige Überlegungen und Prinzipien, die dem konkreten unterrichtlichen Handeln zu Grunde gelegt werden können.

---

[11] Wie eine Verstehensgrammatik vorgehen kann, zeigt sehr anschaulich Heringer (1987) für eine Lesegrammatik des Deutschen. Sie stellt nicht aus der Sprecherperspektive Fragen wie „Wie lautet die Flexionsendung der 3. Person Präsens der schwachen Verben?" oder „Wie heißt die Pluralform des Substantivs 'Student'?", sie fragt vielmehr aus der Leserperspektive „Wie lassen sich 'unselbstständige Strukturzeichen' an den Stammwörtern erkennen?", also Flexions- und Wortbildungsmorpheme wie -t, -en, -ig, -isch, -es, -em, -e, -erei; be- (S. 21), sie fragt danach, „Wie man das finite Verb erkennt", „Wie man das Subjekt erkennt" usw.

Progression: Zunächst einmal sind grammatikbezogene Überlegungen fast immer im Fremdsprachenunterricht enthalten, auch dann, wenn sie nicht im Unterricht thematisiert werden. Sie gehen in die Entscheidung zur Auswahl und Sequenzierung von Lernstoffen, Zielen, Themen, Texten, Notionen[12], Wortschatz usw. ein, zum Beispiel also in den Aufbau von Lehrwerkslektionen. Sie bestimmen die Progression im Unterricht mit. Hier sind verschiedene Zugriffsweisen denkbar: Die Progression kann systematisch sein, sich also als eine so strukturierte Abfolge von Lernstoffen darstellen, dass sich für die Lerner ein zusammenhängendes Gesamtbild ergibt. Sie kann auch situationsorientiert sein, also grundsätzlich von aktuell auftretenden Sprachverwendungsproblemen und vom Lernerinteresse ausgehen und auf die Erzeugung eines systematischen Gesamtzusammenhanges verzichten. Eine systematische Progression kann linear angelegt sein oder spiralförmig, also auf jeweils höherem Niveau immer wieder zu den gleichen Problembereichen zurückkehren. Welche dieser drei Möglichkeiten (lineare oder spiralförmige systematische Progression, situationsorientierte Progression) für den Spracherwerb günstiger ist, lässt sich pauschal nicht entscheiden. Viele Lehrerinnen und Lehrer sehen aber gute Gründe dafür, auf der Grundstufe eine lineare, systematische Progression einzubeziehen und mit fortschreitendem Kursniveau zu einer spiralförmigen oder situationsorientierten überzugehen, in die zunehmend wiederholende Elemente aufgenommen werden, denn ca. 75% der Fehler von fortgeschrittenen Lernern sind 'kleine Fehler' im Bereich der Nomen und Artikelwörter, der Verbvalenz, der Stellung des finiten Verbs und der Adjektivdeklination, die in vielen Fällen wohl schon fossiliert sind (Wieland 1993).

Strategievermittlung: Wenn bewusst machende Grammatikarbeit wirklich dazu beitragen soll, die Sprachverwendung direkt zu erleichtern und zu verbessern, muss sie das notwendige Wissen in einer Form bereitstellen, die den Lernern einen schnellen Zugriff erlaubt und möglichst wenig Konzentration und Aufmerksamkeit bindet. Sie muss effektive mentale Operationen und Strategien entwickeln helfen, halbautomatisierte Denkroutinen, mit denen das Wissen leicht genutzt werden kann, auch dann, wenn wie beim Sprechen und Hören nur wenig Zeit zur Verfügung steht. Hier können zum Beispiel 'Eselsbrücken' und Merkverse helfen. So haben das altbewährte „Tum-chen-ma-ment-um" und die „Heitkeit-schaft-ion-ung" schon manchem Lerner geholfen, das Genus eines Substantivs zu finden. Auch geeignete visuelle Strukturierungshilfen haben hier ihren Platz. Das Lehrwerk *Stufen International*, in dem auf solche signalgrammatischen Darstellungsmittel viel Wert gelegt wird, verwendet zum Beispiel in der Grammatikdarstellung immer wieder das Symbol ⊠, um auf die Umstellung von finitem (V1) und nicht finitem (V2) verbalem Bestandteil des Prädikats aufmerksam zu machen:

---

[12] Unter Notionen versteht man semantisch abgrenzbare Verständigungsbereiche, die grammatisch und lexikalisch auf unterschiedliche Weise gefüllt werden können, z.B. 'etwas vergleichen' oder 'Besitz ausdrücken' (vgl. Wilkins 1976).

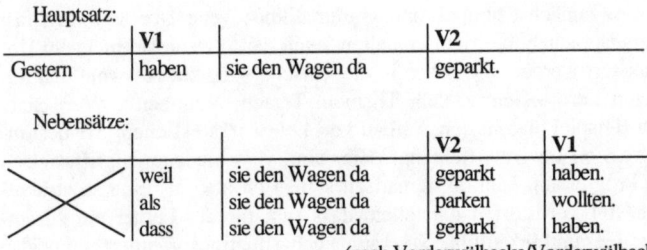

Hauptsatz:

	V1		V2	
Gestern	haben	sie den Wagen da	geparkt.	

Nebensätze:

			V2	V1
	weil	sie den Wagen da	geparkt	haben.
	als	sie den Wagen da	parken	wollten.
	dass	sie den Wagen da	geparkt	haben.

(nach Vorderwülbecke/Vorderwülbecke 1996, S. 59)

Für das Verstehen werden andere Strategien gebraucht. So kann es beim Lesen komplexer Sätze sehr sinnvoll sein, auf die Kommasetzung zu achten, die im deutschen Schriftsystem ja Hinweise auf den Bau von Sätzen gibt, auf zweiteilige Konjunktionen (je ... desto, entweder ... oder, sowohl ... als auch), auf Subjunktoren (nebensatzeinleitende Konjunktionen, Relativpronomen und Fragewörter) in Verbindung mit der charakteristischen Nebensatz-Verbstellung (V2 – V1).

Autonomes Lernen: Von einer 'Autonomisierung des Lernens' zu sprechen ist eigentlich eine Tautologie: Lernprozesse sind per se persönliche, eigenaktive, autonome Aneignungsprozesse des Einzelnen auf der Folie seines individuellen Vorwissens. Allerdings lassen sich diese Prozesse fördern, indem sinnvolle, mehr oder auch weniger vorstrukturierte Lernerfahrungen in geeigneten Situationen ermöglicht werden. Für den Grammatikunterricht ist es aus dieser Perspektive günstig, wenn er an aktuelle Sprachverwendungsprobleme der Lerner anknüpft, wenn er sie sprachliche Regularitäten selbst entdecken, strukturieren, überprüfen und formulieren lässt und wenn er sie anregt, sich über ihre individuellen Lösungsstrategien bei der Bearbeitung solcher Probleme und Aufgaben auszutauschen. Die Autonomie der Lerner wird auch gefördert, wenn sie lernen, selbstständig mit Lehrwerken, mit grammatischen Nachschlagewerken und mit Wörterbüchern umzugehen.

Einsprachigkeit / Zweisprachigkeit: Für den Gebrauch der fremden Sprache und für den Umgang mit ihr stehen beim gesteuerten Erwerb meist nur wenige Stunden Unterrichtszeit in der Woche zur Verfügung. Deshalb ist es nahe liegend, einen größtmöglichen Teil dieser knappen Zeit dann tatsächlich für die Kommunikation in der L2 zu nutzen und sie auch zur Unterrichtssprache zu machen. In zeitlich eng begrenzten Phasen der Reflexion über die Sprache kann es allerdings auch einmal einen Gewinn an Zeit und an Effektivität bedeuten, wenn die Muttersprache verwendet wird. Dies gilt vor allem, wenn die Reflexion die Kontrastierung zur L1 einschließt.

Butzkamm (1978) prägte den Begriff der „aufgeklärten Einsprachigkeit" für einen liberalen Umgang mit dem Dogma der Einsprachigkeit in diesem Sinne. Er schlägt darüber hinaus vor, Übersetzungen in die Grammatikvermittlung einzubeziehen, die sprachliche Regularitäten im Kontrast zur Muttersprache auf einem direkten Wege erfahrbar werden lassen, ohne dass längere Erklärungen – gleichgültig, in welcher Sprache – notwendig wären (vgl. Butzkamm 1985). Er zeigt einen solchen 'grammatischen Minimalismus' an einem Beispiel:

> *Is anybody listening?*/Hört mir überhaupt jemand zu (egal wer)?
> *Is everybody listening?*/Hört auch jeder zu?
> Solche Sätze sind *stille Regeln*. Dieses Erklärungsprinzip wird weitergeführt durch bewusstes Nachbilden der fremden Struktur auch oder gerade dann, wenn dabei muttersprachliche Normen verletzt werden:
> Gut, nicht wahr? (Gut, was?): *Good, isn't it?* 'Gut, ist es nicht?'
> Es ist ein Uhr: (span.) *Es la una.* 'Ist die eins.'
> (finn.) *Kello on yksi.* 'Uhr ist eins.'   (Butzkamm 1995, S. 191)

Einbettung in kommunikative Handlungsrahmen: Eine zentrale Forderung an die Grammatikvermittlung im Unterricht und insbesondere an das Übungsgeschehen ist die nach der Einbettung in kommunikative Handlungsrahmen und übergreifende Aufgabenzusammenhänge. Grammatik als Selbstzweck zu betreiben wäre in der Praxis wohl eher eine Gefährdung als eine Erleichterung des Spracherwerbs. Ziel des Unterrichts ist es ja nicht, sprachliche Mittel und Strukturen als solche zu erkennen und zu beschreiben, sondern sie in der themen- und partnerbezogenen Kommunikation verwenden und nutzen zu können. Sprachbezogene Kommunikation im Grammatikunterricht ist deshalb immer wieder in mitteilungsbezogene Kommunikation einzubinden, ihr kommt fast ausschließlich eine dienende Funktion für die Mitteilung zu.[13] Eine kleine Einschränkung sei hier allerdings gemacht: Folgt man dem Gedanken von Harden (1990), so liegt in der Begegnung gerade mit den grammatischen Regularitäten einer fremden Sprache durchaus eine Chance zu interkultureller Fremderfahrung, denn diese Regularitäten weichen ja von denen in der eigenen Sprache ab, also letztlich von sozialen Konventionen, die man bisher für selbstverständlich und unhinterfragbar gehalten haben mag:

> Das 'Wie' des Funktionierens der Fremdsprache ist meines Erachtens das Fremde schlechthin, das eben nicht als überwindbar angesehen werden darf und das aus diesem Grund auch die motivierende Neugier wach halten kann. (Harden 1990, S. 227)

Ein winziges Beispiel dafür, wie schwer es sein kann, sprachlich-kulturelle Fremderfahrungen auszuhalten: Mancher deutschsprachige Portugiesischlerner hat erfahrungsgemäß bis in fortgeschrittenste Lernstadien ernsthaft damit zu kämpfen, dass dem deutschen Kopulaverb „sein" in „Ich bin Lehrer." und „Ich bin in Lissabon." im Portugiesischen zwei Verben entsprechen, nämlich „ser" und „estar". Es heißt „Sou professor.", aber „Estou em Lisboa." Umgekehrt fällt es manchem portugiesischen Deutschlerner schwer, einfach hinzunehmen, dass es im Deutschen nur das eine Wort „sein" für die beiden für ihn so klar unterschiedenen Konzepte von „ser" und „estar" gibt, ohne dass sich die Missverständnisse häufen. Beide brauchen hier, wenn auch im Kleinen, Empathie, Rollendistanz und Ambiguitätstoleranz, um erfolgreich kommunizieren zu können, und damit sind grundlegende Ziele interkultureller Erziehung angesprochen.

---

[13] Bolte (1993) zeigt an anschaulichen Beispielen, wie sich diese Forderung realisieren lässt.

Grammatikvermittlung könnte auch einen Beitrag dazu leisten, solche Erfahrungen bewusst zu verarbeiten, auf diesem Wege also interkulturelles Lernen fördern.

Lektürehinweise

In Grundbegriffe und Grundgedanken zur Grammatik im Fremdsprachenunterricht führen Helbig (1991), (1992) und (1999) sowie Hoffmann (1999) knapp, präzise und übersichtlich ein. Einen fast handbuchartigen Überblick über den fachdidaktischen Diskussionsstand zum fremdsprachigen Grammatikunterricht stellt der Sammelband von Gnutzmann/Königs (1995) dar.

Die Grundgedanken der Dependenz-Verb-Grammatik erläutert Fischer (1990), ohne einschlägige Spezialkenntnisse schon vorauszusetzen. Rall/Engel/Rall (1985) entfalten diesen grammatischen Ansatz und beziehen ihn auf den DaF-Unterricht. Eine wissenschaftlichen Grammatik, die konsequent von der DVG ausgeht, ist Engel (1996). Grundlegend ist auch Helbig/Buscha (2001). Wer eine Hilfe zur Orientierung in verschiedenen wissenschaftlichen Grammatiken mit ihrer oft spezifischen und nicht einheitlich gebrauchten Begrifflichkeit sucht, findet in Hentschel/Weydt (1994) einen hilfreichen Wegweiser. In Engel (1990) werden überblicksartig 14 neuere Grammatiken vorgestellt. Eine leicht lesbare Einführung in grammatische Fragen aus der rezeptiven Perspektive (Verstehensgrammatik) ist Heringer 1987; Kritisches zur Gegenüberstellung von Verstehensgrammatik und Mitteilungsgrammatik bei Latzel (1991).

Merkmale einer pädagogischen Grammatik erörtern Schmidt (1990), Schmidt (1991) und Nickel (1993); Thurmair (1997) betont die Notwendigkeit einer angemessenen linguistischen Grund-lage. Die Fernstudieneinheit von Funk/König (1991) ist praktisch orientiert und zeigt verschiedene Wege auf, wie Lehrerinnen und Lehrer Bausteine einer eigenen pädagogischen Grammatik für die Bedürfnisse ihrer Lerner erarbeiten können. Krumm (1988) argumentiert in prägnanter Form für die Einbeziehung des Grammatikunterrichts in kommunikativ-pragmatische Unterrichtszusammenhänge, ebenso das Heft 9 *Lebendiges Grammatiklernen* der Zeitschrift *Fremdsprache Deutsch* (1993), in dem auch entsprechende Unterrichtsmodelle zu finden sind. Funk (1993) stellt eine Übungstypologie zum autonomen Grammatiklernen vor. Hennig (2001) ist ein sehr praxisnaher Überblick über verschiedene Grammatiken für Deutsch als Fremdsprache.

4.4 Globale Methodenkonzeptionen im DaF-Unterricht – Beispiel Lehrwerke

Der Sprachunterricht muss umkehren, so betitelte der Anglist und spätere Marburger Universitätsprofessor Wilhelm Viëtor schon im Jahre 1882 einen programmatischen Aufsatz zur Fremdsprachendidaktik. Mit dieser engagierten Streitschrift gab er der Diskussion um eine Reform des neusprachlichen Fremdsprachenunterrichts seiner Zeit einen wirkungsvollen Anstoß. Seine kritische Diagnose des Erfolgs einer Sprachdidaktik, die sich noch stark am Literatur- und Übersetzungsunterricht der 'toten' Bildungssprachen Latein und Griechisch orientierte, lautete:

> Unsere Realabiturienten können sowenig einen englischen oder französischen Brief schreiben, als sie sich in London oder Paris in ihrem Jargon ohne Stocken und Hacken um die nächste Straßenecke fragen können. (Viëtor, in Hüllen 1979, S. 26)

Viëtors zentrale Forderungen für eine Neuorientierung im Unterricht der neueren Sprachen zielen auf einige der Problemstellungen und Fragen, die noch heute (wenn auch auf anderer fachlicher Basis) zu diskutieren sind, wenn es um Methodenkonzeptionen für einen zeitgemäßen und effektiven Fremdsprachenunterricht geht: Er forderte eine Umorientierung vom Ziel, *Wissen über* die Fremdsprache zu erwerben und Literatur übersetzen zu können, auf das sprachliche *Können*, also auf die Kommunikationsfähigkeit, er forderte eine Zurückdrängung des dominierenden Grammatikunterrichts, den Primat des Mündlichen und damit die Einbeziehung der Phonologie sowie ein konsequent induktives, an Texten und am unterrichtlichen Gespräch in der Fremdsprache orientiertes Vorgehen, das den Schülern erlaubt, selbst zu Einsichten in den Bau und die Verwendung der Fremdsprache zu kommen.

Die kritische Reflexion und Revision globaler Methodenkonzeptionen ist also keineswegs auf die jüngste Zeit beschränkt, vielmehr hat sie den Fremdsprachenunterricht im Grunde schon immer begleitet. In diesem Abschnitt soll der Blick jedoch auf die letzten Jahrzehnte beschränkt bleiben und auf vier Konzeptionen, die für den DaF-Unterricht besonders wichtig geworden sind. Dies sind die Grammatik-Übersetzungs-Methode, die audiolinguale/audiovisuelle Methode, die hier zusammengefasst betrachtet wird, sowie der kommunikativ-pragmatische Ansatz und in Weiterführung und Ausdifferenzierung dieser Konzeption der pädagogisch und interkulturell orientierte Ansatz. Damit sind vier zentrale, in der Sprachdidaktik und in der Unterrichtspraxis jeweils weithin als 'etabliert' geltende Methodenkonzeptionen genannt.

Die Option für eine Methodenkonzeption gehört zu den grundlegenden Entscheidungen, die Lehrwerkautoren treffen, und korrespondierend zu ihrer Weiterentwicklung lassen sich entsprechende Generationen von Sprachlehrwerken unterscheiden. Deshalb sollen die unterschiedlichen Methodenkonzeptionen am Beispiel charakteristischer DaF-Lehrwerke dargestellt werden. Damit soll allerdings nicht behauptet werden, die zitierten Lehrbücher entsprächen vollständig der jeweiligen Konzeption; natürlich haben sie ihr je eigenes Profil.

4.4.1 Die Grammatik-Übersetzungs-Methode

Dieser Begriff beschreibt wohl am ehesten einen Unterricht, wie schon Viëtor ihn kritisierte. Es ist jedoch zu berücksichtigen, dass die Kommunikationsfähigkeit in der Fremdsprache in Alltagssituationen eigentlich nicht das Ziel dieses Unterrichts war. Vielmehr sollte in Anlehnung an den Unterricht in den klassischen Sprachen, wie er wesentlicher Bestandteil humanistischer Gymnasialbildung war, ein Zugang zur literarischen Hochkultur der jeweiligen Sprache ermöglicht werden. Die Fähigkeit zum (literarischen) Übersetzen wurde also auch im neusprachlichen Unterricht zur Schlüsselqualifikation. Als Weg zu diesem Ziel erschien es nahe liegend, den Bau der fremden Sprache grammatisch zu beschreiben und so dem Lerner durchsichtig und beherrschbar zu machen. Damit war ein zweites Ziel der höheren Schulbildung verbunden: die Schulung des abstrahierenden und systematisierenden Denkens. Als Konsequenz aus diesen beiden Aspekten ergibt sich auch, dass die Unterrichtssprache die Muttersprache der Lerner war: Man sprach in der Muttersprache über die Fremdsprache.

Lehrwerke, die dieser Konzeption entsprechen, werden sich für das Deutsche als Fremdsprache folgerichtig kaum in deutscher Sprache finden lassen. Wir wählen ein Beispiel, das um die Jahrhundertwende in Portugal erschienen ist (und dort als Reprint vorliegt), das Selbstlernwerk *O Alemão sem mestre* [*Deutsch ohne Lehrer*] (d'Espiney 1992, S. 10ff.). Nach einführenden Hinweisen zum deutschen Alphabet und zur Aussprache beginnt mit dem zweiten Kapitel der eigentliche Lehrgang:

CAPÍTULO II — Zweites Kapitel

O ARTIGO — Der Artikel

1. Há dois artigos na língua alemã, o artigo definido e o artigo indefinido.
2. Há três géneros:

	MASCULINO			FEMININO		
der [1] Vater	o pai	*dér fáter*		die Mutter	a mãe	*di mutter*

	NEUTRO		
	das Kind	a criança	*das kinnt*

3. Há quatro casos:

    O *nominativo* ou caso do sujeito e do atributo;
    O *genitivo* ou complemento restritivo;
    O *dativo* ou complemento terminativo;
    O *acusativo* ou complemento objectivo.

4. O nominativo responde à pergunta: quem? ou que?

    der Vater ist gut   o pai é bom   *der fáter ist gút.*

O genitivo responde à pergunta: de quem? de que?

    der Bruder **des Vaters**   o irmão do pai   *der brudér déss fáterss.*

O dativo responde à pergunta: a quem? a que?

    der Sohn gehorcht **dem Vater**   o filho obedece ao pai
    der zône guéhórch't dêm fáter.

O acusativo responde à pergunta: quem? ou quê?

    der Sohn liebt **den Vater**   o filho ama o pai   *der zône libt dén fáter.*

---

[1] Os substantivos alemães escrevem-se sempre com letra maiúscula.   [...]

Es schließen sich weitere grammatische Erläuterungen an sowie Vokabellisten, schließlich Übersetzungsübungen:

TEMA 1 — *Para traduzir em português*

1. Der Vater ist da. 2. Wo ist die Mutter? 3. Die Mutter und das Kind sind hier. 4. Was hat das Kind? 5. Das Buch des Bruders. 6. Wer hat den Brief der Tante? 7. Der Sohn des Müllers. 8. Geben Sie dem Diener das Brot. 9. Er ist nicht hier. 10. Hat sie das Wasser? 11. Sie hat nicht das Wasser, aber sie hat den Wein. 12. Holen Sie das Glas. 13. Wo ist das Messer? 14. Das Messer und die Gabel sind nicht da. [...]

TEMA 2 — *Para traduzir em alemão*

1. Onde está o pão? 2. O pão não está aqui. 3. Quem tem o vinho? 4. O filho do irmão. 5. Tem ele a água? 6. Ele tem a garrafa. 7. Dê V. à criança a faca e o garfo. 8. * A[II] faca[III] e[IV] o[V] garfo[VI] não[VII] estão [I] ali[VIII]? 9. Quem tem a mesa e a cadeira? [...]

Als Abschluss folgen dann neben einem Lösungsschlüssel einige Zeilen Lyrik ganz im Sinne nationalistischer Zeitströmungen zum Übersetzen in die Muttersprache (d'Espiney 1992, S. 17):

LEITURA E TRADUÇÃO

Mein Vaterland *(fáterland)*. A minha pátria.

Treue *(troie)* Liebe bis *(biss)* zum *(tsum)* Grab *(grábe)*
    amor até   ao   túmulo

Schwör *(chvær)* ich dir mit Herz *(herts)* und Hand
  juro   te com coração

    Was ich bin und was ich habe
    O que

   Dank   *(dank')* ich dir, mein Vaterland
  agradeço [devo]

   In der Freude *(froide)* wie im Leide *(laide)*
    na   alegria   no sofrimento

Ruf ich's Freund *(froind)* und Feinden *(fainden)* zu
chamo   ao amigo   inimigos

   Ewig   *(évigh')* sind vereint *(ferainnt)* wir beide
eternamente   unidos   ambos

  Und mein   Trost,   mein   Glück *(glük)* bist du.
     consolação   felicidade

Das Beispiel zeigt etliche charakteristische Merkmale der Grammatik-Übersetzungs-Methode:

- Ausgangspunkt und Mittelpunkt des Sprachlernens bildet die metasprachliche Formulierung von Grammatikregeln: definiter Artikel, Kasus, Konjugationsparadigma, Personalpronomen usw.
- Der Lernweg ist ausschließlich deduktiv konzipiert. Die wenigen Wörter und Sätze in der Zielsprache haben lediglich Beispielfunktion für diese Regeln. Unter Gesichtspunkten des Inhalts und des Sprachgebrauchs sind sie völlig irrelevant. Sie werden auch nicht etwa zur Beobachtung und Erarbeitung sprachlicher Regularitäten genutzt. Spracherwerb erscheint als Regellernen plus Vokabellernen.
- Ziel ist die 'literarische' Übersetzungsfähigkeit, ein entsprechender Text beschließt die Lehrbucheinheit. Auch als Übungen werden lediglich Übersetzungen von Einzelsätzen in beiden Richtungen angeboten. Hinweise oder Übungen zum Gebrauch der Sprache fehlen.
- Vermittlungssprache ist die Muttersprache der Lerner.
- Zielsprache ist die literarisch orientierte, geschriebene Standardsprache.
- Die Sprachregeln folgen (etwa bei der Darstellung der Kasus) bezeichnenderweise der lateinischen Schulgrammatik: Sie sind weder der Zielsprache Deutsch noch der Ausgangssprache Portugiesisch besonders angepasst. Die Lektion, insbesondere die Art der Grammatikbeschreibung, setzt beim Lerner im Grunde eine gymnasiale, am Lateinischen geschulte Bildung voraus.

Aus solchen Charakteristika ergibt sich die Kritik an diesem Konzept: Es ist ungeeignet, wenn das Ziel des Unterrichts der *Gebrauch* der Fremdsprache in lebensnahen Situationen ist. Ferner ist die zu Grunde liegende Vorstellung vom Fremdsprachenlernen ausschließlich oder weitgehend durch Erwerb von Wissen über Sprache mit Sicherheit unzutreffend.

Andererseits gilt bewusst machendes Lernen aber z.B. als 'erwachsenengeeignet'. Es wird auch vielerorts eine wichtige Rolle in schulischen und unterrichtlichen Gewohnheiten und Traditionen spielen, die sich oft nicht einfach ignorieren lassen. So wurde ein vor allem in der zentralen Stellung des Grammatikunterrichts von der Grammatik-Übersetzungs-Methode beeinflusstes Lehrwerk wie die Deutsche Sprachlehre für Ausländer (Griesbach/Schulz 1992), das erstmals 1955 erschien und bis in die 70er-Jahre das dominierende in der Bundesrepublik erschienene Lehrbuch für Deutsch als Fremdsprache war, bis vor Kurzem aufgelegt und nachgefragt. Und schließlich hat es ja in den letzten Jahren wieder eine lebhaftere, differenzierende Diskussion um die Rolle des Grammatikunterrichts auch im kommunikativ-pragmatisch orientierten Fremdsprachenunterricht gegeben (vgl. Gross/Fischer 1990, Harden/Marsh 1993 und das Themenheft Lebendiges Grammatiklernen der Zeitschrift Fremdsprache Deutsch 9, 1993). Es gibt also Gründe, mit einer pauschalen Verurteilung zurückhaltend zu sein.

4.4.2 Die audiolinguale/audiovisuelle Methode

Eine radikale Kehrtwendung vollziehen die Lehrwerke, die sich an der audiolingualen bzw. audiovisuellen Methode orientieren. Diese Kehrtwendung bezieht sich auf das Ziel des Sprachunterrichts (sprachliches *Können* in Alltagssituationen), auf die dem Unterricht zu Grunde liegende Sprachvarietät (möglichst authentische gesprochene Umgangssprache), auf das unterrichtliche Vorgehen (weitestgehender Verzicht auf Grammatikexplikationen, Ausgehen von Sprachverwendungssituationen, in die die Lerner bei einem Aufenthalt in einem Land der Zielsprache tatsächlich geraten können, Training von entsprechenden Redemitteln), auf die Grundannahmen zum Sprachlernen (behavioristisches Modell: Lernen nicht durch Einsicht, sondern durch Imitation und Verstärkung), auf die sprachwissenschaftlichen Grundlagen (sorgfältig geplante Grammatikprogression auf der Basis strukturalistischer Beschreibungen der jeweiligen Fremdsprache, die oft auch kontrastiv zur Muttersprache angelegt sind) und auf den bildungspolitischen Rahmen in den 60er und 70er-Jahren (Legitimationsproblem in der Curriculumdiskussion: Fremdsprachenunterricht als Qualifikationsvermittlung für alle, nicht mehr nur als Bildungsgut für wenige Gymnasiasten). Eine wichtige Rolle übernehmen auditive (audiolinguale Methode) und audiovisuelle Medien, die den Lehrer bei der Bereitstellung und Abstimmung von Bildimpulsen und/oder von fremdsprachlichem Input unterstützen, teils auch ersetzen.

Viele Grundlagen und Anregungen zu dieser Methodenkonzeption kamen aus dem angloamerikanischen Raum (vgl. Lado 1967). Beispiele von Lehrwerken für die Fremdsprache Deutsch sind *Vorwärts international* (1974ff.) und *Deutsch als Fremdsprache* (Braun/Nieder/Schmöe 1972ff.). Aus der Lektion 21 des Bandes K 2 von *Vorwärts international* ist das folgende Material entnommen (S. 40ff., Auszug):

HERR SCHAUDI HAT PECH

1. Herr Schaudi:
Ich fahre in die Stadt.

2. Frau Schaudi:
Ach schön!
Könntest du mir meine Schuhe
mitbringen?
Sie sind beim Schuhmacher.

3. Herr Schaudi:
Ich kann dir deine Schuhe
mitbringen,
aber wo ist der Schein?
Frau Schaudi:
In meiner Tasche.

4. Hans!
Könntest du mir meine Tasche holen?

7. *Hans:*
Könntest du mir zwei Bleistifte
kaufen?
Meine Bleistifte sind alle kaputt.

5. *Hans:*
Hier ist die Tasche.

6. Fährst du in die Stadt, Vati?
Herr Schaudi:
Ja.

8. *Herr Schaudi:*
Schuhe mitbringen.
Zwei Bleistifte kaufen.
Gut. Auf Wiedersehen!

Was weißt du über Lektion 21?
Beantworte die Fragen:

1. Wohin fährt Herr Schaudi?
2. Was kann er für seine Frau mitbringen?
3. Wo sind Frau Schaudis Schuhe?
4. Wo ist der Schein für die Schuhe?
5. Wer holt Frau Schaudis Tasche?
6. Was kann Herr Schaudis für Hans mitbringen?

Frag deinen Nachbarn,
1. wohin Herr Schaudi fährt.
2. was er für seine Frau mitbringen muß.

Sprachübung

Herr Schulz ist furchtbar faul und glaubt, daß seine
Frau ihm jeden Wunsch erfüllen wird.

Du hörst: Wo ist mein Pullover?

Du sagst: **Hilde! Könntest du mir meinen
Pullover holen?**

Du hörst: Wo ist meine Zeitung?

Du sagst: **Hilde! Könntest du mir meine Zeitung
holen?**

Ebenso mit: Kaffee   Kugelschreiber
               Bleistift   Kamm
               Uhr   Pfeife

Im Unterricht werden den Schülern zunächst Farbdias als Bildimpulse vorge-
führt. Sie enthalten Sprechanreize sowie Informationen zum Kontext der jeweiligen Situation, die ihnen das Verständnis der Dialoge ohne weitere Erklärungen
ermöglichen sollen. Die Dialoge werden von einer Kassette vorgespielt, und erst
im Anschluss an eine Verständnissicherung wird ggf. das Lehrbuch benutzt.
Übungen wie die hier ausgewählten schließen sich (evtl. im Sprachlabor) an.
Dieses Vorgehen macht – wenn es natürlich auch im Unterricht ergänzt und erweitert werden kann – den immer wiederkehrenden Kern des Unterrichtsgeschehens aus:

- Da das Ziel des Unterrichts die sprachliche Qualifikation für Alltagssituationen ist, bilden
  solche Situationen den Ausgangspunkt. Sie werden mit Hilfe audiovisueller Medien
  (Dias und Kassette) simuliert.
- Die sprachliche Varietät, die vermittelt werden soll, ist die gesprochene Umgangssprache.
  Sie erscheint allerdings in diesem Fall in den Dialogen nicht ganz authentisch, sondern
  auf die zu erwerbende sprachliche Struktur hin (höfliche Frage mit „können" im Kon-
  junktiv II) konstruiert.
- Auf kognitivierende Verfahren wird fast vollständig verzichtet. Vielmehr sollen die
  sprachlichen Strukturen aufbauend auf das situative Verständnis durch Wiederholung,
  Variation und Bestätigung erworben und automatisiert, d.h. für den aktiven Gebrauch
  auch in anderen Situationen bereitgestellt werden.
- Typische Übungsformen sind *Pattern Drills* wie hier die 'Sprachübung', die oft als Ton-
  bandübungen angeboten werden, und Satzschalttafeln.
- Der gesamte Unterricht läuft streng einsprachig in der Fremdsprache ab.
- Der Schwerpunkt liegt klar auf den Fertigkeiten Hören und Sprechen. Lesen und Schrei-
  ben haben nur Unterstützungsfunktion.

Kritisiert wurde an dieser Methode vor allem das starre und schematische, oft
von technischen Medien bestimmte Vorgehen, das sich im Prinzip in allen Lerneinheiten in gleicher Weise wiederholt und das schnell ermüdend wirken kann.
Ferner bleibt der Unterricht sprachlich weitgehend bei rein reproduktiven Leistungen und inhaltlich-thematisch bei einem oft reichlich künstlichen Allerwelts-

Alltag stehen. Dass fremdsprachliches Handeln eine kreative und produktive Tätigkeit konkreter Lernerpersönlichkeiten ist, bleibt meist ebenso unberücksichtigt wie der Wunsch vieler Lerner nach einem gewissen Maß an Systematisierung und Bewusstmachung sprachlicher Regelmäßigkeiten. Die Lerner werden, so könnte man etwas überspitzt formulieren, in der Perspektive dieser Methode zu einem Lernsystem reduziert. Häufig kommt es entgegen dem eigentlichen Anspruch auch nicht zur Verwendung authentischer Sprache, da das Festhalten an einer sehr fein abgestuften Grammatikprogression als dem eigentlichen Skelett des Lehrganges zur Formulierung überdidaktisierter Lehrbuchtexte verleitet. Trotz solcher Kritik bleibt festzuhalten, dass die audiolinguale/audiovisuelle Methode mit ihrer weiterhin aktuellen Forderung nach dem Sprachgebrauch als Ziel des Fremdsprachenunterrichts auch den DaF-Unterricht nachhaltig verändert hat.

4.4.3 Der kommunikativ-pragmatische Ansatz

Dieser Ansatz stellt vor allem die Lerner mit ihren jetzigen und – so weit prognostizierbar – künftigen Bedürfnissen, Interessen und Lernvoraussetzungen in den Mittelpunkt fremdsprachendidaktischer Reflexion. Daraus ergibt sich zum einen, dass an ihre Fähigkeit zu eigener kreativer Sprachverwendung angeknüpft werden soll und an ihre Vorerfahrungen (etwa mit dem Erlernen einer anderen Fremdsprache, Deutsch ist ja sehr häufig zweite oder weitere Fremdsprache), was z.B. durchaus auch die Bildung grammatischer Einsichten einbeziehen kann. Zum anderen liefert nicht mehr das Sprachsystem an erster Stelle und zentral die Kriterien für die Planung der Progression in einem Lehrgang, sondern zunächst ist nach den frequentesten Sprechhandlungen zu fragen, die den Lernern möglichst schnell in erwartbaren Situationen eine größtmögliche Handlungsfähigkeit in der Fremdsprache eröffnen. Bei der Einbettung dieser Sprechhandlungen in Situationen ergeben sich die inhaltlichen Themen, die an die Erfahrungswelt der Lerner anknüpfen und aus ihrer Perspektive relevant sein sollten. Diesen Überlegungen nachgeordnet (aber deshalb natürlich nicht unwichtig) ist in der Planung von Kursen und Einheiten die Frage, welche formalsprachlichen Mittel notwendig sind, um die jeweiligen Sprechhandlungen realisieren zu können. Schon ein Blick in die Inhaltsverzeichnisse bzw. Register von Lehrwerken wie *Deutsch aktiv neu* (Neuner u.a. 1986ff.), *Themen* (Aufderstraße u.a. 1992ff.), *Mit uns leben* (Bimpage u.a. 1989) oder *Stufen* (Vorderwülbecke 1986ff.) sowie von Materialsammlungen für den Unterricht wie Lohfert (1982) und Dreke/Lind (1986) lässt diese Gemeinsamkeit trotz der ganz unterschiedlichen Zielgruppen sehr anschaulich werden. Hier zeigt sich der besondere Einfluss der Pragmalinguistik, die die Morphologie und Syntax als leitende linguistische Bezugsdisziplinen der Fremdsprachendidaktik ersetzt.

Welche weit reichenden praktischen Konsequenzen sich daraus für den DaF-Unterricht und für die Konzeption von Lehrwerken ergeben, sei an einem Beispiel aus *Deutsch aktiv neu*, Band 1 A (Kapitel 5) gezeigt (Neuner u.a.1986). Zunächst der entsprechende Auszug aus dem Inhaltsverzeichnis:

4.4 Globale Methodenkonzeptionen im DaF-Unterricht – Beispiel Lehrwerke

- Die zentrale didaktische Intention ist es, den Lernern erfolgreiches sprachliches Handeln im 'Verständigungsbereich Zeit und zeitliche Relationen' zu ermöglichen, und zwar in Situationen, in die sie bei einem Aufenthalt in einem deutschsprachigen Land kommen könnten. Sie können lernen, sich zu verabreden (A 2), Fahrplan- und Fluginformationen zu erfragen und zu verstehen (A 2, A 3), eine gemeinsame Reise zu verabreden (A 4), Datumsangaben zu verwenden (A 5), einen Arzttermin (A 6) und eine Autoreparatur zu vereinbaren (A 7). Grammatik und Wortschatz sind dem nachgeordnet und werden funktional gesehen (Modalverben „können" und „mögen", Verbergänzungen, Uhrzeit [A 1] usw.).

- Bereits im Inhaltsverzeichnis wird der Lernstoff so vorstrukturiert, dass didaktische Intentionen und Begründungszusammenhänge auch für die Lerner (das Buch wendet sich an Erwachsene) nachvollziehbar werden. Weiter wird dann ein flexibles und offenes Vorgehen ermöglicht: Die angebotenen Texte und Aufgaben sind in ihrer Abfolge nicht verbindlich, sie können verschoben, verändert und ergänzt werden. Vor allem auch die Übungen im B-Teil sind in flexibler Weise integrierbar. Den Lernern wird durch diese (wenn auch nur partielle) Offenheit ein Stück Mündigkeit und Selbstbestimmung in ihrem Lernprozess bewahrt.

Einen wesentlichen Teil des Sprachunterrichts vor allem auf der Grundstufe macht das Übungsgeschehen aus. Eine Lehrbuchseite als Beispiel für eine Übungsaufgabe im Sinne des kommunikativ-pragmatischen Ansatzes (Neuner u.a. 1986, S. 68):

Haben Sie einen Termin für mich?

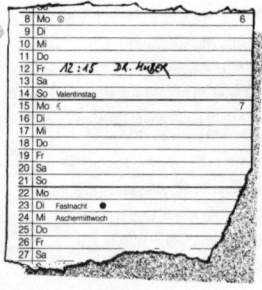

6

vorgestern	
gestern	
heute	
morgen	
übermorgen	

8	Mo	⊚	6
9	Di		
10	Mi		
11	Do		
12	Fr	*12:45 Dr. Huber*	
13	Sa		
14	So	Valentinstag	
15	Mo	☾	7
16	Di		
17	Mi		
18	Do		
19	Fr		
20	Sa		
21	So		
22	Mo		
23	Di	Fastnacht ●	
24	Mi	Aschermittwoch	
25	Do		
26	Fr		
27	Sa		

Heute ist Dienstag, der neunte (9.) Februar.
Herr Pasolini hat Zahnschmerzen. Er ruft
einen Zahnarzt an. Er möchte einen Termin,
möglichst bald.

Die Sprechstundenhilfe sucht einen Termin.
Sie findet Dienstag, den dreiundzwanzigsten (23.).

Der dreiundzwanzigste Februar ist erst in
14 Tagen. Das dauert zu lange. Herr Pasolini
hat große Schmerzen.

Die Sprechstundenhilfe sucht einen anderen
freien Termin. Sie findet einen Termin am
Freitag, den zwölften Februar, um 12.15 Uhr.

12.15 Uhr ist zu früh. Herr Pasolini arbeitet
bis 14.30 Uhr.
Ein Termin um 15.00 Uhr ist besser.

Aber am Freitagnachmittag ist die Praxis
geschlossen.

„Gut, dann frage ich meinen Chef", sagt
Herr Pasolini. Er kommt um 12.15 Uhr.

Die Sprechstundenhilfe notiert den Termin.
Sie weiß den Namen nicht mehr und fragt.

Herr Pasolini buchstabiert seinen Namen.

Hier Praxis Dr. Huber!! guten Tag!

Guten Tag, mein Name ist Pasolini. Ich habe Zahnschmerzen. Haben Sie einen Termin für mich? Möglichst bald!

Am Dienstag, den dreiundzwanzigsten, um 8 Uhr.

Am dreiundzwanzigsten? Das ist zu spät! Ich habe Schmerzen!

B 2.1 ▶

Ü 10

1. Unterstreichen Sie im Text die ganz wichtigen Wörter (○━☞ -Wörter).
   Beispiel: Dienstag – 9. Februar – Pasolini – Zahnschmerzen – Zahnarzt – Termin – .....

   Schreiben Sie dann das Telefongespräch fertig.

2. Hören Sie das ganze Telefonat von der Cassette.

3. Spielen Sie das ganze Gespräch.

- Übungsformen werden eingebettet in eine Übungstypologie, für die Neuner/Krüger/ Grewer (1981, S. 44f.) vier Stufen vorschlagen: Stufe A – Übungen zur Entwicklung und Überprüfung von Verstehensleistungen / Stufe B – Übungen zur Grundlegung von Mitteilungsfähigkeit – Übungen mit reproduktivem Charakter zur sprachlichen Form / Stufe C – Übungen zur Entwicklung von Mitteilungsfähigkeit – sprachliche Ausgestaltung vorgegebener Situationen/Rollen/Verständigungsanlässe in Übungen mit reproduktiv-produktivem Charakter / Stufe D – Übungen zur Entfaltung von freier Äußerung. Übungssequenzen, die sich an dieser Abfolge orientieren, sollen den Lernern wie die Sprossen einer Leiter helfen, sich ausgehend vom Verständnis von Texten zur eigenen Äußerungsfähigkeit 'emporzuarbeiten'.[14] Die abgedruckte Übung wäre der Stufe C zuzuordnen. Sie steht am Übergang von reproduktiven zu produktiven Leistungen, ein Bereich, der in der audiolingualen/audiovisuellen Methode oft vernachlässigt wurde. Die Lerner entnehmen dem Lesetext die jeweiligen Sprecherintentionen, den groben Gang des Gespräches und einige Redemittel. Zusätzlich müssen sie auf zuvor erworbene Redemittel zurückgreifen. Sie können ihre Lösung an einem Tonbanddialog überprüfen. Hierin liegen die reproduktiven Momente. Sie könnten dem Dialog aber durchaus eine individuelle Gestalt geben, auch im abschließend vorgeschlagenen Spiel. Die leicht karikierenden Zeichnungen mögen sogar dazu anregen. Es gibt keine schematisch 'richtige' Lösung. Eine eigene Lösung könnte auch nach dem Vergleich mit dem Tonbandtext bestehen bleiben, sie böte eine Chance zur Thematisierung und Bewusstmachung von Sprachverwendung. Hierin liegen die produktiven Momente dieser Aufgabe.
- Die Lerner werden zu eigenem Tun in einer tendenziell offenen Lernumgebung angeregt.
- Landeskundliche Themen werden über das bloß alltagspraktisch Relevante hinaus ebenso aufgegriffen wie geeignete landeskundliche Texte. In diesem Kapitel sind es zwei Texte der konkreten Poesie von Ernst Jandl („fünfter sein" und „Markierung einer Wende") und einer von Burckhard Garbe („Lehrreich").

In neueren und neuesten Lehrwerken wird der kommunikativ-pragmatische Ansatz zwar nicht durch eine andere Methodenkonzeption ersetzt. Aber er wird mit Blick auf bestimmte Lernergruppen und ihre Lernvoraussetzungen und Bedürfnisse weitergeführt und ausdifferenziert. Es erschienen Lehrwerke für die Primarstufe wie *Aurelia* (Augustin u.a. 1994f.) und *Achtung! Fertig! Los!* (Lang/de Quintero 1991), Lehrwerke für Fachsprachen aus Bereichen wie Wirtschaft (z.B. *Studium Wirtschaftsdeutsch*, Butzphal/Riordan 1991), Jura (z.B. *Fachsprache Deutsch – Rechtswissenschaft*, Jung 1994), Hotelgewerbe (z.B. *Deutsch im Hotel*, Barberis/Bruno 1987 und 1989) usw. sowie Lehrwerke, die gezielt einzelne Fertigkeiten, vor allem die Lesefertigkeit in der Fachsprache, herausgreifen, so etwa die Reihe *Bausteine Fachdeutsch für Wissenschaftler* (Fuhr 1989ff.) oder *German for Academic Purposes* (Rogalla /Rogalla 1985).

Neben dieser Tendenz zur Spezialisierung im Blick auf besondere Adressatengruppen führte die Lernerorientierung in den 80er und 90er-Jahren dazu, verstärkt den spezifischen kulturellen Hintergrund der Lerner zu berücksichtigen

---

[14] Vgl. jedoch Piepho (1980), der einer schematischen Abfolge von Übungstypen sehr zurückhaltend gegenübersteht, wenn er warnt, dass eine der Gefahren beim Planen und Durchführen von Übungen die „isolierte Betonung der sprachlichen Könnenskomponenten ohne Bindung an tatsächliche Handlungen und Ereignisse" ist (S. 71). Er fordert, „dass wir alles tun sollten, um die Lerntätigkeit sinn-, verwendungs- und inhaltsbezogen erscheinen und wirken zu lassen" (S. 75), gerade auch in Übungen.

sowie die Tatsache, dass das Erlernen einer Fremdsprache stets auch mit interkulturellem Lernen verbunden ist. Diese neue Schwerpunktsetzung erlaubt es,
von einem interkulturellen Ansatz im DaF-Unterricht zu sprechen, der sich vom
kommunikativ-pragmatischen allerdings nicht abgrenzt, sondern an ihn anknüpft
und ihn fortführt.

4.4.4 Der interkulturelle Ansatz

Die vorrangige Aufgabe von Fremdsprachenunterricht und damit auch des Deutschunterrichts besteht darin, die Menschen für Mehrsprachigkeit und das Leben in multikulturellen
Gesellschaften zu sensibilisieren und zu interkultureller Kommunikation zu befähigen.

In dieser fünften von insgesamt acht Thesen aus seiner Wiener Antrittsvorlesung
formuliert Krumm (1994, S. 23) diese Schwerpunktverlagerung, aus der sich eine
sehr weit gehende neue pädagogische Verankerung des Fremdsprachenunterrichts
ergibt. Er geht damit über eine bloße Vermittlung von Fertigkeiten weit hinaus. Die
Perspektive von Alltagssituationen, in denen die Lerner bei Kontakten mit Sprechern der Zielsprache erfolgreich handeln können, wird entscheidend erweitert. Im
Fremdsprachenunterricht geht es jetzt nämlich um die Fähigkeit zum Fremdverstehen im umfassenden Sinn. Dies setzt, integriert in die sprachlichen Kompetenzen,
vor allem auch Einsichten in die Kulturbedingtheit kommunikativen Handelns in
der Zielsprache und in der Ausgangssprache voraus. Dabei können auch Einstellungen zu Normen der Herkunftskultur modifiziert und so Beiträge zur Entwicklung der eigenen Identität geleistet werden. Wesentliche fachwissenschaftliche Impulse erhielt der Ansatz von der interkulturellen Germanistik, einer fachlichen
Richtung, die sich in den 80er-Jahren herausbildete und die Wierlacher (1994, S.
51; vgl. auch die Auswahlbibliographie ebda.) zusammenfassend bestimmt als

eine germanistische Disziplin, die im Koordinatendreieck von Fremdsprachengermanistik,
Deutsch als Fremdsprache und Grundsprachengermanistik Perspektiven auf Deutsches, die
Deutschen und die deutschsprachigen Länder weder hierarchisch ordnet noch als Hindernis
einschätzt, sondern als Quelle zu besserem, weil multiperspektivischem Sehen erkennt und
anerkennt.

Aus diesen zentralen Gedanken ergibt sich, dass mit der Konzentration auf das
Fremdverstehen den rezeptiven Fertigkeiten Hören und Lesen stärkere Aufmerksamkeit gewidmet wird. Das Fremdsprachenlernen muss stärker ganzheitlichen
Charakter erhalten, da es tendenziell die ganze Lernerpersönlichkeit einbezieht.
Die ausgewählten Unterrichtsthemen sollen sich schließlich an den Erfahrungsraum der Lerner anschließen und für sie auch persönlich relevant sein. Der Kontakt zur fremden Kultur kann diesen Erfahrungsraum aber auch erweitern. Damit
verändert sich vor allem das Verständnis von Landeskunde, die zu so etwas wie
einem durchgängig vorhandenen Unterrichtsprinzip wird, das sich auch in einer
verstärkten Zuwendung zu literarischen Texten äußert.

Für Lehrwerke lautet eine nahe liegende Konsequenz *Regionalisierung*. So sind
in etlichen Ländern Lehrbücher entstanden, die die Herkunftskultur und die jeweils

besondere Situation der DaF-Lerner berücksichtigen und sie mit der fremden (deutschen) Kultur kontrastieren. Ganz konsequent tut dies z.B. das dreibändige Grundstufenlehrwerk für Sekundarschulen *Deutsch? Aber ja!* (Franco/Vilela/Lapa o.J. [1991]) aus Portugal, das im Band 1 gleich zu Beginn an eine Städtepartnerschaft Porto/Saarbrücken anknüpft, in der zweiten Lektion das Schulsystem und das schulische Leben in beiden Ländern gegenüberstellt usw. und im Band 3 auf 8½ Lehrbuchseiten mit der Thematik der Arbeitsmigration schließt, die in vielen portugiesischen Familien eine ganz konkrete Lebenserfahrung und -perspektive ist. Dazu werden Materialien aus der Sicht der Migranten, der Herkunftsgesellschaft und der aufnehmenden Gesellschaft angeboten.

Für ein Lehrbuch, das im deutschsprachigen Raum erscheint und sich an ein weltweites Publikum wendet, ist dieser Weg so nicht gangbar. Das Lehrwerk *Sprachbrücke* (Mebus u.a. 1987, 1989) hat als Ausweg ein fiktives 'Lilaland' geschaffen, das – grafisch und farblich von den übrigen Lehrbuchmaterialien abgesetzt – durchgängig auftaucht und die fremdkulturelle Perspektive auf den deutschsprachigen Raum ebenso ermöglicht wie die Rückfrage an die Herkunftskultur der jeweiligen Lerner.[15] Ein Beispiel zum Thema 'Einladungen' (Mebus 1987, S. 120f.):

Eine Einladung und viele Fragen

Gerda, Beate, Hans und Peter Klinger sind unsicher und ratlos.

HK: Seht mal, eine Einladung von Herrn Tossu zum Geburtstag seiner Tochter.
BK: Ach, dann ist die Einladung für mich?
HK: Das glaube ich nicht. Seine Tochter ist doch noch ein kleines Baby.
GK: Tja, wen hat er denn nun eingeladen: nur dich oder uns beide? Oder dürfen auch die beiden Kinder mitkommen?

HK: Was meinst du, Gerda, soll ich meinen dunklen Anzug anziehen?
GK: Denkst du denn, daß es da so formell ist?
BK: Ich bleibe aber in Jeans!
HK: Kommt nicht in Frage! Das erlaube ich nicht!
GK: Laß sie doch, Hans! Warum verbietest du immer alles?

GK: Übrigens, was sollen wir denn mitbringen?
HK: Na, wie üblich: Blumen für die Dame und Schokolade für die Kinder.
GK: Meinst du, das macht man hier auch so?
HK: Ja. Oder lieber eine Flasche Wein?
PK: Hier darf man doch keinen Alkohol trinken.

HK: Also, mir ist alles ziemlich unklar. Sollen wir pünktlich um 18 Uhr da sein oder erst etwas später kommen?
PK: Und gibt's was zu essen, oder müssen wir vorher im Restaurant essen?
HK: Oje, was man alles beachten muß! Was meint ihr, soll ich Herrn Tossu noch mal anrufen, oder ist das unhöflich?

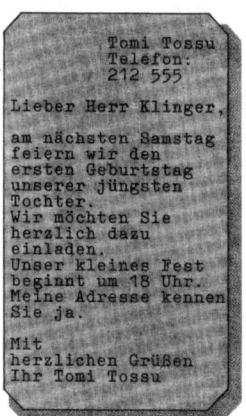

Tomi Tossu
Telefon:
212 555

Lieber Herr Klinger,

am nächsten Samstag feiern wir den ersten Geburtstag unserer jüngsten Tochter. Wir möchten Sie herzlich dazu einladen. Unser kleines Fest beginnt um 18 Uhr. Meine Adresse kennen Sie ja.

Mit herzlichen Grüßen
Ihr Tomi Tossu

---

[15] Ein anderes Lehrwerk, das in diesem Zusammenhang zu nennen wäre, ist *Sichtwechsel* (Bachmann u.a. 1995). Es wendet sich in anspruchsvoller Weise an fortgeschrittene, erwachsene Deutschlerner.

Was man bei einer deutschen Einladung beachten muß

1. Bilden Sie bitte Sätze mit **müssen** und **dürfen**!
Beispiele:

Und jetzt Sie bitte!

Einige Verhaltensregeln

a) pünktlich kommen → Man **muß** pünktlich kommen.
b) **nicht** zu spät kommen → Man **darf nicht** zu spät kommen.
c) ohne besondere Einladung **keine** Kinder mitbringen → Man **darf** ohne besondere Einladung **keine** Kinder mitbringen.
d) **Es ist erlaubt**, daß man Kindern Schokolade mitbringt. → Man **darf** Kindern Schokolade mitbringen.
e) ohne besondere Einladung keine Freunde mitbringen →
f) auf korrekte Kleidung achten →
g) Männer: bei formellen Feiern (z. B. einer Hochzeit) einen Anzug anziehen →
h) wenn man Blumen mitbringt: die Blumen immer der Dame geben →
i) Es ist auch erlaubt, daß man eine Flasche Wein mitbringt. →
j) nicht zu früh kommen →
k) wenn man zu spät kommt, sich entschuldigen →
l) bei einer Einladung am Nachmittag: Es ist nicht erlaubt, daß man bis zum Abendessen bleibt. →
m) bei einer Einladung am Abend: vor 24 Uhr gehen →

2. An welche deutschen Verhaltensregeln denkt Familie Klinger in A 1?
Beispiel:
GK: Dürfen auch die Kinder mitkommen? = Regel c

Eine weitere Tendenz in neueren Lehrwerken ist die verstärkte Berücksichtigung von Ergebnissen der Psycholinguistik, insbesondere der Zweitspracherwerbsforschung, die vermehrte Einbeziehung von kognitivierenden (bewusst machenden) Verfahren und die Thematisierung des Sprachlernens selbst (Lernerstrategien). Dahinter steht das Leitbild des autonomen Lerners, wie es gerade dem Lerngegenstand DaF als einer typischen zweiten oder weiteren Fremdsprache angemessen erscheint. In Lehrwerken wie *Sowieso* (Funk u.a. 1994), *Blick* (Fischer-Mitziviris/Janke-Papanikolaou 1995) und *Eurolingua Deutsch* (Funk/Koenig 1996) werden diese Tendenzen sichtbar. Ob man mit Götze (1994) davon ausgehen sollte, dass hier eine fünfte Generation von DaF-Lehrwerken entsteht, bleibt abzuwarten.

Die besprochenen Methodenkonzeptionen sind im Folgenden in einer Übersicht zusammenfassend nebeneinander gestellt.

Einige globale Methodenkonzeptionen im Fremdsprachenunterricht (DaF-Unterricht)

	Grammatik-Übersetzungs-Methode	Audiolinguale/ Audiovisuelle Methode	Kommunikativ-pragmatischer Ansatz	interkultureller Ansatz
Ziele	• 'Denkschulung' • Kenntnis von Wörtern u.Grammatikregeln der FS • Nachweis: Übersetzungsfähigkeit	Sprach*können* statt Sprach*wissen*	pädagogische und pragmatische Lernerorientierung: Voraussetzungen und Bedürfnisse der Lerner als Ausgangspunkt	Erweiterung der Alltagsperspektive: • Fähigkeit zu interkultureller Kommunikation • besseres Verstehen seiner selbst durch Fremdverstehen
charakteristische methodische Prinzipien	• Einf. in die grammatischen Bauprinzipien der FS • Sprachverwendung = Regelanwendung • Unterrichtssprache: Muttersprache	• Vorrang des Mündlichen • Situationsbezug im Unterricht • Authentizität des sprachl. Inputs • genau geplante Grammatik-progression • strenge Einsprachigkeit: Unterrichtssprache ist ausschließlich Fremdsprache	• Aktivierung des Lerners • offene Gestaltung des Materials für Individualisierung u. Differenzierung • Auswahl *relevanter* Themen und Inhalte • Schwerpunkt zunehmend auch auf Verstehensprozessen • Unterrichtsspr.: überwiegend FS	• FS-Verstehen als fremd*kulturelles* Verstehen • Betonung auch des Lesens u. Schreibens • fremdkulturelle Perspektive *durchgängig*, auch z.B. im Grammatik-Unterricht • Unterrichtssprache: überwiegend Fremdsprache
typische Übungen	• Bildung v. Satzmustern nach Regeln, formale Satzumformungen • Übersetzungen	• Pattern Drill, Imitation, Wiederholung, keine bewusst machenden Verfahren • Satzschalttafeln • Substitutionsübungen • Reproduktion von Dialogen	vielfältige Übungstypologien	• Methodenpluralität ausgebaut • Lernstrategien der (einzelnen) Lerner berücksichtigt und gefördert
Literatur, Landeskunde	In der Literatur ist die Hochkultur eines Landes kondensiert. Ziel: Literatur verstehen können	nur Vermittlung von praktisch relevantem Alltagswissen; Literatur ist irrelevant	werden zunehmend organisch in den Fremdsprachenunterricht integriert	Vor allem Landeskunde wird zentral in *allen* Bereichen des Fremdsprachenunterrichts.
lerntheoretische Grundlagen	kognitives Lernkon-zept: Sprachbeherrschung durch explizites Sprachwissen	behavioristisches Modell: FS-Lernen = Übernahme von *speaking habits*, Fehler=*bad habits*	FS-Lernen als kreative geistige Tätigkeit	• ganzheitliches, tendenziell autonomes Lernen • schließt Kognitivierung ein
linguistische Grundlagen	• Schriftsprache • Sprache = Wortschatz + Grammatik • (latein.) Schulgrammatik	• Grundlage: gesprochene Sprache • strukturalistische Sprachbeschreibung (einzelsprachspezifisch)	Ergänzung durch Pragmalinguistik	Ergänzung durch interkulturelle Germanistik
besondere Schwerpunkte	Ausgangspunkt: altsprachl. Unterricht; FSU als Beitrag zu 'höherer' Bildung	z.T. als 'hauptschultypisch' angesehen („FSU für alle")	Aufmerksamkeit von der *Lehr*perspektive auf die *Lern*perspektive verlagert	FSU als Beitrag zu interkulturellem Lernen, zu interkultureller Erziehung

(z.T. nach Neuner 1995 und Götze 1994)

Lektürehinweise

Eine Einführung in die 'etablierten' Methodenkonzeptionen im Fremdsprachenunterricht mit einem Schwerpunkt im Bereich DaF bietet der Fernstudienbrief von Neuner (1993). Auf 'alternative' Methoden gibt Baur (1993) einen knappen Ausblick; wichtige Originalaufsätze dazu, die den historischen Rückblick einbeziehen, sind bei Batz/Bufe (1991) gesammelt. Den Einstieg in eine vertiefte Auseinandersetzung mit 'alternativen' Methoden ermöglicht das Themenheft *Innovativalternative Methoden* der Zeitschrift *Fremdsprachen lehren und lernen* (Henrici 1996). Einen fundierten Überblick über verbreitete, bis ca. 1992 im deutschen Sprachraum erschienene DaF-Lehrwerke findet man bei Kast/Neuner (1994) (Konzeptionen, Kriterien zur Begutachtung und Auswahl, Zielgruppen, Rezensionen und Übersichten zu einzelnen Lehrwerken usw.). Eine umfassende Orientierung ermöglicht auch Schloßmacher (1998). Unter http://www.forum-deutsch.de informieren mehrere Fachverlage über ihr Angebot. Eine laufend aktualisierte Übersicht der lieferbaren Lehrwerke mit Kurzkommentaren ist in *Kommentierte Bibliographie Deutsch als Fremdsprache* zu finden (http://www.goethe.de/z/82/acwww25/katalop/deindex.htm).

4.5 Medien

Um seine Vermittlungsaufgaben effektiv wahrnehmen zu können, bedient sich der Fremdsprachenunterricht einer großen Bandbreite unterschiedlicher Typen von Medien, von sächlichen Unterrichtsmitteln. Sie lassen sich von ihrem materiellen Träger her gliedern in visuelle Medien, wie sie seit Comenius' *Orbis sensualium pictus* aus dem Jahre 1658 oft auch traditionell schon verwendet werden konnten, in auditive und in audiovisuelle Medien, die durch die entsprechenden technischen Entwicklungen nutzbar wurden, sowie in die neueren elektronischen Medien (vgl. dazu 4.6).

Beispiele für visuelle und textliche Medien sind:
* Tafelbilder und Overhead-Folien,
* Wandbilder,
* Arbeitsblätter und Wortkarten,
* Zeichnungen (Karikaturen, Bildergeschichten, Comics ...),
* Fotos und Kunstbilder,
* Gegenstände, die in den Unterricht mitgebracht werden,
* Lesetexte – seien es didaktisierte, speziell für Lehrzwecke hergestellte Texte im Lehrbuch, seien es authentische Gebrauchstexte (Zeitungstext, Gebrauchsanweisung ...) oder literarische Texte (Kurzprosa, Jugendroman ...).

Beispiele für auditive Medien sind:
* Ausspracheübungen und Sprachlaboraufgaben,
* authentische Tondokumente in der Zielsprache, also Hörtexte wie Lautsprecherdurchsagen, Jugendprogramme aus dem Radio, Hörspiele und Musikkonserven (Lieder!).

Beispiele für audiovisuelle Medien sind:
* spezielle Lehrfilme für den Sprachunterricht bis hin zu dem kompletten Fernsehsprachkurs *Alles Gute*,

- Spielfilme und Videoproduktionen,
- authentische Fernsehsendungen (Werbespot, Wetterbericht, Nachrichtensendung, Feature ...).

Daneben stehen Arbeitsmittel wie Wörterbücher, pädagogische Grammatiken, Stilratgeber, Briefsteller u.ä.

Als Aufgabe von Medien lässt sich etwas pauschal ihre Vermittlungsfunktion bezeichnen. Doch zwischen welchen Instanzen wird eigentlich vermittelt? Hier sollen drei Konstellationen unterschieden werden, deren Abgrenzung Konsequenzen für den konkreten Umgang mit Medien im Unterricht hat: Vermittlungsfunktion können Medien wahrnehmen einmal zwischen Lehrern und Lernern, dann zwischen dem Unterrichtsgeschehen und den einzelnen Lernern und schließlich zwischen der Zielsprache mit dem durch sie erschließbaren Kulturraum und den Lernern.

In der ersten dieser Konstellationen benutzt ein Lehrer zum Beispiel eine Tafelskizze, um Informationen und Erklärungen, die er an die Lerner weitergeben möchte, klarer zu strukturieren, zu veranschaulichen oder in eine gut merkbare Form zu bringen. Das Medium kann hier also, geschickt eingesetzt, die Transmission von Wissen effektiver gestalten.

Nun wäre allerdings die Vorstellung, Fremdsprachenlernen sei im Wesentlichen ein Prozess der Wissenstransmission von der Lehrkraft zum Lerner, wenig zutreffend. Vielmehr wissen wir, dass sich die Lerner durch individuelles und kollektives Handeln in der Unterrichtsgruppe ihre eigenen Wissensbestände und Kompetenzen bezüglich der Fremdsprache und ihrer Verwendung aufbauen. In dieser zweiten Konstellation, in der Vermittlung zwischen dem Unterrichtsgeschehen und dem individuellen Beteiligtsein der einzelnen Lerner, können Medien eine zentrale Rolle spielen, indem sie kommunikatives Handeln initiieren und regulieren. Dazu zwei Beispiele, zunächst eines zum Initiieren von sprachlichem Handeln:

In der Sammlung *Sprechende Fotos* stellen Brandi/Dommel/Helmling (1988) Fotos mit Arbeitsvorschlägen zusammen, die besonders gut als Sprechanlass genutzt werden können. Auf einem Bild (S. 18) sind zwei Personen zu sehen, die in der Straßenbahn nebeneinander sitzen, eine eher konventionell wirkende ältere Frau und ein lässig gekleidetes, sympathisches junges Mädchen (oder ein junger Mann?) mit einer punkartigen Frisur. Die ältere Dame wirft ihrer Nachbarin einen recht skeptischen Blick zu, das Mädchen lächelt, ohne dass deutlich wird, ob sie diesen Blick aufgefangen hat. Das Bild hat mit seinen Details, aber gerade auch in seiner Offenheit einen starken Impulscharakter. Es fordert dazu auf, mögliche Gedanken der Älteren über ihre Sitznachbarin oder über 'die Jugend heute' zu verbalisieren und Entsprechendes aus der Perspektive der Jüngeren zu tun. Das Gespräch kann fortgesetzt werden: Offenbart sich hier ein zeittypischer oder ein zeitübergreifend gültiger Bezug zwischen zwei Generationen? Ist dieser Bezug für den deutschsprachigen Kulturraum typisch, oder stellt er sich für die Heimat der Lerner in ähnlicher Weise dar? Haben alle Gruppenmitglieder zu diesen Fragen die gleichen Auffassungen? Die Situation auf dem Foto ließe sich auch weiterführen: Kennen sich die beiden, oder sitzen sie hier zufälligerweise nebeneinander? Was geschieht, wenn der älteren Frau die Handtasche herunterfällt oder wenn ein Kontrolleur des Verkehrsunternehmens zusteigt?

Das zweite Beispiel zeigt, dass die Mediennutzung das Unterrichtsgeschehen auch regulieren und koordinieren kann:

> Lautet die Aufgabe etwa, in arbeitsteilig vorgehenden Gruppen eine Folge stumm gezeigter Videoszenen eines Discobesuches zu vertonen, so ergeben sich daraus Impulse für vielfältige individuelle Tätigkeiten: Ideen für Handlungsabläufe müssen gesammelt, abgestimmt und sprachlich umgesetzt werden, Musik und Geräusche sind zu unterlegen, die eigene Arbeit muss mit den anderen Gruppen koordiniert werden, damit sich insgesamt eine sinnvolle Sequenz ergeben kann. Schließlich müssen die Tonaufnahmen technisch realisiert werden; auch dabei ergeben sich viele kommunikativ zu bewältigende Situationen. Und dann kann es zu Fragen kommen, die eine vertiefte Weiterarbeit notwendig machen: Gibt es in deutschen Discos alkoholische Getränke? Gibt es ein Mindestalter für die Besucher oder eine Sperrstunde? Gibt es in manchen Discos Drogenprobleme?

Die Entscheidung für ein Medium kann sich also bei geeigneter Aufgabenstellung auf die Gestaltung des ganzen Unterrichtsablaufes auswirken und die gemeinsame Arbeit weitertreiben. Allerdings ist wohl vor der pauschalen Erwartung zu warnen, eifrige Mediennutzung oder die häufige Verwendung eines modernen Medienträgers bewirke automatisch eine bessere Motivation der Lerner (etwa nach dem Motto „Die Kinder sehen in der Freizeit gerne fern, also motiviert es sie, wenn sie im Unterricht ein Video sehen können.") oder sie könne prinzipiell schon 'den Unterricht auflockern'. Nimmt man diese Metapher einmal beim Wort: Wie ist der Unterricht denn dann sonst? Zäh? Kompakt? Verläuft er in angespannter Atmosphäre? Dann wird auch das gelegentliche Einstreuen eines Mediums allein wenig bewirken. Es kommt vielmehr auf die Einbettung in einen Aufgabenzusammenhang an, der selbstbestimmtes und selbst verantwortetes Handeln der Lerner fördert.

Noch in einem dritten Sinne übernehmen Medien im Fremdsprachenunterricht eine Vermittlungsfunktion, denn über sie haben die Lerner authentischen Zugang zur Zielsprache und zu deren Kulturraum. In nicht deutschsprachigen Ländern ist dies meist sogar der einzige Zugang, der ihnen neben dem Unterricht offen steht. Medien und ihre Träger vermitteln also zwischen Lerner und dem Lerngegenstand, der Fremdsprache. Wie zentral diese Funktion ist, ergibt sich besonders aus dem kognitionspsychologischen Blick auf das Fremdsprachenlernen (vgl. dazu auch den Überblick bei Wolff 1996). Danach lernen Menschen ja nicht, indem sie ein methodisch fein abgestimmtes Lehrprogramm mit einer ausgefeilten Progression nachvollziehen, sondern sie setzen sich mit ihrer (Lern-) Umwelt und mit ihren (Lern-)Erfahrungen auseinander und konstruieren auf der Grundlage ihres individuell unterschiedlichen Vorwissens und Lerninteresses und auf der Basis ihrer individuell ausgeprägten Lernstrategien und Denkstile ein jeweils eigenes System von sprachlichem Wissen und Können. Dazu brauchen sie eine reiche, zur Kommunikation anregende und hinreichend komplexe Lernumgebung, in der sie passendes Material auch für unterschiedliche individuelle Zugänge und Interessen finden. Dies kann in vielen Fällen nur medial vermittelt werden. Den Lehrkräften kommt dann die ganz wesentliche Aufgabe zu, Medien in geeigneter Weise auszuwählen und aufzubereiten. Als Kriterien für die Auswahl ergeben sich aus dem bisher Gesagten:

- Bei Medien sollte es sich um (zumindest weitgehend) authentische Materialien aus der Zielsprache handeln. Nur so ist sichergestellt, dass die Lernbemühungen auch wirklich in die Zielsprache führen und nicht in eine überdidaktisierte, übermäßig gefilterte Kunstwelt, wie sie in manchem Lehrbuchtext begegnet. So wird es auch möglich, an echter Kommunikation in der Zielsprache teilzunehmen, denn ein Zeitungstext, eine Rundfunksendung oder eine Werbeanzeige sind ja ein Ausschnitt aus realer Kommunikation.
- Medien sollten im Anspruchsniveau zwar zugänglich bleiben, sie müssen aber auch genügend Komplexität und genügend neues Sprachmaterial beinhalten, damit ein weiterführendes (sprachliches) Lernen an ihnen möglich ist.
- Die Medien sollten einerseits an das thematisch-inhaltliche Vorwissen und an schon erworbene Kompetenzen angebunden sein, damit bei den Lernern Anknüpfungspunkte für die Integration des neuen Wissens gegeben sind, sie sollten andererseits aber auch Neues bieten, damit die Lernbemühungen als lohnend wahrgenommen werden können.
- Die Medienauswahl sollte die meist ja an den Massenmedien geschulten Seh- und Hörgewohnheiten der Lerner berücksichtigen. Dabei können sicher auch fremde Seh- und Hörgewohnheiten aus der anderen Kultur in den Blick geraten und mit den eigenen kontrastiert werden – ein Beitrag zu einem reflektierteren Umgang mit Medien überhaupt.
- Medien sollten über ein hinreichendes Maß an Offenheit verfügen, damit unterschiedliche Sinnanschlüsse möglich sind, es sollten aber andererseits auch Details gegeben sein, sodass Beliebigkeit vermieden wird und eine Fundierung von Sinnanschlüssen gelingen kann. Damit sind auch Gesprächsanlässe in der Lerngruppe gegeben. Das oben beschriebene 'sprechende Foto' ist übrigens ein gutes Beispiel für solch ein ausgewogenes Verhältnis von Offenheit und Detailreichtum.
- Medien sollten Appellcharakter haben, sie sollten zur Beschäftigung mit ihnen einladen und herausfordern. Dazu trägt es bei, wenn sie Staunen, Überraschung, die Wahrnehmung von nicht Erwartetem oder von Widersprüchlichem ermöglichen – eine kognitive Dissonanz, die auf eine Lösung drängt.

Wenn Medien im Unterricht in diesem Sinne eine Vermittlungsfunktion zwischen den Lernern und der fremdsprachlichen, fremdkulturellen Wirklichkeit wahrnehmen, wird Schülern und Kursteilnehmern oft auch ein Stück mehr Selbstständigkeit und Eigenverantwortung ermöglicht, denn auch die Rolle des Lehrers verschiebt sich: Er kann zum Helfer beim gemeinsamen Bewältigen der fremden Wirklichkeit werden und damit deutlich machen, dass er auf der Seite der Lerner steht.

Wie lässt sich nun ganz praktisch mit Medien umgehen, damit ihr Potenzial für den Fremdsprachenunterricht zur Geltung kommen kann? Hier ist sicher in jedem Fall erneut die Originalität und die methodische Fantasie von Lehrern gefordert. Als Beispiel seien hier jedoch drei mögliche Zugangsweisen zu einem Medium genannt.

1. *Verzögerte Rezeption*: Bilder, Texte, Filmsequenzen usw., die nach den genannten Kriterien ausgewählt wurden, sperren sich oft einem schnellen und eindeutigen Verständnis. Sie enthalten Widersprüche, Brüche und Leerstellen, an die die Rezipienten unterschiedliche Sinnanschlüsse, Interpretationsansätze und Wissenskonstrukte knüpfen können. Gerade hieraus ergeben sich häufig wirkungsvolle Impulse für die vertiefende und weiterführende Arbeit mit dem Me-

dium und für Gespräche in der Lerngruppe. Will man dies nutzen, so dürfen die Leerstellen nicht durch ein vorschnelles, oberflächliches Scheinverständnis zugeschüttet werden. Dies lässt sich oft durch eine verzögerte Rezeption vermeiden: Ein Bild wird zunächst nur ausschnittweise gezeigt, damit Einzelheiten deutlicher wahrgenommen werden können, ein Text wird in Abschnitten gelesen, eine Filmsequenz wird nur mit ihren Bildinformationen oder nur mit der Tonspur vorgespielt usw. Ein Unterrichtsbeispiel zur landeskundlichen Arbeit mit einer Karikatur („Werte", in: *Das Parlament*, 21./28. 12. 1990) aus dem Mittelstufenunterricht mit jungen Erwachsenen soll dieses Vorgehen veranschaulichen:

Die Lerner sehen in vermischter Folge die herausgeschnittenen Figuren aus der Karikatur *Werte* von B. Mohr als Overhead-Folien. Sie äußern sich zu der Frage, ob sie Vertreter dieser Generationstypen gern einmal kennen lernen wollten, und begründen ihre Sympathien oder – wahrscheinlicher – ihre Antipathien.

Nun werden die unterschiedlichen Schriftzüge „Werte" gezeigt und den einzelnen Typen zugeordnet. Die Lerner sprechen darüber, um welche charakteristischen Werte es sich jeweils handeln könnte. Sie bringen die Generationstypen in eine historische Folge und ordnen sie entsprechend auf dem Projektor an.

Ein Vergleich zur Zeitgeschichte des Herkunftslandes bzw. der Herkunftsländer schließt sich an. Welche Figuren wären dort zu zeichnen? Welche Werte hätten sie zu repräsentieren? Gibt es Überschneidungen mit der deutschen Geschichte?

Die Lerner sehen nun die ganze Karikatur und tauschen ihre Ansichten über aktuelle und zukünftige Werte aus.

Abschließend werden in Gruppen eigene Karikaturen zum Wertewandel im Herkunftsland bzw. in den Herkunftsländern hergestellt, die ebenfalls auf einer Overhead-Folie festgehalten und der ganzen Gruppe vorgestellt werden.

2. *Medien selbst herstellen*: Eine anspruchsvolle und fruchtbare Aufgabe kann es sein, ein Medium selbst herzustellen. Dies ist im kleinen Rahmen möglich wie beim obigen Unterrichtsbeispiel, aber auch z.b. als Plakatausstellung für den Flur der eigenen Schule, als selbst besprochene Tonkassette für eine Korrespondenzgruppe oder – als Ergebnis eines umfangreichen Projektes – als selbst hergestellte Videoproduktion. Ein besonders herausragendes Beispiel für diesen Weg ist ein Stadtführer, den eine Studentengruppe aus Zagreb für deutschsprachige Touristen über ihre Stadt erarbeitet und publiziert hat (Gehrmann u.a. 1987; vgl. auch Gehrmann 1992). Dabei ist es in eindrucksvoller Weise gelungen, die Denk- und Frageperspektive der Benutzer einzubeziehen und ein erfolgreiches Beispiel interkultureller Kommunikation zu liefern, ein Beispiel, das auch für kleinere Vorhaben anregend wirken kann.

3. *Metakommunikation über Medien*: Merkmale von Medien, zum Beispiel Charakteristika der Massenmedien aus einem Land der Zielsprache, können und sollten auch Thema des Unterrichts werden. Die Zeitungslandschaft der Zielsprache oder die Gewohnheiten und Vorlieben ihrer Sprecher zu kennen ist Teil einer umfassend verstandenen kommunikativen Kompetenz in dieser Sprache.

Lektürehinweise

Einen knappen, klar strukturierten Überblick über die Entwicklung der Mediennutzung im Fremdsprachenunterricht mit einem Ausblick in die Zukunft stellt Freudenstein (1992) dar. Hinweise zum Umgang mit einzelnen Medienarten und zu ihrer fachdidaktischen Grundlegung finden sich zur Tafelnutzung in Heidler (1994) und Byrne/Hermitte (1984), zur Arbeit mit Bildern in Scherling/Schuckall (1992) und im Themenheft 5 *Das Bild im Unterricht* der Zeitschrift *Fremdsprache Deutsch* (1991) sowie zu Filmen und zur Nutzung der Videotechnik in Schwerdtfeger (1989), in Brandi/Helmling (1985) und in Lonergan (1989).

4.6 Computernutzung im DaF-Unterricht

Computer Assisted Language Learning (CALL) – dieser Begriff hat sich in den vergangenen zwei Jahrzehnten in vielen Ländern in der Diskussion um einen Unterricht durchgesetzt, der Computer als Medium in den Fremdsprachenunterricht einbezieht. Man mag in diesem Begriff noch die weit reichenden Erwartungen einer grundlegenden Umgestaltung des Unterrichts bis hin zu einem ganz neuen Unterrichtstyp nachklingen hören, die es in der Anfangszeit dieser Diskussion hier und da gab, zu einer Zeit, als die Computernutzung noch sehr kostenintensiv und aufwändig war. Sie erschien folgerichtig nur gerechtfertigt, wenn sie eine massive Veränderung und Verbesserung des Unterrichts herbeiführte. Solche Erwartungen können inzwischen aber ebenso als relativiert gelten wie manche pauschalen Vorbehalte. Vorbehalte ergaben sich zum Beispiel

- auf Grund der schlechten Erfahrungen mit dem programmierten Unterricht der 60er-Jahre und zum Teil auch mit dem Sprachlabor, die auf den Computer übertragen wurden,

- aus der Sorge um eine mögliche soziale Vereinzelung der Lerner am PC (im Gegenteil: viele Aufgaben erfordern die Kooperation von Kleingruppen bei der Problemlösung am Bildschirm),
- aus einem vermeintlichen Übergewicht von Kürzestäußerungen und Drillübungen (dies sind aber Merkmale bestimmter Übungstypen, für oder gegen die man sich entscheiden kann, nicht der Computernutzung schlechthin),
- aus der Sorge um die Verkürzungen und Verzerrungen, die sich ergäben, wenn man das ganze Spektrum menschlicher Kommunikation und menschlichen Sprachverhaltens durch die Arbeit am Computer ersetzen wollte (vielmehr ist der Computer nur da zu nutzen, wo sein Einsatz didaktisch reflektiert ist und eine sinnvolle Effektivierung und Erleichterung des Lernens darstellen kann).

Heute erscheint vielen Fremdsprachenlehrern der Computereinsatz auch im DaF-Unterricht als ein sinnvoller Bestandteil ihres Unterrichts neben anderen, auch wenn empirische Nachweise für eine tatsächliche Effizienzsteigerung auf breiter Basis noch nicht vorliegen. Hintergrund für diese Entwicklung sind die technischen und ökonomischen Entwicklungen im Computerbereich, die auch die Verwendungsmöglichkeiten im Fremdsprachenunterricht bestimmen. So hat die Leistungsfähigkeit der PCs in den letzten Jahren bei fallenden Preisen stark zugenommen, sie haben Einzug in nahezu alle Bereiche des Wirtschaftslebens und in den Privatbereich vieler Haushalte gehalten, sie haben die Möglichkeiten von auditiven und Videomedien einbezogen (Multimedia-PC) und sie ermöglichen durch den problemlosen Anschluss an globale Datennetze die Teilhabe an weltweiter Kommunikation. Viele Programme weisen außerdem ein so hohes Maß an Flexibilität auf, dass sie auf Eingaben des Nutzers interaktiv reagieren.

Aus diesen Entwicklungen ergeben sich drei Nutzungsmöglichkeiten für Computer im DaF-Unterricht, die im Folgenden dargestellt werden sollen: die Nutzung als Lehrmittel, die Nutzung als Kommunikationsmittel.

4.6.1 Computer als Lehrmittel

Der Schwerpunkt bei den Bemühungen um einen computergestützten Fremdsprachenunterricht lag zunächst auf der Entwicklung von Lernsoftware. Dabei griff man in der Frühzeit nicht selten auf leicht zu programmierende, didaktisch-methodisch aber nicht immer überzeugende Übungstypen wie Einsetzübungen und Multiple-choice-Aufgaben zurück – inzwischen gibt es auch anspruchsvollere Aufgabentypen. Die Arbeit mit dem Programm läuft meist so ab, dass dem Lerner zunächst eine Aufgabe gestellt wird und er einen Lösungsversuch macht. Ist seine Eingabe richtig, erhält er eine Bestätigung. Ist sie falsch, bekommt er einen lernpsychologisch möglichst sinnvollen Kommentar, eine Erläuterung, eine Hilfe und/oder eine weitere Aufgabe, die auf die Art seines Fehlers eingehen. Er kann meist auch einen Hilfebildschirm und einen Lösungsvorschlag abrufen, wenn er dies wünscht. Anwendungsgebiete für diese Softwaretypen sind vor allem Grammatikübungen (z.B. Dreyer/Schmidt 1993, Apelt/Corsi 1993 und 1995) und

Vokabeltrainer (z.B. Watcyn-Jones 1996, für Fortgeschrittene), Vokabeltrainer Deutsch (2000) sowie interaktive Übungen in den Online-Komponenten moderner Lehrwerke (z.b. Passwort Deutsch, http://www.passwort-deutsch.de und Pingpong, http://www.hueber.de). Sie ermöglichen eine genaue Abstimmung des Übungsgeschehens auf die Bedürfnisse einzelner Lerner.

Ferner liegen Programme zur Textarbeit und zum Training verschiedener Aspekte der Lesefertigkeit vor. Solche Programme verwandeln einen Text etwa in einen Lückentext in der Art des Cloze-Verfahrens, sie tilgen z.b. Wörter einer bestimmten Wortart oder sie fordern die Rekonstruktion eines ganzen Textes, der nach einer ersten Lektüre gänzlich vom Bildschirm verschwindet und dann durch geschickte Eingabe erinnerter oder besonders häufiger Wörter Schritt für Schritt wiederhergestellt werden kann. Passende Wörter erscheinen an entsprechender Stelle im Text, nicht passende werden abgelehnt (z.b. Hassert/Martin/Wolf 1990; zahlreiche Übungen im WWW, vgl. http:www.goethe.de/r/daf/ddeu2.htm; als Hilfe bei der Erstellung von Arbeitsblättern auch Mertens 1999).

Multimedia-PCs, die Sprachaus- bzw. -eingabe ermöglichen, bieten schließlich auch Übungsmöglichkeiten zum Ausspracheunterricht und zum Hörverstehen (vgl. Hirschfeld/Reinke/Stock 2000, Franke 2000). Es steht zu erwarten, dass solche Programme in nächster Zukunft auch die Möglichkeiten der Spracherkennung vermehrt nutzen und für den Bereich DaF angeboten werden, so wie dies für den Englisch- und Französischunterricht bereits der Fall ist.

Wenn eine deutliche Stärke solcher Programme darin liegt, dass sich Lerner für Übungsthemen und Übungsformen entscheiden können, die ihren individuellen Bedürfnissen und Interessen entsprechen, dann wäre es sinnvoll, wenn Lehrer und Kursleiter ihren Gruppen auch ein möglichst individuelles Angebot machen und selbst computergestütztes Arbeitsmaterial herstellen könnten. Dies ermöglichen Autorenprogramme und Autorensprachen, ohne dass Vorkenntnisse im Programmieren erforderlich wären. Ein Beispiel ist das Programmpaket Hot Potatoes, mit dem sich auf sehr einfache Weise webfähige Übungen herstellen lassen (Multiple-Choice-Übungen, Einsetzübungen, Auswahlübungen, Kreuzworträtsel, Satzordnungsübungen). Das Programm kann kostenlos heruntergeladen werden (http:www.uvic.ca/hrd/halfbaked/index.htm). Wesentlich umfangreichere Möglichkeiten bietet das Autorenprogramm MMTools. Es ist für den Sprachunterricht konzipiert und umfasst über 50 Übungstypen mit der Möglichkeit eines differenzierten Feedbacks sowie die Einbindung von Grafiken, Audio- und Videodateien (vgl. Freibichler 2000). Beide Programme können auch von Lernern genutzt werden, wenn im Rahmen von projektorientierten Vorhaben multimediale Produkte hergestellt werden sollen.

Verschiedene einfache Computerspiele, die sich für den Fremdsprachenunterricht adaptieren lassen, empfiehlt Kirst (2001).

Einen anderen Weg gehen umfassende tutorielle Systeme, die einen ganzen Sprachkurs einschließen (vgl. für die Grundstufe das Selbstlernprogramm *Lena und Leo*, das online über die Leitseite des Goethe-Instituts genutzt werden kann, und für Fortgeschrittene den Lehrgang *Einblicke*, http://www.einblicke.com).

Der Computer hat sich inzwischen einen festen Platz in der Freizeitgestaltung vieler Kinder und Jugendlicher erobert, wenn auch empirische Arbeiten zeigen, dass die Attraktivität der Bildschirmmedien entgegen verbreiteter Auffassung gerade in dieser Altersgruppe durchaus ihre Grenzen hat. Immerhin ergeben sich bei der Nutzung von deutschsprachigen Computerspielen, sog. *adventures*, Simulationen, Multi-User-Domains und *edutainment*-Angeboten Chancen zu authentischer rezeptiver und oft auch produktiver Sprachverwendung.

4.6.2 Computer als Werkzeug

Mikrocomputer sind in vielen Bereichen des Alltags zu einem effektiven Arbeitsmittel geworden, über das sich auch Fremdsprachenlerner und -lehrer Zugang zu sinnvollen Hilfsmitteln verschaffen können.

So steht eine wachsende Zahl von Wörterbüchern auf CD-ROM zur Verfügung, ein Medium, das über eine Sprachausgabe auch das Hörverstehen und die Aussprache unterstützen sowie mit Multimedia-Funktionen die Bedeutungsbeschreibung erleichtern kann (Ton, Bilder, Videosequenzen). Über enzyklopädische Nachschlagewerke und andere Medien wie komplette Jahrgänge von Zeitungen und Zeitschriften auf CD-ROM (z.B. *Spiegel*, *Frankfurter Allgemeine Zeitung*) oder Datenbanken kann man sich einen schnellen und unproblematischen Zugriff auf landeskundliche Informationen und Texte verschaffen.

Funktionen wie Suche, Kopieren und Ausdrucken können oft auch die Textarbeit erleichtern und effektivieren. Vor allem fortgeschrittenen Deutschlernern und -studierenden tun sich hier viele Möglichkeiten auf. Zwei Beispiele:

- In welchem Sinne, in welchem Zusammenhang und zu welchem Zeitpunkt werden Wörter wie „Ausländer", „ausländischer Mitbürger", „Fremder", „Gastarbeiter", „Einwanderer", „Migrant", „Flüchtling", „Asylant", „politisch Verfolgter" im publizistischen Sprachgebrauch verwendet? Für die Beantwortung solcher Fragen lässt sich mit der Suchfunktion auf einer CD-ROM mit Zeitungsjahrgängen schnell das notwendige Material zusammenstellen.
- Wie verteilen sich Dativ und Genitiv nach den Präpositionen „wegen" und „trotz"? Sind Zusammensetzungen mit „-landschaft", „-szene", „Kuschel-", „Schmuse-" aktuell produktive Wortbildungsmuster? Hat sich „brauchen" ohne „zu" auch in der gehobenen Standardsprache durchgesetzt? Auch zu solchen Fragen grammatischer Sprachbetrachtung lassen sich leicht Belege aus geeignetem Textmaterial der Gegenwartssprache zusammenstellen.

Eine andere, viel genutzte Funktion von Computern ist ihre Verwendung als Schreibwerkzeug. Es gibt deutliche Hinweise darauf, dass die Benutzung von Textverarbeitungsprogrammen zu durchaus wünschenswerten Veränderungen im Schreibprozess führt. Sie bieten die Möglichkeit, problemlos, beliebig häufig und an jeder Stelle im entstehenden Text etwas zu tilgen, zu ergänzen, zu ändern oder umzustellen. Damit ist der Zwang zur Linearisierung der Gedanken beim Schreiben für die Dauer des Schreibprozesses stark abgeschwächt. Wenn man mit Papier und Bleistift schreibt, ist die Tendenz stärker, Einfälle, Assoziationen, sich einstellende Formulierungsfetzen und Revisionen nur dann zuzulassen, wenn sie sich unmittelbar in die zwangsläufig linearisierte Gedankenkette eines Textes einordnen lassen, und zwar an der Stelle im Text, an der gerade geschrieben wird. Da die Kapazität des Arbeitsgedächtnisses begrenzt ist, werden sie andernfalls leicht wieder vergessen und bleiben unberücksichtigt. Das Textverarbeitungsprogramm relativiert diese Tendenz stark. Der entstehende Text hat zu jedem Zeitpunkt deutlich den Status eines Entwurfes, der an jeder Stelle ergänzt und geändert werden kann, der als Ganzes langsam wachsen kann und in den auch die nichtlinearisierte mentale Tätigkeit gut einfließen kann. Dabei werden die Spuren dieses Bearbeitungsprozesses, also auch Hinweise auf bereinigte Irrtümer und Fehler, vollständig getilgt. Textverarbeitungsprogramme sind in diesem Sinne ein 'diskretes Schreibmedium', ein Umstand, der, so das Argument von Kochan (1993 und 1996), besonders jüngeren Schreibern Entmutigung erspart. Die Benutzung von Computern als Schreibwerkzeug kann also zu einer Intensivierung des Schreibprozesses beitragen.

Ein weiterer, das Sprachlernen begünstigender Effekt kann sich daraus ergeben, dass – schon aus Gründen der Geräteausstattung – häufig Kleingruppen von zwei oder drei Lernern gemeinsam an einem Gerät einen Text verfassen werden. Dies ist durchaus nicht als Nachteil zu sehen. Bei dieser kooperativen Autorenschaft ergeben sich vielmehr Gespräche über die Planung und Formulierung des Textes, die die Thematisierung von Sprachverwendungsproblemen fördern. Hieraus kann sich ein bewussterer und intensiverer Umgang mit der Fremdsprache ergeben, was eine lernfördernde Wirkung verspricht (Legenhausen/Wolf 1991).

Textverarbeitungsprogramme, die über einen Thesaurus verfügen, bieten ferner Hilfsfunktionen wie Rechtschreibprüfung, Grammatikprüfung oder den Zugriff auf ein Synonymenlexikon an. Die Schreiber werden von solchen Hilfsmitteln auf mögliche Problemstellen im entstehenden Text hingewiesen, bzw. sie erhalten Hilfen und Änderungsvorschläge. Die Entscheidung, ob und wie sie von diesen Angeboten Gebrauch machen, bleibt ihnen jedoch überlassen. Dies kann zur Fokussierung, Thematisierung und Bewusstmachung von Sprachverwendungsproblemen beitragen, aber auch zu einem kompetenteren Umgang mit solchen Hilfsmitteln.

Schließlich bietet das WWW Zugang zu einer enormen Informationsfülle, die mit Hilfe geeigneter Recherchetechniken nutzbar wird. Hieraus ergeben sich einerseits neue Aufgaben für den DaF-Unterricht, denn die notwendigen Kompetenzen haben durchaus sprachspezifische Komponenten. Man denke etwa an den Umgang mit Suchmaschinen, an geeignete Lesetechniken und an landeskundliche und kulturspezifische Wissensbestände, die die Verarbeitung der vorgefundenen authentischen Materialien voraussetzt.

4.6.3 Computer als Kommunikationsmittel

Durch die Anbindung an Internet-Server werden Mikrocomputer in wachsendem Umfang zu potenten, aber dennoch oft kostengünstigen Kommunikationsmitteln, die auch Schulen und Bildungseinrichtungen immer häufiger zur Verfügung stehen. Fremdsprachenlerner und -lehrer können dies vor allem in dreierlei Hinsicht nutzen:

Zum einen können sie beim freien 'Internet-Surfen' Partnern in Ländern der Zielsprache einen virtuellen Besuch abstatten. Sie müssen sich dabei in einer zielsprachlichen Umgebung bewegen und orientieren. Ihr Weg ist selbst gesteuert und kann von individuellen Informations- (und Unterhaltungs-?)bedürfnissen ausgehen. So entsteht mühelos authentische Sprachbegegnung. Interessante Ziele könnten zum Beispiel die Informationsangebote größerer Städte sein (z.B. http://www.berlin.de usw.) oder die Internet-Angebote von Zeitungen und Zeitschriften (*Die Zeit, Spiegel, Süddeutsche* mit dem Jugendmagazin *Jetzt*...), Rundfunkanstalten, politischen Parteien, gesellschaftlichen Organisationen und Initiativen.

Zum anderen ergeben sich Chancen zu authentischer, nicht simulierter Kommunikation, wenn Lerner E-Mail nutzen und sich an Mailboxen, Newsgruppen oder Chat-Kanälen beteiligen. Insbesondere die letztgenannte Möglichkeit bietet sogar eine gewisse Annäherung an mündliche Konversation, weil die Teilnehmer ihre Beiträge an die Bildschirme der zugeschalteten Partner gleich nach der Eingabe auf der Tastatur abschicken, also fast in 'Echtzeit', und diese dann sofort für alle, die zugeschaltet sind, lesbar werden. Eine unverzügliche Reaktion ist dann möglich und wird – wie im Gespräch – vom Partner meist auch erwartet. Steinig u.a. (1998) haben einen Didaktischen Chat-Raum (DCR) entwickelt, in dem Lernpartner zu zweit oder in Kleingruppen Schreibgespräche führen können, wobei der Lehrer als Moderator die Kommunikation in jedem einzelnen Chat-Raum verfolgen und sich in das Gespräch einschalten kann. Sie konnten zeigen, dass durch die Kombination von E-Mail und Chat-Phasen virtuelle Schreibprojekte erheblich an Dynamik und Intensität gewinnen können. Wenn bereits beim Schreiben von E-Mails die Sprache informeller wird, so nähert sie sich im Chat typischerweise in vielen Aspekten der spontanen, gesprochenen Umgangssprache und kann zum Beispiel auch Elemente der Jugendsprache aufnehmen. Kein Lehrwerk kann diesen Grad an Aktualität in der Orientierung an der Gegenwartssprache erreichen.

Eine dritte Nutzungsmöglichkeit des Computers als Kommunikationsmittel ergibt sich im Rahmen von Klassenpartnerschaften und Korrespondenzen, die zu echten Projekten führen können. Auf der WWW-Leitseite des Goethe-Instituts (http:// www.goethe.de) werden solche Projekte an Beispielen für die Zielgruppe der 14- bis 16-jährigen zu Themenkomplexen wie „Schule" oder „Zusammenleben" vorgestellt, und es werden Hilfen und Anregungen bis hin zur Vermittlung einer Partnerklasse angeboten. Reizvoll ist auch *Odyssee*, ein Korrespondenzspiel für mehrere Lerngruppen, das dort vorgestellt wird. Ziel ist stets der Austausch von Informationen und Gedanken im Medium der deutschen Sprache, der sich an realen Bedürfnissen und Interessen der Lerner orientiert und diese zugleich weiterentwickelt.

Auch für Tandem-Projekte bietet sich das Medium E-Mail an, also für einen betreuten Austausch zwischen zwei Lernern unterschiedlicher Muttersprache, die jeweils die Sprache des anderen erlernen (vgl. 4.1). Ein Angebot dazu, von dem besonders Studierende profitieren könnten, macht zum Beispiel das Seminar für Sprachlehrforschung an der Ruhr-Universität in Bochum (http://www.slf.ruhr-uni-bochum.de/email/ infde.html).

Schließlich bietet das WWW eine unproblematische Möglichkeit zur Publikation von Arbeitsergebnissen. Eine solche Möglichkeit wird oft im Rahmen von projektorientierten Unterrichtsvorhaben gesucht. Sie wirkt motivierend, weil sie eine Chance bietet, die Produkte von Projektphasen über den Rahmen der eigenen Lerngruppe hinaus öffentlich und damit relevant werden zu lassen.

Zusammenfassend ist festzuhalten, dass ein guter und effektiver Fremdsprachenunterricht sicher auch ohne Verwendung von Computern möglich ist, dass dieses Medium, didaktisch reflektiert eingesetzt, aber doch in mehrfacher Weise Beiträge zur Unterstützung des Sprachenlernens leisten kann. Solche Beiträge liegen

- in der Chance zur Differenzierung, Individualisierung und Intensivierung des Übungsgeschehens (z.B. Grammatik, Wortschatz) und beim Training von Teilfertigkeiten (z.B. Aussprache, Lesestrategien, Schreibprozess), sei es, indem fertige Lernsoftware verwendet wird, sei es, indem Lehrer mit Hilfe eines Autorenprogramms ein spezifisches Angebot erstellen oder indem ein Textverarbeitungsprogramm benutzt wird,
- in den Möglichkeiten zur Selbststeuerung des Lerngeschehens durch die Lerner und in der Eignung für Phasen des Selbststudiums,
- im schnellen und gezielten Zugriff auf Hilfsmittel für das Fremdsprachenlernen, auf landeskundliche Informationsquellen und auf reiche Textkorpora, wie sie auf dem Speichermedium der CD-ROM vorliegen,
- in der Veranlassung zur Thematisierung von Sprachverwendungsproblemen, zum Beispiel in einer Kleingruppe, die einen Computer gemeinsam als Werkzeug benutzt,
- im Zugang zu authentischen Ausschnitten aus dem Sprachraum der Zielsprache durch Nutzung verschiedener Formen von Datenfernübertragung,
- und in der Erleichterung und Förderung von Kommunikation und Kooperation im Medium der Zielsprache, sei es in der Kleingruppe im eigenen Klassenraum, sei es bei einem Kooperationsprojekt zwischen zwei Lerngruppen, die in entfernten und ganz unterschiedlichen Kulturräumen leben können,
- in der Unterstützung von Unterrichtsprojekten.

Schließlich sollte, so schlagen Grüner/Hassert (1991, S. 16) vor, die Computernutzung auch Thema des Fremdsprachenunterrichts sein. Einmal stellt sie ein landeskundlich relevantes Merkmal der gesellschaftlichen Wirklichkeit auch der deutschsprachigen Länder dar, zum anderen werden Lerner in vermehrtem Umfang auch Redemittel zu dieser Thematik brauchen. Und nicht zuletzt kann sich ein kritischer Blick auf die Vor- und Nachteile der Computerverwendung beim eigenen Fremdsprachenlernen richten als Teil einer Metareflexion über Arbeits- und Lerntechniken.

Lektürehinweise

Als einführender Überblick über Fragen des computergestützten Fremdsprachenlernens eignet sich Rösler (1998). Grundlegende Orientierung ermöglichen Hahn/Künzel/Wazel (1998), Schröder/Wazel (1998) und Rüschoff/Wolff (1999). Den aktuellen Stand der fachdidaktischen Diskussion geben das Themenheft *Neue Medien* der Zeitschrift *Fremdsprachen Lehren und Lernen* 1999 und Funk/König/Tschirner (2000) wieder. Hier werden Vor- und Nachteile elektronischer Medien gegenüber herkömmlichen Lehrwerken abgewogen. Zu vielen Einzelaspekten finden sich Beiträge im Sammelband von Fechner (1994). Die Lücke zwischen konzeptionellen Überlegungen und praktischer Anwendung in Unterrichtsmodellen schließen die Beiträge im thematisch einschlägigen Heft 2/1999 der Zeitschrift *Fremdsprache Deutsch* sowie Steinig (2000). In einen größeren Zusammenhang stellen die Thematik die Hefte 3 und 4 (1995) der *Zeitschrift für Kulturaustausch* (*Neue Medien und internationale Kulturbeziehungen*). Sehr praxisnahe Vorschläge machen Grüner/Hassert (2000).

Wer sich einen ersten Überblick über qualitätsvolle Ressourcen im Internet zum DaF-Unterricht verschaffen möchte, sei auf die sorgfältig betreute WWW-Leitseite des Goethe-Instituts verwiesen (http://www.goethe.de), auf das Portal http://www.deutsch-als-fremdsprache.de sowie auf die Seiten von Andreas Lixl-Purcell (http://www.uncg.edu/˜lixlpurc/german.html), von Reinhard Donath (http://www. englisch.schule.de/DaF.htm) und vom Deutschen Institut der Universität Mainz (ttp://www.daf.uni-mainz.de/Landeskunde/melk.htm).

Die erste elektronische Fachzeitschrift zum Bereich Deutsch als Fremdsprache ist übrigens die *Zeitschrift für interkulturellen Fremdsprachenunterricht*. Sie erscheint in Kanada an der Universität von Alberta (http://www.ualberta.ca/˜german/ejournal/ejournal.html). Seit 1998 erscheint monatlich der *Infobrief Deutsch als Fremdsprache*, der kostenlos als E-Mail beim Institut für Internationale Kommunikation abonniert werden kann (http://www. deutsch-als-fremdsprache.de/infodienst/index.php3), seit 2000 die Online-Zeitschrift *German as a Foreign Language* (http://www.gfl-journal.de).

4.7 Übungen, Aufgaben und die Selbstständigkeit der Lerner

> Üben bezeichnet jene Lernvorgänge, die von der ersten Begegnung mit Lerninhalten zu einer dauerhaften Sicherung der Lernergebnisse in Form von Gedächtnisleistungen und Fertigkeiten führen. Angestrebt wird durch Üben die Vervollkommnung, Automatisierung und rasche Verfügbarkeit geistiger Operationen (z.B. Einmaleins) bzw. körperlicher Bewegungsabläufe (z.B. Rad fahren). Das Üben bildet die notwendige Abschlussphase im Lernprozess und stellt gleichzeitig die Voraussetzung dar für die Anwendung des Gelernten in neuen Zusammenhängen.

Was in diesem Wörterbuchartikel (Götze 1994) über das Üben gesagt wird, gilt in besonderem Maße auch für den Fremdsprachenunterricht: Neues sprachliches Wissen und Können muss vervollkommnet, automatisiert und rasch verfügbar gemacht werden, damit es für die kommunikative Anwendung in neuen Situationen zur Verfügung steht. Das soll durch Üben erreicht werden. Üben wird deshalb zum Kernbestand dessen gerechnet, was im Fremdsprachenunterricht geschieht, und bei der Besprechung der einzelnen sprachlichen Fertigkeiten und Fähigkeiten in den vorangegangenen Abschnitten war immer auch auf das Übungsgeschehen einzugehen. Hier soll es jedoch nicht um diese Einzelaspekte gehen, sondern um einige übergreifende Gedanken zur unterrichtlichen Einbettung von Aufgaben und Übungen in einen kommunikativen, lernerorientierten Fremdsprachenunterricht.

Quer durch alle Schulfächer und Gegenstandsbereiche lassen sich drei Merkmale festmachen, *wie* erfolgreiches Üben vor sich geht. Es sind dies die Aspekte des Wiederholens eines abgegrenzten Übungsgegenstandes, der Variation und der Motivation. Wiederholung (und zwar exakte, korrekte Wiederholung) ist das grundlegende Element jedes Übungsgeschehens: Etwas, das ich schon kann, aber noch nicht sicher beherrsche, wiederhole ich mehrmals, bis ich die gewünschte Sicherheit erlangt habe. Das gilt für das Einmaleins, das Radfahren und das Einprägen einer Telefonnummer ebenso wie für den Gebrauch eines neuen idiomatischen Ausdrucks oder für das Fragen nach dem richtigen Weg zum Bahnhof in einer L2. Eine häufige identische Wiederholung allein wäre nun aber noch keine besonders effektive Übung, denn erstens werden sich die späteren 'echten' Situationen nicht in identischer Weise wiederholen, und ein Lerner muss das Gelernte dann jeweils situationsgerecht variieren können, und zweitens ermüdet identische Wiederholung schnell. Der Lerngegenstand erscheint dabei immer uninteressanter und langweiliger, die Aufmerksamkeit lässt schnell nach. Ein zweites Merkmal erfolgreicher Übungen ist deshalb die Variation: Der Lerngegenstand wird wiederholt, aber der Lernstoff, der Aufgabentyp, die Präsentation der Aufgabe oder die gewünschte Form der Lösung werden abgeändert. Und schließlich können Übungen nur erfolgreich sein, wenn sie auch wirklich bereitwillig durchgeführt werden; ebenfalls ist bekannt, dass der Lernerfolg stark von einem positiven affektiven Klima abhängt. Motivation ist daher ein drittes Grundmerkmal erfolgreichen Übens.

Was sollte Gegenstand von Übungen sein, damit sie ihre Aufgabe, Wissen und Können zu sichern und verfügbar zu machen, erfüllen können? Wenn die Zielfertigkeit – im Falle des Fremdsprachenunterrichts letztlich die Kommunikationsfähigkeit in der L2 – zu komplex ist, um insgesamt lernbar zu sein, so wird sie typischerweise in einfachere, leichter lernbare Teilfertigkeiten zerlegt, die Komplexität wird also reduziert. Die Übungen werden dann in eine nach dem Kriterium der Lernbarkeit sinnvolle Reihenfolge gebracht, es entsteht eine Übungssequenz. Dem Lerner werden die Teilkompetenzen schrittweise immer leichter und automatischer verfügbar, er wird entlastet und kann seine Konzentration für andere, 'höhere' Tätigkeiten verwenden. In diesem Sinne bedeuten Übungen für den Lerner Freisetzung und einen willkommenen und notwendigen Gewinn an Autonomie; es scheint deshalb plausibel, dass Übungen die Selbstständigkeit ganz grundsätzlich fördern. Bei genauerem Hinsehen werden hier jedoch einige Probleme sichtbar, die sich unter drei Aspekten gruppieren lassen.

Ein *erstes Problem* ergibt sich aus der Komplexität und Vielschichtigkeit des Unterrichtszieles, der kommunikativen Kompetenz. Zwar lassen sich die einzelnen Teilkompetenzen und die notwendigen sprachlichen Mittel linguistisch abgrenzen und beschreiben, und diese Beschreibungen können die Grundlage für die Gestaltung von Übungen sein. Aber die reale Kommunikation ist dann doch immer mehr als die Summe dieser Teile, da die Lerner sie auch differenziert, situationsadäquat und den eigenen Intentionen gemäß auswählen und anwenden müssen. Man braucht also für das Übungsgeschehen auch umfassende kommunikative Verwendungszusammenhänge, in die sich die Übungsgegenstände integrieren lassen. Variation beim Üben allein reicht nicht aus. Dies ist bei der Wende zum kommunikativ-pragmatisch orientierten Deutschunterricht sehr deutlich gesehen worden und in die Konzeption von Lehrwerken wie *Deutsch aktiv* und *Themen* an zentraler Stelle eingegangen. Besonders einflussreich ist bis heute die *Übungstypologie zum kommunikativen Deutschunterricht* (Neuner/Krüger/Grewer 1981) gewesen, die insgesamt 58 verschiedene Übungstypen unterscheidet und sie vier verschiedenen Stufen des Übungsgeschehens zuordnet (vgl. 4.4.3). Vor dem Hintergrund dieser Typologie lassen sich Übungssequenzen zusammenstellen, die einen Lernweg vom Verstehen sprachlicher Äußerungen über isolierendes und verbindendes Üben hin zu ihrer situationsadäquaten Produktion bahnen und begleiten.

Ein *zweites Problem* ergibt sich aus der Art und Weise, wie Lerner eine Fremdsprache erlernen. In neuerer Sicht trainieren sie sich ja nicht einfach sprachliche Verhaltensweisen oder Verhaltensdispositionen an, sondern sie verarbeiten Neues, indem sie es mit ihren schon vorhandenen, individuell unterschiedlichen Wissensbeständen verknüpfen. Sie tun dies mit ihren individuellen Lernerstrategien, und sie lernen einsichtsvoll, können sich eigene Lernprozesse also bewusst machen, sie beeinflussen und zum Teil auch absichtsvoll steuern. Die Techniken und Strategien der einzelnen Lerner können sich sowohl auf die Sprachverwendung beziehen („Wie erschließe ich mir die Bedeutung eines unbekannten Wortes?") als auch auf das Lernverhalten („Wie verhalte ich mich, wenn mir dasselbe unbekannte Wort nun schon mehrfach begegnet ist, weil es offenbar häufig und wichtig ist?"). Ein vom Lehrer oder vom Lehrwerk vorgeplantes Übungsgeschehen, das einen bestimmten Lernweg festlegt, läuft Gefahr, diesem individuellen Anteil am Charakter der Lernprozesse nicht gerecht zu werden. Eine ausgeprägte Bindung des Übungsgeschehens an die Unterrichtsplanung durch Experten (Lehrer und Lehrwerkautoren) widerspricht dem Bild vom autonomen, einsichtsvollen und -fähigen Lerner. Daraus wurde in jüngerer Zeit die Konsequenz gezogen, Lern- und Arbeitstechniken und die Ausdifferenzierung und Weiterentwicklung individueller Lernerstrategien im Unterricht verstärkt zu thematisieren und in das Übungsgeschehen einzubeziehen (vgl. Wolff 1992). Dies sollte nicht missverstanden werden als das Geben von Tipps zum Führen von Vokabelheften usw., sondern einen echten Austausch unter den Lernern über ihre persönlichen Lernerfahrungen einbeziehen. Für Lehrer kann das übrigens eine spannende *Lern*erfahrung werden, weil sie 'empirische' Daten über die Lern- und Arbeitsweisen ihrer Schüler bekommen.

Eine weitere Konsequenz ist die Öffnung, Differenzierung und Flexibilisierung von Übungsketten.

Die Forderung, Lern- und Arbeitstechniken als Gegenstand und als Thema in den Fremdsprachenunterricht einzubeziehen, wird im DaF-Unterricht relativ schnell eingelöst. So setzen die meisten neueren Lehrwerke hier bereits einen Schwerpunkt, und etliche machen dies schon im Inhaltsverzeichnis der Lehrbücher deutlich, indem sie entsprechende Lerninhalte in einer besonderen Spalte o.ä. ausweisen, z.b. *Blick*: „Lerntips" (Fischer-Mitziviris/Janke-Papanilolaou 1995ff.), *Sichtwechsel neu*: „Lernberatung" (Bachmann u.a. 1995), *Eurolingua Deutsch*: „Lernen zu lernen" (Funk/ Koenig 1996), *Sowieso*: „Lernen lernen" (Funk u.a. 1994). Auch neuere Zusatzmaterialien betonen diese Metaebene des Lernens und zielen sogar auf die Aneignung von Lernstrategien, die auch über den Abschluss eines Sprachkurses hinaus den Erhalt und vielleicht sogar den Ausbau der erworbenen Sprachkenntnisse begünstigen, etwa für die Wortschatzarbeit (Häublein u.a. 1995) und für das Hörverstehen (Ghisla u.a. 1996). Die bewusste Einbeziehung von Lernerstrategien, so lässt sich zusammenfassend sagen, erweitert ein Übungsgeschehen, das sich etwa an der *Übungstypologie zum kommunikativen Deutschunterricht* orientiert, um eine zusätzliche Dimension.

Ein *drittes Problem* ergibt sich aus der notwendigerweise vorhandenen Bindung von Übungen an die Sprachverwendung, an Teilfertigkeiten, ja häufig nur an ganz bestimmte formalsprachliche Gegenstände. Übungen sind sprachbezogen, nicht mitteilungsbezogen. Wer übt, tut dies, um sich (später einmal, bei anderer Gelegenheit) besser äußern zu können und um (später einmal, bei anderer Gelegenheit) besser zu verstehen. Er ist im Trainingslager, nicht im Match. Sieht man die Lerner als Persönlichkeiten, die sich im Medium der L2 mitteilen und austauschen möchten, so liegt darin ein Element von Entmündigung – jedenfalls dann, wenn Übungssequenzen zum bestimmenden Element im Unterricht werden, vielleicht sogar zum Selbstzweck, also zu einem sich endlos ausdehnenden Trainingslager. Dieses Problem lässt sich auch mit noch so originellen Tricks zur 'Motivation' der Lerner nicht lösen, sondern, so etwa Bolte (1993), Neuner (1994) und Häussermann/Piepho (1996, besonders S. 195-197), nur dadurch, dass der Fremdsprachenunterricht vorrangig an übergeordneten, inhaltlich bedeutsamen Aufgabenstellungen, die kommunikative Handlungsrahmen herstellen, orientiert ist, nicht an Sequenzen von Übungen. Aufgaben sind nicht wie Übungen an eine bestimmte Form der Sprachverwendung gebunden, sie eröffnen unterschiedliche Möglichkeiten der Lösung, mitunter auch solche, die der Lehrer zuvor nicht gesehen hat. Sie entstehen im gemeinsamen Unterricht. Ihre Bearbeitung erfordert es, sich in der L2 mitzuteilen und auszutauschen. Die Begriffe Aufgabe und Übung lassen sich, wenn es in der Praxis auch viele Übergänge und Zwischenformen gibt, idealtypisch so gegenüberstellen:

Übungen	Aufgaben
• Ziel: korrekte Sprachverwendung; sprachbezogen	• Ziel: Gelingen von Mitteilung und Verstehen bei der Kommunikation in der Lerngruppe; mitteilungsbezogen
• vom Lehrer erstellt	• im Unterrichtsprozess entstanden
• *ein* vorgeplanter Lösungsweg, *eine* richtige Lösung; fordert und fördert Orientierung an der (sprachlichen) Norm	• Lösungswege müssen von den Lernern gefunden werden; mehrere Lösungen möglich; fordern und fördern Autonomie
• Orientieren den Einzelnen auf die Übungsvorlage	• fordern und fördern Kooperation mit anderen
• haben dienende Funktion: Erleichterung der Lösung von Aufgaben	• sind dem Übungsgeschehen übergeordnet: erfordern Übungen, um leichter lösbar zu sein
• tendenziell: 'Geschlossenheit'	• tendenziell: 'Offenheit'

Wenn die Lerner nun die Lösung einer Aufgabe zu ihrer Sache machen, dann ist also auch ein sinnvermittelnder Rahmen gegeben, in dem die sprachorientierten und an korrekte Sprachverwendung gebundenen Übungen stehen können, ohne zu entmündigen. Sie werden so als Hilfen zur Lösung der Aufgabe erfahren. Aufgaben und Übungen schließen sich nicht aus, sie bedingen und ergänzen sich. Ein ganz schlichtes Beispiel (vgl. dazu auch Häussermann/Piepho 1996, S. 120f.):

In einem Anfängerkurs für Kinder in einem südeuropäischen Sprachinstitut soll es um die Zahlen gehen. Eine erste Einführung hat schon stattgefunden; in dieser Stunde schätzen die Kinder gegenseitig ihr Alter, ihre Klassenstufe, die Zahl ihrer Geschwister, ihre Größe, ihr Gewicht. Letzteres wird mit Hilfe einer mitgebrachten Personenwaage überprüft. Soweit die Aufgabe, die die kleinen Kursteilnehmer zunächst ziemlich problemlos meistern. Bei der Größe und dem Gewicht tauchen aber Probleme wegen der mehrstelligen Zahlen auf, es muss ja – anders als in der Muttersprache – zuerst der Einer, dann der Zehner genannt werden. Eine kurze Übung wird notwendig, dann kann die Aufgabe erfolgreich abgeschlossen werden.

Lektürehinweise

Einen Überblick über Arbeits- und Übungsformen geben die Beiträge in Bausch/Christ/Krumm (1995, S. 223-260). Für die Praxis liegen verschiedene Typologien von Übungsformen und Aufgabentypen vor. Neuner/Krüger/Grewer (1981), nahezu ein Klassiker, ordnen nach den beiden Grundlinien „Von der Rezeption zur Produktion" und „Von reproduktiven zu freien, produktiven Leistungen". Die Habilitationsschrift von Segermann (1994) strukturiert nach den zu festigenden sprachlichen Teilsystemen (Aussprache/ Schrift, Wortschatz, Morphosyntax) und den vier Fertigkeiten; die Beispiele beziehen sich überwiegend auf den Englisch- und Französischunterricht, können aber problemlos auf DaF übertragen werden. Hier wird die Thematik auch theoretisch vertieft; Übungsformen werden eingehend analysiert. Häussermann/Piepho (1996) gehen von einem aufgabenorientierten Standpunkt aus. Sie gliedern nach Lernzielbereichen, also nach den sprachlichen Teilsystemen und den Fertigkeiten, Umgang mit sprachlichen Varietäten, interkulturellem Lernen, Lernerstrategien sowie „Ganzaufgaben" und Sprachlernspielen. Mit fast 300 anregenden und anschaulich dargestellten Aufgaben und Übungen liegt hier eine besonders reichhaltige Fundgrube vor. Viele bewährte und anregende Übungsformen und Übungsaktivitäten sammelt auch Cross (1995); die Beispiele sind zumeist leicht für DaF zu adaptieren.

Grundlegendes zum Bereich Lerntechniken/Lernerstrategien fassen Wolff (1992) und Tönshoff (1995) zusammen. Die Brücke zur Praxis schlagen Rampillon (1989) sowie – speziell für DaF – Rampillon (1995) und die Sondernummer 1996 der Zeitschrift *Fremdsprache Deutsch* mit dem Titel *Autonomes Lernen*. Für eine umfassende, leicht zugängliche Darstellung ist man neben dem Sammelband von Rampillon/Zimmermann (1997) vor allem auf Titel in englischer Sprache angewiesen, besonders Dickinson (1987), O'Malley/Chamot (1995) und Oxford (1990); diese mit Studienbuch-Charakter und vielen Vorschlägen für Lerneraktivitäten. Umfassendere, zum Teil auch pädagogisch motivierte Modelle zur Förderung der Lernerautonomie stellen die Beiträge in Müller/Wertenschlag/Wolff (1989) vor.

4.8 Korrekturen

4.8.1 Rote Tinte

Endlich fielen alle Anspannung und die Nervosität der letzten Wochen und Monate von ihm ab, als der frisch gebackene Deutschlehrer nach absolvierter praktischer Ausbildungsphase nun auch das Abschlussexamen bestanden hatte und sich auf den Nachhauseweg machte. Eine aufmerksame Nachbarin empfing ihn daheim mit einer herzlichen Gratulation und einem kleinen Päckchen. Er öffnete es: ein Gläschen roter Tinte. Er lächelte höflich und bedankte sich artig, war aber doch etwas konsterniert: In dem Fässchen roter Korrekturtinte wollte er sein Verständnis der neuen Berufsrolle eigentlich nicht symbolisiert sehen.

Trotzdem – der Korrekturstift als wesentliches Attribut des (Sprach-)Lehrers und seiner Macht über die ihm Anbefohlenen: den Rollenerwartungen, die sich hinter solchen Zuweisungen verbergen, wird der junge Lehrer in Zukunft bei Schülern, Eltern und wohl auch bei diesem oder jenem Kollegen sicherlich noch öfter begegnen.

Dahinter steht oft die Auffassung vom Fehler als einer Fehlleistung, als einem Versagen, das – einen sorgfältig geplanten und fachgerecht umgesetzten Unterricht vorausgesetzt – 'Schuld' des Lerners ist und eigentlich gar nicht vorkommen sollte: Es wird am Fleiß, an der Bemühung mangeln oder gar an der hinreichenden Begabung eines Schülers. Die Aufgabe der Korrektur ist es dann, den Fehler zu entlarven, das Versagen aufzudecken. Solches Korrigieren ist oft in erster Linie Lernkontrolle und wird eng mit der Beurteilung des Lernfortschritts verbunden. Es registriert ein Versagen, nicht etwa erfolgreiche Leistungen – kein Wunder, dass die rote Tinte für viele Lerner so deutlich negativ konnotiert ist und dass der Aspekt einer Lernhilfe durch die Korrektur für sie dann in den Hintergrund tritt.

Die Tätigkeit des Korrigierens, im Mündlichen wie im Schriftlichen, ist zudem Ausdruck des Autoritätsgefälles zwischen Lehrer und Lerner, das mit einem Wissensgefälle sachlogisch begründet wird. Sie mag auch aus diesem Grund weithin als typisches Merkmal der Lehrerrolle angesehen werden. Zugleich wird dieses Gefälle durch das Korrigieren (wie etwa auch durch das Erklären) im Bewusstsein der am Unterricht Beteiligten laufend wiederhergestellt und hilft mit, es zu garantieren. Folgerichtig sind Korrekturen in diesem Sinne fast immer Sache des Lehrers. Delegiert er sie an Schüler, kommt es bezeichnenderweise leicht zu Störungen in der sozialen Balance der Gruppe (Schüler rutschen schnell in die Rolle des Besserwissers, des Strebers o.ä.), wenn er nicht streng auf Reziprozität achtet. So fügt sich die Lehrerkorrektur recht gut in den lehrerzentrierten Unterricht. Entsprechend 'unangenehm' kann es dann allerdings für den Lehrer werden, wenn hier oder da sprachliche Unsicherheiten offenkundig werden. Korrekturen dieser Art knüpfen meist an eindeutige Normverstöße auf phonetisch-phonologischer, häufiger noch auf morphosyntaktischer oder lexikalischer Ebene ('Fehler') an. Dabei kann man, so scheint es, klar zwischen richtig und falsch unterscheiden. Auf die kontextuelle und situative Einbettung oder den Grad der Angemessenheit und Differenziertheit einer Äußerung einzugehen wird dann nicht selten vernachlässigt zu Gunsten eines (zu) einfachen Richtig-falsch-Schemas.[17] Die Konstruktion eines solchen Schemas ermöglicht nämlich eine (schein-) objektive Legitimation der Beurteilung, obwohl es der tatsächlichen Komplexität authentischer Sprachverwendungssituationen zumeist gar nicht angemessenen ist.

Aber gibt es nicht auch eine didaktische Begründung für die umrissene Philosophie der roten Tinte? Könnte sie nicht etwa so lauten: „Ein Fehler darf niemals stehen bleiben, weil er sich sonst 'festsetzt', dauerhaft einprägt?" In radikaler Form kann dieses zunächst vielleicht plausibel erscheinende Argument dazu führen, dass ausnahmslos alle fehlerhaften Äußerungen korrigiert werden, in abgeschwächter Variante etwa zu einer lückenlosen Korrektur nur im schriftlichen Bereich. Diese Position – im Grunde geht sie von überholten behavioristischen Vorstellungen zur Lernpsychologie aus – führt jedoch schnell zu einer einseitigen Betonung eines Teilbereichs der Sprachverwendung, der sprachsystematischen Korrektheit. Orientiert man sich als Lehrer konsequent an einem solchen Korrekturprinzip, fördert man außerdem leicht die 'Angst' der Lerner davor, einen Fehler zu machen. Sie werden dann gerade in solchen Unterrichtsphasen eine affektive Barriere aufbauen und gehemmt sein, in denen man sich eine produktiv-schöpferische Verwendung der Fremdsprache von ihnen gewünscht hat, in denen sie etwa das Risiko einer besonders originellen, 'neuen' Formulierung eingehen und so gleichsam experimentierend mit der Fremdsprache umgehen sollten. Die Lehrerkorrekturen unterstützen dann die Tendenz, den Risiken auszuweichen, die im Erproben und Verwenden gerade erst erworbener oder gerade zu erwerbender sprachlicher Mittel liegen. Damit verhindern sie potenziell besonders fruchtbare Lernsituationen und fördern Vermeidungsstrate-

---

[17] Die Schwierigkeit zu bestimmen, was im Fremdsprachenunterricht als Fehler gelten soll, erörtert Kasper (1975) in einer Monographie zur Fehleridentifizierung. Sie macht deutlich, dass spontane Intuition und Orientierung nur an systemlinguistischen Normen dabei nicht ausreichen. Vielmehr müssen auch pragmatische Gesichtspunkte und der curriculare Rahmen konsequent einbezogen werden.

gien. Komplexe, an authentischer Sprachverwendung orientierte Situationen und Aufgaben werden im Zweifelsfall auf den Sankt Nimmerleinstag verschoben. Das läuft in der Tendenz auf ein partielles Sprech- und Schreibverbot hinaus, sicher keine lernfördernde Unterrichtssituation. Korrekturen können so ein erprobendes, handelndes Sich-Aneignen neuer Sprachmittel behindern und längerfristig zu einer Einstellung gegenüber dem Fremdsprachenunterricht, dem Fremdsprachenlernen und dem Fremdsprachengebrauch führen, die kontraproduktiv ist. Mit dem Hinweis auf solche Gefahren soll aber in keiner Weise gesagt sein, dass auf das Korrigieren im Fremdsprachenunterricht grundsätzlich zu verzichten sei. Vielmehr soll er deutlich machen, dass eine enge Verbindung von Beurteilen und Korrigieren äußerst problematisch ist, weil sie eine mögliche spracherwerbsfördernde Wirkung von Korrekturen völlig überlagern kann.

4.8.2 Fehler, Korrekturen und Spracherwerb

Verräterisch ist die Metaphorik aus dem Bereich der Medizin, die selbst in manchem Titel der Fachliteratur auftaucht: Da ist von Fehler*diagnose* die Rede, von Fehler*therapie* oder von Fehler*prävention*. Denkt man diese Metaphorik etwas weiter, so erscheinen – auch wenn dies nicht in jedem Fall explizit so ausgesagt werden soll – Fehler als Krankheit, Lerner als Patienten und Lehrer als Ärzte. Die neuere, am Konzept der Lernersprache orientierte Spracherwerbsforschung sieht das Phänomen des Fehlers jedoch völlig anders. Sie interpretiert eine sehr große Zahl von Fehlern als für sich gesehen durchaus sinnvolle und folgerichtige Lösungsversuche von Sprachverwendungsaufgaben, die bei einem gegebenen Entwicklungsstand des lernersprachlichen Systems erwartbar, ja geradezu notwendig sind (vgl. 3.3). Fragt ein Grundstufenlerner nach den ersten Wochen Deutsch „Lest [sic!] du die Frankfurter Rundschau?" analog etwa zu „Lesen Sie die Frankfurter Rundschau?" und „Lest ihr die Frankfurter Rundschau?", so liegt die Vermutung nahe, dass das Konjugationsparadigma für das Präsens bereits erfolgreich erworben wurde, dass es allerdings noch übergeneralisiert und in unzulässiger Weise auf ein starkes Verb übertragen wird. Ein Fehler kann also wichtige Hinweise darauf geben, welche sprachlichen Elemente bereits in das lernersprachliche System Eingang gefunden haben, in welcher Tiefe und mit welchem Grad an Differenziertheit sie verarbeitet wurden und mit welchem Maß an Sicherheit der Lerner auf sie zurückgreifen kann. Fehler können auch Hinweise darauf geben, dass der Erwerb eines sprachlichen Elementes gerade angebahnt wird, indem der Lerner diesbezügliche Hypothesen aufstellt und erprobt. Sie sind dann Lernfortschritte und gehören zur Lernersprache, der sprachlichen Varietät, über die der Lerner auf seinem Weg zur Zielsprache gerade verfügt und die ihre eigene innere Systematik aufweist. Wenn Korrekturen in solch einer Situation in geeigneter Weise ein Feed-back bereitstellen, könnte ihnen durchaus eine erwerbsfördernde Funktion zukommen. Sie taugen in dieser Sicht aber allenfalls in sehr begrenztem Maße als Teil eines Beurteilungsinstrumentariums, ihre Hauptfunktion muss vielmehr in der Unterstützung des Spracherwerbs liegen.

Mit Korrekturen können ein Sprecher oder seine Gesprächspartner eine als problematisch empfundene Äußerung in einer Revisionsschleife neu fassen. Korrigiert sich ein Sprecher selbst, spricht man von Selbstkorrektur, wird er vom Interaktionspartner korrigiert, von Fremdkorrektur. Korrekturen sind nicht an Unterrichtssituationen gebunden, sie lassen sich vielmehr mit Henrici/Herlemann (1986, S. 11f.) allgemeiner definieren als

> [...] interaktive Verfahren zur Verständnissicherung in der Kommunikation. Ihre Anwendung ist u.a. entscheidend dadurch bestimmt, welche Erwartungen die Kommunikationsteilnehmer an das Verstehen eigener und fremder Redebeiträge knüpfen. Eine Korrektur ist dadurch motiviert, dass ein Redebeitrag als falsch oder fehlerhaft, ungenau oder missverständlich oder im weitesten Sinne als verbesserungswürdig angesehen wird.

Korrekturen sind, so verstanden, Teil alltäglichen Sprachverhaltens auch in der L1. Desgranges (1990) hat umfangreiche und überzeugende Daten von Kindern türkischer und italienischer Arbeitsmigranten erhoben, die erst im schulpflichtigen Alter und ohne besonderen Unterricht Deutsch gelernt haben. Ihr Material zeigt, dass Selbstkorrekturen (weniger Fremdkorrekturen) auch beim ungesteuerten L2-Erwerb in Gesprächen zwischen Deutschen und ausländischen Kindern häufig auftreten. Ihre Analyse kommt unter anderem zu dem Ergebnis, dass von lebhafter Selbstkorrekturtätigkeit eine den Spracherwerb fördernde Wirkung zu erwarten ist. Zusammenfassend ist festzuhalten, dass man von Korrekturen eine lernfördernde Wirkung durchaus erwarten darf, wenn sie als Feed-back den Lerner bei der kognitiven Tätigkeit des Hypothesenbildens und -testens unterstützen. Diese Funktion wird aber unmöglich gemacht, wenn eine Korrektur in der affektiven Dimension negativ wirkt.

4.8.3 Korrekturen und Fremdsprachenunterricht

1. Should errors be corrected?
2. If so, when should learner errors be corrected?
3. Which learner errors should be corrected?
4. How should learner errors be corrected?
5. Who should correct learner errors?

Mit diesen fünf Fragen umreißt Hendrickson (1978, S. 389) den praktischen Orientierungsbedarf des Fremdsprachenunterrichts zum Thema Korrigieren. Um solch einer Orientierung näher zu kommen, scheint es sinnvoll, zunächst dem Handlungsablauf bei Korrekturen im Fremdsprachenunterricht nachzugehen. Mit Henrici/Herlemann (1986) und Kleppin/Königs (1991) lassen sich Korrekturen als phasierte, komplexe Handlungssequenzen verstehen:

- An eine als korrekturbedürftig angesehene Äußerung (Korrekturanlass) kann sich die *Initiierung* einer Korrektursequenz anschließen. Initiator kann der Sprecher selbst oder ein

Gesprächspartner (Mitlerner, Lehrer) sein. Entsprechend handelt es sich um eine selbstinitiierte oder um eine fremdinitiierte Korrektur.

- Auf die Initiierung folgt als Reaktion in der Regel ein *Korrekturversuch*. Korrektor kann wieder der Sprecher oder der Partner sein; entsprechend handelt es sich um eine Selbstkorrektur oder um eine Fremdkorrektur. Es sind also vier Typen von Korrekturen denkbar: selbstinitiierte Selbstkorrekturen, selbstinitiierte Fremdkorrekturen, fremdinitiierte Selbstkorrekturen und fremdinitiierte Fremdkorrekturen. Die Art der Korrekturversuche kann durch eine große Variationsbreite charakterisiert sein: Sie können z.b. metasprachlich (also mit dem ausdrücklichen Hinweis auf eine Sprachregel verbunden) oder ausschließlich objektsprachlich (also durch direkte Verbesserung einer Formulierung) vorgenommen werden, sie können verbal oder nonverbal (z.b. durch eine Geste) ausgeführt werden, sie können unterbrechend oder nichtunterbrechend (sondern z.b. erst im Anschluss an eine Äußerung) erfolgen usw. (vgl. Kleppin/Königs 1991, S. 67ff.).
- Auf den Korrekturversuch erfolgt typischerweise eine *Reaktion*, z.B. die Bestätigung des Lehrers auf eine Selbstkorrektur hin oder eine Schülerwiederholung auf eine Fremdkorrektur hin.
- Zu einem späteren Zeitpunkt kann die Korrektursequenz erneut aufgegriffen werden (*Nachreaktion*), etwa, wenn sie am Folgetag von einem der Beteiligten wieder thematisiert wird.

Es sei noch einmal daran erinnert, dass an allen Phasen der Korrektursequenz neben der kognitiven auch die affektive Dimension beteiligt ist.

Bevor nun Empfehlungen dazu genannt werden, wie diese Korrektursequenzen produktiv in den Fremdsprachenunterricht integriert werden können, sei noch ein Blick auf Wünsche und Einstellungen von Lernern gegenüber Korrekturen geworfen. Zwei Beobachtungen fallen dabei besonders ins Auge:

1. Sowohl für mündliche als auch für die bislang wenig untersuchten schriftlichen Korrekturen gilt ganz klar, dass sie von der übergroßen Zahl der Lerner gewünscht werden. So gaben in einer Befragung von 133 Paderborner Anglistikstudentinnen und -studenten 71,4% an, sie wünschten die Korrektur eigener Fehler im mündlichen Bereich (Gnutzmann/Kiffe 1993, S. 104; zu ähnlichen Ergebnissen kommen auch Kleppin/Königs 1991 für Schüler). Und 90,3% von 196 befragten portugiesischen Germanistikstudenten aus verschiedenen Universitäten des Landes wünschten sich „auf jeden Fall" Korrekturen ihrer schriftlichen Texte (Huneke 1995).

2. Die Wünsche von Lernenden differieren aber ziemlich stark, wenn es um das Wie und das Wann von Korrekturen geht. So sprachen sich etwa 51,9% der Paderborner Studierenden für Korrekturen erst nach Abschluss ihres Redebeitrages aus, während sich 18,8% durchaus unterbrechen lassen wollten. Von den portugiesischen Studierenden wünschten sich z.B. 49,5% eine Korrektur auch im Bereich des Stils, zusammen 37,3% legten darauf keinen besonderen Wert oder lehnten dies ab. Zahlreiche andere Beispiele ließen sich ergänzen: Es gibt kein homogenes Bild von der Art und Weise der Korrektur, die sich Lerner wünschen.

Empfehlungen für den Unterricht können also keinen Rezeptcharakter haben. Die zitierten Arbeiten schlagen aber u.a. vor:

- Selbstkorrekturen sollten gegenüber Fremdkorrekturen nach Möglichkeit bevorzugt werden, ebenso wie selbstinitiierte gegenüber fremdinitiierten. Damit knüpft man an außerunterrichtliches 'natürliches' Sprachverhalten an.
- In der Art und Weise der Korrekturen sollte man sich um Flexibilität und Variabilität der Verhaltensweisen bemühen, um unterschiedlichen Lernertypen und -wünschen gerecht zu werden. Dazu können auch persönliche Gespräche gehören.
- Nachträgliche Korrekturphasen im Unterricht (etwa, um in anderen Phasen nicht unterbrechen zu müssen) sind meist weniger effektiv, weil die Aufmerksamkeit nicht mehr auf die in Rede stehende Äußerung gerichtet ist. Günstiger ist die Konzentration von Korrekturen auf bestimmte Unterrichtsphasen wegen der dann günstigeren Fokussierung der Aufmerksamkeit (vgl. dazu auch Koutiva/Storch 1989).
- Korrekturen sollten ggf. auch die Möglichkeiten von Bewusstmachung und von Erklärungen nutzen.
- Die Unterrichtsatmosphäre sollte freundlich-entspannt sein, sodass sprachliche Abweichungen als selbstverständlicher Teil des Fremdsprachenunterrichts erlebt werden können und die Gefahr negativer Stigmatisierung vermieden wird.
- Korrekturen sollten nicht zu einer einseitigen Fixierung auf formalsprachliche Korrektheit beitragen, sondern die sprachliche und gedankliche Gesamtleistung, die die Lerner bei der Lösung einer Sprachverwendungsaufgabe erbringen, im Blick behalten.
- Man kann auch die Möglichkeit nutzen, Korrekturvorgänge selbst zum Thema eines Gesprächs zu machen, also auf die Metaebene zu 'springen'. Dies unterstützt ein bewusstes und kontrolliertes Umgehen mit eigenen Lernstrategien und kann zu einer Effektivierung des Lernverhaltens beitragen.

Lektürehinweise

Einen ersten aktuellen Kurzüberblick über die Standardliteratur zum Themenbereich Fehler und Korrektur bieten Henrici/Zöfgen (1993). Weller (1991) ist eine Auswahlbibliographie zur Fehlerkunde mit ca. 400 Titeln aus der Zeit von 1977 bis 1990. Eine umfangreiche Spezialbibliographie stellt Spillner (1991) dar. Ein 'Klassiker' zum heutigen Verständnis von Fehlern beim L2-Erwerb ist der Aufsatz von Corder (1967). Der einflussreiche Aufsatz von Raabe (1980) begründet überzeugend, warum die Fehleranalyse zu einer umfassenderen Lernersprachenanalyse erweitert werden sollte. Praktische Möglichkeiten dazu zeigen z.B. Koutiva/Storch (1989) auf. Henrici/ Herlemann (1986) betrachten Korrektursequenzen unter konversationsanalytischer Perspektive und knüpfen an ihre knappe und präzise Darstellung erste Empfehlungen für die Praxis des Fremdsprachenunterrichts an. Desgranges (1990) und Kleppin/Königs (1991) untersuchen Korrekturen und ihren Einfluss auf den Fremdspracherwerb auf breiter empirischer Basis. Bei Desgranges geht es um den ungesteuerten L2-Erwerb von türkischen und italienischen Migrantenkindern in Deutschland, bei Kleppin/Königs um gesteuerten L2-Erwerb auf der deutschen gymnasialen Oberstufe (Spanisch-, Italienischunterricht); die Ergebnisse dürften in beiden Fällen verallgemeinerbar sein. Einschlägige neuere Themenhefte von Fachzeitschriften sind *Die Neueren Sprachen* 90-6 (1991) (*Fehler im Fremdsprachenunterricht*), *Der fremdsprachliche Unterricht – Englisch 8* (1992) (*Vom Umgang mit Fehlern*) sowie *Fremdsprachen Lehren und Lernen 22* (1993) (*Fehleranalyse und Fehlerkorrektur*). Einen sehr anregenden Essay zu einem Klima gegenseitigen Vertrauens im Fremdsprachenunterricht, auf das gerade das Korrigieren angewiesen ist, stellt Göbel (1993) dar.

4.9 Testen

Kommunikation gelingt nicht immer. Gerade Lerner einer Fremdsprache machen diese nicht so erfreuliche Erfahrung häufiger und müssen deshalb als Hörer und Leser laufend überprüfen, ob sie richtig verstanden haben (andernfalls werden sie z.b. nachfragen oder noch einmal lesen), als Sprecher und Schreiber, ob sie richtig verstanden worden sind (sonst müssen sie sich korrigieren oder neu formulieren). Die Überprüfung des Erfolgs bei der Lösung einer Sprachverwendungsaufgabe ist Bestandteil natürlicher Kommunikation. Darüber hinaus machen sich Lerner aber auch ein globales Bild von der eigenen Sprachfertigkeit, das sich von den einzelnen Kommunikationssituationen ablöst, ein Bild, das durchaus auf die Art und Intensität der eigenen Lernbemühungen zurückwirken kann, weil es ermutigt, entmutigt oder den Einzelnen individuelle Stärken und Schwächen erkennen lässt. Und Lehrer haben ebenfalls eine Reihe von Gründen, sich ein Bild von den Lernfortschritten und vom erreichten Sprachstand der Lerner zu machen. Auch aus ihrem Bild ergeben sich Konsequenzen, sei es für die Planung der nächsten Stunden, sei es für die kritische Reflexion des eigenen Unterrichts oder sei es für den gesamten weiteren Bildungsweg der Lerner, wenn es um Bewertung und Benotung geht. Damit diese Bilder sachgemäß, fundiert und hinlänglich differenziert sind, reichen spontane Eindrücke nicht aus. Es ist vielmehr notwendig, die Ziele, die Art der Erhebung und die Aussagekraft der Ergebnisse bei der Messung des Sprachstandes und der Lernfortschritte zu reflektieren. Dementsprechend sollen hier auch unter dem Begriff *Test* nicht nur Klassenarbeiten o.ä., sondern alle Maßnahmen verstanden werden, mit denen auf methodisch kontrollierte Weise Informationen über das Sprachvermögen der Lerner erhoben werden. Das umfasst standardisierte, allgemeine Sprachtests, die von Einrichtungen wie dem Goethe-Institut in weltweit einheitlicher Form angeboten werden, ebenso wie die Überprüfung eines Einzelnen im Anschluss an eine DaF-Stunde. Im Folgenden geht es um Ziele von Tests, um mögliche Messfehler (bzw. um die Güte der Testinstrumente), um Formen von Testaufgaben sowie um die Rückwirkungen von Tests auf den Unterricht und auf die Lernprozesse.

Ziele:
Beim Testen werden Informationen über das Sprachvermögen der Lerner erhoben. Wozu sollen diese Informationen verwendet werden? Die Antwort auf diese Frage hat Auswirkungen darauf, wie die Testergebnisse erhoben werden sollten und wie hoch der Grad an Verlässlichkeit sein sollte, den sie aufweisen. Folgende Gesichtspunkte kommen dafür in Frage:

- Ein Test kann das Ziel haben, die Lerner selbst über den Stand ihrer Sprachfertigkeit und über den Erfolg ihrer Lernanstrengungen zu informieren. Diese Information kann ihnen 'diagnostische' Hinweise darauf geben, über welche Lerngegenstände sie schon sicher verfügen und um welche sie sich sinnvollerweise jetzt bemühen sollten sowie auch darauf, ob ihre individuellen Lern- und Arbeitstechniken erfolgreich sind. Besonders wirkungsvoll wird ein Testergebnis in diesem Sinne vor allem dann sein, wenn es ermutigt und eine positive Verstärkung von erfolgreichem Lernverhalten erlaubt. Tests können in dieser Funktion die Lernprozesse selbst steuern und fördern.

- Ein Test kann das Ziel haben, den Lehrer darüber zu informieren, wie erfolgreich sein Unterricht in einer Lerngruppe gewesen ist. Er ist dann eine Grundlage für die Reflexion über Unterricht, für die weitere Planung und vielleicht auch für eine Veränderung des Unterrichts.

- Ein Test kann das Ziel haben, die individuellen Lernleistungen über eine bloße Informationserhebung hinaus auch zu bewerten. Es stellt sich dann die Frage, an welchem Vergleichsmaßstab diese Bewertung vorgenommen werden soll. In der Praxis ist bei Klassenarbeiten u.ä. der Maßstab oft das Leistungsniveau der jeweiligen Lerngruppe, also eine gruppenspezifische Norm. Der Test liefert dann als Ergebnis lediglich die Rangfolge eines Lerners in Relation zu den anderen Lernern in der spezifischen Gruppe und keine unmittelbare Bewertung der Sprachfertigkeit selbst. In einer anderen Gruppe könnte dieselbe Lernerleistung zu einer anderen Bewertung führen. Eine pädagogische Alternative zu dieser Norm ist die Orientierung am individuellen Lernfortschritt des einzelnen Lerners. Der Test liefert in diesem Fall Informationen darüber, wie viel jemand in einem bestimmten Zeitabschnitt dazugelernt hat. Eine dritte Möglichkeit ist die Messung an zuvor festgelegten Kriterien, zum Beispiel an den Anforderungen, die sich aus dem Curriculum eines Kurses ergeben. Der Europarat hat mit dem *Gemeinsamen Europäischen Referenzrahmen für Sprachen* ein sehr differenziertes Bild der Kompetenzen erstellt, die die grundlegende Sprachfertigkeit in einer Fremdsprache ausmachen. Dieser Referenzrahmen liegt auch für das Deutsche vor (Glaboniat u.a., erscheint 2002) und kann Grundlage nicht nur für die Curriculumerstellung, für die Lehrwerksgestaltung und die Kursplanung sein, sondern auch als Orientierungsrahmen für die Konzipierung von Tests dienen.

- In all diesen Situationen wird der Test in vielen Fällen wohl von der Lehrkraft zusammengestellt und ausgewertet; er kann sich dann auf die spezifische Situation in einer Lerngruppe beziehen und misst Lernfortschritte (informeller Test). Vergleichsmaßstab kann aber auch der Sprachstand sein, die Kompetenz in der Zielsprache selbst, die allgemein und ohne Rücksicht auf die einzelnen Lerngruppen oder die spezifischen Ziele eines Kurses oder Lehrgangs beschrieben ist. Solche Sprachstandstests sind typischerweise standardisiert, sie werden von einer Institution zentral erstellt, nach einheitlichen Richtlinien durchgeführt und ausgewertet (formeller Test). Ein Beispiel dafür ist das *Zertifikat Deutsch*, eine Prüfung, die als Abschluss der Grundstufe im DaF-Unterricht regelmäßig von vielen Institutionen im In- und Ausland angeboten wird. Das Zertifikat wird unten näher vorgestellt.

Messfehler:

Ein Testinstrument sollte möglichst fehlerfrei funktionieren. Die Testtheorie hat drei zentrale Gütekriterien formuliert, an denen sich die Qualität eines Testinstrumentariums überprüfen lässt. Den Kriterien liegen drei Typen von Fehlern zu Grunde, die in einem Test enthalten sein könnten: Ein Test könnte etwas anderes messen, als eigentlich beabsichtigt ist (Gütekriterium der Validität), er könnte nicht zuverlässig messen und bei einer Wiederholung ein anderes Ergebnis zeigen (Gütekriterium der Reliabilität) und das Ergebnis könnte von der Subjektivität des einzelnen Auswerters beeinflusst werden (Gütekriterium der Objektivität).

Das zentrale Kriterium der Validität verlangt, dass neben dem Zweck des Tests auch die fremdsprachlichen Lernziele und Kompetenzen klar formuliert werden, die überprüft werden sollen. Diese hängen unter anderem von der Methodenkonzeption ab, an der sich der Unterricht ausrichtet. Bei der Grammatik-Übersetzungs-Methode werden sie in der Kenntnis von metasprachlich formulierten Grammatikregeln, in der Vokabelkenntnis und in der Übersetzungsfähigkeit bestehen, bei der audiolingualen/audiovisuellen Methode im Verfügen über Redemittel und Strukturen, beim kommunikativ-pragmatischen Ansatz in der sprachlichen Handlungsfähigkeit in Situationen. Ein Test beispielsweise, der die kommunikative Handlungsfähigkeit überprüfen möchte, tatsächlich aber lediglich die Kenntnis von Redemitteln erhebt, ist nicht valide; er muss auch die angemessene Verwendung der Redemittel einbeziehen. Ein Testverfahren, dem es um den Umgang mit gesprochener Sprache beim Hören und Sprechen geht und das nur schriftlich durchgeführt wird, ist ebenfalls nicht valide. Das Kriterium der Reliabilität ist für standardisierte Tests durch statistische Absicherung überprüfbar, nicht jedoch für informelle Tests. Hinzu kommt die Problematik von punktuellen Überprüfungen, denn die sprachliche Leistungsfähigkeit streut – vergleichbare Sprachverwendungsaufgaben werden typischerweise von derselben Person bei der einen Gelegenheit besser, bei der anderen weniger gut gelöst. Ergebnisse von punktuellen Tests sind deshalb nur sehr bedingt verallgemeinerbar. Dem Kriterium der Objektivität schließlich lässt sich im Unterrichtsalltag oft nur dann relativ weitgehend entsprechen, wenn bei der Auswertung von Tests kollegial zusammengearbeitet wird.

In der Praxis ist es nicht immer leicht, diese drei Kriterien miteinander zu vereinbaren. So gibt es auf der einen Seite Lerngegenstände, die im Sinne der Reliabilität und der Objektivität gut getestet werden können, die aber für die sprachliche Handlungskompetenz nicht besonders wichtig sind und deren Überprüfung daher dem Kriterium der Validität nicht gerecht wird, zum Beispiel Orthographie und Interpunktion in einem Kurs für Touristen. Andererseits ist die mündliche Gesprächsfähigkeit in solch einem Kurs von zentraler Bedeutung und muss auch im Mittelpunkt eines Tests stehen, obwohl sie nur schwer reliabel und objektiv zu überprüfen ist. Dieser Widerspruch dürfte allgemein für Leistungen, die auf Reproduktion und Teilkompetenzen zielen, gegenüber solchen, die echte Produktions- und Transferleistungen darstellen, gelten. Im Konfliktfall wird man hier zumindest bei informellen Tests dem Kriterium der Validität den Vorrang geben. Man sollte sich jedoch dann der nur bedingten Verallgemeinerbarkeit der Ergebnisse bewusst sein.

Formen von Testaufgaben:
Die Grundstruktur aller Testaufgaben besteht, so Doyé (1988), aus drei Komponenten: einer Stimuluskomponente, einer Interpretationskomponente und einer Reaktionskomponente. Wenn eine Testaufgabe etwa lautet „Schreibe deiner Deutschlehrerin aus dem Urlaub. Denke auch an Anschrift, Anrede und Gruß." und dazu die zu beschriftende Seite einer Ansichtskarte abgebildet wird, dann besteht die Stimuluskomponente in eben dieser Aufgabenstellung und der Abbil-

dung. Der vom Lerner verfasste Text entspricht der Reaktionskomponente. Zwischen beiden steht jedoch noch die Interpretationskomponente: Der Lerner interpretiert die Aufgabenstellung, den Stimulus, und versteht, dass er einen fiktiven Postkartentext im vorgesehenen Rahmen schreiben soll. Die drei Komponenten müssen übereinstimmen und dem zu überprüfenden Lernziel entsprechen. Verschiedene Aufgabentypen lassen sich nun nach diesem Ziel ordnen, so Doyé. Er unterscheidet Aufgabenformen, die das Hör- und Leseverstehen, das Sprechen und das Schreiben überprüfen, solche, die Kombinationen dieser vier Grundfertigkeiten prüfen (also z.B. das Hörverstehen und das Schreiben, wenn zu etwas Gehörtem ein Text verfasst wird), ferner solche, die die lexikalische, die grammatische, die phonologische und die orthographische Kompetenz prüfen und schließlich Aufgaben, die die Fertigkeit zur Benutzung von Wörterbüchern und Grammatiken testen. Ein so gegliederter Katalog von Aufgabentypen ist klar, praktisch und gut zu handhaben, er bringt aber auch die Gefahr mit sich, dass einzelne Teilfertigkeiten zu stark in den Vordergrund geraten und dass die in der Sprachwirklichkeit gegebene Vielschichtigkeit und Komplexität von Kommunikationssituationen und die Vernetzung der Teilkomponenten der Sprachfertigkeit dahinter zurücktritt. Dem könnte eine Typologisierung nach dem Offenheitsgrad von Aufgaben eher gerecht werden. Dabei würden den einen Pol Aufgabentypen wie Ja-Nein-Wahlaufgaben oder Multiple-choice-Aufgaben ausmachen, den anderen komplexe Aufgaben, die eine aktive Interpretation und Mitgestaltung einer kommunikativen Situation fordern, also Aufgaben wie zum Beispiel „Überzeugen Sie die Prüfer im Gespräch davon, dass sie unbedingt einmal Ihren Heimatort besuchen sollten."

Als Beispiele für ganz unterschiedliche Typen von Tests und Testaufgaben sollen kurz drei verschiedene Formen der Überprüfung von Lernergebnissen vorgestellt werden, das *Zertifikat Deutsch*, der *C-Test* und ein Aufgabenbeispiel für die offene Überprüfung der Sprechfertigkeit. Zunächst zum Zertifikat:

Das *Zertifikat Deutsch* löste zum Jahresbeginn 2000 das bisherige *Zertifikat Deutsch als Fremdsprache* ab. Träger sind das Goethe-Institut, die Weiterbildungs-Testsysteme GmbH für den Deutschen Volkshochschulverbund, das Österreichische Sprachdiplom Deutsch und die Schweizerische Konferenz der Kantonalen Erziehungsdirektoren. Das Zertifikat ist ein in der Konzipierung, in der Durchführung und in der Auswertung standardisierter Sprachstandstest, der nach mindestens 400 Unterrichtsstunden am Abschluss der Grundstufe von allgemeinsprachlich orientierten Deutschkursen steht. Der Test wird zu jedem Prüfungsdurchgang aktualisiert und regelmäßig weltweit mit einer großen Zahl von kooperierenden Partnerinstitutionen durchgeführt. Die Prüfung ist nicht an ein bestimmtes Kursangebot, an ein Lehrwerk oder an ein bestimmtes Land gebunden; sie berücksichtigt außerdem die verschiedenen nationalen Varietäten des Deutschen. Ihr liegt als Zielvorstellung eine Sprachfertigkeit zu Grunde, die etwa bei Kontakten zu Deutschsprachigen, beim Umgang mit schriftlichen Medien, mit Hörtexten und mit audiovisuellen Medien ein erfolgreiches Kommunizieren im Alltag ermöglicht. Es geht primär um den kommunikativen Erfolg und die sprachliche Angemessenheit, nicht so sehr um grammatische oder orthographische Korrektheit als solche. Im Handbuch zur Prüfung (*Zertifikat Deutsch* 1999) sind in Form von umfangreichen Listen die Kompetenzen beschrieben, über die die Lerner verfügen sollen, damit sie diese Kommunikationsfähigkeit erreichen. Die Listen umfassen Sprachintentionen und Gesprächsstrategien, Notionen und Themen sowie einen Wortschatz (ca. 2.000 Wörter) und ein Grammatikinventar. Diese Kompetenzbereiche werden aus Szenarien gewonnen. Darunter sind die Handlungsmuster zu verstehen, mit denen die Sprecher einer Einzelsprache kommunikative Aufgaben lösen und Intentionen verwirklichen (z.B. jemanden um einen Gefallen bitten, jemanden einladen, Smalltalk, Diskussion). Die Prüfung selbst besteht aus fünf Teilen, die für die Bewertung unterschiedlich gewichtet werden. Von 300 maximal erreichbaren Punkten entfallen jeweils 75 auf die Prüfungsteile 'Leseverstehen', 'Hörverstehen' und 'Mündliche Prüfung', 45 auf den Teil 'Schriftlicher Ausdruck' sowie 30 auf die ‚Sprachbausteine' (Wortschatz, Grammatik).

Als standardisierter Test kann das Zertifikat einen hohen Anspruch an die Gütekriterien vor allem der Objektivität und der Reliabilität erfüllen, und es liefert insgesamt verlässliche Informationen über den Sprachstand eines Probanden. Es ist jedoch auch ein gutes Beispiel für die möglichen Konflikte mit dem Kriterium der Validität, und zwar bezeichnenderweise im Prüfungsteil 'Mündlicher Ausdruck', der als Paarprüfung oder als Einzelprüfung absolviert werden kann. Testziel ist es hier, die Gesprächsfähigkeit zu überprüfen. Dazu müsste ein Gespräch geführt werden, das natürlichen Bedingungen möglichst nahe kommt, in dem sich also alle Beteiligten, auch die Prüfer, engagieren. Solche mehr oder weniger authentischen Gespräche hätten dann aber notwendigerweise einen individuellen, singulären Charakter, und die Prüfungsbedingungen wären auch vom jeweiligen Verhalten der Prüfer abhängig. Die Gespräche wären nicht reproduzierbar, die Gleichheit der Prüfungsbedingungen könnte nicht garantiert werden. Um dies zu vermeiden, muss auf die Authentizität des Gespräches weitgehend verzichtet werden; es ist vorstrukturiert („Kontaktaufnahme", „Gespräch über ein Thema" mit Materialvorgabe, „Gemeinsames Lösen einer Aufgabe"). Hier liegen Grenzen eines standardisierten Tests.

Das *Zertifikat Deutsch* (ZD) ist übrigens nur einer von mehreren Sprachstandstests für DaF. Auf vergleichbarem Sprachstand gibt es die *Abschlussprüfung Grundstufe* für *Jugendliche* (AGJ), auf niedrigerem Sprachstand, nach mindestens 200 Unterrichtsstunden, die Prüfung *Grundstufe I* des Goethe-Instituts sowie den *Grundbaustein Deutsch als Fremdsprache* des Deutschen Volkshochschul-Verbandes. Für ein fortgeschritteneres Niveau bietet das Goethe-Institut die *Zentrale Mittelstufenprüfung* (ZMP) an, die *Zentrale Oberstufenprüfung* (ZOP) sowie in Kooperation mit der Münchener Universität das *Kleine Deutsche Sprachdiplom* und das *Große Deutsche Sprachdiplom*, eine sehr anspruchsvolle Prüfung, die in manchen Ländern als sprachliche Qualifikation für den Lehrerberuf anerkannt ist. Daneben werden verschiedene Prüfungen mit fachsprachlichen Anteilen angeboten. Ausländer aus nicht deutschsprachigen Ländern müssen vor der Immatrikulation an einer deutschen Hochschule die *Deutsche Sprachprüfung für den Hochschulzugang ausländischer Studienbewerber* (DSH) ablegen. Für diesen Interessentenkreis ist ein zusätzliches, differenzierteres Testprogramm entwickelt worden, das schon in den Herkunftsländern absolviert werden kann

4. Unterricht

(TestDaF). Ferner bieten die deutschen Auslandsschulen und ähnliche Institutionen das *Deutsche Sprachdiplom der Kultusministerkonferenz* in zwei Stufen an. Ein Beispiel für einen spezifischen Aufgabentyp ist der C-Test, der seit den 80er-Jahren vor allem an der Universität Bochum entwickelt wurde (vgl. Grotjahn 1995 und 1992/1994/1996 mit einer C-Test-Bibliographie im Band 3, S. 435-457).

> Für den C-Test werden authentische Texte angemessenen Schwierigkeitsgrades ausgewählt, in denen nach einem streng angewandten Prinzip Buchstaben getilgt werden. Beginnend m_ _ dem zwe_ _ _ _ Wort d_ _ zweiten Sat_ _ _ wird d_ _ Hälfte d_ _ Buchstaben i_ jedem zwe_ _ _ _ Wort get_ _ _ _. Hat d_ _ Wort ei_ _ ungerade Anz_ _ _ von Buchs_ _ _ _ _, so wi_ _ der frag_ _ _ _ _ Buchstabe au_ _ noch get_ _ _ _. Die Ler_ _ _ füllen da_ _ die entsta_ _ _ _ _ _ Lücken a_ _. Damit ke_ _ _ Einseitigkeit du_ _ _ zufällig ausge_ _ _ _ _ _ Themen u_ _ Textsorten ents_ _ _ _, lassen si_ _ mehrere untersch_ _ _ _ _ _ _ kürzere Te_ _ _ kombinieren. Dann streuen auch sprachliche Schwierigkeiten besser.

Der Test kann leicht selbst erstellt werden und ist schnell und unproblematisch auszuwerten. Die Anforderungen an die Objektivität und Reliabilität erfüllt er gut, wie sich auch empirisch nachweisen ließ. Die Aufgabenform kann in informellen ebenso wie in standardisierten, formellen Tests genutzt werden. Genauer untersucht wurde die Frage nach der Validität, d.h. danach, was der Test eigentlich prüft (Grotjahn 1995). Er nutzt die Redundanz von Sprache, also die Tatsache, dass sie im Regelfall viel mehr Informationen bereitstellt, als für die Verständigung eigentlich gebraucht würden. Beim C-Test wird diese Informationsfülle reduziert. Die Lerner müssen sicherer und gezielter mit dem verbleibenden Sprachmaterial umgehen, sie haben bei der Rezeption und bei der Produktion von Sprache weniger Möglichkeiten, sprachliche Phänomene zu umgehen oder zu vermeiden. Damit werden im Kern die Lese- und Schreibfertigkeit in der lokalen Umgebung von Sätzen und ihren Bestandteilen aussagekräftig und effektiv geprüft. Ein übergreifendes Textverständnis, die Fähigkeit, einen Text zu konzipieren, das Hörverstehen und die Gesprächsfähigkeit oder das Erreichen eines spezifischen Lernzieles lassen sich jedoch kaum oder gar nicht überprüfen. Allerdings hat sich gezeigt, dass sich die Ergebnisse des C-Tests bis zu einem gewissen Grad mit der allgemeinen Sprachfähigkeit korrelieren lassen (vgl. Grotjahn 1995) – vorausgesetzt, man teilt die Vorstellung, dass es eine allgemeine Sprachfähigkeit überhaupt gibt. Es handelt sich dabei um ein durchaus nicht selbstverständliches Konstrukt; es könnte auch sein, dass Teilfertigkeiten relativ unabhängig voneinander vorhanden sind, dass also beispielsweise eine gut entwickelte Lesefertigkeit nicht automatisch auch auf eine gut entwickelte Schreib- oder Sprechfertigkeit schließen lässt (vgl. 1.4 und Vollmer 1982). Bei der Entscheidung für oder gegen eine bestimmte Aufgabenform können also recht grundsätzliche Annahmen über die Natur der kommunikativen Kompetenz ins Spiel kommen.

Die Sprech- und Gesprächsfähigkeit ist im kommunikativen Fremdsprachenunterricht zentrales Ziel, sie ist aber in der Praxis schwer zu überprüfen. Ein Beispiel möge dies illustrieren, die informelle Aufgabenstellung aus der Jahresabschlussprüfung einer angehenden Deutschlehrerin aus Portugal:

In einer Vorbereitungsphase erhielt die Studentin *Langenscheidts Großwörterbuch Deutsch als Fremdsprache* sowie ein Aufgabenblatt:
„Führen Sie mit den Prüfern ein Gespräch über Wörterbücher im DaF-Unterricht. Zu folgenden Punkten können Sie etwas sagen:
1. Erläutern Sie, welche Arten von Informationen man aus dem vorgelegten Wörterbuch entnehmen kann.
2. Vergleichen Sie es mit einem anderen Wörterbuch, das Sie kennen. Wo gibt es Unterschiede, wo sehen Sie Vor- oder Nachteile?
3. Vergleichen Sie die Arbeit mit einsprachigen und mit zweisprachigen Wörterbüchern. Welche positiven oder negativen Erfahrungen haben Sie jeweils gemacht?
4. Welche anderen Hilfsmittel zum Sprachenlernen benutzen Sie öfters, welche würden Sie weiterempfehlen?"
Es ergab sich im Gesprächsverlauf, dass die Studierende die Benutzung von zweisprachigen Wörterbüchern favorisierte. Der Prüfer trat daraufhin eher für einsprachige ein, sodass Gelegenheiten gegeben waren, zu argumentieren, zu begründen, zu widersprechen, zu behaupten, etwas einzuschränken usw. sowie sich aktiv an der Gesprächssteuerung zu beteiligen, indem auch Hörerreaktionen eingebracht werden mussten, die Übernahme der Sprecherrolle und thematische Neuorientierungen zu initiieren waren, die Gesprächsatmosphäre gestaltet wurde usw. Der Verlauf der Prüfung ermöglichte es, entsprechend dem Ziel des Tests die Gesprächsfähigkeit selbst zu überprüfen, und zwar in unmittelbarer Verbindung mit der im Kurs vorausgegangenen Arbeit und ihren Zielen (hier aus dem Bereich 'Lern- und Arbeitstechniken'), die Testaufgabe entspricht deshalb gut dem Kriterium der Validität. Allerdings sind die Ergebnisse kaum als zuverlässig zu bezeichnen (Reliabilität), denn die Prüfungsbedingungen lassen sich nur sehr wenig kontrollieren. So wirken sich ein mehr oder weniger adäquates Prüferverhalten und die Prüfungsatmosphäre stark auf das Ergebnis aus. Es ist ebenfalls zu berücksichtigen, dass es sich lediglich um eine punktuelle Leistung handelt, die schon unter nur leicht geänderten Rahmenbedingungen ganz anders ausfallen könnte. Auch die Objektivität der Beurteilung ist nicht garantiert.

Zusammenfassend lässt sich festhalten, dass sich nicht von grundsätzlich geeigneten oder ungeeigneten Testverfahren oder Aufgabentypen sprechen lässt. Vielmehr ist ihre Auswahl und Ausgestaltung stark von den jeweiligen Zielen des Tests abhängig. Die Aussagekraft der Ergebnisse und ihre Grenzen sind sorgfältig und kritisch zu prüfen.

Rückwirkungen von Tests auf den Unterricht:
Tests werden nicht im luftleeren Raum durchgeführt, sie stehen fast immer im Zusammenhang mit einem Unterrichtsangebot, und ihre Ausgestaltung und Durchführung wirkt auf den Unterricht zurück. Das gilt sowohl für standardisierte Sprachstandsmessungen als auch für informelle Tests mit Ad-hoc-Charakter. Wie ein standardisierter Test auf den Unterricht zurückwirkt, lässt sich am Beispiel des *Zertifikats Deutsch* besonders gut zeigen. Sehr viele neuere

Grundstufenlehrwerke und etliche Curricula orientieren sich nämlich inzwischen bei der Bestimmung von Zielen, Inhalten und didaktisch-methodischen Zugriffsweisen im DaF-Unterricht am Zertifikat und bereiten mehr oder weniger stringent darauf vor, auch indem sie Aufgaben- und Übungsformen an der Struktur der Prüfung orientieren. Das Zertifikat liefert damit einen Beitrag zur weltweiten Standardisierung und Qualitätssicherung des DaF-Unterrichts.

Tests, vor allem auch die informellen, wirken aber auch noch in anderer Weise auf den Unterricht und auf die Lernprozesse zurück. Prüfungen werden ja im Allgemeinen von den Lernern nicht gerade freudig begrüßt, sondern eher als unangenehm empfunden. Der Grund dafür dürfte letztlich darin liegen, dass sie von tendenziell autonom und selbstbestimmt handelnden Subjekten der Lernprozesse und (hoffentlich) des Unterrichtsgeschehens zu Objekten eines Test- und Bewertungsverfahrens werden, dem sie sich ausgeliefert sehen. Ihnen wird eine passive Rolle zugewiesen, in der sie nur reagieren, nicht agieren können – eine Rolle, aus der man sie doch sonst durch mitunter aufwändige unterrichtliche Maßnahmen gerade herausholen möchte. Der Test wird dann nicht in erster Linie als Informationsquelle für die Steuerung der eigenen Lernprozesse gesehen, also als Lernhilfe. Vielmehr rückt der unterschwellig stets auch enthaltene Aspekt der Disziplinierung ins Zentrum (vgl. Gudjons 1996). Eine Möglichkeit, dies aufzubrechen, besteht in der Offenlegung der Grundsätze für die Herstellung, Durchführung und Auswertung von Tests, die damit ihrerseits zu einem Unterrichtsthema werden. Am Testen können auch die Lerner selbst beteiligt werden, etwa, indem sie im Anschluss an einen Unterrichtsabschnitt selbst in arbeitsteiliger Gruppenarbeit einen Test erstellen, ihn in einer anderen Teilgruppe durchführen und auswerten. Ein solches Vorgehen kann die bewusste Auseinandersetzung mit dem eigenen Sprachlernprozess fördern, Ziele des Lernens deutlicher werden lassen und die Autonomie und die Einsicht in die Verantwortlichkeit der Lerner für den eigenen Lernprozess fördern. Ein neues Verfahren zur Einstufung und Bewertung der fremdsprachlichen Kompetenz, das hier anknüpft, ist das Europäische Portfolio der Sprachen (EPS) des Europarates. Es basiert auf Könnensbeschreibungen, die europaweit einheitlich formuliert sind und die die in einer Fremdsprache erreichte Kompetenz auf sechs Niveaustufen charakterisieren und vergleichbar machen. Das Portfolio sammelt in einer Mappe drei verschiedene Komponenten: In einem „Sprachenpass" kann der Lerner durch Selbsteinschätzung die Kompetenz in der erlernten Sprache angeben und zusätzlich mit abgelegten Prüfungen, Zertifikaten o.ä. belegen. In einer „Sprachbiographie" dokumentiert er den erhaltenen Unterricht, Auslandsaufenthalte, die berufliche Verwendung der Fremdsprache und andere interkulturelle oder fremdsprachliche Erfahrungen. In einem „Dossier" schließlich fügt er Arbeitsergebnisse bei, die er selbst erstellt hat und die exemplarisch Auskunft über seine fremdsprachliche Leistungsfähigkeit geben, ferner Praktikumsberichte o.ä. So entsteht über einen längeren Zeitraum ein aussagekräftiges und differenziertes Bild des sprachlichen Profils einer Person, das z.B. eine Bewerbung ergänzen kann (vgl. http://culture.coe.int/lang/index.html).

Lektürehinweise

Als erste, sehr verständlich geschriebene Einführung in Grundüberlegungen zur Leistungsmessung ist der Fernstudienbrief von Bolton (1996) gut geeignet. Eine perspektivenreiche, zwischen Theorie und Praxis vermittelnde und ebenfalls leicht lesbare Einführung in die wesentlichen Aspekte des Testens im Fremdsprachenunterricht ist Hughes (1989). Testtheoretische und statistische Aspekte erörtert Henning (1987); umfassende und vertiefende Darstellungen sind Bachman (1990) und – mit dem Schwerpunkt auf Tests zur Überprüfung der Kommunikationsfähigkeit – Bolton (1985).

Zur praktischen Seite: Doyé (1988) stellt in seiner Typologie von Testaufgaben eine große Zahl von unterschiedlichen Aufgabentypen zusammen, die anhand von Beispielen dargestellt werden. Heyd (1991, S. 213-228) stellt ausgewählte Aufgabentypen dar, die erläutert und diskutiert werden. Im Fernstudienbrief von Albers/Bolton (1995) werden verschiedene standardisierte Tests für die Grundstufe vorgestellt und analysiert (Einstufungstest des Eurozentrums Köln, Sprachtests aus Frankreich, Dänemark und Indonesien, die *Grundstufe I* des Goethe-Instituts, das bisherige *Zertifikat Deutsch als Fremdsprache* und die *AGJ*). Ein Folgeband zu Prüfungen für die Mittel- und Oberstufe ist angekündigt. Das *Zertifikat Deutsch* wird in *Zertifikat Deutsch* (1999) ausführlich vorgestellt; über das Goethe-Institut sind Modell-Prüfungssätze erhältlich.

5. Die Lehrenden

Eine Einführung in Deutsch als Fremdsprache wäre unvollständig, wenn man die Lehrenden unberücksichtigt ließe, auch wenn sie von der Sprachlehrforschung bislang wenig wahrgenommen wurden (vgl. Freeman/Richards 1996, S. 1ff.). Das Themenheft „Subjektive Theorien von Fremdsprachenlehrern" der Zeitschrift „Fremdsprachen Lehren und Lernen" (1998) macht jedoch Hoffnung, dass sich diese Situation bald ändern könnte. Insbesondere das *Forschungsprogramm Subjektive Theorien*, das Groeben u.a. (1988) bereits in den 80er-Jahren entwickelt haben, führt bei der wissenschaftlichen Beschäftigung mit den Handlungsweisen von Fremdsprachenlehrern zu wichtigen Einsichten (Scheele/Groeben 1998).

Im Zentrum dieser Konzeption steht die Frage nach den Begründungen für unterrichtliches Handeln und dem Selbstverständnis Lehrender. Hier versucht ein Forscher nicht mehr, die Verhaltensweisen von Lehrern objektiv zu beobachten und dann theoretisch zu erklären, sondern die Lehrenden werden als Subjekte ernst genommen und nach ihren subjektiven Theorien befragt.

Bei Lehrern haben sich die ersten unbewussten und bewussten Annahmen und Begründungen für unterrichtliches Handeln bereits in ihrer eigenen Schulzeit entwickelt. Wenn man an seine Schulzeit zurückdenkt, erscheinen oft Bilder bestimmter Lehrer, während einzelne Schulstunden nur selten in der Erinnerung auftauchen. In autobiographischen Reflexionen von Studenten zu früheren schulischen und außerschulischen Lernerfahrungen stellte sich heraus, dass diejenigen Lehrer, die man besonders schätzte, nicht unbedingt nach neueren didaktischen Erkenntnissen vorgingen, sondern oft sogar gegen heute für unverzichtbar gehaltene Prinzipien verstießen (vgl. Bailey u.a. 1996). Die Person des Lehrers für sie einfach wichtiger als Methoden oder Materialien. Als 'gute' Lehrer wurden nicht die 'nettesten' angesehen, sondern diejenigen, die hohe Erwartungen an ihre Schüler richteten, die fordernd und erfolgsorientiert waren, aber sich auch selbst anstrengten, ihr Bestes zu geben. In einer Atmosphäre eines von allen gemeinsam getragenen Lernprozesses, in der sich Lehrende und Lernende gegenseitig respektieren, ist die Motivation und Erfolgsorientierung am größten. Als wichtig wurde auch eine gelassene und oft heitere Stimmung genannt, in der man sich geborgen fühlt und sich trauen kann, sprachliche Risiken einzugehen. Nicht zuletzt werden einige als vorbildlich empfundene Fremdsprachenlehrer dazu beigetragen haben, später selbst diesen Beruf zu ergreifen. Es ist eine gute Übung, wenn man sich ganz bewusst im Rahmen eines autobiographischen Textes an diese Lehrer zu erinnern versucht und darüber nachdenkt, wie sie sich verhalten haben und was einen persönlich angesprochen hat. An welche Erfahrungen könnte man im eigenen Unterricht anknüpfen, und was würde man ganz anders machen?

Die Verhaltensweisen aller Lehrer, der guten wie der schlechten, ihre Art zu unterrichten und das gesamte 'Klassenzimmerarrangement' haben sich in – grob gerechnet – 13.000 Stunden an 3.000 Schultagen als Schemata (vgl. Littelwood 1991), scripts, plans oder frames (vgl. Waldmann 1990) tief in unser Bewusstsein eingegraben. Es ist fraglich, ob wir uns von diesen Lehrermodellen, die wir Stunde für Stunde und Tag für Tag beobachten konnten, überhaupt je lösen können. Wird das, was wir während des Studiums und der relativ wenigen eigenen Schulstunden in unserer Lehrerausbildung lernen, ausreichen, um uns von unseren früheren schulischen Prägungen frei zu machen und zu neuen Einsichten und Handlungsweisen führen?

Neben den schulischen Prägungen haben allerdings viele angehende Fremdsprachenlehrer auch ungesteuerte Sprachlernerfahrungen im Land ihrer Zielsprache gemacht, beispielsweise die Erfahrung, dass das, was man sagte, nicht kritisch auf sprachliche Fehler hin 'abgehört' wurde, sondern der Inhalt der Äußerung im Mittelpunkt stand. Statt Kritik erfuhr man oft Bewunderung, wie gut man die Fremdsprache beherrsche, und auch wenn man dies selbst keineswegs so empfand, fühlte man sich angenommen und motiviert. Derartige Erfahrungen scheinen jedoch im Fremdsprachenunterricht kaum eine Rolle zu spielen, da der Kontext als zu unterschiedlich empfunden wird. Ein Transfer von natürlichen Gesprächs- und Lernsituationen im Ausland zu methodischen Innovationen im eigenen Fremdsprachenunterricht fällt nicht leicht. Das unterrichtliche Muster ist so stark, dass es sogar in private Lernsituationen hineinreicht; beispielsweise orientieren sich auch Schüler, die Nachhilfeunterricht 'unter vier Augen' in der Privatwohnung 'ihres Schülers' erteilen, am Muster eines herkömmlichen unterrichtlichen Arrangements (vgl. Steinig 1985, S. 86-109). Ungesteuertes Lernen im Ausland wird dagegen als eine Art Bonus gesehen, für das man in der Schule kaum Anknüpfungsmöglichkeiten sieht. Dabei gäbe es Möglichkeiten, schulisches und außerschulisches Lernen auf sinnvolle Weise zu verbinden. Ein erster Schritt dahin könnte sein, Hausaufgaben nicht als eine schlichte Verlängerung des schulischen Lernens in den privaten Bereich zu verstehen, sondern diesen anderen Kontext für ein spezifisch anderes, individuelleres Lernen nutzbar zu machen.

Ein DaF-Studium dürfte, auch wenn es kürzer als die Schulzeit ist, bezüglich des eigenen Verständnisses von der Lehrerrolle nicht folgenlos vorübergehen. Die Auseinandersetzung mit unterschiedlichen Spracherwerbstheorien und Lernkontexten müsste zu der Einstellung führen, dass der Fremdsprachenunterricht, so wie man ihn von der Schule her kennt, nur einen relativ schmalen Ausschnitt menschlichen Lernens ermöglicht hat, und dementsprechend könnten Kräfte freigesetzt werden, um das herkömmliche methodische Korsett zu sprengen. Hier wäre zu fragen, welche der Subjektiven Theorien bei DaF-Studierenden zu Beginn ihres Studiums vorhanden sind, wie man daran anknüpfen könnte und wie sie sich im Laufe des Studiums verändern werden (vgl. Quetz 1998). Subjektive Theorien zum Erwerb einer Fremdsprache sind ein Konglomerat aus eigenen

Lernererfahrungen, aus der Unterrichtstradition des eigenen Landes und aus älteren und neueren wissenschaftlichen Theorien zum Zweitspracherwerb.

Wenn man beispielsweise den Lerner als ein 'Tabula-rasa-Wesen' ansieht (vgl. Kap. 2.1), so wie es die Behavioristen taten, dann resultiert daraus eine Vorstellung von Formbarkeit, Steuerung, kleinschrittiger Planung, durchgängig voraussagbaren, korrekten Lerneräußerungen und von einem sprachlich vorbildlichen, präzisen Lehrerinput. Das Kommunikationsmodell, das hier im Hintergrund steht, ist ein mechanistisches Input-Output-Modell: „Was ich als Lehrer sage, soll direkt und störungsfrei in die Köpfe meiner Schüler dringen und dort eine prägende Spur hinterlassen." Wahrscheinlich ist kein Lehrer frei von derartigen Allmachtsfantasien, aber wenn man nur ein wenig kritisch nachdenkt, müsste einem sofort klar werden, dass das, was ein Lehrer als Input äußert, von jedem einzelnen Lerner in unterschiedlicher Weise rezipiert wird. Der weithin übliche Tadel: „Du hast mal wieder nicht richtig aufgepasst!" widerspricht neurologischer Evidenz: Wie soll man denn 'richtig' aufpassen, wenn jeder Mensch mit seinen individuellen Verarbeitungsprozessen notwendigerweise ganz anders und auf anderes aufpasst, wenn jeder einen Input auf unterschiedliche Weise dekodiert und prozessiert?

Wer sich an der Kontrastiven Analyse orientiert, wird die L1 mit der L2 vergleichen und dabei vor allem Unterschiede, aber auch Gemeinsamkeiten herausstellen, wobei dieser Vergleich den Lernern anhand von Regeln oder Beispielen bewusst gemacht wird. Die Muttersprache bleibt also ständig als metasprachliches Medium und Vergleichsobjekt im Unterricht präsent. Da kontrastiv bedingte Fehler möglichst nicht auftreten dürfen, greift man verstärkt zu Drills, um den Lerner voraussagbare, richtige Äußerungen einüben zu lassen. Freiere kommunikative Übungen sind dann eher selten.

Wenn man den theoretischen Vorstellungen Chomskys nahe steht (vgl. Kap. 2.2), dann akzeptiert man, dass sich die grundlegenden Lernprozesse nach einem vorgeprägten Muster vollziehen, das neurologisch in weit gehend autonom arbeitenden sprachspezifischen Modulen verankert ist und dass sich die kognitiven Verarbeitungsprozesse einer direkten Einflussnahme entziehen. Man vertraut darauf, dass sich der Aufbau der Zweitsprache relativ zuverlässig nach internen Gesetzen vollzieht, falls ein ausreichender, verständlicher und auf vielfältige Weise dargebotener Input bereitgestellt wird. Da die modulare Organisation der Sprachverarbeitung ein universaler Mechanismus ist, wird man es nicht für nötig halten, in differenzierender Weise den individuellen Lernbedürfnissen einzelner Lerner nachzukommen. Damit der L2-Input zu einem möglichst optimalen Anregungspotenzial für die auf Sprache spezialisierten neuronalen Module werden kann, sollten die Muttersprache sowie auch metasprachliche Reflexionsphasen so weit wie möglich aus dem Lernprozess ausgeschaltet werden. Die Progression des Inputs orientiert sich an der Progression eines ungesteuerten L2-Erwerbs und auch – mit gewissen Einschränkungen – des Mutterspracherwerbs, da grundsätzlich kein Unterschied zwischen L1- und L2-Erwerb gesehen wird. Dementsprechend wird man eher damit zufrieden sein, wenn Lerner zunächst über einen recht langen Zeitraum bei einfachen Äußerungen bleiben, diese aber spontan produzieren und frei variieren können, anstatt sie rasch in eine steile Progression zu bringen, in der sie mit einer kognitivierenden Aufmerksamkeitssteuerung schwierige sprachliche Konstruktionen zu meistern hätten.

Sowohl Konstruktivisten als auch Verfechter einer modularen Sprachtheorie stimmen darin überein, dass sich die entscheidenden Prozesse in den Köpfen der Lerner weitgehend autonom abspielen und es deshalb eine vergebliche und noch dazu unangenehme Mühe wäre, sich als Fremdsprachenlehrer über einen perfekt vorstrukturierten Input einen direkten Zugang zu den neuronalen Lernzentren der Schüler verschaffen zu wollen. Jemand, der auf die modulare Sprachtheorie Chomskys setzt, wird ein noch größeres Vertrauen in die Zuverlässigkeit des Erwerbsprozesses haben als ein Konstruktivist. In einem Anfängerkurs würde er vielleicht vor den zentralen kommunikativ-produktiven Unterrichtsphasen eine längere rezeptive Phase vorschalten, in denen die Lerner ohne Druck, etwas Fremdsprachliches produzieren zu müssen, die Intonationsmuster, die lautlichen und grammatischen Strukturen auf sich wirken lassen können, wobei – so die Annahme – jeder Lerner unbewusst seine sprachlichen Module gewissermaßen 'auf Touren bringen' kann, d.h. ständig neue Hypothesen zur Struktur dieser Fremdsprache bildet. Auch Immersionsprogramme stehen bei Lehrern und Didaktikern, die auf Chomsky bauen, hoch im Kurs, denn hier bekommt eine L2 die Funktion, Inhalte über Sachverhalte wie Biologie oder Geographie zu vermitteln, was dazu führt, dass die Aufmerksamkeit des Lerners an Inhalten orientiert wird und die interne modulare Organisation auf Grund des umfangreichen und intensiven sprachlichen Inputs unauffällig und effizient ihre neuronale Aktivität entfalten kann.

Jemand, der sich an Lernervarietäten und der Interlanguage-Hypothese orientiert (vgl. Kap. 2.3), favorisiert freie Lerneräußerungen, die notgedrungen die verschiedensten Normabweichungen enthalten. Das wäre für ihn nicht etwa beunruhigend, sondern ein entwicklungsbedingter Bestandteil eines in Stufen verlaufenden Erwerbsprozesses, der überindividuelle Gemeinsamkeiten, aber auch lernerspezifische Eigentümlichkeiten aufweist. Man wird deshalb möglichst genau auf Schüleräußerungen achten und versuchen, einzelne lernersprachliche Besonderheiten Profilen von Sprachentwicklungsstadien zuzuordnen und sie nicht mehr schlicht als merkwürdige und unerklärliche Fehlleistungen auszumerzen versuchen. 'Fehler' werden vielmehr zu einer Art Schlüssel zum Verständnis komplexer Lernvorgänge. Lehrer bekommen einen Blick für zusammenhängende Prozesse und können gezielter auf einzelne Schüler eingehen und mit ihnen beratschlagen, welche Lernstrategien für ihre spezifischen Probleme mit der Fremdsprache sinnvoll wären. Insbesondere wird man sensibilisiert sein für Stillstände im Erwerbsprozess, die zu einer generellen Fossilierung führen können und dementsprechend gemeinsam mit dem Lerner nach Wegen suchen, um die Dynamik des Erwerbs zu erhalten, wobei Tandem- und Tutorenprogramme einen hohen Stellenwert hätten (vgl. Steinig 1993).

Jemand, der sich an konstruktivistischen Theorien orientiert (vgl. Kap. 2.4), würde wohl stärker auf eine sinnlich-ganzheitliche Gestaltung seines Unterrichts achten, da er annimmt, dass die Begegnung mit der fremden Sprache als eine ganzheitliche Erfahrung zu modellieren ist, in der kognitive, sinnliche, personale, situative, gruppendynamische, räumliche und zeitliche Elemente eine Einheit bilden und dementsprechend der Unterricht zu gestalten wäre, beispielsweise durch die Integration suggestopädischer Elemente. Aber auch Übungsphasen bis hin zum 'Auswendiglernen' sowie auch kognitivierende Phasen wird er – im Gegensatz zum 'Chomskyaner' – ohne Skrupel in seinen Unterricht einbeziehen.

Unterrichtliche Konsequenzen, die wir hier – idealtypisch zugespitzt – bestimmten theoretischen Positionen zugeordnet haben, könnten sich im Verlauf eines DaF-Studiums als Handlungsmaximen für die zukünftige Lehrpraxis herauskristallisieren. Die Frage ist allerdings, was mit den theoretischen Einsichten, die man im Studium gewonnen hat, später in der Realität des Unterrichtsalltags geschehen wird. Werden sie verdrängt, weil in der unterrichtlichen Praxis, in die man oft 'wie in kaltes Wasser geworfen wird', dafür kein Raum bleibt? Oder lassen sie sich, wenn auch in modifizierter Form, in den späteren Unterrichtsalltag integrieren?

Während der theoretischen Auseinandersetzung mit fremdsprachlichem Lernen im Studium verblassen die Erfahrungen aus der eigenen Schulzeit. Die Inhalte eines DaF- oder Germanistikstudiums haben ja auch oft recht wenig mit dem zu tun, was man im früheren Deutschunterricht erlebt hat. Doch wenn man im Rahmen eines Praktikums wieder ein Schulgebäude betritt, seinen typischen Geruch einatmet, in ein Klassenzimmer kommt, Tafel und Kreide sieht und die Schüler einen neugierig anschauen, werden die alten Erfahrungen reaktiviert. Diese erste Zeit der 'Wiederbegegnung' mit dem altbekannten Szenario kann entscheidend für die weitere Entwicklung zum Fremdsprachenlehrer sein. Hier wird sich herausstellen, welche Kenntnisse, Erfahrungen und Einstellungen aus der eigenen Schulzeit, welche aus dem Studium und welche aus den aktuellen Unterrichtserfahrungen in die neue Lehrtätigkeit einfließen. Da man in den ersten Unterrichtsstunden noch nicht die Souveränität besitzt, den vielfältigen Handlungsanforderungen gerecht zu werden, klammern sich viele an ihre sorgfältig vorbereitete, kleinschrittige Unterrichtsplanung. Der Lerner als Individuum kann in dieser ersten Phase noch kaum wahrgenommen werden. Der Stress des Handlungsdrucks führt oft dazu, dass der Praktikant regressiv reagiert und alte Kommunikationsmuster aus seiner eigenen Schulzeit reaktiviert – vor allem dann, wenn der Unterricht von der vorbereiteten Planung abzuweichen 'droht' (sic!). Falls der Mentor bzw. Lehrerausbilder, der normalerweise dem Unterricht als stummer Beobachter beiwohnt, selbst einem rigiden, kleinschrittigen und lernzielorientiert durchgeplanten Ablaufmuster verhaftet ist, das einer 'Methode' oder dem Lektionenschema eines Lehrwerkes folgt, besteht die Gefahr, dass sich der ohnehin verunsicherte Novize diesem Muster beugt. Es gibt nun sicherlich manche, die darüber froh sind, wenn sie eindeutige Vorgaben bekommen, nach denen sie eine Handlung ausführen können, und die deshalb auch ein Studium mit seinen wissenschaftlich nur selten eindeutigen Befunden und seinem geringen unmittelbaren Bezug auf die Arbeit im Unterricht als wenig hilfreich empfanden. Ein Lehrer sollte aber nicht zum Ausführungsgehilfen eines Lehrbuchautors werden, sondern in der Lage sein, selbstständig didaktisch begründbare Entscheidungen treffen zu können, sowohl während der Unterrichtsvorbereitung als auch im Unterricht selbst.

Ein Mentor, der den Praktikanten, Referendar oder Junglehrer begleitet, müsste in der Lage sein, all das Wissen, die Einstellungen und Handlungsschemata, die ein angehender Lehrer mit in sein erstes Unterrichtspraktikum bringt, aufzugreifen, zu thematisieren, ihm und auch sich selbst bewusst zu machen und so didaktische und methodische Möglichkeiten, die über eingefahrene Muster hinausgehen, nicht nur zuzulassen, sondern kritisch zu fördern und sich vielleicht sogar selbst von den Möglichkeiten eines anderen Fremdsprachenunterrichts anstecken zu lassen. Wichtig ist in dieser Phase, dass der angehende Lehrer sich keine Methodik aufdrängen lässt, die seinen Überzeugungen, die er im Studium entwickelt hat, zuwiderläuft. Nur wenn man seine theoretischen Einsichten, seine Einstellung zum Unterricht und sein konkretes unterrichtliches Handeln miteinander in Einklang bringen kann, wird man Befriedigung in seinem Beruf finden. Sowohl der Mentor als auch der angehende Lehrer müssen sich dabei immer bewusst sein, dass es keinen 'Königsweg' zur Vermittlung einer Fremdsprache geben kann, sondern dass alle Lerner mit ihren unterschiedlichen Lernmöglichkeiten nur über didaktische und methodische Vielfalt erreicht werden können.

Lerner sehen Lehrende nicht als Privatpersonen, sondern als Träger einer bestimmten Rolle, an die sie spezifische Erwartungen knüpfen. Kollegen, Vorgesetzte, Eltern, Lehrerbildungsinstitutionen, Medien, ja die Gesellschaft als Ganzes haben ebenfalls bestimmte Erwartungen an die Rolle, der ein Lehrer, so unterschiedlich seine Persönlichkeit auch immer sein mag, mehr oder weniger entsprechen muss. Diese Rollenerwartungen führen zur Entwicklung eines 'Habitus', den Harney (1990, S. 261) in Anlehnung an Pierre Bourdieu (1982) als eine „permanent verfügbare Orientierungs- und Wissenstypik, mit der sich Personen auf Handlungskontexte hin auslegen" definiert. Bezogen auf die Lehrer-Schüler-Interaktion im Unterricht bedeutet dies, dass Lehrer ständig mit kommunikativen Routinen und nonverbalen Signalen an die Inszenierung der sozialen Situation 'Unterricht' erinnern und auf ihren Habitus verweisen, beispielsweise durch die Art, wie sie Schüler 'aufrufen' und ermahnen oder wie sie ihre fachliche Kompetenz signalisieren, Fehler zurückweisen oder die Schüler spüren lassen, dass sie ihnen nach ihrem Ermessen Rangplätze zuordnen können. Schüler erwarten diese Signale von einem 'richtigen' Lehrer und entwickeln im Gegenzug einen komplementären Schülerhabitus.

Ein angehender Lehrer rechnet zunächst noch nicht mit dieser habituell geprägten Handlungsdynamik. Aber spätestens dann, wenn man ohne Mentor allein mit Schülern arbeiten muss, wird man einen Habitus entwickeln, der den Erwartungen der Schüler und der Schule als Institution mehr oder weniger entspricht. Man richtet dabei sein Wissen und seine Orientierung an einer generalisierten Verhaltenstypik 'normaler' Lehrer aus, die den Erwartungen der Schüler entsprechen, wobei 'Modelle' aus der eigenen Schulzeit eine wichtige Rollen spielen (vgl. Markowitz 1986). Bei der Entwicklung des Habitus sind individuelle Eigenschaften – das, was einen Menschen zu einer unverwechselbaren Persönlichkeit macht – von untergeordneter Bedeutung; eine Tatsache, die von Berufsanfängern oft als unangenehm empfunden wird.

Der bislang skizzierte Habitus eines Lehrers an einer öffentlichen Schule unterscheidet sich auf Grund der Ansprüche, die die Institution und der Lehrkontext an ihn stellen, vom Lehrerhabitus an einer Privatschule oder in der Erwachsenenbildung. In der Erwachsenenbildung (z.B. der Volkshochschule), in der meist freiwillig und ohne Zensuren gelernt wird, müssen und können Lehrende nicht auf schulische Verfahren von Notendruck und Konkurrenzstimulation zurückgreifen, was eine Veränderung ihres Habitus hin zu einem „personennahen geselligen Klientelismus" führt. Die Erwartungen der Teilnehmer gehen in Richtung eines „symphatisch unterhaltsamen Themenorganisators" (vgl. Harney u.a. 1990, S. 263f.). Das Unterrichtsgeschehen orientiert sich nicht mehr an einem Ergebnis, das die Teilnehmer am Ende eines Kurses durch eine Leistungsmessung in eine Rangordnung bringt, sondern an der gemeinsamen Gestaltung von 'fremdsprachlichen Abendprogrammen', die häufig nach dem 'offiziellen' unterrichtlichen Teil in private Aktivitäten (Kneipenbesuche o.ä.) übergehen können, aber auch während des Unterrichts private Diskurse zwischen Lehrern und Lernern zulassen.

Sprachlehrer in der Erwachsenenbildung sind häufig sog. 'neue Selbstständige': Personen, die nicht von einer Institution angestellt sind, sondern auf Honorarbasis mit geringem Gehalt und ohne soziale Absicherung in ständig wechselnden Kontexten arbeiten (vgl. Christ 1990). Solche Beschäftigungsverhältnisse tragen nicht zur Entwicklung eines professionellen Selbstverständnisses aller im Fremdsprachenbereich Lehrenden bei. Kursanbieter, die ihre Lehrer für einen geringeren Stundenlohn als Industriearbeiter arbeiten lassen, schädigen das Image des gesamten Berufsstandes. Merkwürdig ist nur, dass offenbar auch trotz oder vielleicht gerade wegen eines nicht voll ausgeprägten professionellen Sprachlehrerhabitus die Zufriedenheit mit der Unterrichtstätigkeit groß ist. Möglicherweise lösen Lehrer, die keinem institutionellen Habitus verpflichtet sind, bei Lernern weniger Blockaden aus als 'richtige Lehrer', die Erinnerungen an die alte Schulzeit wachrufen. Möglichst natürliche, alltägliche, unbeschwerte oder gar lustvolle fremdsprachliche Interaktionen gelingen 'Barfußlehrern' oftmals leichter als Lehrern, die das szenische Arrangement 'Unterricht' als Teil ihres habituellen Selbstverständnisses ständig präsent zu halten versuchen.

Der denkbare Ausweg, mehr außerschulische Experten und Muttersprachler (z.B. Vertreter deutscher Firmen) in den Unterricht zu holen, führt in der Regel zu erfreulich authentischen Gesprächssituationen. Es gibt allerdings keine Garantie: Personen mit Berufen wie Manager, Diplomat, Facharbeiter oder auch Hausfrau, die keinen Lehrerhabitus entwickelt haben, agieren oftmals, sobald sie vor einer Klasse stehen, in der Art eines Lehrers, so wie sie ihn aus ihrer Schulzeit her kennen (vgl. Steinig 1995). Ihre rigide habituelle 'Mimikri', ein naives Bemühen, nur ja den Habitus eines Lehrenden möglichst idealtypisch zu treffen, ist dann ein weiterer Hinweis dafür, wie tief sich dieses Verhalten wohl in allen Kulturen, in denen es Schulen gibt, eingeprägt hat. Bei Schülern, die als Tutoren arbeiten, lassen sich auch entsprechende 'Inszenierungen' eines Lehrerhabitus beobachten. Bei außerschulischen Experten wie bei Tutoren kann man jedes Mal neu darauf gespannt sein, ob die Lerner 'mitspielen' und sich diese Lehrer-Inszenierungen gefallen lassen.

Für zahlreiche Muttersprachler wie beispielsweise DAAD-Lektoren, die in ausländischen Institutionen unterrichten, sind berufliche Identifikation und institutionelle Bindung oft geringer. Anstatt eines professionellen Habitus entwickeln diese 'Grenzgänger' dann einen Habitus, der irgendwo zwischen ihren Lernern und den Kollegen verortet wird, was zu tendenziell authentischeren und persönlicheren Gesprächen im Unterricht führen kann. Zudem wird die Fremdsprache als Muttersprache des Lehrenden als 'natürlicher' und 'echter' empfunden als bei Lehrern, für die die Zielsprache ebenfalls eine Fremdsprache ist. Diese Lehrer könnten es als unangenehm empfinden, wenn ihr Akzent stark muttersprachlich geprägt ist und vielleicht sogar einige Lerner, beispielsweise Remigranten, die im Zielsprachenland aufgewachsen sind, dem Lehrer deutlich überlegen sind (Steinig 1988). Wer sich von dieser Situation verunsichern lässt, greift rasch zu autoritären Mitteln, um sein habituell geprägtes Selbstverständnis als jemand, der seinen Lernern in allen Aspekten überlegen ist, zu sichern. Aber wirkliche Achtung kann man so nicht bekommen. Anstatt fremdsprachliche Mängel als peinlich zu empfinden oder zu vertuschen, wäre es sinnvoller, Lernern die Haltung zu vermitteln, dass man als Lehrer immer auch ein Lerner ist, sich ebenfalls ständig um die Fremdsprache bemühen muss und die Sprachkompetenz eines Muttersprachlers kaum erreichen kann.

Nicht nur dadurch würde sich der Habitus eines Fremdsprachenlehrers in einer für die Lernsituation günstigen Weise verändern. Alle Fremdsprachenlehrer an einer Institution, vor allem an Schulen, könnten dazu beitragen, dass Fremdsprachen in einer immer enger zusammenwachsenden Welt selbstverständlicher wahrgenommen, in allen Erscheinungsformen akzeptiert und in das Leben einer Institution integriert werden. Vor allem die weltweit immer zahlreicher werdenden zwei- und mehrsprachigen Schüler, die als Migranten mit monolingualen Einheimischen unterrichtet werden, sollten mit ihrer sprachlichen Vielfalt zum Selbstverständnis einer Schule als Ort kultureller Begegnung, Akzeptanz und Toleranz beitragen können. Da vor allem Fremdsprachen mit großer Verbreitung und hohem Prestige in schulischen Curricula angeboten werden, müssen Fremdsprachenlehrer, die diese Prestigesprachen vertreten, dazu beitragen, dass die gesellschaftlich geringer geschätzten Migranten- und Minderheitensprachen nicht nur an Achtung gewinnen, sondern auch im Alltag der Schule zur Geltung kommen. So könnte sich ein „neues Bewusstsein vom eigenen Lehrerberuf als dem eines sozialen, sprachlichen und kulturellen Mittlers" (Krumm 1993, S. 284) entwickeln.

Dies sind weitgesteckte Ziele. Wenn man allerdings an die Unterrichtsrealität denkt, wäre man oft schon froh, wenn der Fremdsprachenunterricht etwas weniger lehrerzentriert ablaufen würde. In der Lehrerfortbildung wird einem immer wieder bewusst, wie stark die Macht der Tradition ist. Mögliche Innovationen werden häufig im Keim erstickt, beispielsweise mit dem Hinweis, dass sich die

Wissenschaft ja selbst auch noch kaum zu eindeutigen Positionen habe durchringen können und dass schließlich seit Beginn des institutionalisierten Fremdsprachenunterrichts ständig andere Methoden als besonders erfolgreich propagiert worden seien. Oder man verweist darauf, dass man es schließlich selbst einmal als Schüler geschafft habe, und deshalb dieser Weg auch für die kommende Schülergeneration taugen müsse. Oder man wehrt sich gegen Neues, indem man sich einredet, im Grunde sei einem doch alles längst bekannt und eigentlich hätte man auch selbst schon immer so gehandelt. Schließlich kann man Innovationen ablehnen, weil sie 'zu akademisch' seien oder der eigenen Lernkultur nicht entsprächen.

Was kann man gegen diese Vorbehalte setzen? Zunächst eine selbstkritische Analyse des eigenen Unterrichts, dann die Bereitschaft zum erprobenden Experiment. Nützlich ist dabei, sich im Fachkollegium gegenseitig zu besuchen, das Erprobte zu diskutieren und neuen Unterricht gemeinsam vorzubereiten. Didaktische Innovationen und eine kreative, gut durchdachte Methodik entstehen am besten in einem Klima gelingender Kollegialität.

Lektürehinweise

Bei der Lektüre von Zwettler-Otte (1991) wird vielen (angehenden) Lehrern deutlicher bewusst, warum sie sich für diesen Beruf entschieden haben und welche Konsequenzen sich daraus ergeben. Unverzichtbar für die Ausbildung zum Fremdsprachenlehrer ist der Sammelband von Freeman/Richards (1996). Hier werden in 16 Aufsätzen nahezu alle relevanten Aspekte des Lehrens und der Lehrerausbildung angesprochen. Empfehlenswert ist auch das Themenheft *Neue Wege in der Deutschlehrerausbildung* der Zeitschrift *Fremdsprache Deutsch*, Sondernummer 1994.

6. Anhang

6.1 Exemplarische Unterrichtssituationen

Im Folgenden werden einige DaF-Stunden aus verschiedenen Ländern in Unterrichtsskizzen vorgestellt, die wir für exemplarisch halten – exemplarisch nicht in dem Sinne, dass sie als mustergültig oder vorbildlich gelten könnten, aber beispielhaft insofern, als sie die Vielfalt von Ausgangssituationen und Bedingungen aufzeigen, unter denen Unterricht in der Fremdsprache Deutsch stattfindet. Die typische oder gar die vorbildliche Unterrichtsstunde im Sinne einer Rezeptologie kann es überhaupt nicht geben; vielmehr bemüht man sich bei der Vorbereitung und Durchführung von Unterricht ja gerade um die bestmögliche Abstimmung auf die jeweils besonderen Lernvoraussetzungen, auf die Lernbedürfnisse und auf die Lerngewohnheiten der Unterrichtsgruppe, und dies unter den jeweiligen kulturspezifischen und institutionellen Rahmenbedingungen. Ein und dieselbe Stunde kann also in den vielfältigen denkbaren Kontexten nicht im gleichen Maße sinnvoll sein. Die Vielfalt der Kontexte ergibt sich bei den hier skizzierten Unterrichtseinheiten zum Beispiel aus dem unterschiedlichen Lebensalter der Lerner (Kinder, Jugendliche, Erwachsene), aus ihrer unterschiedlichen Vorbildung (Schüler und Studenten, akademisch oder beruflich Vorgebildete), aus ihrem unterschiedlichen Lerninteresse (Kommunikationsfähigkeit im Alltag, Studierfähigkeit an einer deutschsprachigen Hochschule, Lektürekompetenz in der Fachsprache), aus der Zusammensetzung der Lerngruppen (Lerner mit gleichem oder mit unterschiedlichem muttersprachlichen und kulturellen Hintergrund) und aus dem Konkretisierungsgrad der Planungen (Einzelstunden – Semesterplanung).

Der Leser kann die Skizzen dazu nutzen, sich mit der Vorbereitung von DaF-Stunden zu beschäftigen, dabei den einen oder anderen Aspekt zu vertiefen, der ihm in diesem Buch begegnet ist, und die eigene Position dazu zu festigen. Er könnte sich – vielleicht auch in einer Arbeitsgruppe – kritisch mit Planungsentscheidungen auseinander setzen, die bei der Vorbereitung der Stunden getroffen wurden, und die Planungen für den DaF-Unterricht in der eigenen beruflichen Umgebung modifizieren und adaptieren. Eine Beschäftigung mit folgenden Fragen könnte dabei sinnvoll sein:

- Worin liegen die Besonderheiten der jeweiligen Ausgangssituation?
- Welche Planungsentscheidungen wurden getroffen bezüglich der unterrichtlichen Intentionen, bezüglich der fachdidaktischen Zugriffsweise (Methodenkonzeption), bezüglich der Auswahl und Aufbereitung von Themen, Stoffen, Inhalten und Medien, bezüglich der Arbeits-, Sozial- und Übungsformen?

- Was erscheint aus der Sicht der Lerner an der Stunde attraktiv, was weniger attraktiv? Wo haben sie Möglichkeiten zu eigenem, selbstbestimmtem Handeln? Wo sind Schwierigkeiten zu erwarten?
- Welche alternativen Planungsentscheidungen sind denkbar? Welche Argumente sprechen dafür oder dagegen?
- Wie ließe sich die eine oder andere Unterrichtsidee so verändern, adaptieren und zu einer konkreten Stundenplanung ausarbeiten, dass sie in das eigene Land bzw. in das eigene berufliche Umfeld passt?

Will man – etwa im Anschluss an die letztgenannte Frage – die Überlegungen bei der Vorbereitung von Unterricht zu einer konkreten Stundenplanung verdichten, so mag es sinnvoll sein, sie in einer tabellarisch gefassten Stundenskizze festzuhalten. Eine solche Strukturierungshilfe kann gerade Lehrkräfte mit noch geringer Berufserfahrung darin unterstützen, die oft überwältigende Komplexität von Unterrichtssituationen sinnvoll zu reduzieren, die Übersicht zu behalten und handlungsfähig zu bleiben. Sie kann auch eine Beobachtungshilfe für jemanden sein, der im Unterricht hospitiert, und eine Unterstützung für die Nachbereitung des Unterrichts darstellen. Allerdings sollte sie weder dazu führen, dass die Unterrichtsvorbereitung zum Ausfüllen eines Planungsschemas verengt wird, noch dazu, dass Unterrichtsformen vernachlässigt werden, die sich in dieser Form nicht so gut darstellen lassen, wie zum Beispiel Freiarbeit. Auch sollte sie nicht die Flexibilität beeinträchtigen, von der eigenen Planung abzuweichen, wenn die aktuelle unterrichtliche Situation dies nahe legt. Wichtiger als das Ergebnis ist ohnehin oft sicher der Klärungsprozess, der zu einem Planungsraster führt.

Der folgende Vorschlag kann als Orientierungshilfe dienen und vom Leser erprobt werden, wenn er die allgemeiner formulierten Unterrichtsskizzen, die ja nicht als fertige Unterrichtsrezepte missverstanden werden dürfen, zu einer Stundenplanung konkretisieren möchte, die in seinen eigenen Arbeitsbereich passt:

Thema der Unterrichtsreihe: Thema der Stunde:				
Ziel(e) der Stunde:				
Hausaufgabe zur Stunde/zur nächsten Stunde:				
Verlauf der Stunde:				
Zeit	Lern- phase	Lehrer- und Lerneraktivitäten, Inhalte	Arbeits- u. Sozialform	Medien
		...		
Anlagen: (geplantes Tafelbild, Arbeitsblätter usw.)				

Lernphasen könnten beispielsweise sein: Anwärmphase, Themenfindung, Problemfindung, Planung eines Lösungsweges, Textvorentlastung, Erarbeitung, Sicherung, Ergebnisfindung, Übung, Erweiterung usw. In der Spalte *Lehrer- und Lerneraktivitäten, Inhalte* lässt sich festhalten, was Lehrkraft und Lerner tun, worum es inhaltlich gehen soll, und es können Gelenkstellen der Stunde (Aufgabenstellungen, Impulse) fixiert werden. *Arbeits- und Sozialformen* sind etwa Stillarbeit, Partnerarbeit, Gruppenarbeit, gelenktes/freies Unterrichtsgespräch, Rollenspiel, Lehrerimpuls, Lehrerhinweis, Diskussion, Singen, Erzählkreis, Spiel. *Medien,* die im Fremdsprachenunterricht häufig genutzt werden, sind neben Tafel, Arbeitsblatt und Overheadprojektor sicher Tonkassetten, Videofilme, Wortkarten, das Lehrbuch, das Wörterbuch sowie Texte und Bilder aller Art.

6.1.1 Primarstufe:

Der Katzentatzentanz. Ein Kinderlied im DaF-Unterricht singen und abwandeln. Von Heinz-Ewald Schiewe[1]

Zielgruppe: Die Stunde wurde mit Grundschülern aus der dritten Klasse des Colégio Visconde de Porto Seguro in São Paulo (Brasilien) erprobt. Die Kinder haben vor einigen Monaten mit dem Deutschunterricht begonnen. Es ist in dieser Phase besonders wichtig, sie für die Fremdsprache zu sensibilisieren, eine positive Einstellung gegenüber dem Sprachenlernen zu fördern und zu bewahren sowie kindgemäße Zugänge zu finden.

Intention: Singen kann die Unterrichtsatmosphäre, aber auch die Einstellung der Kinder zur Fremdsprache überhaupt positiv beeinflussen. Das Singen und Abwandeln eines Liedes erlaubt außerdem eine Festigung und Erweiterung von Wortschatz (hier: Tiere und ihre Eigenschaften) und sprachlichen Strukturen (hier: der Dativ nach *mit*: der Igel/mit *dem* Igel, die Schnecke/mit *der* Schnecke sowie die syntaktischen Strukturen, die durch Reim und Rhythmus in der Wiederholung gesichert werden). Landeskundliches Lernen (hier: Tiere in Deutschland/Brasilien und ihnen zugeschriebene Eigenschaften) kann angebahnt werden.

Unterrichtsverlauf: Der Lehrer singt die erste Strophe des Liedes zweimal oder dreimal zur Gitarre. Zwei Schüler, durch sparsame Requisiten als 'Katze' und 'Igel' gekennzeichnet, spielen die Handlung dabei vor (vorher absprechen und kurz ausprobieren!). Die Klasse summt mit oder singt vielleicht schon den Refrain.

Gespräch: „Was habt ihr schon verstanden?" – Sammeln an der Tafel, z.B.:

---

[1] Vgl. auch Schiewe (1991).

die Katze	der Igel
tanzt	
auf einem Bein	kommt
	will die Tatze/will mit der Katze tanzen
	ist stachelig
will lieber allein tanzen	

Der Text wird an der Tafel rekonstruiert. Das Lied wird eingeübt und gesungen.

1. Gespräch: „Welche Tiere kennt ihr noch?", „Leben sie in Deutschland oder in Brasilien?", „Wie sind die Tiere?" (evtl. Lehrerhilfen zum Wortschatz)
2. Die Kinder bearbeiten das Arbeitsblatt. Sie können ein Wörterbuch benutzen.
3. Die Kinder bilden Gruppen, suchen sich jeweils ein Tier aus und schreiben eine neue Strophe zum Lied („Kam der Hase zu der Katze ..."). Sie üben ihre Strophe ein, evtl. mit pantomimischer Begleitung. Das Tier und die Eigenschaft werden als Gedächtnisstütze für den folgenden Schritt an der Tafel festgehalten:

Hase – zappelig

4. Nun stellt jede Gruppe ihr Tier vor und übt ihre Strophe mit der Klasse ein.
5. Abschließend singt der Lehrer die letzte Originalstrophe vor. Die Szene kann – ähnlich wie zu Beginn der Stunde – vorgespielt werden.

Melodie von Fredrik Vahle

Guck, die Kat - ze tanzt al - lein, tanzt und tanzt auf ei - nem Bein.

Kam der I - gel zu der Kat - ze: Bit - te reich mir dei - ne Tat - ze!

Mit dem I - gel tanz ich nicht. Ist mir viel zu sta - che - lig.

Und die Kat - ze tanzt al - lein, tanzt und tanzt auf ei - nem Bein.

Letzte Strophe:
Kam der Kater zu der Katze, leckte ihr ganz lieb die Tatze
streichelt sie und küsst sie sacht, und schon hat sie mitgemacht.
Und dann tanzen sie zu zwein über Stock und über Stein.
Jede Maus im Mauseloch ruft „Ein Glück, sie tanzen noch!"

Arbeitsblatt:

Kennst du Tiere?		
	Wie heißt das Tier?	Wie ist es?
	der Hase	zappelig
	das Gürteltier	...
	(usw.)	...

der Hase	der Affe	zappelig	frech
die Schnecke	das Gürteltier	pummelig	langsam
(usw. – kann von den Kindern erweitert werden)			

Klebe hier ein Tierbild ein und schreibe einen kleinen Text dazu.	(Was ist das für ein Tier? Wie sieht es aus? Wo lebt es?)

6.1.2 Sekundarstufe:

Ein Tag in Heidelberg. Ein kommunikatives Spiel herstellen und spielen

Zielgruppe: Das Spiel wendet sich an Schüler der Sekundarstufe und an Jugendliche, aber auch Erwachsene kann es motivieren. Es setzt mindestens ein bis zwei Jahre Deutschunterricht und schon eine gewisse Sicherheit bei einfachen kommunikativen Aufgaben (Orientierung in der Stadt, einfache Informationsgespräche; Umgang mit Prospektmaterial und Stadtplänen) voraus; fortgeschrittene Lerner können das Spiel anspruchsvoller gestalten. Für das Herstellen und Spielen des Spiels ist mindestens eine Doppelstunde erforderlich. Es kann dann wiederholt eingesetzt und erweitert werden. – Die Stunde wurde an den Pädagogischen Universitäten Jekaterinburg (Russland) und Vilnius (Litauen) erprobt.

Intention: Ziel ist das Üben von Alltagsgesprächen, wie sie ein ausländischer Tourist zu führen hat, wenn er sich für einen Tag in einer Stadt wie Heidelberg aufhält. Dazu stellen die Lerner in Arbeitsgruppen jeweils ein Würfelspiel auf der Grundlage eines Heidelberger Stadtplanes her. 'Ereigniskarten' weisen die Mitspieler an, innerhalb ihrer Gruppe eine kleine kommunikative Aufgabe zu lösen. Zum Beispiel könnte ein Lerner aufgefordert werden, sich bei einem Mitspieler nach dem Fußweg zum Schloss zu erkundigen oder sich eine Altstadtkneipe empfehlen zu lassen. Es kommt nicht so sehr darauf an, im Spiel zu

'gewinnen', also als Erster das Ziel zu erreichen. Der Reiz liegt vielmehr in der gemeinsamen Lösung der kommunikativen Aufgaben.
Das Spiel ist natürlich auf jede andere Stadt übertragbar.[2]

Unterrichtsverlauf:

1. Der Lehrer stellt Heidelberg anhand eines Stadtführers, eines Plakates, einer Diaserie o.ä. vor. Er informiert über Sehenswürdigkeiten und interessante Punkte in der Stadt. (Diese Aufgabe könnte eventuell auch von fortgeschritteneren Lernern selbst übernommen werden.)
2. Die Lerner bilden Gruppen und erhalten einen Heidelberger Stadtplan. Sie orientieren sich auf dem Plan, indem sie die zuvor erwähnten Punkte dort aufsuchen.
3. Die Aufgabe wird erläutert:

- Fertigt ein Würfelspiel über Heidelberg an, das ihr später selbst spielen könnt.
- Entscheidet euch zunächst für euren Weg durch Heidelberg. Ihr kommt morgens am Hauptbahnhof an (Start) und wollt abends in der Jugendherberge übernachten (Ziel). Was wollt ihr euch ansehen? Welchen Weg wollt ihr nehmen?
- Zeichnet den Weg mit Filzstift gut sichtbar in den Stadtplan ein. Zeichnet dann etwa 30 Felder auf den Spielplan ein und markiert 10-15 davon als Ereignisfelder.
- Schreibt nun die Ereigniskarten. Die Karten sollen Aufgaben für Gespräche enthalten, wie man sie in einer fremden Stadt führen muss. Ein Beispiel: „Du willst in der Jugendherberge anrufen, um für heute Abend ein Bett zu reservieren. Frage einen Passanten, wo es die nächste Telefonzelle gibt." Später muss der Spieler dann einen Partner in der Gruppe auswählen und mit ihm dieses Gespräch führen. Lasst euch ruhig auch ein paar ausgefallene und witzige Aufgaben einfallen!

4. Wenn die Spiele fertig sind, können die Gruppen sie austauschen und spielen. Die Lerner sollten aufgefordert werden, selbst Spielregeln festzulegen, wenn ihnen dies nötig erscheint.

Benötigte Materialien:
- Informationsmaterial über die Stadt (Stadtführer, Broschüren, Plakat, Dias ...)
- einige Stadtpläne, nicht zu klein (lassen sich oft bei der Touristeninformation einer Stadt bestellen)
- Karteikarten für die Ereigniskarten, Filzstifte
- ein Würfel pro Gruppe, eine Spielpuppe pro Teilnehmer

---

[2] Ein fertiges Spiel dieser Art für die Stadt Münster hat der Deutsche Volkshochschulverband herausgegeben (²1989): *Mit dem Rad durch Münster. Ein kommunikatives Sprachspiel für Jugendliche.* Es kann jedoch gerade sinnvoll sein, das Spiel selbst herzustellen – für die Partnerstadt, für die Stadt, in der es Brieffreunde gibt usw.

6.1.3 Studienvorbereitung:

„Lernen durch Lehren" an der Universität. Ein Unterrichtsbeispiel aus einem Deutschkurs mit Ausländern. Von Joachim Pfeiffer

Zielgruppe: Das folgende Unterrichtsbeispiel stammt aus einem Intensivkurs Deutsch, der an der Universität Eichstätt durchgeführt wurde. An dem Kurs nahmen 25 Studierende ohne Vorkenntnisse aus zwölf verschiedenen Ländern teil. Die Teilnehmer hatten täglich drei Stunden Deutschunterricht, erweitert durch Förderkurse am Nachmittag und durch zusätzliche landeskundliche Veranstaltungen. Der Kurs erstreckte sich über mehrere Monate und hatte das Ziel, die Teilnehmer auf die *Prüfung zum Nachweis deutscher Sprachkenntnisse* (PNdS) vorzubereiten.[3]

Die Unterrichtssequenz fand an einem Vormittag nach etwa zweimonatiger Kursdauer statt.

Intention und Zugriff: Der Unterricht folgt konsequent der Methode „Lernen durch Lehren", die von Jean-Pol Martin zunächst für den Fremdsprachenunterricht entwickelt wurde, inzwischen aber in den unterschiedlichsten Fachbereichen angewendet wird (vgl. Martin 1986 und Pfeiffer/Rusam 1992). Die Methode geht von der Erfahrung aus, dass der am meisten lernt, der anderen komplizierte Sachverhalte zu erklären versucht. Die Strategien des Lehrens, die dabei entwickelt werden müssen, bringen Klärungs- und Problemlösungsprozesse in Gang, die tiefere Einsichten in schwierige Zusammenhänge vermitteln – und sie fördern die Motivation beträchtlich.

Im Folgenden wird das kurz gefasste Unterrichtsprotokoll einer dreistündigen Unterrichtseinheit wiedergegeben. Der Unterricht lehnt sich zum Teil an eine Lektion des Lehrwerks *Themen 1* (Aufderstraße u.a. 1992) an. Das Unterrichtsziel des Vormittags war eine Einführung zum Thema 'Deutsche Sprache und Kultur'; in grammatischer Hinsicht sollte der Genitiv erklärt und eingeübt werden.

Der Unterricht: Die Unterrichtssequenz soll an diesem Vormittag vier Abschnitte umfassen: 1. Korrektur der Hausaufgabe vom Vortag; 2. ein Ratespiel zu berühmten deutschsprachigen Persönlichkeiten; 3. die Einführung des Genitivs, dem die Studenten schon begegnet sind, der aber noch nicht systematisch erklärt ist; 4. ein Diktat zum Thema 'Deutschsprachige Länder', in dem unterschiedliche Genitivformen vorkommen. Im Hinblick auf Punkt vier war eine Studentin am Vortag gebeten worden, eine Erklärung des Genitivs und einige Beispiele vorzubereiten.

---

[3] Das Bestehen der PNdS (seit 1. 6. 1996 *Deutsche Sprachprüfung für den Hochschulzugang ausländischer Studienbewerber*, DSH) ist für Ausländer Voraussetzung der Immatrikulation an einer deutschen Hochschule.

1. Der Lehrer bittet einen Studenten, nach vorne zu kommen und die Besprechung der Hausaufgabe zu leiten. Da die Studierenden seit langem gewohnt sind, dass jemand aus den eigenen Reihen die Hausaufgabenkorrektur übernimmt, verläuft diese Unterrichtsphase relativ zügig. Der Lehrer hält sich im Hintergrund und gibt Hilfestellungen, wenn er darum gebeten wird, er greift ein, wenn Falsches erklärt wird. Die Studierenden haben sich inzwischen auch den 'Lehrerdiskurs' angeeignet und beherrschen die für das Unterrichten nötigen Redemittel („Mach bitte die nächste Übung.", „Kannst du das nochmal wiederholen?" usw.).

2. Eine Studentin wird nun gebeten, ein Personen-Quiz zu leiten, das in der Lektion des Lehrbuchs abgedruckt ist. Dabei müssen unterschiedliche Daten zwei bekannten Persönlichkeiten zugeordnet werden. Bei Unklarheiten bittet die Studentin den Lehrer um Hilfe. Am Ende fordert sie von sich aus die Teilnehmer auf, über die Erfahrungen zu berichten, die sie in ihren Ländern mit den Persönlichkeiten bzw. deren Werken gemacht haben (es handelt sich um Mozart und Goethe).

3. Nun wird die Studentin, die den Grammatikteil vorbereitet hat, um die Erklärung des Genitivs (Substantivformen und Artikel) gebeten. Sie hat ein Schema auf Folie mitgebracht, das sie mit entsprechenden Erklärungen versieht. Anschließend weist sie darauf hin, dass die Genitivformen in der mündlichen Rede weitgehend durch Präpositionalausdrücke ersetzt werden. Einige Beispiele schreibt sie an die Tafel.

4. Ein Student erhält nun ein Kärtchen, auf dem die folgenden Arbeitsaufträge stehen: a) Text diktieren, b) Diktattext in Partnerarbeit besprechen lassen, c) Genitivformen in Partnerarbeit bestimmen lassen. Der Diktattext zum Thema 'Die deutschsprachigen Länder' (Deutschland, Österreich und die Schweiz) soll einerseits eine weitere thematische Vertiefung sein, andererseits soll dadurch die Grammatik an konkreten Beispielen eingeübt werden. Der Text enthält einige Genitivformen, wie z.B. „in einem Teil des Kantons", „in einem Teil der Schweiz", „im Rest des großen Landes". Für den 'Leiter' der Übung verbindet sich mit dem Diktieren ein spezielles Aussprachetraining: Bei undeutlicher oder fehlerhafter Aussprache bekommt er eine sofortige Rückmeldung (fragende Blicke oder kritische Zurufe); er muss seine Aussprache solange verbessern, bis er verstanden wird. Nach dem Diktat lässt der Leiter den Text in Partnerarbeit verbessern und die Genitivformen unterstreichen. Dann bittet er einzelne Partnergruppen, die Genitivausdrücke zu bestimmen. Am nächsten Tag soll dann näher auf den Inhalt des Textes eingegangen werden (zwei Studierende werden gebeten, sich besonders darauf vorzubereiten).

Fazit: Insgesamt lässt sich feststellen, dass sich die Methode „Lernen durch Lehren" in interkulturellen Lerngruppen in vielfacher Weise positiv auswirkt. Die Lernsituation entspannt sich zunehmend, die Angst, in der Fremdsprache zu reden, nimmt deutlich ab, die Redebeiträge häufen sich, der 'Entmündigungseffekt' der fremdsprachlichen Situation wird vermindert, die Teilnehmer werden als selbstständige Erwachsene ernst genommen. Die ausländischen Studierenden haben sich immer wieder erstaunlich schnell – und mit sichtlichem Vergnügen – auf die für viele ungewohnte Unterrichtsmethode eingestellt.

6.1.4 Germanistikstudenten im Ausland:

Wohnen in der Stadt. Eine Projektskizze. Von Lothar Bunn

Zielgruppe: Dieses Unterrichtsvorhaben wurde für den Sprachunterricht mit Germanistikstudenten der Universität Coimbra (Portugal) konzipiert, überwiegend angehende Deutschlehrer. Die Studierenden hatten gerade ihr Studium aufgenommen und befanden sich im ersten Studienjahr. Die besondere Aufgabe besteht darin, der sehr inhomogenen Zusammensetzung des Jahrganges gerecht zu werden: Einerseits gibt es bilinguale Remigranten, die in Deutschland Bildungsinländer gewesen sind und dort zum Teil auch das Abitur abgelegt haben, andere verfügen nur über unterdurchschnittliche Eingangskenntnisse im Deutschen. Bei der Kursbildung zu Beginn des Studienjahres wird ein Kurs zusammengestellt, in dem aus beiden Gruppen eine gleichgroße Zahl von Teilnehmern vertreten ist. Grundlage für diese Aufteilung ist eine Selbsteinschätzung der Studierenden.

Das Vorhaben erstreckt sich auf ein Semester mit vier Wochenstunden Sprachunterricht.

Intention und Zugriff: Es kommt in diesem Kurs besonders auf die 'optimale Passung' der Anforderungen, Aufgaben und Tätigkeiten im Unterricht auf die stark unterschiedlichen Lernerprofile an. Dazu werden Paare, 'Zweierschaften'[4] von jeweils einem Bilingualen und einem anderen Lerner gebildet. In diesen Zweierschaften arbeiten die Studierenden während knapp der Hälfte der Unterrichtszeit in weitgehend selbstbestimmter und selbst verantworteter Weise zusammen. Dies soll den sprachlich schwächeren Lernern ein bestmögliches Eingehen auf ihre individuellen Lernbedürfnisse ermöglichen, und die Bilingualen stellt es vor die anspruchsvolle didaktische Aufgabe, anderen zu den Sprachkenntnissen zu verhelfen, über die sie selbst so sicher verfügen. Dabei müssen sie sich oft auch der zu vermittelnden Gegenstände in neuer Weise versichern.

Um die Arbeit in der Lerngruppe zu bündeln, wird gemeinsam an einem thematischen Projekt „Wohnen in der Stadt" gearbeitet. In der rollenspielartigen Kernphase dieses Projektes bilden die Kursteilnehmer 'Familien' (Vierergruppen aus jeweils zwei Zweierschaften), die sich eine fiktive Biografie geben, ein fiktives Hochhaus in der Stadt Köln beziehen und dort vielfältigen Anlass zu kommunikativem Handeln finden, indem sie Alltagssituationen gemeinsam durchleben. Abschließend werden Materialien zu einer Präsentation von Ergebnissen zusammengestellt.

Ablauf:

1. Phase (zwei Wochen): Die Teilnehmer lernen sich bei gemeinsamer Arbeit in der Gesamtgruppe zunächst kennen und werden in die Thematik 'Wohnen' eingeführt.
2. Phase (vier Wochen): Die Studierenden bilden dann Zweierschaften, die jeweils aus einem Bilingualen und einem Lerner mit eher schwacher Kompetenz bestehen. In der Folge arbeiten sie ca. während der Hälfte der wöchentlichen

---

4   Zum Lernen in Zweierschaften vgl. Steinig (1985).

Unterrichtszeit im Plenum zusammen, während der anderen Hälfte vertiefen und erweitern sie Wortschatz, Grammatik, Fertigkeiten, Techniken des Fremdsprachenlernens und den Umgang mit Arbeitsmitteln in den Zweierschaften. Sie unterstützen dabei die Arbeit im Plenum:

Arbeit im Plenum:	Arbeit in den Zweierschaften:
• Wohnungssuche	z.B. Telefonieren, Gespräche
• Wohnungseinrichtung	z.B. Wechselpräpositionen, Wortschatz
• Mietverträge, Mietrecht	z.B. Lesen v. Fachtexten, Wörterbucharbeit
• Hausordnungen	z.B. Modalverben, Passiv
• Formen des Wohnens	z.B. Lesen von journalistischen Texten
• Städteplanung	z.B. Lesen von Sachtexten, Diskutieren
• ...	...

Im Plenum werden auch Erfahrungen beim Lehren und Lernen ausgetauscht und Hinweise zu Lehr- und Lerntechniken sowie zu Arbeitsmitteln und ihrer Benutzung gegeben.

3. Phase (fünf Wochen): Die Studierenden bilden Vierergruppen und nehmen eine fiktive Gruppenbiografie als Familie, Wohngemeinschaft oder Studentenetage an, die in das gemeinsame Hochhaus einzieht und 'neu in Köln' ist. Sie müssen (z.B. in Rollenspielen) unterschiedlichen Aufgaben kommunikativ gerecht werden; die Zweierschaften unterstützen dies weiterhin vorbereitend und begleitend während der Hälfte der wöchentlichen Unterrichtszeit. Folgende Themen werden bearbeitet:

- Beziehen und Einrichten der Wohnungen
- Kontakte zu anderen Hausbewohnern (Hausfete, Beschwerden usw.)
- Probleme mit Vermietern (Brief: Mieterhöhung usw.)
- Erkundungen in der Stadt (Arbeit mit authentischen Medien: Stadtführer usw.)
- Ereignisse in der Stadt (authentisch – z.B. Rheinhochwasser, BAP-Konzert usw.; Arbeit mit lokalen Medien: Lokalradio, Lokalzeitung usw.)

4. Phase (drei Wochen): Die Studierenden arbeiten teils in ihren Gruppen, teils im Plenum an der Aufbereitung und Präsentation von Ergebnissen:

- z.B. 'Wohnungstagebücher'
- z.B. Inszenierung ausgewählter Szenen als darstellendes Spiel
- z.B. Zusammenstellung von Materialien zum Thema *Wohnen* für Unterrichtspraktika
- z.B. Ratgeber: Lehren und Lernen in Zweierschaften

Fazit: Eine informelle gemeinsame Auswertung ergab, dass durch die Schaffung eines selbstbestimmten, aber intensiv betreuten Spiel- und Arbeitsraumes die Lernatmosphäre emotional gesichert werden konnte. So war auch der Redeanteil insbesondere der 'schwächeren' Lerner hoch. Insbesondere das mit den Prinzipien der Wiederholung und der freien Gestaltungsmöglichkeit arbeitende Rollenspiel hat einen langfristigen Lernerfolg ermöglicht, bei dem die situative Angemessenheit einer sprachlichen Äußerung im Vordergrund stand.

6.1.5 Fachsprachlicher DaF-Unterricht

Lesefertigkeit in der Fachsprache für Juristen. Aus einem Anfängerkurs

Zielgruppe: Es handelt sich um einen Jahreskurs für Dozenten der Juristischen Fakultät der Universität Coimbra (Portugal), die die Lesefertigkeit in Fachtexten ihres Arbeitsgebietes erwerben wollen. Die Teilnehmer haben überwiegend keine Deutschkenntnisse, wohl aber vielfältige anderweitige Sprachlernerfahrungen. Insbesondere verfügen sie über ein gesichertes schulgrammatisches Wissen.

Der Kurs hat zwei Wochenstunden. Es handelt sich um die zweite Stunde in der Gruppe.

Intention und Zugriffsweise: Das genau definierte Lerninteresse der Teilnehmer (Beschränkung auf die Lesefertigkeit und auf die juristische Fachsprache) ermöglicht eine sehr gezielte Auswahl der Unterrichtsziele und -gegenstände und damit eine viel steilere Progression als in allgemeinsprachlichen Kursen. Da es nicht darum geht, Deutsch sprechen zu können – noch nicht einmal die Aussprache des Gelesenen spielt eine Rolle –, kann die Unterrichtssprache die Muttersprache der Lerner sein. Brücken, die das Textverständnis insbesondere in der Anfangsphase des Kurses erleichtern, sind das Fachwissen der Lerner und ihre gezielten Sinnerwartungen, die Terminologisierung der juristischen Fachsprache und die Nutzung von Internationalismen im Fachwortschatz. Grammatikarbeit wird von den Lernern favorisiert; sie sollte aber stets funktional für die Unterstützung des Leseverständnisses sein.

In der hier vorgestellten Stunde soll die Fähigkeit zur Erschließung von nominalen Syntagmen, die in juristischen Fachtexten gehäuft und oft in besonders komplexer Form erscheinen, grundgelegt werden. Dazu soll auf Genitivattribute und präpositionale Attribute hingewiesen werden sowie auf die Stellung des attributiven Adjektivs links vom Nomen, ferner auf die verschiedenen Typen der Pluralbildung deutscher Substantive.

Unterrichtsverlauf:
1. Die Teilnehmer erhalten als Text eine Liste mit bibliographischen Angaben zu juristischer Fachliteratur. Sie stellen Vermutungen darüber an, welche Titel zu ihren jeweiligen fachlichen Arbeitsschwerpunkten gehören, und tauschen sich (natürlich auf Portugiesisch) darüber aus. Dann erschließen sie die Bedeutung der in den bibliographischen Angaben benutzten Abkürzungen („Hg. v.", „Hrsg. v.", „u.a.", „Bd.", „[13]1980", „3. Aufl. 1988").
2. Der Lehrer weist auf die drei Genera im Deutschen hin und stellt den bestimmten sowie den unbestimmten Artikel in den vier Kasus vor. Er erläutert die Flexionsendungen im Singular, die am Artikelwort, in der sog. starken Adjektivdeklination und ggf. am Genitiv Singular der Nomen das Genus und den Kasus signalisieren.
3. Die Teilnehmer übersetzen Nominalphrasen mit Genitivattributen, die im Text vorkommen (das Recht *der Bundesrepublik Deutschland* usw.). Sie können

auch versuchen, selbst einige Genitivattribute zu bilden (der Artikel, das Grundgesetz → der Artikel *des Grundgesetzes*). Sie übertragen dann Nominalphrasen mit präpositionalen Attributen (eine Einführung *in das Recht*).

4. Die Lerner suchen Nomen, die ihnen im Plural genannt werden, im Wörterbuch auf (*Kataloge, Bibliographien, Rechtsanwälte, Irrtümer, Gläubiger* usw.). Sie lernen dabei die verschiedenen Klassen der Pluralbildung bei deutschen Substantiven kennen.

5. Die Teilnehmer suchen im Text die attributiven Adjektive auf, die im Unterschied zum Portugiesischen links vom Nomen stehen (die *juristische* Person).

6. Der Kurs erhält einen zweiten Text, das Inhaltsverzeichnis aus dem Gesamtkatalog eines großen juristischen Fachverlages, in dem alle Rechtsgebiete systematisch zusammengestellt sind. Sie ordnen die Literaturtitel aus dem ersten Text den jeweiligen Fachgebieten zu. Dabei kann das Wörterbuch verwandt werden.

7. Die Teilnehmer entscheiden, was von dem Wortschatz, dem sie neu begegnet sind, für sie individuell wichtig ist. Sie tauschen sich über Lerntechniken zum Wortschatzerwerb aus.

Die Arbeit kann mit ähnlichen Übungen an weiteren Literaturlisten fortgesetzt werden.

Text:

Flume, W. : Die juristische Person. Berlin, New York 1983.

Hesse, Hans Albrecht: Das Recht der Bundesrepublik Deutschland. Orientierung, Grundlagen, Funktion. Heidelberg 1984.

Starck, Christian: Der Gesetzesbegriff des Grundgesetzes. Baden-Baden 1970.

Meyer-Cording, Ulrich: Die Rechtsnormen. Tübingen 1971.

Wesel, Uwe: Juristische Weltkunde. Eine Einführung in das Recht. Frankfurt/M. 1984.

Radbruch, Gustav: Einführung in die Rechtswissenschaft. Hg. v. Konrad Zweigert. Stuttgart [13]1980.

Coing, Helmut: Epochen der Rechtsgeschichte in Deutschland. München [4]1987.

Fuchs, Dieter/Schellenberger, Ewald: Recht. Ein Arbeitsbuch für die Kollegstufe. Grundkurs. München, Paderborn [4]1987.

Festschrift für Kurt Rebmann zum 65. Geburtstag. Hrsg. v. Hans Eyrich u.a. München 1989.

Wassermannn, R.: Kommentar zur Strafprozessordnung. Bd. 1: §§1-93 StPO. Darmstadt 1988. (=Reihe Alternativkommentare).

Verfassungen der deutschen Bundesländer mit Gesetzen über die Landesverfassungsgerichte, Grundgesetz und Gesetz über das Bundesverfassungsgericht. München 3. Aufl. 1988.

Schönfelder: Deutsche Gesetze. Sammlung des Zivil-, Straf- und Verfahrensrechts. München: Beck.

Kritische Justiz.

Neue Juristische Wochenschrift.

(Nach Huneke/Speidel 1992, S. 21).

Lektürehinweise

Weigmann (1993) stellt in zwölf kommentierten Unterrichtsmodellen bewährte Lösungsmöglichkeiten für typische Aufgaben vor, wie sie sich beim Unterrichten von Deutsch als Fremdsprache stellen. Sinnvolle Anregungen für die Unterrichtsvorbereitung in knapper Form bietet Piepho (1980 und 2001).

Wenn man die Komplexität des Phänomens Fremdsprachenunterricht erschließen und die eigene Fähigkeit zu strukturierter Beobachtung von Unterricht entwickeln möchte, sind aufbereitete und kommentierte Unterrichtsdokumentationen auf Video ein empfehlenswertes Hilfsmittel. Solche Dokumentationen finden sich in der *Einführung in die Didaktik des Unterrichts Deutsch als Fremdsprache mit Videobeispielen* von Henrici/Riemer (1994; Hinweis zur Beschaffung der Videos im Band 1, S. XIV) sowie in verschiedenen Produktionen des Goethe-Instituts, z.B. Kirsch (1993; drittes Schuljahr aus Prag), Xanthos/Gagakis/Krawczyk (1993, Schüler aus dem fünften und siebten Schuljahr in Athen und Krakau), Daniels/Pölcher/Kuglin (1993; multinationale Grundstufengruppe), Laveau u.a. (1993; Aussiedlerkinder – Anfänger und Fortgeschrittene), Klepsch u.a. (1993; ausländ. Arbeitnehmer) sowie Fearns (1993) und Fearns/Wille (1996; beides Fachsprache Wirtschaft).

6.2 Auswahl nützlicher Arbeitsmittel für den Unterricht

6.2.1 Bibliographische Hilfsmittel

Abgeschlossene Bibliographien:

Ickler, Theodor (1985): Bibliographie Deutsch als Fremdsprache. Kritischer Führer durch die Literatur. Tübingen: Niemeyer.

González, Francisco u.a. (1998): Bibliographie Didaktik Deutsch als Zweit- und Fremdsprache. München: Iudicium.

Honnef-Becker, Irmgard/Kühn, Peter (1998): Deutsch als Fremdsprache. Heidelberg.

Kreuder, Hans-Dieter (^{3}1993): Studienbibliographie Linguistik. Stuttgart: Steiner.

Latzel, Sigbert/Ortmann, Wolf Dieter (1994): Basisliste Deutsch als Fremdsprache. Teil 1: Fachliteratur. Ismaning: Hueber/Goethe-Institut.

Periodika:

Bibliographie moderner Fremdsprachenunterricht. Hg. v. Informationszentrum für Fremdsprachenforschung, Marburg. Ismaning: Hueber. [Erscheint vierteljährlich; weist auch Zeitschriftenaufsätze nach.]

Für Sie gelesen. [Kommentare und Rezensionen zu ca. hundert Neuerscheinungen für das Fach Deutsch als Fremdsprache. Erscheint jährlich als Heft der Zeitschrift Info DaF.]

Jahresbibliographie Deutsch als Fremdsprache. [Erscheint regelmäßig im Jahrbuch Deutsch als Fremdsprache. Nachweis von Neuerscheinungen.]

Materialien:

Arbeitsmittel für den Deutschunterricht an Ausländer, erschienen in der Bundesrepublik Deutschland, Österreich und der Schweiz. Hg. v. Goethe-Institut. 31. Aufl. 1996. Berlin u.a.: Langenscheidt.

Endt, Ernst/Kirsch, Dieter (1996): Primarschulbibliothek. Eine Bibliographie für das frühe Fremdsprachenlernen Deutsch. München: Goethe-Institut.

Kühn, Günter (1996): Deutsch für Ausländer. Eine Bibliographie berufsbezogener Lehrmaterialien mit Kommentierung. Bielefeld: Bertelsmann.

Datenbanken:

Kommentierte Bibliographie Deutsch als Fremdsprache (http://www.goethe.de/z/82/acwww25/katalop/deindex.htm).

Kommentierte Webliographie Wirtschaftsdeutsch. Hg. v. Institut für Internationale Kommunikation/Universität Düsseldorf, http://www.wirtschaftsdeutsch.de/webliographie

Ortmann, Wolf Dieter/Schumann, Johannes (Update 7, 1997): Datenbank Deutsch als Fremdsprache. München: Goethe-Institut. [Ungewöhnlich reichhaltige Sammlung von Literatur, Materialien, Adressen usw. Aktualisierung eingestellt]

6.2.2 Fachdidaktische Einführung und Orientierung

Bausch, Karl-Richard/Christ, Herbert/Krumm, Hans-Jürgen (Hgg.) (^{3}1995): Handbuch Fremdsprachenunterricht. Tübingen, Basel: Francke.

Buhlmann, Rosemarie/Fearns, Anneliese (^{6}1999): Handbuch des Fachsprachenunterrichts. Unter besonderer Berücksichtigung naturwissenschaftlich-technischer Fachsprachen. Berlin u.a.: Langenscheidt.

Edmondson, Willis/House, Juliane (1993): Einführung in die Sprachlehrforschung. Tübingen, Basel: Francke. (=UTB 1697).

Fernstudienangebot Deutsch als Fremdsprache. Hg. v. Gerd Neuner. Berlin u.a.: Langenscheidt 1991ff. [Geplant sind ca. 50 Fernstudienbriefe zu allen Bereichen des DaF-Unterrichts; z.Zt. liegen 24 vor.]

Giersberg; Dagmar (2002): Deutsch unterrichten weltweit. Ein Handbuch für alle, die im Ausland Deutsch unterrichten wollen. Bielefeld.

Helbig, Gerhard/Götze, Lutz/Henrici, Gerd/Krumm, Hans-Jürgen (Hgg.) (2001): Deutsch als Fremdsprache. Ein internationales Handbuch. 2 Halbbände. Berlin, New York. (Handbücher zur Sprach- und Kommunikationswissenschaft 19).

Henrici, Gert/Koreik, Uwe (Hgg.) (1994): Deutsch als Fremdsprache. Wo warst Du, wo bist Du, wohin gehst Du? Zwei Jahrzehnte der Debatte über die Konstituierung des Faches Deutsch als Fremdsprache. Baltmannsweiler: Schneider.

Henrici, Gert/Riemer, Claudia (Hgg.) (1994): Einführung in die Didaktik des Unterrichts Deutsch als Fremdsprache mit Videobeispielen. 2 Bände. Baltmannsweiler: Schneider.

Heyd, Gertraude (^{2}1991): Deutsch lehren. Grundwissen für den Unterricht in Deutsch als Fremdsprache. Frankfurt/M.: Diesterweg.

Jung, Lothar (2001): 99 Stichwörter zum Unterricht Deutsch als Fremdsprache. Ismaning. [Zur ersten Kurzinformation]

Raab, Otto/Seibel, Hans-Günther (^{2}1990): Texte aus den Wissenschaften. Berlin: Schmidt.

Rösler, Dietmar (1994): Deutsch als Fremdsprache. Stuttgart, Weimar: Metzler. (Sammlung Metzler 280).

Schade, Günter ([12]2002): Einführung in die deutsche Sprache der Wissenschaften. Berlin: Schmidt.

Storch, Günther (1999): Deutsch als Fremdsprache. Eine Didaktik. Theoretische Grundlagen und praktische Unterrichtsgestaltung. München: Fink.

6.2.3 Fachzeitschriften

Deutsch als Fremdsprache:
Deutsch als Fremdsprache
E-Mail Infobrief Deutsch als Fremdsprache (http://www.deutsch-als-fremdsprache.de/
infodienst)
Fremdsprache Deutsch
German as a Foreign Language (http://www.gfl.journal.de; erscheint seit 2000).
Info DaF
Jahrbuch Deutsch als Fremdsprache
Materialien Deutsch als Fremdsprache [Reihe]
Primar
Zeitschrift für interkulturellen Fremdsprachenunterricht
(http://www.ualberta.ca/~german/ejournal/ejournal.htm)
Zielsprache Deutsch

Deutsch als Zweitsprache:
Bildungsarbeit in der Zweitsprache Deutsch
Deutsch als Zweitsprache [führt die Zeitschriften Deutsch lernen und Bildungsarbeit in
der Zweitsprache Deutsch fort.]
Deutsch lernen
Interkulturell
Lernen in Deutschland [Erscheinen 1997 eingestellt]

Beiträge mit Bezug zu DaF häufig auch in:
Deutsche Sprache
Fremdsprachen Lehren und Lernen
Zeitschrift für Fremdsprachenforschung

6.2.4 Wörterbücher

Duden Aussprachewörterbuch. Wörterbuch der deutschen Standardaussprache. Bearbeitet von Max Mangold. Mannheim u.a.: Dudenverlag [3]1990.

Duden. Deutsches Universalwörterbuch. Hg. v. Wissenschaftlichen Rat der Dudenredaktion. Mannheim u.a.: Dudenverlag [3]1996.

Götz, Dieter/Haensch, Günther/Wellmann, Hans (Hgg.) (1998): Langenscheidts Großwörterbuch Deutsch als Fremdsprache. Neubearbeitung. Berlin u.a.: Langenscheidt. [Standardwörterbuch.]

Hecht, Dörthe/Schmollinger, Annette (1999): Pons Basiswörterbuch Deutsch als Fremdsprache. Stuttgart: Klett.

Kempcke, Günter (2000): Wörterbuch Deutsch als Fremdsprache. Berlin, New York.

Kleines österreichisches Wörterbuch. Wien: Österreichischer Bundesverlag 1996.

Meyer, Kurt (1989): Wie sagt man in der Schweiz? Wörterbuch der schweizerischen Besonderheiten. Mannheim: Bibliographisches Institut. (Duden Taschenbücher 22).

Paul, Hermann (^{9}1992): Deutsches Wörterbuch. Bearbeitet von Helmut Henne und Georg Objartel unter Mitarbeit von Heidrun Kämper-Jensen. Tübingen: Niemeyer.

Wahrig, Gustav (^{7}2000): Deutsches Wörterbuch. Neu herausgegeben von Renate Wahrig-Burfeind. Mit einem „Lexikon der deutschen Sprachlehre". Gütersloh: Bertelsmann.

Wahrig, Gerhard (Hg.) (^{14}1990): dtv-Wörterbuch der deutschen Sprache. München: dtv. CD-ROM: 2000.

6.2.5 Grammatiken

Baldegger, Markus u.a. (1980): Kontaktschwelle Deutsch als Fremdsprache. Berlin u.a.: Langenscheidt. [Zusammenstellung von Sprechakten, Wortschatz und Grammatik-Inventar für die Grundstufe DaF; Orientierung für die Unterrichtsplanung.]

Eisenberg, Peter (1998, 1999): Grundriß der deutschen Grammatik. Band 1: Das Wort. Band 2: Der Satz. Stuttgart, Weimar: Metzler.

Engel, Ulrich (^{3}1996): Deutsche Grammatik. Heidelberg: Groos.

Engel, Ulrich/Tertel, Rozemaria K. (1993): Kommunikative Grammatik Deutsch als Fremdsprache. Die Regeln der deutschen Gebrauchssprache in 30 gemeinverständlichen Kapiteln. Mit Texten und Aufgaben. München: Iudicium.

Glaboniat, Manuela u.a. (erscheint 2002): Profile Deutsch. Lernzielbestimmungen, Kannbeschreibungen und kommunikative Mittel für die Niveaustufen A1, A2, B1 und B2 des „Gemeinsamen europäischen Referenzrahmens für Sprachen". Berlin, München.

Helbig, Gerhard/Buscha, Joachim (2001): Deutsche Grammatik. Ein Handbuch für den Ausländerunterricht. Berlin u.a.: Langenscheidt.

Heringer, Hans Jürgen (1988): Lesen lehren lernen: Eine rezeptive Grammatik des Deutschen. Tübingen: Niemeyer.

Heringer, Hans-Jürgen (1989): Grammatik und Stil. Praktische Grammatik des Deutschen. Frankfurt/M.: Cornelsen.

Weinrich, Harald (1993): Textgrammatik der deutschen Sprache. Mannheim u.a.: Dudenverlag.

Zifonun, Gisela/Hoffmann, Ludger/Strecker, Bruno (1997): Grammatik der deutschen Sprache. 3 Bände. Berlin, New York: de Gruyter.

Lernergrammatiken:

Eppert, Franz (1989): Grammatik lernen und verstehen. Ein Grundkurs für Lerner der deutschen Sprache. München: Klett Edition Deutsch.

Fuhr, Gerhard (1989): Grammatik des Wissenschaftsdeutschen. Heidelberg: Groos. [Lesegrammatik; Ausgaben auch für China, Ukraine, Indonesien, Englisch, Spanisch, Portugiesisch, Französisch, Italienisch, Arabisch.]

Hennig, Mathilde (2001): Welche Grammatik braucht der Mensch? Grammatikenführer für Deutsch als Fremdsprache. München.

Kars, Jürgen/Häussermann, Ulrich (^{4}1992): Grundgrammatik Deutsch. Frankfurt/M.: Diesterweg.

Latour, Bernd (1988): Mittelstufen-Grammatik für Deutsch als Fremdsprache. Hg. v. Dietrich Eggers. Ismaning: Hueber.

Nieder, Lorenz (1987): Lernergrammatik für Deutsch als Fremdsprache. Ismaning: Hueber.

6.2.6 Unterrichtssprache Deutsch

Butzkamm, Wolfgang (1996): Unterrichtssprache Deutsch. Wörter und Wendungen für Lehrer und Schüler. Ismaning: Hueber. [Redemittel zur Gestaltung des Unterrichtsablaufes.]

6.2.7 Lehrwerke[5]

Primarstufe:

Augustin, Viktor u.a. (1994): Aurelia. Deutsch in der Primarstufe. Berlin u.a.: Langenscheidt.

Büttner, Siegfried/Kopp, Gabriele/Alberti, Josef (1995ff.): Tamburin. Deutsch für Kinder. Ismaning: Hueber.

Derkow-Disselbeck, Barbara u.a. (1993): Anna, Schmidt & Oskar. Ein Fernseh- und Videosprachkurs für Kinder. Berlin u.a.: Langenscheidt.

Douvitsas, Jutta/Xanthos, Sigrid (1989): Mina und Otto. Ein Lese- und Schreiblehrgang in Deutsch als Fremdsprache/Deutsch als Zweitsprache für Kinder. München: Klett Edition Deutsch. [Schließt einen Lese- und Schreiblehrgang ein.]

Lang, Thomas/de Quintero, Edda (1991): Achtung! Fertig! Los! Frankfurt/M.: Diesterweg.

Rieder, Edina (1996): ABC-Haus. München: Klett Edition Deutsch.

Schuh, Hermann (1986ff.): Komm bitte! Ismaning: Hueber.

Seeger, Harald u.a. (1991): Wer? Wie? Was? Stufe 1–4, Grundkurs. Köln. (Die Lehrwerksreihe wird aktualisiert und ergänzt durch die Titel *Bärenspaß* und *Mega*).

---

[5] Zu verfügbaren Einzelbänden und Begleitrealien zu den einzelnen Lehrwerken (Arbeitsbücher, Kassetten, Lehrerkommentare usw.) vgl. jeweils die aktuellen Verlagsinformationen!

Sekundarstufe:
Baginski, Katja/Räuchle, Dorothea/Rogge, Dieter (1996): dasda. Deutsch als Zweitsprache für Jugendliche. München: Klett Edition Deutsch.[Für multinationale Klassen im Inland]

Douvitsas-Gamst, Jutta /Xanthos, Eleftherios/Xanthos-Kretzschmer, Sigrid (1989): Das Deutschmobil. München: Klett Edition Deutsch. [Für Kinder ab 10 Jahren.]

Funk, Hermann u.a. (1994): Sowieso. Deutsch als Fremdsprache für Jugendliche. Berlin u.a.: Langenscheidt.

Kopp, Gabriele/Frölich, Konstanze (1992ff.): Pingpong. Dein Deutschbuch. Ismaning: Hueber.

Neuner, Gerd u.a. (1983): Deutsch konkret. Ein Lehrwerk für Jugendliche. Berlin u.a.: Langenscheidt.

Rabitsch, Erich/Wich-Fähndrich, Helmut (1993ff.): Klick-Klack. Deutsch für Kinder und Jugendliche. Ismaning: Hueber. [Für den Unterricht in einem deutschsprachigen Land.]

Seeger, Harald u.a. (1985ff.): Wer? Wie? Was? Bonn: Gilde-Buchhandlung Carl Kayser. [Führt in 4 Stufen von der Primarstufe zum Unterricht mit Jugendlichen.]

Junge Erwachsene/Erwachsene: Grundstufe
Albrecht, Ulrike u.a. (2001ff.): Passwort Deutsch. Der Schlüssel zur deutschen Sprache. Stuttgart.

Alles Gute. Ein deutscher Fernsehsprachkurs. Berlin u.a.: Langenscheidt.

Apelt, Hans-Peter/Apelt, Mary (1998): Plus Deutsch. Ismaning: Verlag für Deutsch.

Aufderstraße, Hartmut u.a. (1992ff.): Themen neu. Lehrwerk für Deutsch als Fremdsprache. Ismaning: Hueber.

Aufderstraße, Hartmut/Müller, Jutta/Reinschmidt, Thomas (2001): Delfin. Lehrwerk für Deutsch als Fremdsprache. Ismaning. (Grundstufe in einem Band).

Dallapiazza, Rosa-Maria/von Jan, Eduard/Schönherr, Till (1998): Tangram. Ismaning: Hueber.

Dienst, Leonore/Koll, Rotraut/Rabofski, Birgit (1999): DaF in zwei Bänden. Ismaning: Verlag für Deutsch.

Eismann, Volker u.a. (1993, 1996): Die Suche. Das andere Lehrwerk für Deutsch als Fremdsprache. Berlin u.a.: Langenscheidt.

Funk, Hermann/Koenig, Michael (1996): Eurolingua Deutsch. Deutsch als Fremdsprache für Erwachsene. Berlin: Cornelsen.

Häussermann, Ulrich u.a. (^{6}1997): Sprachkurs Deutsch. Neufassung. Unterrichtswerk für Erwachsene. Frankfurt/M.: Diesterweg.

Hunfeld, Hans/Piepho, Hans-Eberhard (Hgg.) (1996): Elemente. Das Lehrwerk für Deutsch als Fremdsprache. Köln: Dürr und Kessler.

Mebus, Gudula u.a. (1987, 1989): Sprachbrücke. Deutsch als Fremdsprache. München: Klett Edition Deutsch.

Müller, Martin u.a. (1996ff.): Moment mal! Lehrwerk für Deutsch als Fremdsprache. Berlin u.a.: Langenscheidt.

Neuner, Gerd u.a. (1986ff.): Deutsch aktiv Neu. Berlin u.a.: Langenscheidt. [Neubearbeitung der ersten Ausgabe von 1979ff.]

Vorderwülbecke, Anne/Vorderwülbecke, Klaus (1986ff.): Stufen. Kolleg Deutsch als Fremdsprache. München: Klett Edition Deutsch. [Für Studenten, die in einem deutschsprachigen Land lernen.]

Vorderwülbecke, Anne/Vorderwülbecke, Klaus (1995ff.): Stufen international. Deutsch als Fremdsprache für Jugendliche und Erwachsene. Stuttgart: Klett.

Junge Erwachsene/Erwachsene: Mittelstufe

Bachmann, Saskia u.a. (1995): Sichtwechsel Neu. Mittelstufe Deutsch als Fremdsprache. München: Klett Edition Deutsch.

Bahlmann, Clemens u.a. (1998): Unterwegs. Lehrwerk für die Mittelstufe Deutsch als Fremdsprache. Berlin u.a.: Langenscheidt.

Bieler, Karl-Heinz/Weigmann, Jürgen (1994, 1995): Konzepte Deutsch. Deutsch als Fremdsprache für Fortgeschrittene. Mittelstufe. Berlin: Cornelsen.

Braun, Angelika/Dinsel, Sabine/Ende, Karin (2000): Unterwegs zur zentralen Mittelstufenprüfung. Berlin, München.

Drochner, Karl-Heinz/Föhr, Dieter (1994): Eindrücke – Einblicke. Ein Programm für die Mittelstufe Deutsch als Fremdsprache. Neubearbeitung. Berlin u.a.: Langenscheidt.

Edelhoff, Christoph u.a. (1984, 1985): Deutsch aktiv 3. Materialien für die Mittelstufe. 2 Bände. Berlin u.a.: Langenscheidt.

Fischer-Mitziviris, Anne/Janke-Papanikolaou, Sylvia (1995ff.): Blick. Mittelstufe Deutsch für Jugendliche und junge Erwachsene. Ismaning: Hueber.

Hasenkamp, Günther (1995, 1996): Leselandschaft. Unterrichtswerk für die Mittelstufe. Ismaning: Verlag für Deutsch.

Hasenkamp, Günther/Schmidt, Roland/Marlok, Zsuzsa (1997): Zwischen den Pausen. Ismaning: Verlag für Deutsch.

Pantis, Brigitte/Küster, Jürgen (1995): Wortwörtlich. Deutsch für die Mittelstufe.

Perlmann-Balme, Michaela/Schwalb, Susanne/Weers, Dörthe (1997): Em. Deutsch als Fremdsprache für die Mittelstufe. Ismaning: Hueber.

Schumann, Johannes (1992): Mittelstufe Deutsch. Ein einbändiges Lehrwerk für Fortgeschrittene. Mit Musterprüfungssatz der Zentralen Mittelstufenprüfung. Ismaning: Verlag für Deutsch.

Stalb, Heinrich (1991ff.): Deutsch für Studenten. Ismaning: Verlag für Deutsch.

Tetzeli von Rosador, Hans-Jürg (1992): Wege. Neuausgabe. Lehrwerk für die Mittelstufe und zur Studienvorbereitung. Ismaning: Hueber.

Junge Erwachsene/Erwachsene: Deutsch als Zweitsprache

Bimpage, Heiko u.a. (1989): Mit uns leben. Ein Kursbuch für Aussiedler. München: Klett Edition Deutsch.

Günzel, Elke: Ankommen in Deutschland. Ismaning: Verlag für Deutsch.

Neuner, Gerhard u.a. (1990): Neuer Start. Berlin u.a.: Langenscheidt.

Scherling, Theo/Schuckall, Hans-Friedrich/Wilms, Heinz (1982): Deutsch hier. Ein Unterrichtswerk für ausländische Arbeitnehmer. Erwachsene und Jugendliche. Berlin u.a.: Langenscheidt.

6.2.8 Materialien zu den sprachlichen Grundfertigkeiten

Hören:

Ghisla, Graziella u.a. (1996): Ganz Ohr. Höranlässe und Arbeitsblätter für Anfänger und Fortgeschrittene. Berlin u.a.: Langenscheidt. [Begleitkassette erhältlich.]

Künzle, Beda/Bovet, Michelle (1996): Stereo. Das Grundstufenhörprogramm Deutsch als Fremdsprache. Zu zweit und für Selbstlerner. München: Klett Edition Deutsch. [Arbeitsblätter; Begleitkassette erhältlich. Gut geeignet für Partnerarbeit.]

Wiemer, Claudia/Eggers, Dietrich/Neuf, Gabriele (1997): Hörverstehen. 18 Vorträge mit Übungen und methodischen Hinweisen. Ismaning: Hueber. [Übungsbuch und zwei Kassetten; zur Prüfungsvorbereitung auf die DSH geeignet.]

Lesen:

Boog, Henk u.a. (1988): Lesespaß. Ein literarisches Materialienbuch für die ersten Jahre Deutsch. Arbeitsblätter für Anfänger und Fortgeschrittene. Berlin u.a.: Langenscheidt.

Boschma, Nel u.a. (1987): Lesen, na und? Ein literarisches Arbeitsbuch für die ersten Jahre Deutsch. Berlin u.a.: Langenscheidt.

Brandi, Marie-Luise/Strauss, Dieter (1985): Training des Leseverstehens mit Hilfe von Sachtexten. München: Goethe-Institut.

Seibert, Waltraud/Stollenwerk, Ulrich (1986): Schritte. Pasos. Passi. Steps. Pas. Ein Lesebuch für die Grundstufe Deutsch als Fremdsprache. Berlin u.a.: Langenscheidt.

van Eunen, Kees u.a. (1990): Lesebogen. Fiktionale Texte mit Aufgaben, Antwortblättern und Lösungsschlüsseln für den Unterricht Deutsch als Fremdsprache. Berlin u.a.: Langenscheidt.

Sprechen:

Altemöller, Eva-Maria (1987): Fragespiele für den Unterricht zur Förderung der spontanen mündlichen Ausdrucksfähigkeit. Erdacht und erprobt für das Fach Deutsch als Fremdsprache. Stuttgart: Klett.

Brandi, Marie-Luise/Dommel, Hermann/Helmling, Brigitte (1988): Bild als Sprechanlaß. Sprechende Fotos. München: Goethe-Institut.

Dreke, Michael/Lind, Wolfgang (1986): Wechselspiel. Sprechanlässe für die Partnerarbeit im kommunikativen Deutschunterricht. Arbeitsblätter für Anfänger und Fortgeschrittene. Berlin u.a.: Langenscheidt.

Müller, Helmut (1975): Der eine und der andere. Szenische Dialoge für den deutschen Sprachunterricht. München: Klett Edition Deutsch.

Müller, Helmut (1994): Der eine und die andere. Szenische Dialoge II. München: Klett Edition Deutsch.

Vgl. auch die Titel zum Stichwort *Sprachlernspiele* sowie die Rubrik *Video als Sprechanlaß* im Metarialienkatalog des Goethe-Instituts.

Schreiben:

Lackamp, Monika/Portius-Pradelli, Helga (1993): Die Schreibschule. Übungen zur Förderung der Schreibfertigkeit. Frankfurt/M.: Diesterweg.

Liebnau, Ulrich (1995): EigenSinn. Kreatives Schreiben. Anregungen und Methoden. Frankfurt/M.: Diesterweg.

Mosler, Bettina / Herholz, Gerd (²1992): Die Musenkußmischmaschine. 128 Schreibspiele für Schulen und Schreibwerkstätten. Essen: Neue Deutsche Schule.

Neuner, Gerhard (1990, 1992, 1993): Schreiben macht Spaß. München: Klett Edition Deutsch. [3 Hefte, Arbeitsblätter.]

Pommerin, Gabriele (1996): Tanzen die Wörter in meinem Kopf. Kreatives Schreiben für den DaF-Unterricht. Ismaning: Hueber.

Pommerin, Gabriele u.a. (1996): Kreatives Schreiben. Handbuch für den deutschen und interkulturellen Sprachunterricht in den Klassen 1 bis 10. Weinheim, Basel: Beltz.

Schmitz, Werner/Scheiner, Dieter (1983): Ihr Schreiben vom ... Geschäftliche und private Briefe im Baukastensystem. München: Verlag für Deutsch.

Volkmar, Claudia (1983): Projekt Alphabet. Ein Vorkurs zum Anfangsunterricht Deutsch als Fremdsprache. Berlin u.a.: Langenscheidt. [Für Lerner aus anderen Schriftsystemen.]

Wicke, Mariele/Wicke, Rainer (1995): Ich schreibe über mich. Köln: Dürr und Kessler.

6.2.9 Materialien zu den sprachlichen Fähigkeiten

Aussprache:

Cauneau, Inge (1992): Hören - Brummen - Sprechen. Angewandte Phonetik im Unterricht Deutsch als Fremdsprache. München: Klett Edition Deutsch. [Geht nicht vom Einzellaut aus, sondern von Intonation und Rhythmus.]

Dieling, Helga u.a. (1996): Phonotek. Lehr- und Übungsmaterial zur deutschen Phonetik. Berlin u.a.: Langenscheidt.

Franke, Ingolf (2000): Video-Aussprachetrainer Deutsch. Version 2.0. CD-ROM. Ismaning.

Göbel, Heinz u.a. (1985): Ausspracheschulung Deutsch. Phonetikkurs. Bonn: Inter Nationes.

Hirschfeld, Ursula/Reinke, Kerstin/Stock, Eberhard (2000): Phonothek interaktiv. CD-ROM. Berlin, München.

Rausch, Rudolf/Rausch, Ilka (1991): Deutsche Phonetik für Ausländer. Ein Lehr- und Übungsbuch. Berlin u.a.: Langenscheidt.

Stock, Eberhard (1996): Deutsche Intonation. Berlin u.a.: Langenscheidt.

Wortschatz:

Apelt, Mary L. (1995): Wortschatz und mehr. Ismaning: Verlag für Deutsch.

Buscha, Annerose/Friedrich, Kirsten (1996): Deutsches Übungsbuch. Übungen zum Wortschatz der deutschen Sprache. Berlin u.a.: Langenscheidt.

Eppert, Franz/Eiselt, Marianne (1996): Den Nagel auf den Kopf treffen. Redewendungen verstehen und anwenden. Frankfurt/M.: Diesterweg.

Häublein, Gernot u.a. (1995): Memo. Wortschatz- und Fertigkeitstraining zum Zertifikat Deutsch als Fremdsprache. Lehr- und Übungsbuch. Berlin u.a.: Langenscheidt.

Lohfert, Walter/Scherling, Theo (1983): Wörter - Bilder - Situationen. Bildmaterial für Deutsch als Fremdsprache. [Grundstufe.]

Grammatik:

Apelt, Mary L./Apelt, Hans-Peter/Wagner, Margot (1992, 1993): Grammatik à la carte! Band 1: Grundstufe. Band 2: Mittelstufe. Frankfurt/M.: Diesterweg.

Brand, Linda M./Kresin-Murakami, Jutta/Pechatscheck, Karl (1995): Die Schöne ist angekommen. Ein Grammatikkrimi. München: Klett Edition Deutsch.

Dreyer, Hilke/Schmitt, Richard (1996): Lehr- und Übungsbuch der deutschen Grammatik. Neubearbeitung. Ismaning: Verlag für Deutsch.

Hall, Karin/Scheiner, Barbara (1995): Übungsgrammatik DaF für Fortgeschrittene. Ismaning: Verlag für Deutsch.

Helbig, Gerhard/Buscha, Joachim (1992): Übungsgrammatik Deutsch. Berlin u.a.: Langenscheidt.

Luscher, Renate (2000): Die CD-ROM-Grammatik Deutsch für Anfänger. Ismaning.

Reimann, Monika (1996): Grundstufen-Grammatik für Deutsch als Fremdsprache. Ismaning: Hueber.

Schmidt-Veitner, Claudia/Wieland, Regina (1995): Grammatik aus Texten 1. Übungen zu Adjektiven, Nomen und Verben für die Mittelstufe. Ismaning: Hueber.

v. Eunen, Kees u.a. (1994): Grammatikbogen. Fiktionale Texte mit Aufgaben und Lösungsschlüsseln für den Unterricht Deutsch als Fremdsprache. Berlin u.a.: Langenscheidt.

6.2.10 Lerntechniken

Rampillon, Ute (1995): Lernen leichter machen. Deutsch als Fremdsprache. Ismaning: Hueber.

Rug, Wolfgang/Neumann, Thomas/Tomaszewski, Andreas (1991): 50 praktische Tips zum Deutschlernen. München: Klett Edition Deutsch.

6.2.11 Sprachmagazine

Juma. Das Jugendmagazin. [Kostenloser Bezug im Klassensatz, einschließlich Lehrerheft *Tip*: Redaktion Juma, Frankfurter Straße 40, 51065 Köln. und http://www.juma.de]

Langenscheidts Sprach-Illustrierte. Berlin u.a.: Langenscheidt.

Turbo. Das Jugendmagazin. Bonn: Inter Nationes. [Videomagazin, erscheint fortlaufend. Für fortgeschrittene Lerner. Bezug über Inter Nationes.]

6.2.12 Landeskunde/interkulturelles Lernen

Behal-Thomsen, Heinke/Lundquist-Mog, Angelika/Mog, Paul (1993): Typisch Deutsch? Arbeitsbuch zu Aspekten deutscher Mentalität. Berlin u.a.: Langenscheidt.

Borbein, Volker (Hg.) (1995): Menschen in Deutschland. Ein Lesebuch für Deutsch als Fremdsprache. Berlin u.a.: Langenscheidt.

Esser, Ursula (Hg.) (1994ff.): Themenhefte zur Landeskunde. Ismaning: Hueber. [Reihe.]

Griesbach, Heinz (1993): Die Bundesrepublik Deutschland. Aktuell und interessant. Lesetexte zur Landeskunde. Neubearbeitung. Berlin u.a.: Langenscheidt.

Hansen, Margarete/Zuber, Barbara (1995): Zwischen den Kulturen. Strategien und Aktivitäten für landeskundliches Lehren und Lernen. Materialienbuch für den Unterricht. Berlin u.a.: Langenscheidt.

Heute hier, morgen dort. Lieder, Chansons und Rockmusik im Deutschunterricht. Berlin u.a.: Langenscheidt 1990.

Lundquist-Mog, Angelika (1995): Spielarten. Arbeitsbuch zur deutschen Landeskunde. Berlin u.a.: Langenscheidt.

Vielfältige Materialien zur Landeskunde finden sich in den Materialienkatalogen des Goethe-Instituts Inter Nationes. Ein Magazin in Braille-Schrift mit den wichtigsten Texten aus der Illustrierten *Stern* und aus der Wochenzeitung *Die Zeit* können blinde Interessenten beziehen bei der Stern-Verlagsleitung, Presse + Information, D-20444 Hamburg.

6.2.13 Sammlungen von kurzen literarischen Texten

Conrady, Karl Otto (Hg.) ([4]1995): Das große deutsche Gedichtbuch. Von 1500 bis zur Gegenwart. München, Zürich: Winkler.

Hartmann, Anneli/Leroy, Robert (Hgg.) (1987): Nirgend ein Ort. Deutschsprachige Kurzprosa seit 1968. Mit einem Vorwort von Harald Weinrich. Ismaning: Hueber.

Krusche, Dietrich (1987): Aufschluß. Kurze deutsche Prosa im Unterricht Deutsch als Fremdsprache. Bonn: Inter Nationes.

Krusche, Dietrich (1990): Mit der Zeit. Gedichte in ihren Epochen. Ausgewählt für den Unterricht in Deutsch als Fremdsprache. Bonn: Inter Nationes.

Krusche, Dietrich/Krechel, Rüdiger (1984): Anspiel. Konkrete Poesie im Unterricht Deutsch als Fremdsprache. Bonn: Inter Nationes.

Maar, Paul/Maar, Michael (Hgg.) (1988): Bild und Text. Literarische Texte im Unterricht. München: Goethe-Institut.

Weber, Hans (1990): Vorschläge. Literarische Texte für den Unterricht Deutsch als Fremdsprache. 2 Bände. Bonn: Inter Nationes.

Wiese, Benno von (Hg.) (1991): Deutschland erzählt. 4 Bände. Frankfurt/M.: Fischer Taschenbuch Verlag.

6.2.14 Sprachlernspiele

Behme, Helma ([4]1992): Miteinander reden lernen. Sprechspiele für den Unterricht. München: Iudicium.

Borries, Mechthild/Jonen-Dittmar, Brigitte (1991): Spielstraße Deutsch. Materialien und Spiele für den Unterricht Deutsch als Fremdsprache im Primarbereich. Hannover: Schroedel.

Dauvillier, Christa (1986): Im Sprachunterricht spielen? aber ja! München: Goethe-Institut.

Dreke, Michael/Lind, Wolfgang (1996): Wechselspiel. Interaktive Arbeitsblätter für die Partnerarbeit im Deutschunterricht. Berlin, Leipzig.

Dreke, Michael/Salgueiro, Sofia (2000): Wechselspiel Junior. Bilder und mehr. Berlin u.a.

Friedrich, Thorsten/von Jan, Eduard (1985): Lernspielekartei. Spiele und Aktivitäten für einen kommunikativen Sprachunterricht. München: Hueber.

Lohfert, Walter (1982): Kommunikative Spiele für Deutsch als Fremdsprache. Spielpläne und Materialien für die Grundstufe. München: Hueber.

Prange, Lisa (1993): 44 Sprachspiele für Deutsch als Fremdsprache. Ismaning: Hueber.

Sánchez Benito, Juana/Sanz Oberberger, Carlos/Dreke, Michael (1997): Spielend Deutsch lernen. Interaktive Arbeitsblätter für Anfänger und Fortgeschrittene. Berlin u.a.: Langenscheidt.

Wicke, Rainer E. (1995): Handeln und Sprechen im Deutschunterricht. Ismaning: Verlag für Deutsch.

6.2.15 Modelle und Anregungen für den Unterricht

Häussermann, Ulrich/Piepho, Hans-Eberhard (1996): Aufgaben-Handbuch Deutsch als Fremdsprache. Abriß einer Aufgaben- und Übungstypologie.

Hölscher, Petra/Rabitsch, Erich (Hgg.) (1993): Methoden-Baukasten Deutsch als Fremd- und Zweitsprache. Frankfurt/M.: Cornelsen.

Piepho, Hans-Eberhard (1980): Deutsch als Fremdsprache in Unterrichtsskizzen. Heidelberg: Quelle & Meyer.

Sion, Christopher (Hg.) (1995): 88 Unterrichtsrezepte Deutsch als Fremdsprache. Eine Sammlung interaktiver Übungsideen. Stuttgart: Klett.

Ur, Penny/Wright, Andrew (Hgg.) (1995): 111 Kurzrezepte für den Deutsch-Unterricht (DaF). Interaktive Übungsideen für zwischendurch. Stuttgart: Klett.

Wicke, Rainer E. (1993): Aktive Schüler lernen besser. Ein Handbuch aus der Praxis für die Praxis. München: Klett Edition Deutsch.

6.3 Anschriften

Institutionen:

Bundesverwaltungsamt – Zentralstelle für das Auslandsschulwesen, D-50728 Köln,
   http://www.auslandsschulwesen.de [Vermittlung von Lehrern an Auslandsschulen]
Deutscher Akademischer Austauschdienst (DAAD), Kennedyallee 50, D-53175 Bonn,
   http://www.daad.de [u.a. Auslandsstudium]
Deutscher Volkshochschulverband, Landstraße 61, D-60322 Frankfurt/M.
Fachverband Deutsch als Fremdsprache (FaDaF), Geschäftsstelle, Universität Hannover,
   Fachsprachenzentrum, Am Welfengarten 1, 30167 Hannover, http://www.fadaf.de
Goethe-Institut Inter Nationes, Zentralverwaltung, Helene-Weber-Allee 1, D-80637
   München, http://www.goethe.de [u.a. Materialienkatalog]
Institut für Auslandsbeziehungen, Charlottenplatz 17, D-70173 Stuttgart [u.a. Heraus-
   gabe der *Zeitschrift für Kulturaustausch*], http://www.ifa.de
Internationaler Deutschlehrerverband (IDV), c./o. Prof. Dr. Gerard Westhoff, IVLOS Insti-
   tute of Education, Postbus 80127, NL-3508 TC Utrecht, http://www.idvnetz.org
Kulturpolitische Sektion des Bundesministeriums für Auswärtige Angelegenheiten,
   Ballhausplatz 2, A-1014 Wien
Pädagogischer Austauschdienst, Sekretariat der Ständigen Konferenz der Kultusminis-
   ter der Länder, Postfach 2240, D-53012 Bonn [Vermittlung von Fremdsprachenas-
   sistenten], http://www.kmk.org/pad/home.htm
Pro Helvetia, Schweizer Kulturstiftung, Hirschgraben 22, CH-8024 Zürich
Sprachverband Deutsch e.V., Raimundistraße 2, D-55118 Mainz
Weitere Institutionen aus dem Bereich Deutsch als Fremdsprache stellt das Sonderheft
   1-1997 der Zeitschrift *Fremdsprache Deutsch* vor (*Themenheft Deutsch als Fremdsprache in Deutschland, Liechtenstein, Österreich und der Schweiz*).

Fachverlage:

Cornelsen Verlagsgesellschaft, Mecklenburgische Straße 53, D-14197 Berlin
Iudicium Verlag GmbH, Postfach 70 10 67, D-81310 München
Ernst Klett International, Klett Edition Deutsch, Postfach 10 60 16, 70049 Stuttgart
Erich Schmidt Verlag, Postfach 30 42 40, 10724 Berlin
Gilde-Verlag, Postfach 27 02 09, 50509 Köln
Langenscheidt Verlag, Postfach 40 11 20, D-80711 München
Max Hueber Verlag, Max-Hueber-Straße 4, D-85737 Ismaning
Moritz Diesterweg Verlag, Postfach 63 01 80, D-60351 Frankfurt/M.
Verlag Dürr und Kessler, Fuggerstraße 7, D-51149 Köln

Ein Angebot von Fachverlagen findet sich auch unter http://www. forum-deutsch.de

Kurze Profile wichtiger Institutionen aus dem Bereich DaF finden sich in der Sondernummer 1993 der Zeitschrift *Fremdsprache Deutsch* mit dem Titel *Deutsch als Fremdsprache in der Bundesrepublik Deutschland*.

Literaturverzeichnis

Die bibliographischen Angaben zu Lehrwerken finden sich im Abschnitt 6.2.7 des Anhangs.

Albers, Hans-Georg/Bolton, Sibylle (1995): Testen und Prüfen in der Grundstufe. Einstufungstests und Sprachstandsprüfungen. Berlin u.a. (Fernstudienangebot Germanistik und Deutsch als Fremdsprache. Fernstudieneinheit 7).

Almaraza, Gloria Gutiérrez (1996): Student Foreign Teacher's Knowledge Growth. In: Freeman/Richards, S. 50-78.

Ammon, Ulrich (1991): Die internationale Stellung der deutschen Sprache. Berlin, New York.

Ammon, Ulrich (1993): Über die Geschichte und derzeitige Situation von Deutsch als Fremdsprache in der Welt. In: Deutsch als Fremdsprache 30-1, S. 10-16.

Ammon, Ulrich (1995) Die deutsche Sprache in Deutschland, Österreich und der Schweiz. Berlin, New York.

Ammon, Ulrich (1997): Nationale Varietäten des Deutschen. Heidelberg.

Ammon, Ulrich (1999): Deutsche Sprache international. Heidelberg.

Antos, Gerd (1997): Fremdheit in der Muttersprache. Unterschiede in kommunikativen Mustern zwischen Ost und West. In: Sprachreport, Heft 1, S. 14-15.

Antos, Gerd/Brinker, Klaus/Heinemann, Wolfgang/Sager, Sven F. (Hgg.) (2001): Text- und Gesprächslinguistik. Linguistics of Text an Conversation. Ein internationales Handbuch zeitgenössischer Forschung. 2 Bände. Berlin, New York. (Handbücher zur Sprach- und Kommunikationswissenschaft 16).

Antos, Gerd/Pogner, Karl-Heinz (1995): Schreiben. Heidelberg. (Studienbibliographien Sprachwissenschaft 14).

Apelt, Hans-Peter/Corsi, Diego (1993): Grammatik á la Carte. Computerprogramm. München: Goethe-Institut.

Apelt, Hans-Peter/Corsi, Diego (1995): Mehr Übungen aus Grammatik á la Carte. Computerprogramm. München: Goethe-Institut.

Apeltauer, Ernst (1992): Sind Kinder bessere Sprachlerner? In: Lernen in Deutschland 12-1, S. 6-19.

Arbeitsmittel für den Deutschunterricht an Ausländer, erschienen in der Bundesrepublik Deutschland. Hg. v. Goethe-Institut. Berlin u.a.: [31]1996.

Arendt, Manfred (1990): Ganzheitliche Schulung des Hörverstehens. Plädoyer gegen Komponentenübungen. In: Fremdsprachenunterricht 33/34. Heft 10/11, S. 489-493.

Asher, James (1972): Children's First Language as a Model for Second Language Learning. In: Modern Language Journal 56, S. 133-139.

Askedal, John Ole (1996): Überlegungen zum Deutschen als sprachtypologischem „Mischtyp". In: Lang/Zifonun, S. 369-383.

Auernheimer, Georg ([2]1995): Einführung in die interkulturelle Erziehung. Darmstadt.

Bachman, Lyle F. (1990): Fundamental Considerations in Language Testing. Oxford.

Bahns, Jens/Vogel, Thomas (1992): „Was Hänschen nicht lernt...". Der Faktor Alter beim Fremdsprachenlernen. In: Lernen in Deutschland 12-1, S. 20-30.

Bailey, Kathleen M. u.a. (1996): The Language Learner's Autobiography: Examining the 'Apprenticeship of Observation'. In: Freeman/Richards, S. 11-29.

Barberis, Paola/Bruno, Elena (1987 und 1989): Deutsch im Hotel. Kommunikatives Lehrwerk in 2 Bänden für Deutschlerner im Fach Hotelgewerbe/Gastronomie. Ismaning.

Batz, Richard/Bufe, Waltraud (Hgg.) (1991): Moderne Sprachlehrmethoden. Theorie und Praxis. Darmstadt.

Baur, Rupprecht S. (1990): Superlearning und Suggestopädie. Berlin.

Baur, Rupprecht S. (1993): Alternative Methoden. In: Deutsch als Fremdsprache 30-2, S. 119-124.

Bausch, Karl-Richard/Christ, Herbert/Krumm, Hans-Jürgen (Hgg.) ([3]1995): Handbuch Fremdsprachenunterricht. Tübingen, Basel.

Beebe, Leslie/Giles, Howard (1984): Accommodation theory: a discussion in terms of second language acquisition. In: International Journal of the Sociology of Language 46, S. 5-32.

Bellack, Arno u.a. (1974): Die Sprache im Klassenzimmer. Düsseldorf. (amerik. Original 1966)

Benesch, Hellmuth (1989): dtv-Atlas zur Psychologie. Band 1. München.

Bereiter, Carl (1980): Development in Writing. In: Gregg/Steinberg, S. 73-93.

Berndt, Anette (1996): „ottos mops...": Eine Alternative zur Übung phonetisch korrekter Aussprache im Unterricht Deutsch als Fremdsprache. In: Info DaF 23-4, S. 498-500.

Besch, Werner (1996): Duzen, Siezen, Titulieren. Zur Anrede im Deutschen heute und gestern. Göttingen.

Bichsel, Peter (1993): Zur Stadt Paris. Geschichten. Frankfurt/M.

Bickes, Christine (1993): Wie schreiben Griechen und Deutsche? Eine kontrastive textlinguistische Analyse. München.

Blum-Kulka, Shoshana/Kaspar, Gabriele (Hgg.) (1993): Interlanguage Pragmatics. Oxford.

Bodmer, Frederick (1955): Die Sprachen der Welt. Geschichte – Grammatik – Wortschatz in vergleichender Darstellung. Köln. (aus dem Englischen)

Bogdal, Klaus-Michael (Hg.) (1997): Neue Literaturtheorien. Eine Einführung. Opladen.

Bogdal, Klaus-Michael (Hg.) (1993): Neue Literaturtheorien in der Praxis. Textanalysen von Kafkas 'Vor dem Gesetz'. Opladen.

Bolte, Henning (1993): „Geheime Wahl" im Unterricht. Kommunikative Handlungsrahmen für Grammatikübungen. In: Fremdsprache Deutsch 9, S. 10-19.

Bolton, Sibylle (1985): Die Gütebestimmung kommunikativer Tests. Tübingen: Narr.

Bolton, Sibylle (1996): Probleme der Leistungsmessung. Lernfortschrittstests in der Grundstufe. Berlin u.a.: Langenscheidt. (Fernstudienangebot Germanistik und Deutsch als Fremdsprache. Fernstudieneinheit 10).

Born, Joachim/Dickgießer, Sylvia (1989): Deutschsprachige Minderheiten. Ein Überblick über den Stand der Forschung für 27 Länder. Mannheim: Institut für deutsche Sprache.

Boschma, Nel/van Eunen, Kees/Huizinga, Rinny u.a. (1992): Lesen, na und? Ein literarisches Arbeitsbuch für die ersten Jahre Deutsch. Berlin u.a.

Bourdieu, Pierre (1982): Die feinen Unterschiede. Frankfurt/M.

Brandi, Marie-Luise/Dommel, Hermann/Helmling, Brigitte (1988): Bild als Sprechanlaß. Sprechende Fotos. München/Paris: Goethe-Institut. (Projekt Didaktik und Methodik für den Unterricht Deutsch als Fremdsprache in Frankreich).

Brandi, Marie-Luise/Helmling, Brigitte (1985): Arbeit mit Video am Beispiel von Spielfilmen. München: Goethe-Institut.

Braun, Korbinian/Nieder, Lorenz/Schmöe, Friedrich (1972ff.): Deutsch als Fremdsprache I und II. Stuttgart.

Breitkreuz, Hartmut (1992): More False Friends. Tückische Fallen des deutsch-englischen Wortschatzes. Reinbek.

Breitung, Horst (Hg.) (1994): Phonetik – Intonation – Kommunikation. München: Goethe-Institut.

Brenner, Gerd ([2]1994): Kreatives Schreiben. Ein Leitfaden für die Praxis. Mit Texten Jugendlicher. Berlin.

Brenner, Peter J. (1996): Neue deutsche Literaturgeschichte. Vom 'Ackermann' zu Günter Grass. Tübingen.

Brinker, Klaus ([5]2001): Linguistische Textanalyse. Eine Einführung in ihre Grundbegriffe und Methoden. Berlin.

Brinker, Klaus/Sager, Sven F. ([3]2001): Linguistische Gesprächsanalyse. Eine Einführung. Berlin.

Brown, Roger (1973): A First Language. The Early Stages. Cambridge/Mass.

Bruner, Jerome S. (1975): The Ontogenesis of Speech Acts. In: Journal of Child Language 2, S. 1-19.

Bruner, Jerome (1987): Wie das Kind sprechen lernt. Bern u.a. (amerik. Original 1983)

Bruner, Jerome (1996): The Culture of Education. Cambridge u.a.

Buhlmann, Rosemarie/ Fearns, Anneliese ([2]1999): Handbuch des Fachsprachenunterrichts. Tübingen: Narr.

Burger, Harald ([2]1990): Sprache der Massenmedien. Berlin, New York: de Gruyter.

Bußmann, Hadumod ([2]1990): Lexikon der Sprachwissenschaft. Stuttgart.

Butzkamm, Wolfgang (1985): The Use of Formal Translation in the Teaching of Foreign Language Structures. In: Ch. Titford, A.E. Hiecke (Hgg.): Translation in Foreign Language Teaching and Testing. Tübingen, S. 87-97.

Butzkamm, Wolfgang (1996): Unterrichtssprache Deutsch. Wörter und Wendungen für Lehrer und Schüler. Ismaning.

Butzkamm, Wolfgang ([2]1978): Aufgeklärte Einsprachigkeit. Zur Entdogmatisierung der Methode im Fremdsprachenunterricht. Heidelberg.

Butzkamm, Wolfgang ([2]1993): Psycholinguistik des Fremdsprachenunterrichts. Natürliche Künstlichkeit. Von der Muttersprache zur Fremdsprache. Tübingen.

Butzkamm, Wolfgang ([3]1995): Unterrichtsmethodische Problembereiche. In: Bausch/ Christ/ Krumm, S. 188-194.

Butzphal, Gerlinde/Riordan, Colin (1991): Studium Wirtschaftsdeutsch. Frankfurt/M.

Byrne, Donn/Hermitte, Rosa Maria (1984): Die Tafelzeichnung im Fremdsprachenunterricht. Eine Anleitung. München.

Calvin, William H./Ojemann, George A. (1995): Einsicht ins Gehirn. Wie Denken und Sprache entstehen. München.

Carroll, John B./ Sapon, Stanley M. (1955): Modern Language Aptitude Test. New York.

Chomsky, Noam (1959): Review of Verbal Behavior by B. F. Skinner. In: Language 35, S. 26-58.

Chomsky, Noam (1981): Lectures on Government and Binding. Dordrecht.

Christ, Herbert (1990): Fremdsprachenlehrer/Fremdsprachenlehrerinnen in der Weiterbildung – Ein Beruf. In: Deutsch lernen 15-4, S. 209-215.

Clahsen, Harald/Meisel, Jürgen M./Pienemann, Manfred (1983): Deutsch als Zweitsprache. Der Spracherwerb ausländischer Arbeiter. Tübingen.

Clalüna-Hopf, Monika/Plettenberg, Marilu (1988): Deutsch im Beruf: Hotellerie und Gastronomie. Bonn-Bad Godesberg.

Clément, Danièle (1996): Linguistisches Grundwissen. Eine Einführung für zukünftige Deutschlehrer. Opladen.

Clyne, Michael (1987): Cultural Differences in the Organization of Academic Texts. English and German. In: Journal of Pragmatics 11, S. 211-247.

Clyne, Michael (1995): The German Language in a Changing Europe. Cambridge.

Conrady, Peter/Eicher, Thomas (1997): Was lesen Studienanfänger der Germanistik? In: Forschung & Lehre 2, S. 78-80.

Corder, S.P. (1967): The Significance of Learners' Errors. In: International Review of Applied Linguistics 5-2, S.161-170.

Cross, David (1995): A Practical Handbook of Language Teaching. Hemel Hempstead.

Crystal, David (1993): Die Cambridge Enzyklopädie der Sprache. Frankfurt/M.

Cummins, Jim (1984): Bilingualism and Special Education. Issues in Assessment and Pedagogy. Clevedon.

D`Espiney, E. H. (1992): O Alemão sem mestre. Porto.

Dahlhaus, Barbara (1994): Fertigkeit Hören. Berlin u.a. (Fernstudienangebot Germanistik und Deutsch als Fremdsprache. Fernstudieneinheit 5).

Daniels, Albert/Pölcher, Helga-Marlene/Kuglin, Jörg (Hgg.) (1993): Unterrichtsdokumentation Grundstufe III. München: Goethe-Institut.

Décsy, Gyula (1973): Die linguistische Struktur Europas. Vergangenheit, Gegenwart, Zukunft. Wiesbaden.

Delmas, Hartmut/Vorderwülbecke, Klaus (1989): Landeskunde. In: R. Ehnert (Hg.), Einführung in das Studium des Faches Deutsch als Fremdsprache. Frankfurt/M., S. 159-196.

Desgranges, Ilka (1990): Korrektur und Spracherwerb. Selbst- und Fremdkorrekturen in Gesprächen zwischen Deutschen und ausländischen Kindern. Frankfurt/M.

Dewey, John (1916): Demokratie und Erziehung. Braunschweig, [3]1964.

Dewey, John (1935): Der Ausweg aus dem pädagogischen Wirrwarr. In: J. Dewey, W.H. Kilpatrick, Der Projekt-Plan. Weimar, S. 85-101.

Dhority, Lynn ([3]1993): Moderne Suggestopädie. Bremen.

Dickinson, Leslie (1987): Self-Instruction in Language Learning. Cambridge.

Diehl, Erika u.a. (2000): Grammatikunterricht: Alles für die Katz? Untersuchungen zum Zweitsprachenerwerb Deutsch. Tübingen.

Dieling, Helga (1992): Phonetik im Fremdsprachenunterricht Deutsch. Berlin u.a.

Dieling, Helga (1993): Probleme der deutschen Phonetik für Sprecher asiatischer Tonsprachen. In: Deutsch als Fremdsprache 30-1, S. 35-39.

Dieling, Helga/Hirschfeld, Ursula (2000): Phonetik lehren und lernen. Berlin, München. (Fernstudienangebot Germanistik und Deutsch als Fremdsprache. Fernstudieneinheit 21).

Domasio, Antonio/Domasio, Hanna (1992): Sprache und Gehirn. In: Spektrum der Wissenschaft, Heft 11, S. 80-92.

Dominczak, Henryk (1992): Ist das Deutsche eine Sprache von Weltgeltung? In: Deutsch als Fremdsprache 29-1, S. 46-47.

Doyé, Peter (1988): Typologie der Testaufgaben für den Unterricht Deutsch als Fremdsprache. Berlin u.a. (Fremdsprachenunterricht in Theorie und Praxis).

Dreke, Michael/Lind, Wolfgang (1986): Wechselspiel. Sprechanlässe für die Partnerarbeit im kommunikativen Deutschunterricht. Arbeitsblätter für Anfänger und Fortgeschrittene. Berlin u.a.

Dreyer, Hilke/Schmitt, Richard (1993): Lehr- und Übungsprogramm der deutschen Grammatik. Computerprogramm. Ismaning.

Duden Aussprachewörterbuch (^{3}1990): Wörterbuch der deutschen Standardaussprache. Mannheim u.a.

Duden Grammatik der deutschen Gegenwartssprache. (^{6}1998). Mannheim u.a.

Duden. Rechtschreibung der deutschen Sprache. (^{21}1996). Mannheim u.a.

Dulay, Heidi/Burt, Marina (1974): Natural Sequences in Child Second Language Acquisition. In: Language Learning 24, S. 37-53.

Dürr, Michael/Schlobinski, Peter (^{2}1994): Einführung in die deskriptive Linguistik. Opladen.

Edelmann, Heike (1995): Textüberarbeitung. Revisionen in fremdsprachlichen Lerner-Texten (DaF). Prozesse der Textüberarbeitung narrativer, deskriptiver und argumentativer Texte in Lerner-Paaren. Frankfurt/M. (Werkstattreihe Deutsch als Fremdsprache 51).

Edmondson, Willis J. (2001): Conversational Analysis and language teaching. In: Antos/Brinker/Heinamann/Sager (2001). Band 2. S. 1681–1689.

Edmondson, Willis/House, Juliane (1993): Einführung in die Sprachlehrforschung. Tübingen, Basel.

Ehlers, Swantje (1992): Lesen als Verstehen. Zum Verstehen fremdsprachlicher literarischer Texte und zu ihrer Didaktik. Berlin u.a. (Fernstudienangebot Germanistik und Deutsch als Fremdsprache. Fernstudieneinheit 2).

Ehlich, Konrad/Rehbein, Jochen (1986): Muster und Institution: Untersuchungen zur schulischen Kommunikation. Tübingen.

Ehrman, Madeline E. (1996): Understanding Second Language Learning Difficulties. Thousand Oaks u.a.

Eisenberg, Peter (1998, 1999): Grundriß der deutschen Grammatik. Band 1: Das Wort. Band 2: Der Satz. Stuttgart, Weimar.

Ellis, Rod (1989): Are Classroom and Naturalistic Acquisition the Same? A Study of the Classroom Acquisition of German Word Order Rules. In: Studies in Second Language Acquisition 11, S. 305-328.

van Els, Theo u.a. (1984): Applied Linguistics and the Learning and Teaching of Foreign Languages. London.

Engel, Ulrich/Mrazovic, Pavica (Hgg.) (1986): Kontrastive Grammatik Deutsch-Serbokroatisch. 2 Bände. München, Novi Sad.

Engel, Ulrich (Hg.) (1990): Grammatiken eines Jahrzehnts. Thematischer Teil im Jahrbuch Deutsch als Fremdsprache 16, S. 141-289.

Engel, Ulrich/Isbesescu, Mihai/Stanescu, Speranta/Nicolae, Octavian (1993): Kontrastive Grammatik Deutsch-Rumänisch. Heidelberg.

Engel, Ulrich (^{3}1994): Syntax der deutschen Gegenwartssprache. Berlin

Engel, Ulrich (^{3}1996): Deutsche Grammatik. Heidelberg.

Engel, Ulrich (1999): Deutsch-polnische kontrastive Grammatik. 2 Bände. Heidelberg.

Engelkamp, Johannes (^{2}1991): Das menschliche Gedächtnis. Das Erinnern von Sprache, Bildern und Handlungen. Göttingen.

Erben, Johannes (^{4}2000): Einführung in die deutsche Wortbildungslehre. Berlin.

Erdmenger, Manfred (1996): Landeskunde im Fremdsprachenunterricht. Ismaning.

Fearns, Anneliese (1993): Unterrichtsdokumentation Fachsprache. München: Goethe-Institut.

Fearns, Anneliese/Wille, Konrad (1996): Unterrichtsdokumentation Wirtschaftsdeutsch. München: Goethe-Institut.

Fechner, Jürgen (Hg.)(1994): Neue Wege im computergestützten Fremdsprachenunterricht. Berlin u.a.

Finkenstaedt, Thomas/Schröder, Konrad (1992): Sprachen im Europa von morgen. Berlin u.a.

Fischer, Klaus (1990): Dependenz-Verb-Grammatik und kontrastive Analyse. In: Gross/ Fischer, S. 9-42.

Fischer-Mitziviris, Anni/Janke-Papanikolaou, Sylvia (1995): Blick. Mittelstufe Deutsch für Jugendliche und junge Erwachsene. Ismaning.

Földes, Csaba (1994): Deutsch als Fremdsprache in Mittel-, Ost- und Südeuropa. Überlegungen zu Bestand und Bedarf. In: Deutsch als Fremdsprache 31-1, S. 3-11.

Foerster, Heinz von (1993): Wissen und Gewissen. Versuch einer Brücke. Frankfurt/M.

Forster, Roland (1997): Mündliche Kommunikation in Deutsch als Fremdsprache: Gespräch und Rede. St. Ingbert.

Franco, António C. (1996): A gramática de valências como modelo para a contrastação Alemão-Português. A ordem das palavras na frase alemã e portuguesa à luz desta gramática. In: J. Carecho, H.-W. Huneke (Hgg.): Aprender e/a ensinar Alemão. Contributos para a formação inicial de professores de Alemão em Portugal. Coimbra: Faculdade de Letras. (Textos pedagógicos e didácticos 4), S. 81-99.

Franco, Irmtraud/Vilela, Margarida/Lapa, Carlos (o.j. [1991]): Deutsch? Aber ja! 3 Bände. Porto.

Franke, Ingolf (2000): Video-Aussprachetrainer Deutsch. Version 2.0. CD-ROM. Ismaning.

Franz, Kurt/Gattermaier, Klaus/Stier, Hermann (2002): Schullektüre, Freizeitlektüre und private Medienpraxis von Jugendlichen. In: M. Hug, S. Richter (Hgg.): Ergebnisse aus soziologischer und psychologischer Forschung. Impulse für den Deutschunterricht. Baltmannsweiler, S. 12-27.

Freeman, Donald/Richards Jack C. (Hgg.) (1996): Teacher Learning in Language Teaching. Cambridge.

Freibichler, Hans (2000): Multimedia und Internet. Werkzeuge zum Sprachenlernen. In: Funk/Koenig/Tschirner, S. 110–131.

Frenzel, Herbert A./Frenzel, Elisabeth ([26]1991): Daten deutscher Dichtung. Chronologischer Abriß der deutschen Literaturgeschichte. Bände 1 u. 2. München.

Freudenberg-Findeisen, Renate (Hg.) (1999): Ausdrucksgrammatik versus Inhaltsgrammatik. Linguistische und didaktische Aspekte der Grammatik. München.

Freudenstein, Reinhold (1992): 'Wählen Sie Kanal 93!' Unterrichtsmaterialien für das 21. Jahrhundert. In: Info DaF 19–5, S. 543-550.

Fries, Charles C. (1945): Teaching and Learning English as a Foreign Language. Ann Arbor.

Fritzsche, Joachim (1989): Schreibwerkstatt. Geschichten und Gedichte: Schreibaufgaben, -übungen, -spiele. Unter Mitarbeit von Katrin Bothe und Karl Günter Rammoser. Stuttgart. (Werkstatt Literatur).

Fritzsche, Joachim (1994): Zur Didaktik und Methodik des Deutschunterrichts. Band 2. Schriftliches Arbeiten. Stuttgart.

Fthenakis, Wassilios E. u.a. (1985): Bilingual-bikulturelle Entwicklung des Kindes. Ein Handbuch für Psychologen, Pädagogen und Linguisten. München.

Fuhr, Gerhard u.a. (Hg.) (1989ff.): Bausteine Fachdeutsch für Wissenschaftler. Heidelberg. [Reihe. Es erschienen Bausteine zu den Fächern Elektrotechnik, Informatik, Philosophie, Linguistik, Mathematik, Betriebswirtschaft, Biologie, Jura u.a.]

Funk, Hermann (1993): Grammatik lernen lernen – autonomes Lernen im Grammatikunterricht. In: Harden/Marsh, S. 138-157.

Funk, Hermann/König, Michael (1991): Grammatik lehren und lernen. Berlin u.a. (Fernstudienangebot Germanistik und Deutsch als Fremdsprache. Fernstudieneinheit 1).

Funk, Hermann/Koenig, Michael/Tschirner, Erwin (Hg.) (2000): Schnittstellen: Lehrwerke zwischen alten und neuen Medien. Berlin.

Gallmann, Peter/Sitta, Horst ([3]1996): Handbuch Rechtschreiben. Zürich.

Gardner, Robert C./Lambert, Wallace E. (1972): Attitudes and Motivation in Second-Language Learning. Rowley/Mass.

Gehrmann, Siegfried (1992): Authentische Fremderfahrung als Unterrichtsprojekt. Anmerkungen zum 'Stadtbuch Zagreb. Ein alternativer Führer'. In: Info DaF 19–1, S. 71–81.

Gehrmann, Siegfried u.a. (Hgg.) (1987): Stadtbuch Zagreb. Ein alternativer Führer. Zagreb.

Ghisla, Graziella u.a. (1996): Ganz Ohr. Höranlässe und Arbeitsblätter für Anfänger und Fortgeschrittene. Berlin u.a.

Giles, Howard/Powesland, Peter F. (1975): Speech Style and Social Evaluation. London u.a.

Glaboniat, Manuela u.a. (erscheint 2002): Profile Deutsch. Lernzielbestimmungen, Kannbeschreibungen und kommunikative Mittel für die Niveaustufen A1, A2, B1 und B2 des „Gemeinsamen europäischen Referenzrahmens für Sprachen". Berlin, München.

Glück, Helmut/Sauer, Wolfgang Werner ([2]1997): Gegenwartsdeutsch. Stuttgart.

Glück, Helmut ([2]2000): Metzler Lexikon Sprache. Stuttgart, Weimar.

Gnutzmann, Claus/Kiffe, Marion (1993): Mündliche Fehler und Fehlerkorrekturen im Hochschulbereich. Zur Einstellung von Studierenden der Anglistik. In: Fremdsprachen Lehren und Lernen 22, S. 91-108.

Gnutzmann, Claus/Königs, Frank G. (Hgg.) (1995): Perspektiven des Grammatikunterrichts. Tübingen.

Göbel, Heinz/Graffmann, Heinrich/Heumann, Eckhard ([2]1986): Ausspracheschulung Deutsch. Phonetikkurs. Bonn: Inter Nationes.

Göbel, Richard (1993): Binnendifferenzierung. In: Info DaF 20-1, S. 32-38.

Goodman, Kenneth S. (1967): Reading: A Psycholinguistic Guessing Game. In: Journal of the Reading Specialist 6, S. 126-135.

Gordon, Thomas (1989): Familienkonferenz in der Praxis. München: Heyne. (amerik. Original 1976)

Götz, Dieter/Haensch, Günther/Wellmann, Hans (Hgg.) (1998): Langenscheidts Großwörterbuch Deutsch als Fremdsprache. Neubearbeitung. Berlin u.a.

Götze, Barbara (1994): Üben. In: R. Keck, U. Sandfuchs (Hgg.): Wörterbuch Schulpädagogik. Ein Nachschlagewerk für Studium und Schulpraxis. Bad Heilbrunn, S. 336-337.

Götze, Lutz (1994): Fünf Lehrwerkgenerationen. In: Kast/Neuner, S. 29f.

Graffmann, Heinrich/Timoxenco-Moura, Roseli (1995): Aussprache lehren – eine Herausforderung. Ein Stein des Anstoßes oder ein Stein zum Anstoßen? In: Deutsch als Fremdsprache 32-4, S. 238-243.

Gregg, Lee W./Steinberg, Erwin R. (Hgg.): Cognitive Processes in Writing. Hillsdale, New Jersey

Grice, H. Paul (1975): Logic and Conversation. In: P. Cole, J. L. Morgan (Hgg.), Speech acts. New York (=Syntax & Semantics 3), S. 41-58.

Griesbach, Heinz/Schulz, Dora (1992): Deutsche Sprachlehre für Ausländer. Grundstufe in einem Band. Ismaning.

Groeben, Norbert u.a. (1988): Das Forschungsprogramm Subjektive Theorien. Eine Einführung in die Psychologie des reflexiven Subjekts. Tübingen: Francke.

Gross, Harro/Fischer, Klaus (Hgg.) (1990): Grammatik-Arbeit im DaF-Unterricht. München.

Gross, Harro ([3]1998): Einführung in die germanistische Linguistik. München.

Groß, Ulrike (1994): Sich etwas auf der Zunge zergehen lassen ... In: Zielsprache Deutsch 25-4, S. 218-221.

Grotjahn, Rüdiger (1992/1994/1996): Der C-Test. Theoretische Grundlagen und praktische Anwendungen. 3 Bände. Bochum. (Manuskripte zur Sprachlehrforschung 39–1, 2, 3).

Grotjahn, Rüdiger (1995): Der C-Test. State of the Art. In: Zeitschrift für Fremdsprachenforschung 6-2, S. 37-60.

Grüner, Margit/Hassert, Timm (1991): Computer im Unterricht. Voraussetzungen, Möglichkeiten, Grenzen. München: Goethe-Institut.

Grüner, Margit/Hassert, Timm (1992): Computer im Unterricht. Unterrichtsvorschläge. München: Goethe-Institut.

Grüner, Margit/Hassert, Timm (2000): Computer im Deutschunterricht. Berlin, München. (Fernstudienangebot Germanistik und Deutsch als Fremdsprache. Fernstudieneinheit 14).

Gudjons, Herbert (1996): Das Unbewußte und die Macht in Prüfungen. Vom Initionsritus zur geheimen Disziplinierung. In: H. Bambach u.a. (Hgg.): Prüfen und Beurteilen. Zwischen Fördern und Zensieren. Seelze. (Friedrich Jahresheft 14), S. 115.

Guiora, Alexander Z./Lane, Harlan L./Bosworth, Lewis A. (1968): An Exploration of some Personality Variables in Authentic Pronunciation of a Second Language. In: E. M. Zale (Hg.): Proceedings of the Conference on Language and Language Behavior. New York, S. 261-266.

Günthner, Susanne (1989): Interkulturelle Kommunikation und Fremdsprachenunterricht. In: Info DaF 16-4, S. 431-447.

Günthner, Susanne (1997): Zur kommunikativen Konstruktion von Geschlechterdifferenzen im Gespräch. In: F. Braun, U. Pasero (Hgg.): Kommunikation von Geschlecht. Communication of gender. Pfaffenweiler, S. 122-146.

Hahn, Martin/Künzel, Sebastian/Wazel, Gerhard (Hgg.) (1998): Multimedia – eine neue Herausforderung für den Fremdsprachenunterricht. 2. Aufl. Frankfurt u.a.

Hakkarainen, Heikki J. (1995): Phonetik des Deutschen. München.

Hall, Alan T. (2000): Phonologie. Eine Einführung. Berlin, New York.

Hammerley, Hector (1991): Fluency and Accuracy. Toward Balance in Language Teaching and Learning. Clevedon u.a.

Harden, Theo (1990): Interkulturelle Aspekte des Grammatikunterrichtes. In: Gross/Fischer, S. 219-234.

Harden, Theo/Marsh, Clíona (Hgg.) (1993): Wieviel Grammatik braucht der Mensch? München.

Harney, Klaus/Jütting, Dieter/Koring, Bernhard (1990): Der Dozentenhabitus in Erwachsenenbildung und Weiterbildung. In: Unterrichtswissenschaft 18-3, S. 259-268.

Hassert, Timm/Martin, Hanno/Wolf, Werner (1990): TextArbeiter. Ein Computerprogramm zum Leseverstehen. Ismaning.

Häublein, Gernot u.a. (1995): Memo. Wortschatz- und Fertigkeitstraining zum Zertifikat Deutsch als Fremdsprache. Lehr- und Übungsbuch. Berlin u.a.

Häussermann, Ulrich/Piepho, Hans-Eberhard (1996): Aufgaben-Handbuch Deutsch als Fremdsprache. Abriß einer Aufgaben- und Übungstypologie. München.

Hayes, John R./Flower, Linda S. (1980): Identifying the Organization of Writing Processes. In: Gregg/Steinberg, S. 3-30.

Heid, Manfred (Hg.) (1989): Die Rolle des Schreibens im Unterricht Deutsch als Fremdsprache. Dokumentation eines Kolloquiums im Juli 1988 in Grassau (Obb.). München.

Heidler, Tassilo (1994): Die Klapptafel im Unterricht. In: Der deutsche Lehrer im Ausland. Heft 1 [Teil 1], Heft 2 [Teil 2] und Heft 3 [Teil 3].

Heinemann, Wolfgang/Viehweger, Dieter (1991): Textlinguistik. Eine Einführung. Tübingen.

Helbig, Gerhard (1991): Grammatik und kommunikativer Fremdsprachenunterricht. In: Fremdsprachen lehren und lernen 20, S. 7-24.

Helbig, Gerhard/Buscha, Joachim (1991): Deutsche Grammatik. Ein Handbuch für den Ausländerunterricht. Berlin u.a.

Helbig, Gerhard (1992): Wieviel Grammatik braucht der Mensch? In: Deutsch als Fremdsprache 29-3, S. 150-155.

Helbig, Gerhard (1999): Linguistische vs. didaktische Grammatik? – Ausdrucks- vs. Inhaltsgrammatik? In: Freudenberg-Findeisen (1999), S. 11–21.

Helbig, Gerhard/Götze, Lutz/Henrici, Gert/Krumm, Hans-Jürgen (Hgg.) (2001): Deutsch als Fremdsprache. Ein internationales Handbuch. 2 Bände. Berlin, New York. (Handbücher zur Sprach- und Kommunikationswissenschaft 19).

Hendrickson, J.M. (1978): Error Correction in Foreign Language Teaching. Recent Theory, Research and Practice. In: The Modern Language Journal 62, S. 387-398.

Henne, Helmut (1986): Jugend und ihre Sprache. Berlin u.a.

Hennig, Mathilde (2001): Welche Grammatik braucht der Mensch? Grammatikenführer für Deutsch als Fremdsprache. München.

Henning, Grant (1987): A Guide to Language Testing. Development, Evaluation, Research. Boston.

Henrici, Gert (Koord.) (1996): Themenschwerpunkt: Innovativ-alternative Methoden. In: Fremdsprachen lehren und lernen 25.

Henrici, Gert/Herlemann, Brigitte (1986): Mündliche Korrekturen im Fremdsprachenunterricht. München: Goethe-Institut.

Henrici, Gert/Kostrzewa, Frank/Zöfgen, Ekkehard (1991): Zur Wirkung von Bedeutungserklärungsverfahren auf Verstehen und Behalten. Ergebnisse aus einem empirischen Projekt. In: Zeitschrift für Fremdsprachenforschung 2-2, S. 30-65.

Henrici, Gert/Riemer, Claudia (Hgg.) (1994): Einführung in die Didaktik des Unterrichts Deutsch als Fremdsprache mit Videobeispielen. 2 Bände. Baltmannsweiler.

Henrici, Gert/Zöfgen, Ekkehard (1993): Fehleranalyse und Fehlerkorrektur. Zur Einführung in den Themenschwerpunkt. In: Fremdsprachen Lehren und Lernen 22, S. 3-14.

Hentschel, Elke/Weydt, Harald (^{2}1994): Handbuch der deutschen Grammatik. Berlin, New York.

Heringer, Hans Jürgen (1987): Wege zum verstehenden Lesen. Lesegrammatik für Deutsch als Fremdsprache. München.

Heringer, Hans Jürgen (1989): Lesen, lehren, lernen: Eine rezeptive Grammatik des Deutschen. Tübingen.

Hermann, Ursula/Götze, Lutz (1996): Die neue deutsche Rechtschreibung. Gütersloh.

Herrmann, Theo/Grabowski, Joachim (1994): Sprechen. Psychologie der Sprachproduktion. Heidelberg.

Hess-Lüttich, Ernest W. B.(1987): Angewandte Sprachsoziologie. Eine Einführung in linguistische, soziologische und pädagogische Ansätze. Stuttgart.

Heyd, Gertraude (^{2}1991): Deutsch lehren. Grundwissen für den Unterricht in Deutsch als Fremdsprache. Frankfurt/M.

Hinnenkamp, Volker (1982): „Foreigner talk" und „Tarzanisch": Eine vergleichende Studie über die Sprechweise gegenüber Ausländern am Beispiel des Deutschen und des Türkischen. Hamburg.

Hirschfeld, Ursula/Reinke, Kerstin/Stock, Eberhard (2000): Phonothek interaktiv. CD-ROM. Berlin, München.

Hoffmann, Ludger (1999): Grammatiken und die Funktionalität von Sprache. In: Freudenberg-Findeisen (1999), S. 23–38.

Holtwisch, Herbert (1993): Kreative Wortschatzarbeit in der Sekundarstufe I. In: Neusprachliche Mitteilungen 46-3, S. 167-174.

Hopf, Diether (1987): Herkunft und Schulbesuch ausländischer Kinder. Eine Untersuchung am Beispiel griechischer Schüler. Berlin: Max-Planck-Institut für Bildungsforschung.

House, Juliane/Kasper, Gabriele (1987): Interlanguage Pragmatics: Requesting in a Foreign Language. In: W. Lörscher, R. Schulze (Hgg.): Perspectives on Language in Performance (Festschrift Werner Hüllen). Tübingen, S. 1250-1288.

Hufeisen, Britta (1994): Englisch im Unterricht Deutsch als Fremdsprache. München.

Hufeisen, Britta (1997): Zur Kulturspezifik von Textsorten und ihrer didaktischen Berücksichtigung im fremdsprachlichen Deutschunterricht. In: Theorie und Praxis. Österreichische Beiträge zu Deutsch als Fremdsprache. Jahrbuch 1997, S. 205-227.

Hughes, Arthur (1989): Testing for Language Teachers. Cambridge. (Cambridge Handbook for Language Teachers).

Hüllen, Werner (Hg.) (1979): Didaktik des Englischunterrichts. Darmstadt.

Huneke, Hans Werner/Speidel, Bernd (1992): Como ler textos jurídicos em Alemão. Lisboa.

Huneke, Hans-Werner (1995): Aus Fehlern lernen? Schriftliche Fehlerkorrekturen im DaF-Unterricht auf der Mittelstufe. Mit einem Vorschlag für den Unterricht. In: Runa. Revista Portuguesa de Estudos Germanísticos 23/24, S. 467-499.

Huneke, Hans-Werner (1999): Strukturmerkmale der deutschen Orthographie. Webarea (http://www.vib-bw.de/tp6).

Hunfeld, Hans (1990): Literatur als Sprachlehre. Berlin u.a.

Isacenko, Aleksandr V./Schädlich, Hans-Joachim (1966): Untersuchungen über die deutsche Satzintonation. In: Untersuchungen über Akzent und Intonation im Deutschen. Berlin. (Studia Grammatica 7), S. 7-67.

Iser, Wolfgang (1990): Der Akt des Lesens. München.

James, Carl (1980): Contrastive Analysis. London, New York.

James, Carl (1998): Errors in Language Learning and Use. London, New York.

Jansen, Lútsen B. (1993): Bekannt und unbeliebt. Das Bild von Deutschland und Deutschen unter Jugendlichen von 15 bis 19 Jahren. Clingendael: Niederländisches Institut für internationale Beziehungen.

Jechle, Thomas (1992): Kommunikatives Schreiben. Prozeß und Entwicklung aus der Sicht kognitiver Schreibforschung. Tübingen. (ScriptOralia 41).

Johnson, Jacqueline/Newport, Elissa (1989) Critical Period Effects in Second Language Learning: The Influence of Maturational State on the Acquisition of English as a Second Language. In: Cognitive Psychology 21, S. 60-99.

Jung, Lothar (1994): Fachsprache Deutsch - Rechtswissenschaft. Ismaning.

Kalverkämper, Hartwig (1990): Gemeinsprache und Fachsprache – Plädoyer für eine integrierte Sichtweise. Berlin, New York. (Jahrbuch des Instituts für deutsche Sprache 1989), S. 88-125.

Kars, Jürgen/Häussermann, Ulrich (^{2}1989): Grundgrammatik Deutsch. Frankfurt/M. u.a.

Kasper, Gabriele (1975): Die Problematik der Fehleridentifizierung. Ein Beitrag zur Fehleridentifizierung im Fremdsprachenunterricht. Bochum. (Manuskripte zur Sprachlehrforschung 9).

Kast, Bernd (1985): Jugendliteratur im kommunikativen Deutschunterricht. Berlin u.a.

Kast, Bernd (1989): Vom Wort zum Satz zum Text. Methodisch-didaktische Überlegungen zur Schreibfertigkeit im Anfängerunterricht. In: Fremdsprache Deutsch 1, S. 9-16.

Kast, Bernd/Neuner, Gerhard (Hg.) (1994): Zur Analyse, Begutachtung und Entwicklung von Lehrwerken für den fremdsprachlichen Deutschunterricht. Berlin u.a.

Kaunzner, Ulrike (1994): Neue Wege zur Verbesserung des Hörverstehens und der Aussprache beim Fremdsprachenerwerb. In: Zielsprache Deutsch 25-2, S. 68-74.

Kellog, Ronald T. (1994): The Psychology of Writing. Oxford.

Kelz, Heinrich P. (1992): Lernziel deutsche Aussprache. In: K. Vorderwülbecke (Hg.), Phonetik, Ausspracheschulung und Sprecherziehung im Bereich DaF (= Materialien DaF 32), S. 23-38.

Kim, Karl H.S./Relkin, Norman R./Lee, Kyoung-Min/Hirsch, Joy (1997): Distinct Cortical Areas Associated with Native and Second Languages. In: Nature 388, S. 171-174.

Kimmich, Dorothee/Renner, Rolf Günter/Stiegler, Bernd (Hgg.) (1996): Texte zur Literaturtheorie der Gegenwart. Stuttgart.

Kirsch, Dieter (Hg.) (1993): Früh krümmt sich ... Deutsch lernen in einem dritten Schuljahr in Prag. München: Goethe-Institut.

Kirsch, Sarah (1991): Schwingrasen. Prosa. Stuttgart.

Kirst, Karl-Otto (2001): Mit „Schneem@nn" und „Mobility" spielend am Computer lernen. In: Fremdsprache Deutsch 25. S. 42–48.

Kleiber, Georges (^{2}1998): Prototypensemantik. Eine Einführung. Tübingen.

Klein, Wolfgang (^{3}1992): Zweitspracherwerb. Frankfurt/M.

Kleinschroth, Robert (1993): Sprachen lernen mit dem Computer. Elektronische Lernpartner und wie man sie nutzt. Reinbek.

Kleppin, Karin/Königs, Frank G. (1991): Der Korrektur auf der Spur. Untersuchungen zum mündlichen Korrekturverhalten von Fremdsprachenlernern. Bochum. (Manuskripte zur Sprachlehrforschung 34).

Klepsch, Cornelia u.a. (1993): Unterrichtsdokumentation Deutsch für ausländische Arbeitnehmer. München: Goethe-Institut.

Knoop, Ulrich (1997): Wörterbuch deutscher Dialekte. Gütersloh.

Kochan, Barbara (1993): Schreibprozeß, Schreibentwicklung und Schreibwerkzeug. Theoretische Aspekte des Computergebrauchs im entfaltenden Schreibunterricht. In: W. Hofmann, J. Müsseler, H. Adolphs (Hgg.): Computer und Schriftspracherwerb. Programmentwicklungen, Anwendungen, Lernkonzepte. Opladen, S. 57-91.

Kochan, Barbara (1996): Der Computer als Herausforderung zum Nachdenken über schriftsprachliches Lernen und Schreibkultur in der Grundschule. In: H. Mitzlaff (Hg.): Handbuch Grundschule und Computer. Weinheim, Basel, S. 131-151.

König, Ekkehard (1996): Kontrastive Grammatik und Typologie. In: Lang/Zifonun, S. 31-54.

Koenig, Michael (1999): Lernende als Konsumenten und als Produzenten. Autorenwerkzeuge erschließen neue Möglichkeiten. In: Fremdsprache Deutsch 21. Heft 2-1999. S. 26–31.

König, Werner (^{5}1991): dtv-Atlas zur deutschen Sprache. München.

König, Werner (1997): Phonetisch-phonologische Regionalismen in der deutschen Standardsprache. Konsequenzen für den Unterricht 'Deutsch als Fremdsprache'? In: Stickel, S. 246-270.

Koutiva, Ioanna/Storch, Günther (1989): Korrigieren im Fremdsprachenunterricht. Überlegungen zu einem Stiefkind der Fremdsprachendidaktik. In: Info DaF 16-4, S. 410-430.

Kramsch, Claire J. (1981): Discourse Analysis and Second Language. Washington, DC: Center for Applied Linguistics. Teaching. (Language in Education: Theory and Practice 37).

Krapels, Alexandra Rowe (1990): An Overview of Second Language Writing Process Research. In: B. Kroll (Hg.): Second Language Writing. Research Insights for the Classroom. Cambridge u.a., S. 37-56.

Krashen, Stephen (1981): Second Language Acquisition and Second Language Learning. Oxford.

Krashen, Stephen/Terrell, T. (1983): The Natural Approach: Language Acquisition in the Classroom. Oxford.

Kreutzer, Leo (1992): Germanistik und 'Midlife-crisis' oder: Wie meine endgültige Literaturwissenschaft zu einer interkulturellen Entwicklungsforschung wurde. In: F. Griesheimer/A. Prinz (Hgg.), Wozu Literaturwissenschaft? Tübingen.

Krings, Hans P. (1992): Empirische Untersuchungen zu fremdsprachlichen Schreibprozessen. Ein Forschungsüberblick. In: W. Börner, K. Vogel (Hg.): Schreiben in der Fremdsprache. Prozeß und Text, Lehren und Lernen. Bochum, S. 47-77.

Krings, Hans-P. (1995): Übersetzen und Dolmetschen. In: Bausch/Christ/Krumm, S. 325–332.

Krumm, Hans-Jürgen (1988): Grammatik im kommunikativen Deutschunterricht. Konsequenzen für eine didaktische Grammatik und für das Lehrverhalten. In: J. Dahl, B. Weis (Hgg.): Grammatik im Unterricht. Expertisen und Gutachten zum Projekt 'Grammatik im Unterricht' des Goethe-Instituts München. München: Goethe-Institut, S. 5-44.

Krumm, Hans-Jürgen (1993): Grenzgänger – das Profil von Deutschlehrern in einer vielsprachigen Welt. In: Jahrbuch Deutsch als Fremdsprache 19, S. 277-286.

Krumm, Hans-Jürgen (1994): Mehrsprachigkeit und interkulturelles Lernen. Orientierungen im Fach Deutsch als Fremdsprache. In: Jahrbuch Deutsch als Fremdsprache 20, S. 13-36.

Krusche, Dietrich/Krechel, Rüdiger (1984): Anspiel. Konkrete Poesie im Unterricht Deutsch als Fremdsprache. Bonn: Inter Nationes.

Kürschner, Wilfried (1994): Taschenbuch Linguistik. Berlin.

Lado, Robert (1957): Linguistics across Cultures. Ann Arbor.

Lado, Robert (1967): Moderner Sprachunterricht. Eine Einführung auf wissenschaftlicher Grundlage. München.

Lang, Ewald/Zifonun, Gisela (Hgg.) (1996): Deutsch – typologisch. Berlin, New York. (Jahrbuch 1995 des Instituts für deutsche Sprache).

Larsen-Freeman, Diane/Long, Michael L. (1991): An Introduction to Second Language Acquisition Research. London, New York.

Latzel, Sigbert (1991): Mitteilungsgrammatik und Verstehensgrammatik. Kritische Überlegungen. In: Fremdsprache lehren und lernen 20, S. 25-38.

Laveau, Ingeborg u.a. (1993): Unterrichtsdokumentation Aussiedlerklassen. München: Goethe-Institut.

Legenhausen, Lienhard/Wolff, Dieter (1991): Der Micro-Computer als Hilfsmittel beim Sprachenlernen. Schreiben als Gruppenaktivität. In: Praxis des neusprachlichen Unterrichts 38-4, S. 346-356.

Leki, Ilona (1991): Twenty-Five Years of Contrastive Rhetoric: Text Analysis and Writing Pedagogies. In: TESOL Quarterly 25-1, S. 123-143.

Lenneberg, Eric H. (1972): Biologische Grundlagen der Sprache. Frankfurt/M. (amerik. Original 1967)

Lieber, Maria/Posset, Jürgen (Hgg.): Texte schreiben im Germanistikstudium. München. (Studium Deutsch als Fremdsprache – Sprachdidaktik 7.2)

Lightbown, Patsy M./Spada, Nina (1993): How Languages are Learned. Oxford.

Linke, Angelika/Nussbaumer, Markus/Portmann, Paul R. (^{3}1996): Studienbuch Linguistik. Tübingen.

Littlewood, William (1991): Theory, Research and Practice in foreign Language Teaching. In: Zeitschrift für Fremdsprachenforschung, 2(1), S. 99-111.

Lohfert, Walter (1982): Kommunikative Spiele für Deutsch als Fremdsprache. Spielpläne und Materialien für die Grundstufe. München.

Lonergan, Jack (1989): Fremdsprachenunterricht mit Video. Ein Handbuch mit Materialien. Ismaning.

Long, Michael H./Porter, Patricia (1985): Group Work, Interlanguage Talk, and Second Language Acquisition. In: TESOL Quarterly 19, S. 207-228.

Löschmann, Martin (1993): Effiziente Wortschatzarbeit. Alte und neue Wege. Arbeit am Wortschatz. Frankfurt/M.

Lüger, Heinz-Helmut (1992): Sprachliche Routinen und Rituale. Frankfurt/M. u.a.

Lüger, Heinz-Helmut (1993): Routinen und Rituale in der Alltagskommunikation. Berlin u.a. (Fernstudienangebot Germanistik und Deutsch als Fremdsprache. Fernstudieneinheit 6).

Lutjeharms, Madeline (1988): Lesen in der Fremdsprache. Versuch einer psycholinguistischen Deutung am Beispiel Deutsch als Fremdsprache. Bochum.

Lutzeier, Peter R. (1985): Linguistische Semantik. Stuttgart.

Lutzeier, Peter R. (1995): Lexikologie. Ein Arbeitsbuch. Tübingen.

Maas, Utz (1992): Grundzüge der deutschen Orthographie. Tübingen.

Macht, Konrad (1991): Erfolg und Mißerfolg beim Fremdsprachenlernen. Ein Streifzug durch die Ursachenforschung. In: Die Neueren Sprachen 90-3, S. 259-279.

Maddieson, Ian (1984): Patterns of Sound. Cambridge.

Markowitz, Jürgen (1986): Verhalten im Systemkontext. Zum Begriff des sozialen Epigramms. Diskutiert am Beispiel des Schulunterrichts. Frankfurt/M.

Martin, Jean-Pol (1985): Zum Aufbau didaktischer Teilkompetenzen beim Schüler. Tübingen.

Martin, Jean-Pol (1986): Für eine Übernahme von Lehrfunktionen durch Schüler. In: Praxis des neusprachlichen Unterrichts 33, S. 395-403.

Mattheier, Klaus J. (1997): Dialektverfall und/oder Dialektrenaissance. Überlegungen zur Entwicklung der Dialektalität in der gegenwärtigen deutschen Sprachgemeinschaft. In: Stickel, S. 404-410.

Maturana, Humberto J. (1982): Erkennen. Die Organisation und Verkörperung von Wirklichkeit. Braunschweig.

Matz, Klaus-Dieter (1989): Zum Zusammenhang zwischen subjektiven Lehrertheorien und den 'großen' Hypothesen des Fremdsprachenerwerbs. In: Deutsch als Fremdsprache 26-5, S. 301-306.

Mertens, Meinolf (1999): Übungsblätter per Mausklick. CD-ROM. Ismaning.

Meyer, Hilbert (1988): Unterrichtsmethoden. 2 Bde. Frankfurt/M.

Mog, Paul/Althaus, Hans-Joachim (Hgg.) (1992): Die Deutschen in ihrer Welt. Tübinger Modell einer integrativen Landeskunde. Berlin u.a.

Mosler, Bettina/Herholz, Gerd (^{2}1992): Die Musenkußmischmaschine. 128 Schreibspiele für Schulen und Schreibwerkstätten. Essen.

Müller, Bernd-Dietrich (1994): Wortschatzarbeit und Bedeutungsvermittlung. (Fernstudien-angebot Germanistik und Deutsch als Fremdsprache. Fernstudieneinheit 8).

Müller, Klaus (Hg.) (1996): Konstruktivismus. Neuwied, Kriftel, Berlin.

Müller, Maria Theresia (1996): Ausspracheübungen mit Phantasie und Bewegung – Anregungen aus dem Schauspieltraining. In: Deutsch als Fremdsprache 33-1, S. 39-40.

Müller, Martin/Wertenschlag, Lukas/Wolff, Jürgen (Hgg.) (1989): Autonomes und partnerschaftliches Lernen. Modelle und Beispiele aus dem Fremdsprachenunterricht. Berlin u.a.

Müller-Thurau, Claus Peter (1983): Lass uns mal 'ne Schnecke angraben. Sprache und Sprüche der Jugendszene. Düsseldorf, Wien.

Mummert, Ingrid (1989): Freies Schreiben mit Poesie. Literarisches Schreiben im Deutschunterricht. In: Fremdsprache Deutsch 1, S. 17-22.

Neuf-Münkel, Gabriele/Roland, Regine (1994): Fertigkeit Sprechen. München: Goethe-Institut. (Fernstudien-angebot Germanistik und Deutsch als Fremdsprache. Fernstudieneinheit – Erprobungsfassung).

Neuner, Gerd (1988): Zur Entwicklung des Hörverständnisses. In: G. Neuner u.a. (Hgg.): Deutsch aktiv Neu. Ein Lehrwerk für Erwachsene. Lehrerhandreichungen 1A, S. 31-36.

Neuner, Gerhard (1990): Schreiben macht Spaß. Heft 1. München.

Neuner, Gerhard (1993): Methoden des fremdsprachlichen Deutschunterrichts. Berlin u.a. (Fernstudienangebot Germanistik und Deutsch als Fremdsprache. Fernstudieneinheit 4).

Neuner, Gerhard (1994): Aufgaben und Übungsgeschehen im Deutschunterricht. In: Fremdsprache Deutsch 10, S. 6-13.

Neuner, Gerhard (1995): Methodik und Methoden. In: Bausch/Christ/Krumm, S. 180-188.

Neuner, Gerhard/Krüger, Michael/Grewer, Ulrich (1981): Übungstypologie zum kommunikativen Deutschunterricht. Berlin u.a.

Nickel, Gerhard (1993): Scientific Grammar vs. Pedagogical Grammar. In: Harden/ Marsh, S. 47-55.

Nuss, Bernhard (1993): Das Faust-Syndrom. Ein Versuch über die Mentalität der Deutschen. Bonn, Berlin.

O'Malley, J. Michael/Chamot, Anna Uhl ([4]1995): Learning Strategies in Second Language Acquisition. Cambridge.

Ostrander, Sheila/Ostrander, Nancy/Schroeder, Lynn (1980): Leichter lernen ohne Streß – Superlearning. Bern, München.

Oxford, Rebecca L. (1990): Language Learning Strategies. What Every Teacher Should Know. New York.

Patkowski, Mark S. (1980): The Sensitive Period for the Acquisition of Syntax in a Second Language. In: Language learning 30-2, S. 449-472.

Pauldrach, Andreas (1992): Eine unendliche Geschichte. Anmerkungen zur Situation der Landeskunde in den 90er Jahren. In: Fremdsprache Deutsch 6, S. 4-15.

Peltzer-Karpf, Annemarie (1990): Selbstorganisationsprozesse in der sprachlichen Ontogenese. Erst- und Fremdsprache(n). Tübingen.

Pfeiffer, Joachim/Rusam, Anne Margret (1992): Der Student als Dozent: Die Methode „Lernen durch Lehren" an der Universität. In: U. O. H. Jung (Hg.): Praktische Handreichung für Fremdsprachenlehrer. Frankfurt/M., S. 425-433.

Piaget, Jean ([2]1975): Sprechen und Denken des Kindes. Düsseldorf. (franz. Original 1923)

Piaget, Jean (1975a): Das Erwachen der Intelligenz beim Kinde. Gesammelte Werke Band 1. Stuttgart. (französ. Original 1959)

Piaget, Jean (1976): Die Äquilibration der kognitiven Strukturen. Stuttgart.

Picht, Robert (Hg.) (1981): Materialien zur Landeskunde, Heft 5 'Sicherheit und Verteidigung der Bundesrepublik Deutschland'. Bonn: DAAD.

Pienemann, Manfred (1989): Is Language Teachable? Psycholinguistic Experiments and Hypotheses. In: Applied Linguistics 10-1, S. 52-79.

Piepho, Hans-Eberhard (1980): Deutsch als Fremdsprache in Unterrichtsskizzen. Heidelberg.

Piepho, Hans-Eberhard (2001): Verfahren der Unterrichtsplanung. In: Helbig/Götze/Henrici/ Krumm (2001). Band 2. S. 835–840.

Pinker, Steven (1996): Der Sprachinstinkt.Wie der Geist die Sprache bildet. München. (amerik. Original 1994)

Pompino-Marschall, Bernd (1995): Einführung in die Phonetik. Berlin. New York.

Portmann, Paul R. (1991): Schreiben und Lernen. Grundlagen der fremdsprachlichen Schreibdidaktik. Tübingen.

Posset, Jürgen (1988): Personenorientiertes Schreiben mit asiatischen Deutsch-Lernern? Mit 20 Vorschlägen zum Ausprobieren. In: Lieber/Posset, S. 469-528.

Pusch, Luise F. (1984): Das Deutsche als Männersprache. Aufsätze und Glossen zur feministischen Linguistik. Frankfurt/M.

Quetz, Jürgen (1998): Mit welchen Meinungen und Einstellungen zum Englischunterricht beginnen Studierende ihr Lehramtsstudium? In: Fremdsprache Lehren und Lernen, 27, S. 106-121.

Raabe, Horst (1980): Der Fehler beim Fremdsprachenerwerb und Fremdsprachengebrauch. In: D. Cherubim (Hg.): Fehlerlinguistik. Beiträge zum Problem der sprachlichen Abweichung. Tübingen, S. 61-93.

Raimes, Ann (1991): Out of the Woods: Emerging Traditions in the Teaching of Writing. In: TESOL Quarterly 25-3, S. 407-430.

Rall, Marlene/Engel, Ulrich/Rall, Dietrich ([2]1985): DVG für DaF. Dependenz-Verb-Grammatik für Deutsch als Fremdsprache. Heidelberg.

Rampillon, Ute (1995): Lernen leichter machen. Deutsch als Fremdsprache. Ismaning.

Rampillon, Ute ([3]1996): Lerntechniken im Fremdsprachenunterricht. Handbuch. Ismaning.

Rampillon, Ute/Zimmermann, Günther (Hgg.) (1997): Strategien und Techniken beim Erwerb fremder Sprachen. Ismaning.

Rau, Hans Arnold (1988): Schreibspiele und kreatives Schreiben mit chinesischen Germanistikstudenten. 15 Schreibanregungen. In: Lieber/Posset, S. 453-468.

Rausch, Rudolf (1992): Die Bedeutung der graphischen Silbengrenze für die Aussprache von Vokalen und Konsonanten im Deutschen. In: K. Vorderwülbecke (Hg.), Phonetik, Ausspracheschulung und Sprecherziehung im Bereich DaF (Materialien DaF 32), S. 39-50.

Rausch, Rudolf (1997): Besser Deutsch lernen. Leipzig. (CD-ROM).

Rausch, Rudolf/Rausch, Ilka (1995): Deutsche Phonetik für Ausländer. Leipzig u.a.

Richards, Jack C./Rodgers, Theodore S. (1986): Approaches and Methods in Language Teaching.Cambridge u.a.

Rieck, Bert-Olaf (1989): Natürlicher Zweitspracherwerb bei Arbeitsimmigranten. Frankfurt/M. u.a.

Riedel, Katja (1995): Persönlichkeitsentfaltung durch Suggestopädie. Suggestopädie im Kontext von Erziehungswissenschaft, Gehirnforschung und Praxis. Hohengehren.

Riemer, Claudia (1997): Individuelle Unterschiede im Fremdsprachenerwerb. Eine Longitudinalstudie über die Wechselwirksamkeit ausgewählter Einflußfaktoren. Baltmannsweiler.

Rickheit, Gert/Strohner, Hans (1993): Grundlagen der kognitiven Sprachverarbeitung. Tübingen, Basel.

Rodari, Gianni (1992): Grammatik der Phantasie. Die Kunst, Geschichten zu erfinden. Leipzig.

Rogalla, Hanna/Rogalla, Willy (1985): German for Academic Purposes. An Introduction for Reading Academic Publications. Berlin u.a.

Röhr, Gerhard (1993): Erschließen aus dem Kontext. Lehren, Lernen, Trainieren. Berlin u.a.

Roelcke, Thorsten (1999): Fachsprachen. Berlin

Rösler, Dietmar (1998): Autonomes lernen? Neue Medien und „altes" Fremdsprachenlernen. In: Info DaF 25-1.S. 3–20.

Rues, Beate (1995): Standardaussprache im Gespräch und Phonetikunterricht. In: Deutsch als Fremdsprache 32-2, S. 111-118.

Rug, Wolfgang/Tomaszewski, Andreas (1993): Grammatik mit Sinn und Verstand. 20 Kapitel Grammatik für Fortgeschrittene. München.

Rumelhart, David E./McClelland, J.L. (Hgg.) (1986): Parallel distributed processing: Explorations in the microstructure of cognition. Vol. 1: Foundations. Cambridge, MA: MIT Press.

Rüschoff, Bernd (1995): Elektronische Medien. In: Bausch/Christ/ Krumm, S. 320-323.

Rüschoff, Bernd/Wolff, Dieter (1999): Fremdsprachenlernen in der Wissensgesellschaft. Zum Einsatz der Neuen Technologien in Schule und Unterricht. Ismaning.

Samel, Ingrid (^{2}2000): Einführung in die feministische Sprachwissenschaft. Berlin.

Scheele, Brigitte/Groeben, Norbert (1998): Das Forschungsprogramm Subjektive Theorien. Theoretische und methodologische Grundzüge in ihrer Relevanz für den Fremdsprachenunterricht. In: Fremdsprachen Lehren und Lernen, 27, S. 12-32.

Scherling, Theo/Schuckall, Friedrich (1992): Mit Bildern lernen. Ein Handbuch für den Fremdsprachenunterricht. Berlin u.a.

Schiewe, Heinz-Ewald (1991): Singe, wem Gesang gegeben. Lieder im Unterricht. In: Projekt [São Paulo, Brasilien] 3, S. 20-22.

Schiffler, Ludger (1987): Suggestopädie und Superlearning – eine Methode für lernschwächere Schüler? In: Praxis des neusprachlichen Unterrichts 34, S. 83-88.

Schippan, Thea (1992): Lexikologie der deutschen Gegenwartssprache. Tübingen.

Schlobinski, Peter (1989): „Frau Meier hat Aids, Herr Tropfmann hat Herpes, was wollen Sie einsetzen?" Exemplarische Analyse eines Sprechstils. In: OBST 41, S. 1-34.

Schlosser, Horst Dieter (1994): dtv-Atlas zur deutschen Literatur. München.

Schloßmacher, Michael (1998): Lehrwerke für Deutsch als Fremdsprache. Auswahlführer für Lehrende und Lernende. München.

Schmid, Gerhard F. (^{2}1992): Kleine Deutschlandkunde. Ein erdkundlicher Überblick. Stuttgart.

Schmidt, Reiner (1990): Das Konzept einer Lerner-Grammatik. In: Gross/Fischer, S. 153-161.

Schmidt, Reiner (1991): Lern(er)-Grammatik für Deutsch als Fremdsprache. In: Fremdsprachen lehren und lernen 20, S. 52-71.

Schröder, Hartmut/Wazel, Gerhard (Hgg.) (1998): Fremdsprachenlernen und interaktive Medien. Frankfurt u.a.

Schulz von Thun, Friedemann (1981): Miteinander Reden. Störungen und Klärungen. Reinbek.

Schumann, John (1978): The Pidginization Process: A Model for Second Language Acquisition. Newbury House.

Schüren, Rainer (1993): Putting Together a Decent Essay. Ein Schreibkurs nach amerikanischem Modell für die deutsche Oberstufe. In: Diskussion Deutsch 134, S. 441-450.

Schuster, Karl (^{9}2001): Einführung in die Fachdidaktik Deutsch. Baltmannsweiler.

Schwarz, Monika (21996): Einführung in die kognitive Linguistik. Tübingen, Basel: Francke (=UTB 1636).

Schwerdtfeger, Inge Christine (1989): Sehen und Verstehen. Arbeit mit Filmen im Unterricht Deutsch als Fremdsprache. Berlin u.a.

Schwerdtfeger, Inge Christine (2000): Anthropologisch-narrative Didaktik des fremdsprachlichen Lernens. In: Fremdsprachen Lehren und Lernen 29, S. 106-123.

Segebrecht, Wulf (^{2}2000): Was sollen Germanisten lesen? Ein Vorschlag. Berlin.

Segermann, Krista (^{2}1994): Typologie des fremdsprachlichen Übens. Bochum.

Selinker, Larry (1992): Rediscovering Interlanguage. London.

Slembek, Edith (1997): Mündliche Kommunikation – interkulturell. St. Ingbert.

Sinus (Sozialwissenschaftliches Institut Nowak und Partner GmbH) (1997): Die Sinus Milieus und ihre Anwendung. Heidelberg: Sinus-Institut.

Snow, Catherine E./Hoefnagel-Höhle, Marian (1978): The Critical Period for Language Acquisition: Evidence from Second Language Learning. In: Child Development 49, S. 1114-1128.

Solmecke, Gert (1991): Wie schwierig ist eine Hörverstehensübung? In: Info DaF 18–3, S. 287-295.

Solmecke, Gert (1992): Zusammenbringen, was zusammengehört. Hören und Lesen. In: Info DaF 19-1, S. 82-89.

Solmecke, Gert (1993): Texte hören, lesen und verstehen. Eine Einführung in die Schulung der rezeptiven Kompetenz mit Beispielen für den Unterricht Deutsch als Fremdsprache. Berlin u.a.

Spillner, Bernd (1991): Error Analysis. A Comprehensive Bibliography. Amsterdam, Philadelphia.

Spinner, Kaspar H. (1993): Kreatives Schreiben. In: Praxis Deutsch 119, S. 17-23.

Stedje, Astrid (^{2}1994): Deutsche Sprache gestern und heute. München.

Steinig, Wolfgang (1978): Deutscher Gesprächsunterricht mit ausländischen Studenten. In: Jahrbuch Deutsch als Fremdsprache 4, Heidelberg, 127-137.

Steinig, Wolfgang (1985): Schüler machen Fremdsprachenunterricht. Tübingen.

Steinig, Wolfgang (^{2}1986): Soziolekt und soziale Rolle. Hamburg.

Steinig, Wolfgang (Hg.) (1990): Zwischen den Stühlen – Schüler in ihrer fremden Heimat. Sprachliche, schulische und psychische Probleme remigrierter Kinder und Jugendlicher in den Herkunftsländern ausländischer Arbeitnehmer. Tostedt.

Steinig, Wolfgang (1992): Voraussetzungen und Möglichkeiten für einen Sprachunterricht mit zweisprachigen Minderheiten. In: H. Eichheim (Hg.): Fremdsprachenunterricht – Verstehensunterricht, Wege und Ziele. München: Goethe-Institut, S. 75-94.

Steinig, Wolfgang (1993): Partnerschaftliches Lernen im Fremd- und Zweitsprachenunterricht. In: N. Boteram (Hg.), Interkulturelles Verstehen und Handeln, Pfaffenweiler, S. 305-323.

Steinig, Wolfgang (1995): Experten im Unterricht. In: Pädagogik 47-1, S. 41-45.

Steinig, Wolfgang u.a. (1998): Fremde im Zug – Fremde im Netz: Ein interkulturelles Schreibprojekt. In: Zielsprache Deutsch 29–1. S. 13–24.

Steinig, Wolfgang (1999): DaF im Netz: Wege zum interaktiv-personalen Lernen. In: DaF-Rundbrief 14-41, S. 9-19.

Steinig, Wolfgang (2000): Kommunikation im Internet: Perspektiven zwischen Deutsch als Erst- und Fremdsprache. In: Zeitschrift für Fremdsprachenforschung 11-2, S. 125-156.

Steinig, Wolfgang/Huneke, Hans-Werner (2002): Sprachdidaktik Deutsch. Eine Einführung. Berlin.

Stevick, Earl W. (1989): Success with Foreign Languages. Seven who Achieved it and what Worked for Them. New York u.a.

Stickel, Gerhard (Hg.) (1997): Varietäten des Deutschen. Regional und Umgangssprachen Berlin, New York. (Jahrbuch 1996 des Instituts für deutsche Sprache).

Stiefenhöfer, Helmut (1986): Lesen als Handlung. Didaktisch-methodische Überlegungen und unterrichtspraktische Versuche zur fremdsprachlichen Lesefähigkeit. Weinheim, Basel.

Stock, Eberhard (1996): Deutsche Intonation. Leipzig u.a.

Störig, Hans Joachim ([2]1997): Abenteuer Sprache. Ein Streifzug durch die Sprachen der Erde. München.

Strozer, Judith R. (1994): Language Acquisition After Puberty. Washington, D.C.

Ternes, Elmar ([2]1999): Einführung in die Phonologie. Darmstadt.

Tannen, Deborah (1991): Du kannst mich einfach nicht verstehen. Warum Männer und Frauen aneinander vorbeireden. Hamburg.

Thurmair, Maria (1991): Warten auf das Verb. Die Gedächtnisrelevanz der Verbklammer im Deutschen. In: Jahrbuch Deutsch als Fremdsprache 17, S. 174-202.

Thurmair, Maria (1997): Nicht ohne meine Grammatik. Vorschläge für eine Pädagogische Grammatik im Unterricht des Deutschen als Fremdsprache. In: Jahrbuch Deutsch als Fremdsprache 23. S. 25–45.

Timm, Johannes-Peter (Hg.) (1995): Ganzheitlicher Fremdsprachenunterricht. Weinheim.

Tomatis, Alfred (1991): Nous Sommes Tous Nés Polyglottes. Paris.

Tönshoff, Wolfgang (1990): Bewußtmachung - Zeitverschwendung oder Lernhilfe? Ausgewählte Aspekte sprachbezogener Kognitivierung im Fremdsprachenunterricht. Bochum. (Manuskripte zur Sprachlehrforschung 31).

Tönshoff, Wolfgang (1992): Kognitivierende Verfahren im Fremdsprachenunterricht. Formen und Funktionen. Hamburg.

Tönshoff, Wolfgang (1995): Lernerstrategien. In: Bausch/Christ/Krumm, S. 240-243.

Trosborg, Anna (1994): Interlanguage Pragmatics: Requests, Complaints, and Apologies. Berlin, New York.

Twain, Mark (1997): Bummel durch Europa. Frankfurt/M., Leipzig. (amerik. Original 1869)

Ulich, Michaela/Oberhuemer, Pamela/Reidelhuber, Almut (Hgg.) ([5]1995): Der Fuchs geht um ... auch anderswo. Ein multikulturelles Spiel- und Arbeitsbuch. Weinheim, Basel.

Villamil, Olga S./de Guerrero, Maria C. M. (1996): Peer Revision in the L2 Classroom: Social-Cognitive Activities, Mediating Strategies, and Aspects of Social Behavior. In: Journal of Second Language Writing 5-1, S. 51-75.

Vokabeltrainer Deutsch (2000). Hg. v. Digital Publishing. Tübingen.

Vollmer, Helmut J. (1982): Spracherwerb und Sprachbeherrschung. Untersuchungen zur Struktur von Fremdsprachenfähigkeit. Ein empirischer Beitrag zu einer psycholinguistisch orientierten Sprachlehr-/-lernforschung. Tübingen.

Volmert, Johannes (Hg.) ([3]1999): Grundkurs Sprachwissenschaft. München.

Vorwärts international. Kompaktfassung. Hg. v. E. J. Arnold & Son und Gilde-Buchhandlung Kayser. Leeds, Bonn 1974ff.

Wagner, Roland (1995): Zum Computereinsatz in der Sprecherziehung – Bedarf und Möglichkeiten. In: L. Hitzenberger (Hg.), Angewandte Computerlinguistik. Hildesheim u.a.

Wagner, Roland ([8]1999): Grundlagen der mündlichen Kommunikation. Sprechpädagogische Informationsbausteine für alle, die viel und gut reden müssen. Regensburg.

Wahrig, Gerhard (Hg.) ([14]1990): dtv-Wörterbuch der deutschen Sprache. München.

Watcyn-Jones, Peter (1996): Spiele mit Wörtern. Ein PC-Programm zu Wortschatz und Grammatik. Ismaning.

Wegener, Heide (1995): Das Genus im DaZ-Erwerb. Beobachtungen an Kindern aus Polen, Rußland und der Türkei. In: B. Handwerker (Hg.), Fremde Sprache Deutsch. Tübingen, S. 1-24.

Weigmann, Jürgen (1993): Unterrichtsmodelle für Deutsch als Fremdsprache. Ismaning.

Weinrich, Harald (1986): Der Adalbert-von-Chamisso-Preis. In: Friedrich (Hg.): Chamissos Enkel. Zur Literatur von Ausländern in Deutschland. München, S. 11-13.

Weinrich, Harald (1991): Sprache und Gedächtnis. In: A. Wierlacher (Hg.): Jahrbuch Deutsch als Fremdsprache 17, München, S. 128-148.

Weinrich, Harald (1993): Textgrammatik der deutschen Sprache. Mannheim u.a.

Weller, Franz-Rudolf (1991): Auswahlbibliographie zur Fehlerkunde. Veröffentlichungen 1977-1990. In: Die Neueren Sprachen 90-6, S. 710-732.

Westhoff, Gerard J. (1987): Didaktik des Leseverstehens. Strategien des voraussagenden Lesens mit Übungsprogrammen. München.

Weydt, Harald (1993): Was soll der Lerner von der Grammatik wissen? In: Harden/Marsh, S. 119-137.

Wicke, Rainer (1995) : Kontakte knüpfen. Fernstudieneinheit 9, Berlin u.a.

Wieland, Regina (1993): Verlassen wir uns auf die Grammatik oder verlassen wir die Grammatik? „Kleine" Fehler in fremdsprachlicher Kommunikation. In: Runa. Revista Portuguesa de Estudos Germanísticos 19-1, S. 109-119.

Wierlacher, Alois (1994): Zur Entwicklungsgeschichte und Systematik interkultureller Germanistik (1984-1994). Einige Antworten auf die Frage: Was heißt „interkulturelle Germanistik"? In: Jahrbuch Deutsch als Fremdsprache 20, S. 37-56.

Wierlacher, Alois (Hgg.) (1980): Fremdsprache Deutsch. 2 Bde., München.

Wierzbicka, Anna (1991): Cross-Cultural Pragmatics. The Semantics of Human Interaction. Berlin.

Wiesinger, Peter (1997): Sprachliche Varietäten – Gestern und heute. In: Stickel, S. 9-45.

Wilkins, D. A. (1976): Notional Syllabuses. A Taxonomy and its Relevance to Foreign Language Curriculum Development. Oxford.

Wittgenstein, Ludwig (1971): Philosophische Untersuchungen. Frankfurt/M.: Suhrkamp.

Wandruszka, Mario (1969): Sprachen – vergleichbar und unvergleichlich. München.

Wode, Henning (1988): Einführung in die Psycholinguistik. Theorien, Methoden, Ergebnisse. Ismaning.

Wode, Henning (1995): Lernen in der Fremdsprache: Grundzüge von Immersion und bilingualem Unterricht. Ismaning.

Wolff, Dieter (1992): Lern- und Arbeitstechniken für den Fremdsprachenunterricht. Versuch einer theoretischen Fundierung. In: U. Multhaup, D. Wolff (Hgg.): Prozeßorientierung in der Fremdsprachendidaktik. Frankfurt/M., S. 101-120.

Wolff, Dieter (1996): Kognitionspsychologische Grundlagen neuer Ansätze in der Fremdsprachendidaktik. In: Info DaF 23–5, S. 541-560.

Wolff, Dieter (1998): Lernerstrategien beim Fremdsprachenlernen. In: J-P. Timm (Hg.): Englisch lernen und lehren. Didaktik des Englischunterrichts. S. 70-77.

Wygotski, Lew Semjonowitsch (1964): Denken und Sprechen. Berlin. (russ. Original 1934)

Xanthos, Sigrid/Gagakis, Christine/Krawczyk, Ewa (1993): Unterrichtsdokumentation. Grundschüler in Griechenland, Grundschüler in Polen. München: Goethe-Institut.

Ylönen, Sabine (1995): Deutsch als Fach- und Fremdsprache in Ostasien – Impressionen aus China. In: Zielsprache Deutsch 26-1, S. 44-45.

Young, Richard (1988): Variation and the Interlanguage Hypothesis. in: Studies in Second Language Acquisition 10-3, S. 281-302.

Zertifikat Deutsch. Lernziele und Testformat. Hg. v. Weiterbildungs-Testsysteme GmbH u.a. Frankfurt 1999.

Zifonun, Gisela u.a. (1997): Grammatik der deutschen Sprache. Berlin. (IDS-Grammatik)

Zimmer, Dieter E. (1994): So kommt der Mensch zur Sprache. Über Spracherwerb, Sprachentstehung und Sprache & Denken. München.

Zimmer, Dieter E. (1997): Deutsch und anders. Die Sprache im Modernisierungsfieber. Reinbek: Rowohlt.

Zimmermann, Günther (1980): Schwierigkeitsfaktoren und Progressionen im Lernbereich Hörverstehen. In: Praxis des neusprachlichen Unterrichts 27–1, S. 3-12.

Zimmermann, Günther (1984): Erkundungen zur Praxis des Grammatikunterrichts. Frankfurt/M.

Zimmermann, Peter (Hg.) (1989): 'Interkulturelle Germanistik': Dialog der Kulturen auf Deutsch? Frankfurt/M.

Zwettler-Otte, Sylvia ([3]1991): Warum Lehrer Lehrer wurden. Wien u.a.

Sachindex

Wolfgang Steinig / Hans-Werner Huneke

Sprachdidaktik Deutsch
Eine Einführung

2002, 264 Seiten, DIN A 5, kartoniert, € (D) 17,80/sfr. 31,–,
ISBN 3 503 06114 2
Grundlagen der Germanistik, Band 38

❚ Die Sprachdidaktik ist eine junge, an der Praxis orientierte Wissenschaft, die sich mit den Lehr- und Lernprozessen im deutschsprachigen Raum befasst, aber auch das Erlernen des Deutschen als Zweitsprache berücksichtigt. Die unterschiedlichen Gegenstände des Lernens, ihre Auswahl und Strukturierung stehen hier ebenso im Zentrum wie Fragen nach dem Spracherwerb.

Diese Einführung wendet sich an Studierende des Faches Deutsch. Darüber hinaus können auch praktizierende Deutschlehrer anhand der Lektüre ihre didaktischen und methodischen Positionen am aktuellen fachlichen Diskussionsstand überprüfen.

Folgende Themen werden u.a. behandelt: Geschichte der Sprachdidaktik, mündliche und schriftliche Kommunikation im Unterricht, Erwerb der geschriebenen Sprache, Rechtschreibunterricht, Reflexion über Sprache, Lesen und Umgang mit Medien, Mehrsprachigkeit im Deutschunterricht sowie Unterrichtsvorbereitung und -planung. Lektüreempfehlungen zu den einzelnen Kapiteln erleichtern die Weiterarbeit. Der Serviceteil am Schluss des Bandes gibt Auskunft über nützliche Arbeitsmaterialien. In einem Glossar werden die zentralen Fachbegriffe erläutert. ❚

Weitere Informationen zu unseren Publikationen entnehmen Sie bitte unserer Website: HTTP://WWW.ERICH-SCHMIDT-VERLAG.DE

ERICH SCHMIDT VERLAG
Berlin Bielefeld München

www.erich-schmidt-verlag.de
e-mail: esv@esvmedien.de